PATCHWORK NATUR

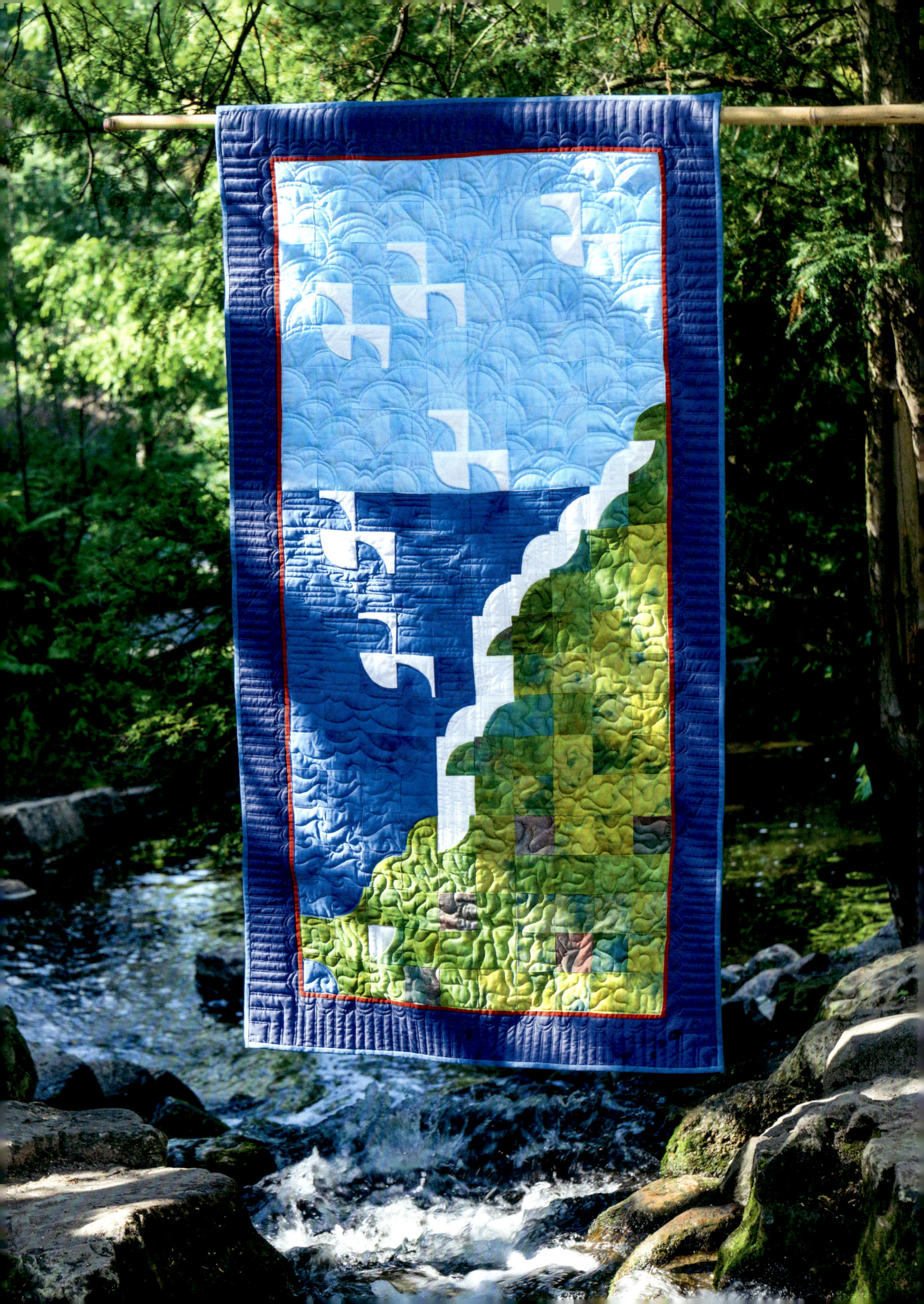

Bernadette Mayr
in Zusammenarbeit mit Irmgard Stängl
und Gundula Manson

PATCHWORK NATUR

FARBINTENSIVE MUSTER IN FREIER SCHNEIDETECHNIK

Mit Fotografien von Sabine Münch

CV

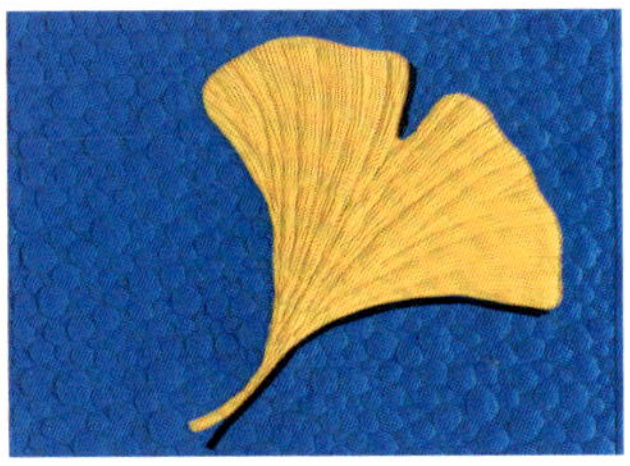

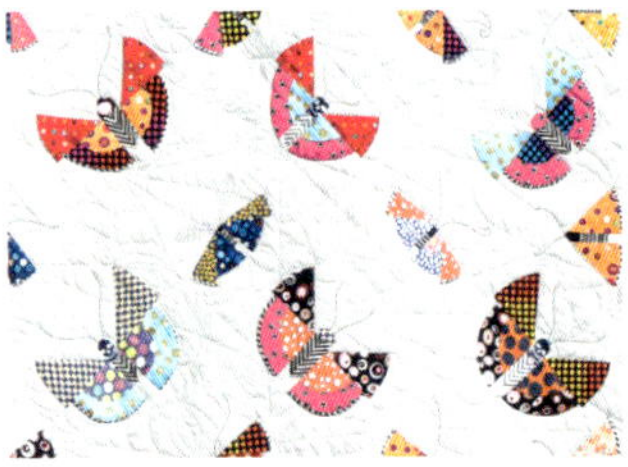

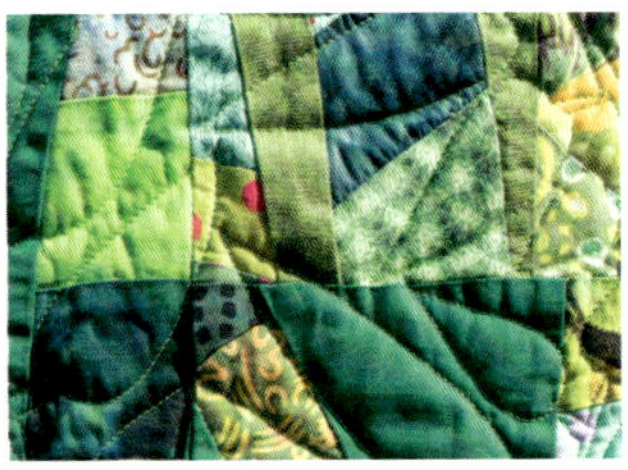

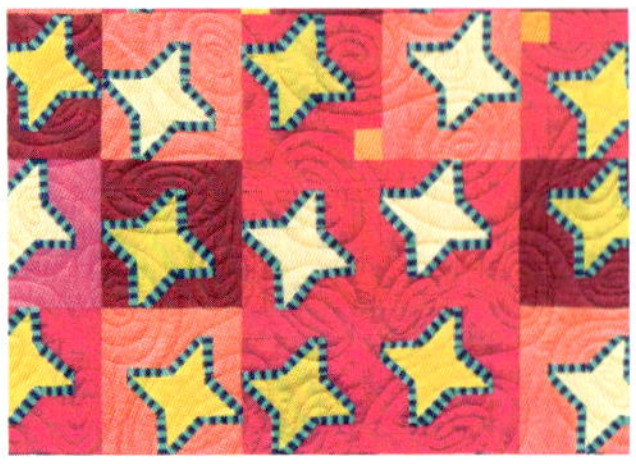

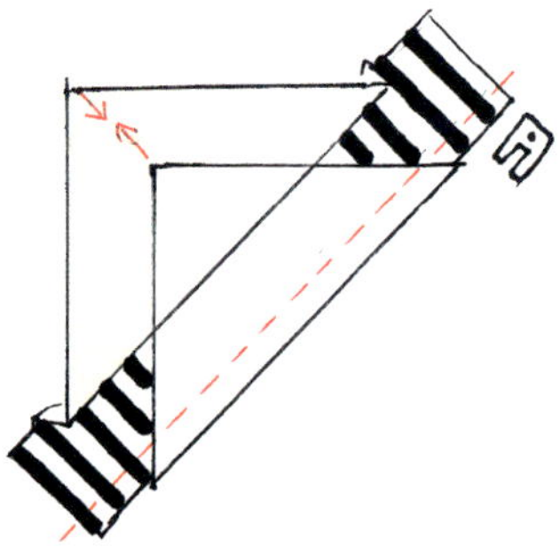

VORWORT

Die Natur ist die größte Künstlerin. Das haben schon viele Kunstschaffende erkannt. Ein Spaziergang oder eine Wanderung dient der Fitness und der Erholung, genauso wie der inneren Sammlung und der Inspiration. Dabei bücke ich mich nach weißen Schneckenhäusern, sammle gestreifte Steine, freue mich an Blüten und Blättern und suche bei Nacht nach den Sternbildern. In diesem Buch geht es um die Inspirationen, die uns die Natur anbietet – von der Weinbergschnecke bis zum Weltall.

Es liegt für eine Patchworkerin nahe, diese Inspirationen in Stoff umzusetzen. Oft genügt ein Farbenspiel, das zu einem Quilt führt, manchmal ist es ein interessantes Tier oder das Muster eines Blattes. Besonders im Mikrokosmos finden sich unendliche Anregungen.

Das Entdecken eines Musters ist nur der erste Schritt. Der nächste ist, das Gefundene in ein nähbares Muster umzuwandeln. Ich versuche, gerade Linien zu konstruieren, damit das Muster bequeme Nähte bekommt. Ist keine gerade Linie möglich, überlege ich, ob zur Umsetzung von geschwungenen Linien eine besondere Nähtechnik geeignet ist. Also frei geschnittene Bögen, teils durch zwei aufeinanderliegende Stofflagen, die Paspeltechnik oder eine andere Form der Applikation. Diese Techniken habe ich nicht erfunden, Patchworkerinnen und Schneiderinnen nutzen sie seit langem. Aber wir können alle Techniken für unsere Ziele anwenden. Die Lektionen zu den Techniken sind am Ende des Buches aufgeführt und werden durch Abbildungen erklärt.

Habe ich mich einmal entschlossen, beginnt das Ausprobieren. In dem Moment, in dem ich das Muster nähe, lerne ich viel dazu. Bei der Ausarbeitung helfen mir meine Schwester Irmgard und meine Freundin Gundula. Die beiden richten mich immer wieder auf.

Wie ich auf die Muster gestoßen bin, was mich dabei inspirierte, welche Erinnerungen auftauchten und welche Probleme zu lösen waren, können Sie in den Kapiteln dieses Buches nachlesen.

Nur Mut und viel Spaß beim Nähen wünscht

Bernadette Mayr

Das Schönste beim Nähen der Quilts für ein Themenbuch ist die Zusammenarbeit im Team. Gemeinsam verbringen wir manchen vergnüglichen Nähtag. Beim Farben und Stoffe aussuchen, Zuschneiden, Nähen, Bügeln, Arrangieren und Zusammensetzen vergeht die Zeit wie im Flug. Jeder Quilt wird ein ganz besonderer. Die spannendste Frage kommt zum Schluss: Wo werden wir die Quilts fotografieren?

Irmgard Stängl und
Gundula Manson

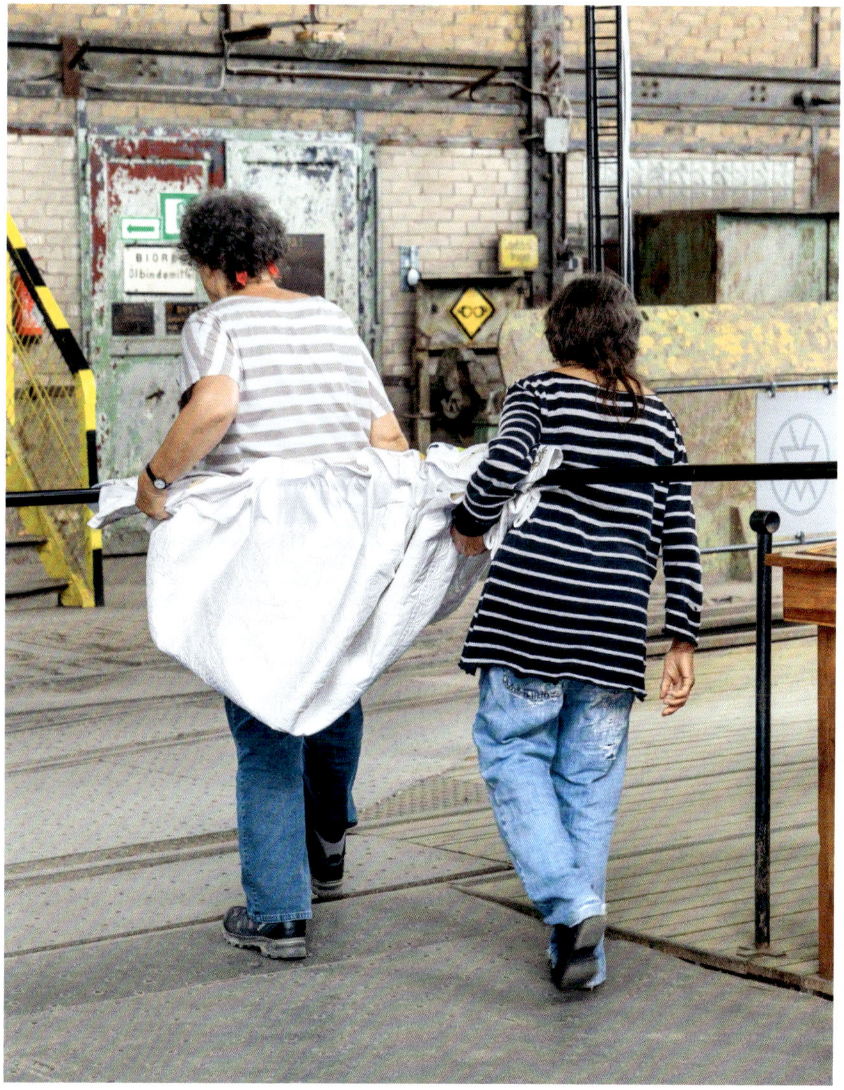

MATERIAL

Arbeitsgerät

Arbeiten Sie mit einer normalen Nähmaschine, einer Schneidematte (mindestens 50 x 60 cm groß), dem Rollschneider (z. B. 4,5 cm Durchmesser) und mit dem üblichen Nähzubehör, wie Nadel, Faden, Stecknadeln, Scheren, Kreiderädchen etc. Zum Markieren der Stoffe eignen sich hitzelösliche, wasserlösliche Filzstifte und Kreidestifte, oft auch ein harter oder weicher Bleistift. Außerdem ist eine Entwurfswand hilfreich oder ein großes Tuch, um die Zwischenergebnisse aufzustecken. Zum Bügeln ist ein Dampfbügeleisen empfehlenswert oder eine Blumenspritze, um die Stoffe vor dem Bügeln zu befeuchten.

Lineale

Lineale benötigen Sie zum Zuschneiden gleich großer Blöcke, für regelmäßige Streifen, für die Randstreifen und als Hilfe zum Zuschneiden vieler gleicher Streifen und Stoffteile sowie zum Begradigen von Außenkanten. Halten Sie das lange 15 x 60 cm große Quiltlineal bereit sowie ein Quadratlineal von 20 x 20 cm.

Stoffmengen

Wenn Sie Stoff kaufen, ohne ein bestimmtes Projekt im Auge zu haben, empfehle ich pro Farbe je ein „langes Viertel" (Long-Quarter = 0,25 m von Webkante zu Webkante quer vom Ballen geschnitten). Ein „dickes Viertel" (Fat-Quarter = ca. 50 x 55 cm) entsteht, wenn ein halber Meter Stoff entlang des Stoffbruchs einmal geteilt wird.

Für die Quilts sind genaue Stoffmengen angegeben, für den Fall, dass Sie dafür extra zum Stoffeinkaufen gehen. Bedenken Sie, dass Sie beim freien Arbeiten oft mehr Stoff benötigen als bei den traditionellen Techniken, denn immer wieder müssen überstehende Kanten abgeschnitten, zu große Teile kleiner geschnitten oder Lücken mit Stoff aufgefüllt werden.

Vlies

Alle beschriebenen Quilts, Wandquilts und Kissen sind mit mitteldickem Polyestervlies wattiert. Sie können auch anderes Vlies benutzen, das Ihnen vertraut ist. Baumwollvlies ist flacher und schwerer als Polyestervlies, wird aber wegen seiner Naturfasern von vielen Quilterinnen bevorzugt. Auch Vliese aus Soja, Bambus oder Seide gehören in diese Kategorie. Sie sind leicht, fühlen sich himmlisch weich an und lassen sich ausgezeichnet verarbeiten.

Garne

Nähen Sie bunte Stoffe mit Garnen in neutralen Farbtönen, wie Grau, Beige, Braun. Bei weißen und schwarzen Quilts sollte die Garnfarbe ebenfalls Weiß oder Schwarz sein. Die Quiltgarne sollten zur Farbe des Stoffes passen. Das Garn für eine Applikation muss die Farbe des Stoffes haben, der beim Festnähen oben liegt.

TECHNIK

Frei schneiden

Beim freien Schneiden arbeiten Sie ohne Lineal und Schablonen. Orientieren Sie sich an den Rasterlinien der Schneideunterlage und verlassen Sie sich auf Ihr Augenmaß. Benutzen Sie das erste zugeschnittene Teil als Maß- und Formvorlage. Dass sich beim Zusammennähen die Teile und Nähte verschieben, ist normal. Schneiden Sie überstehende Stoffteile ab oder ergänzen Sie zu kleine Teile durch Annähen eines anderen Stoffes. Wie viel Stoff in den Nahtzugaben verschwindet, werden Sie bald abschätzen können.

Beim Zuschneiden vieler Streifen oder Quadrate legen Sie das Lineal an der gewünschten cm-Markierung an, seien Sie dabei aber großzügig. Sie brauchen nicht genau zu messen, denn es kommt nicht auf den Millimeter an.

Bei den meisten Projekten ist vorgesehen, alle Blöcke auf die gleiche Größe zu bringen. In diesem Fall verwenden Sie ein Lineal und schneiden Sie exakt zu.

Bügeln

Bei frei geschnittenen und genähten Stoffen dürfen Sie ziehen, zerren, befeuchten und auch das Bügeleisen heftig hin- und herschieben. Haben Sie keine Angst, einen Block zu verziehen, denn er wird sowieso noch zurechtgeschnitten.

Verwenden Sie ein Dampfbügeleisen oder besorgen Sie sich eine Blumenspritze, um die Stoffe zu befeuchten. Bügeln Sie die feuchten Stoffe zuerst von links, um die Nahtzugaben flach zu ordnen, dann noch einmal von rechts, um die Nähte ganz auseinander zu bügeln. Ziehen Sie die Stoffkanten etwas vom Bügeleisen weg, um keine Falten zu bekommen. Bügeln Sie die Nahtzugaben gemeinsam zu einer Seite hin, nicht auseinander.

Wenn Sie die Blöcke der Quiltfläche zusammennähen, folgen Sie den Regeln zum Legen der Nahtzugaben in der Lektion 15 „Rationelles Zusammensetzen". Befeuchten Sie auch diese Nähte und stellen Sie das Bügeleisen von der linken Stoffseite her auf die Nähte, damit die Nahtzugaben in die richtige Richtung gelegt werden.

Bügeln Sie danach zusätzlich von rechts.

Bügeln Sie die Nahtzugaben von Randstreifen nach außen. Nur in Ausnahmefällen werden die Nahtzugaben auseinander gebügelt, z. B. bei diagonalen Ecken, beim Aneinanderfügen von Schrägstreifen oder wenn sich beim Zusammensetzen extrem dicke Nähte bilden würden. Dies ist dann in der Anleitung extra vermerkt.

Arbeiten nach Nähplan

Bei einigen Quilts ist ein Nähplan angegeben. Er gibt eine Übersicht über die Lage der einzelnen Stoffteile und soll das Zusammensetzen erleichtern. Der Nähplan ist grundsätzlich als Vorschlag anzusehen. Wenn sich bei Ihrer Arbeit eine andere Reihenfolge ergibt, so folgen Sie dieser. Bedenken Sie, dass sich aufgrund der ungefähren Angaben und durch Ihre persönliche Arbeitsweise jederzeit Maße und Reihenfolgen ändern können. Berücksichtigen Sie dies bei der Arbeit und lassen Sie sich nicht aus der Ruhe bringen.

Quilten

Die Quilts in diesem Buch habe ich mit meiner APQS-Longarm-Quiltmaschine gequiltet. Die für die Projekte vorgeschlagenen Quiltmuster gelten teilweise auch für das Handquilten und das Quilten mit der normalen Haushaltsnähmaschine. Wählen Sie selbst.

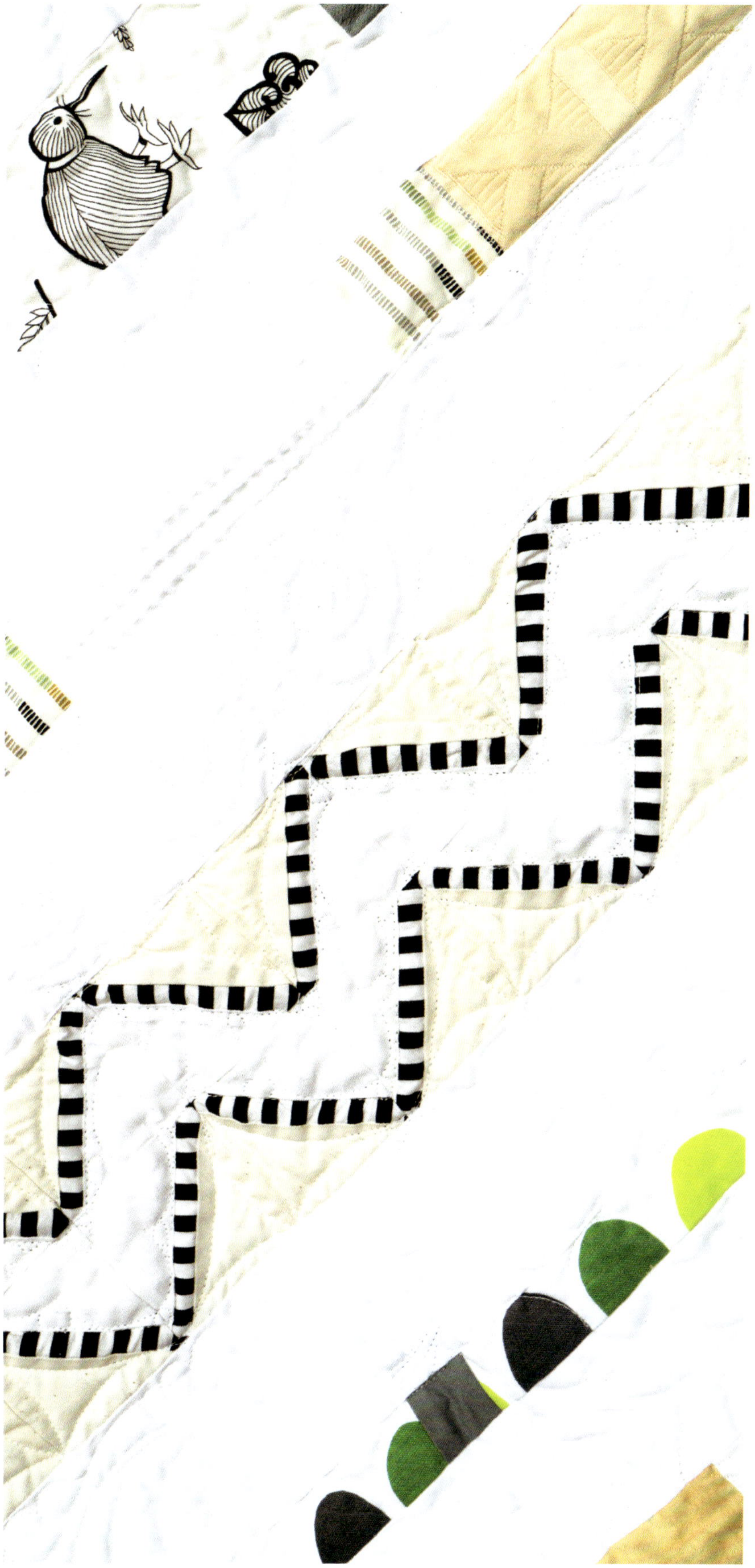

INSPIRATION WILDNIS

In diesem Kapitel lernen Sie den Regenwald kennen, einen Vulkan, Eiskristalle und Landschaft. Die meisten Motive erklären sich durch die Farbzusammenstellung, andere sind bildhaft, doch etwas abstrahiert. Der Quilt „Winterstimmung" wirkt durch seine kühlen, blau-weißen Farben. Die Nähtechnik des frei geschnittenen Zweierblocks ist denkbar einfach. Nähen Sie den Quilt in den Farben der Wüste, des Urwalds, des Regenbogens oder der Unterwasserwelt. Es stehen Ihnen alle Wege offen.

Kinder kennen oft keine Eisblumen mehr. Das liegt an den gut isolierten Scheiben unserer modernen Glasfenster. Aber an meinem Küchenfenster, das noch aus Großvaters Zeiten aus mit Blei gefassten Glasquadraten besteht, schlägt sich Kondenswasser nieder und bildet im Winter jeden Tag neue wunderbare Muster. Am frühen Morgen kann ich daran sogar die Außentemperatur ablesen. Eisblumen bis zum ersten Bleistreifen zeigen minus 5 Grad Celsius, bis zur Mitte des Fensters sind es minus 10 Grad und wenn die Eiskristalle bis ganz nach oben gewachsen sind, müssen es draußen knackige minus 20 Grad sein. Ein Eisblumenquilt stand schon lange auf meiner Ideenliste. Nun ist er endlich genäht, und die Kiste mit den hellblauen Stoffen wurde ein bisschen leerer. Sie finden den Quilt auf Seite 34.

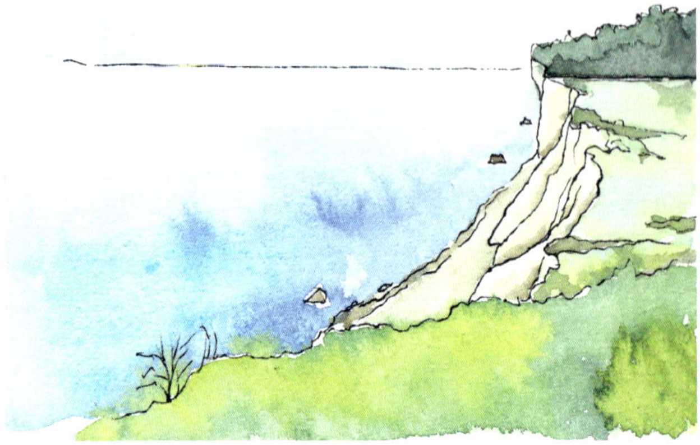

Die „Steilküste" entstand aus Viertelkreisen, wie wir sie vom traditionellen Muster „Drunkard's Path" kennen. Hier sind sie aber frei geschnitten, das macht mehr Spaß. Die Möwenform ist einfach und dekorativ. Das Meer ist dunkelblau, der Himmel sehr hell. Die frei geschnittenen Viertelkreise werden auch im Quilt „Nachtfalter" angewendet.

Das Live-Erlebnis eines aktiven Vulkans fehlt noch in der Liste meiner Abenteuer. Als ich vor vielen Jahren Urlaub auf Hawaii machte, wäre ich zu gerne mit einem Hubschrauber über den Kilauea geflogen. Leider war mir das Geld ausgegangen.

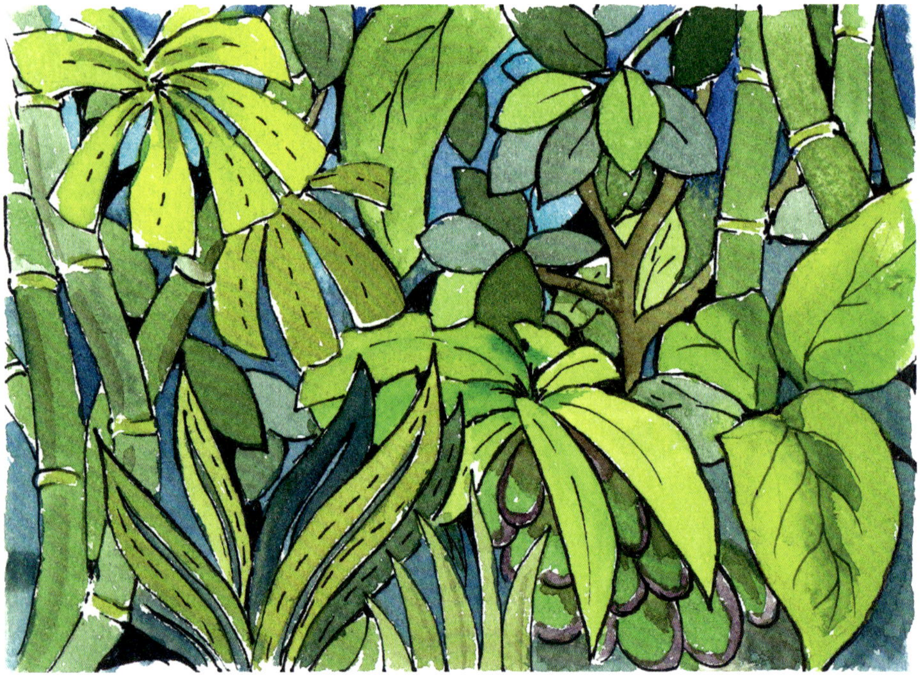

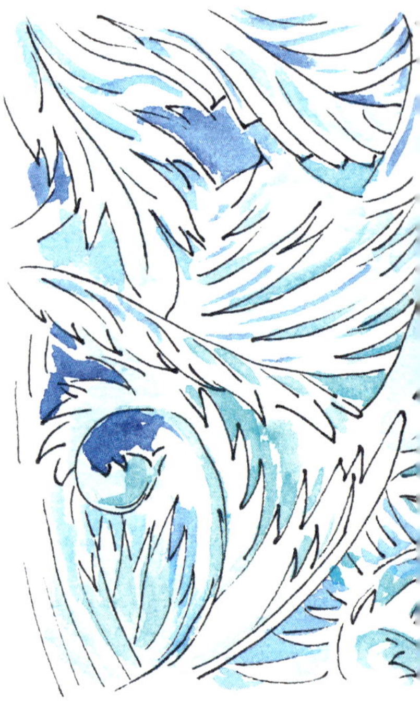

Aber jetzt habe ich einen textilen Vulkanausbruch. Die Nähtechnik ist sehr frei, ähnlich wie beim Regenwald und dem Eisblumenquilt.

Ein Regenwald bedeutet undurchdringliches Grün! Im erdnahen, unteren Pflanzenbereich ist es dunkel, nach oben hin dringt immer mehr Sonnenlicht hindurch. Dementsprechend ist die Farbanordnung der Hintergrundstoffe des Quilts. Nehmen Sie alle grünen Stoffe, die Sie finden können. Die Nähtechnik beinhaltet Streifenkombinationen und leicht geschwungene Nähte. Das ist nicht ganz einfach und Sie werden des Öfteren korrigieren, nachschneiden und nachnähen müssen. Lassen Sie nicht locker! Einfacher sind die Pflanzen des Quilts „Kletterpflanze", deren Blätter in Paspeltechnik gearbeitet sind. Die Ranke der Pflanze ist allein durch das Quilten plastisch dargestellt.

Der Ginkgobaum ist eine in China heimische, heute weltweit angepflanzte Baumart und der einzige lebende Vertreter einer ansonsten ausgestorbenen Pflanzengruppe. Das zweilappige Blatt des Ginkgo gilt als Symbol der innigen Vereinigung zweier liebender Seelen. In Fernost wird das Prinzip des Yin-Yang damit verbunden. Dort wird der Ginkgobaum verehrt und gilt als Wohnort von Geistern. Bäume mit einem Alter von 1000 bis 2000 Jahren sind keine Seltenheit.

Ihr leuchtend goldenes Laub sticht im Herbst aus allen anderen Bäumen hervor. Einmal hat mein Bruder Albert mit einem Rechen ein Labyrinth in das am Boden liegende goldene Laub eines großen Ginkgobaums gezeichnet, der in einem Park von Hannover steht. Ein schönes, vergängliches Kunstwerk.

Natürlich genieße ich Kinofilme wie „Nomaden der Lüfte", „Unsere Ozeane", „Magie der Moore" und „Das Geheimnis der Bäume". Das ist Inspiration pur! Ich kann dann kaum erwarten, zu Hause meine Stoffkisten zu durchsuchen. Selbst mitten in der Nacht.

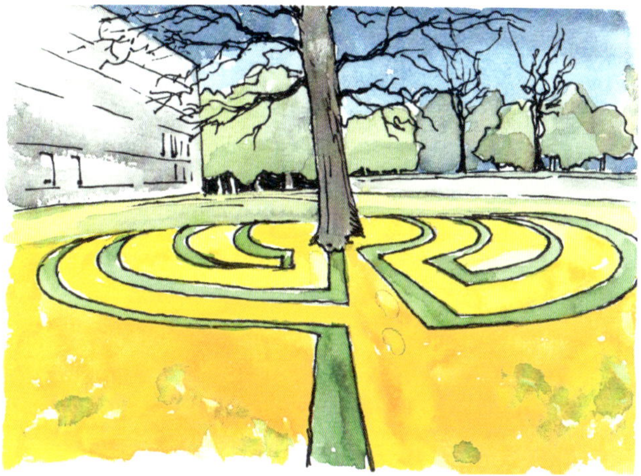

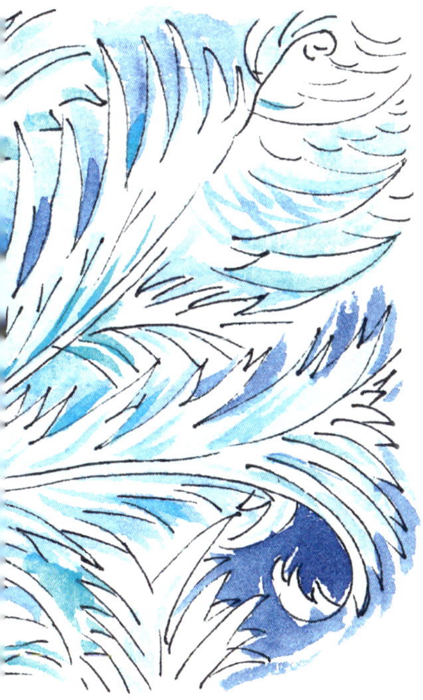

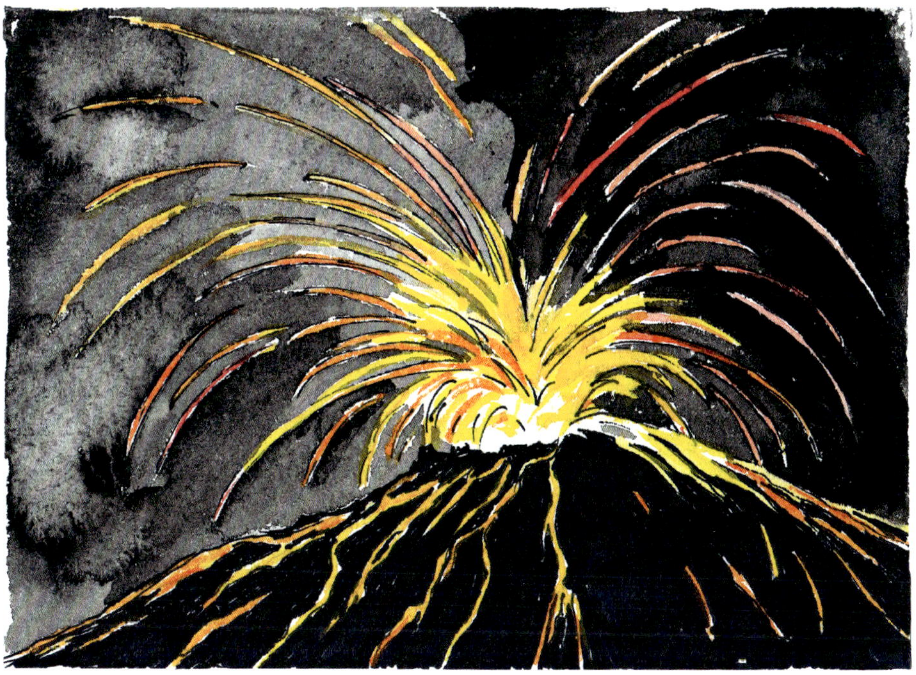

REGENWALD

223 X 205 cm

Die Berechnung der Stoffmenge für diesen Quilt war nicht einfach, da ich dies meist nachträglich mache, wenn der Quilt schon fertig ist. Die angegebenen Stoffmengen sind großzügig bemessen. Sicher ist sicher.

MATERIAL

Stoffe

- je 0,25 m von 18 (oder je 50 cm von 9) verschiedenen Grüntönen (Gesamtmenge ca. 4,50 m), uni und/oder leicht gemustert, von sehr dunkel bis sehr hell, für den Hintergrund
- ca. 8,00 m (Gesamtmenge) von sehr vielen verschiedenen Grüntönen, uni, leicht gemustert, groß gemustert, batik, lebhaft, auch mit Fremdfarben, von sehr hell bis sehr dunkel, für den Dschungel (auch Jelly-Rolls in grünen Farben verwenden)

Sonstiges

- 240 x 220 cm Rückseitenstoff
- 240 x 220 cm Volumenvlies
- hellgrün meliertes Multicolor-Quiltgarn
- 870 cm grüner Schrägstreifen

ARBEITSANLEITUNG

Zuschneiden (Lektion 1)

Schneiden Sie 150 Rechtecke von ca. 25 x 12 cm aus den grünen Hintergrundstoffen. Für die Streifeneinheiten brauchen Sie grüne und grün gemusterte Streifen aller Art, ca. 3 bis 6,5 cm breit, immer über die halbe Stoffbreite geschnitten.

Streifen-Einheiten für die Pflanzen

Nähen Sie helle und dunkle, breite und schmale grün gemusterte Streifen im Wechsel an ihren Längskanten aneinander. Versetzen Sie jeden nachfolgenden Streifen ungefähr um eine Streifenbreite nach oben (Linkshänderinnen versetzen sie nach unten). Für die gewünschte Breite von ca. 30 cm benötigen Sie 7 bis 9 aneinandergenähte Streifen. Bügeln Sie die Streifeneinheit zuerst von links, dann von rechts. Nähen Sie für den gesamten Quilt ungefähr 25 solcher Einheiten. In einem hellen Hintergrundblock werden die Streifen dunkel wirken, in einem dunklen Hintergrundblock wirken die Streifen hell.

Pflanzenbögen schneiden

Schneiden Sie eine der gezackten Seiten der Streifeneinheit mit dem Rollschneider glatt. Dann führen Sie den Rollschneider in einem großzügigen Bogen parallel an dieser Kante entlang. Schneiden Sie ca. 5 cm breite Pflanzenbögen ab.

Tipp

Rechtshänderinnen haben die Streifen so versetzt genäht, dass die linke Kante der Streifeneinheit von rechts unten nach links oben verläuft. Sie schneiden die Bögen an der linken Kante entlang von unten rechts nach oben links. Linkshänderinnen nähen besser so, dass die rechte Kante der Streifeneinheit von links unten nach rechts oben verläuft. Sie schneiden die Bögen an der rechten Kante entlang von links unten nach rechts oben.

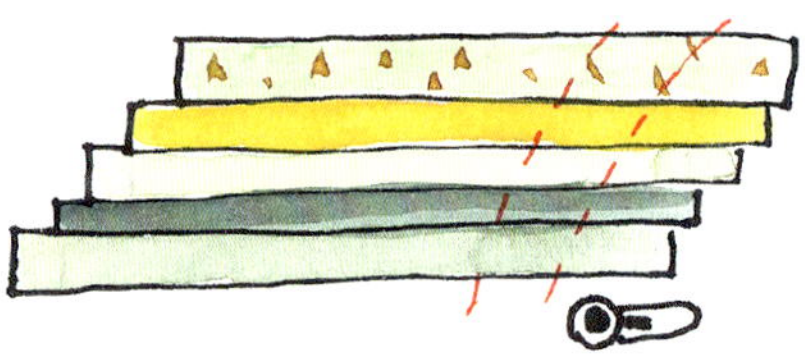

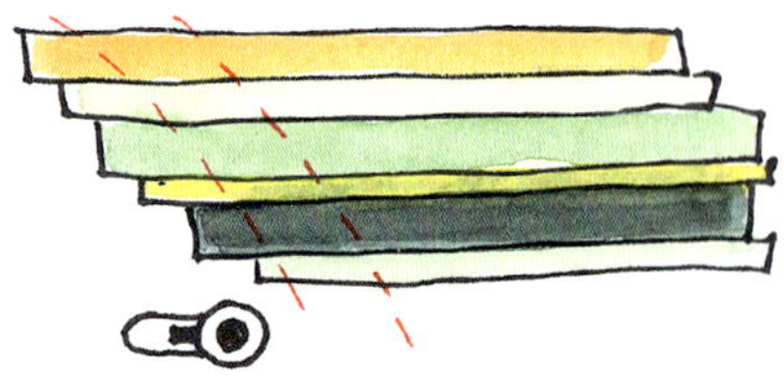

4–7 cm breite Streifen über die halbe Stoffbahn geschnitten. Die Streifen an ihren Längskanten zusammennähen und jeden nachfolgenden nach unten bzw. nach oben versetzen. Jede Streifeneinheit sollte ca. 30 cm breit sein. Bügeln.

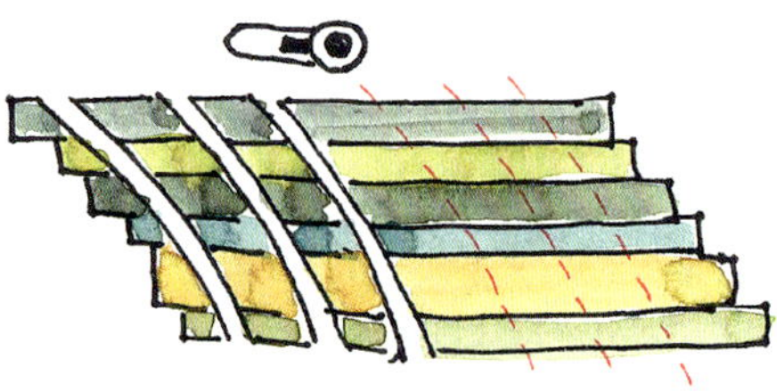

Eine der gezackten Seiten mit dem Rollschneider glatt schneiden. Den Schnitt in einem großzügigen Bogen parallel an dieser Kante entlang führen. Ca. 5 cm breite Pflanzenbögen abschneiden.

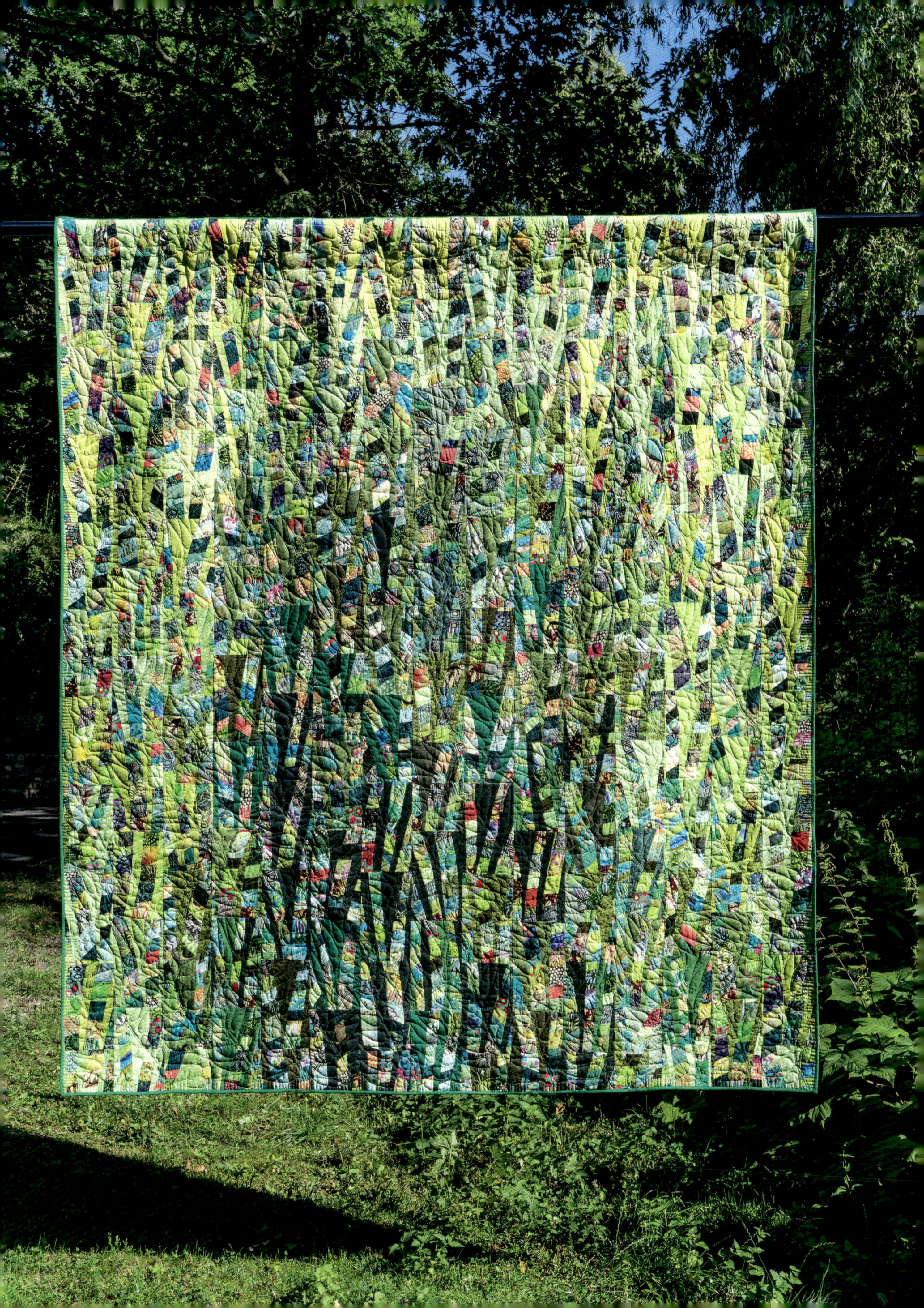

150 Regenwald-Blöcke nähen

(Lektion 7)

Legen Sie einen grünen Hintergrundstoff von ca. 12 x 25 cm vor sich auf die Schneidematte, die kurze Kante liegt unten. Beginnen Sie an der Unterkante und führen Sie mit dem Rollschneider drei schwach geschwungene Schnitte nach oben, die an der Unterkante ca. 2–3 cm weit auseinander liegen. Wechseln Sie die Schneiderichtung. Ordnen Sie nun drei verschiedene geschwungene Pflanzeneinheiten den drei Schnitten zu. Sorgen Sie bei Bedarf für eine gerade Unterkante. Beginnen Sie an der Unterkante zu nähen.

Legen Sie das erste Hintergrundteil und den ersten Streifen unter die Nadel der Nähmaschine und machen Sie einige Anfangsstiche. Fassen Sie den unten liegenden Stoff locker mit der rechten

Tipp

Sollte sich beim Bügeln erweisen, dass sich doch eine hartnäckige Beule oder Falte bildet, so befeuchten Sie die Stelle. Drücken und bügeln Sie sie flach. Dann nähen Sie mit der Nähmaschine von der linken Stoffseite her noch einmal in der Bügelritze entlang. Damit sollte die Unebenheit beseitigt sein.

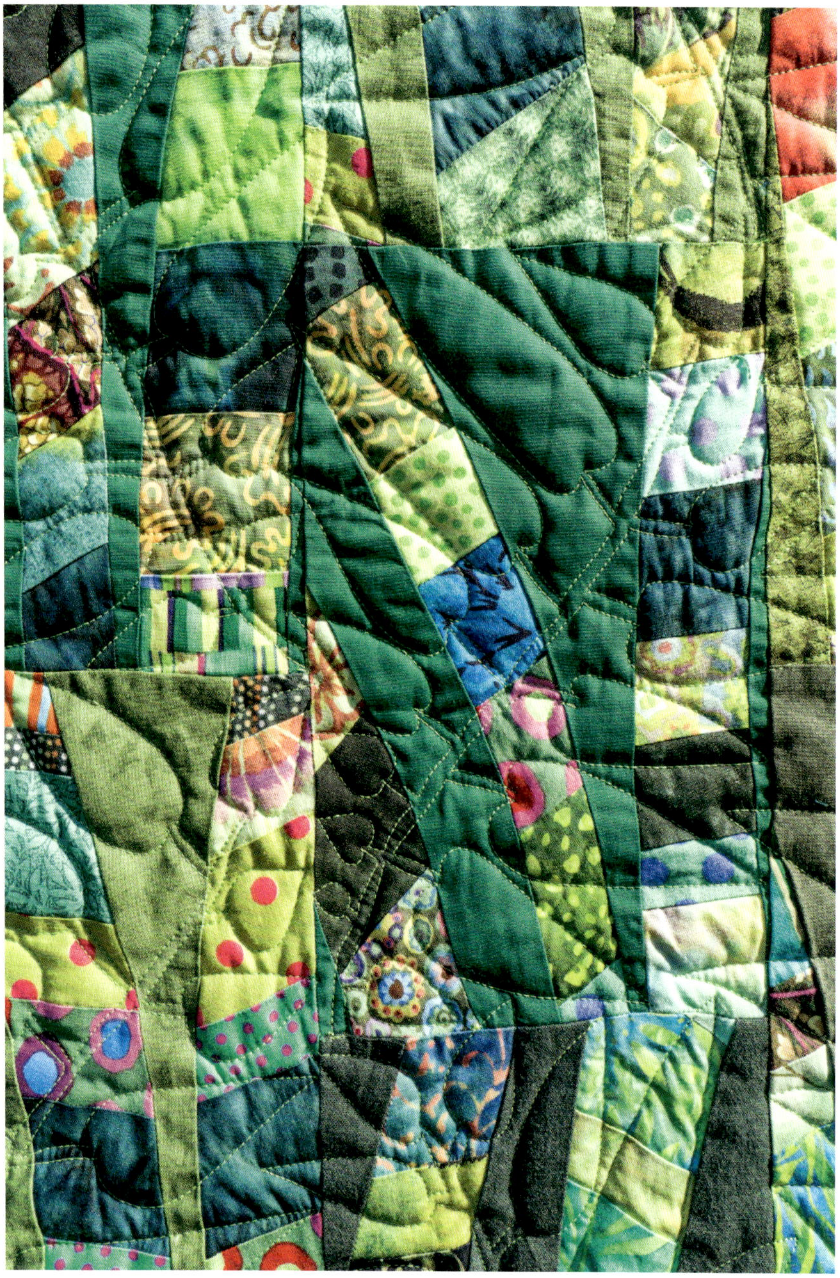

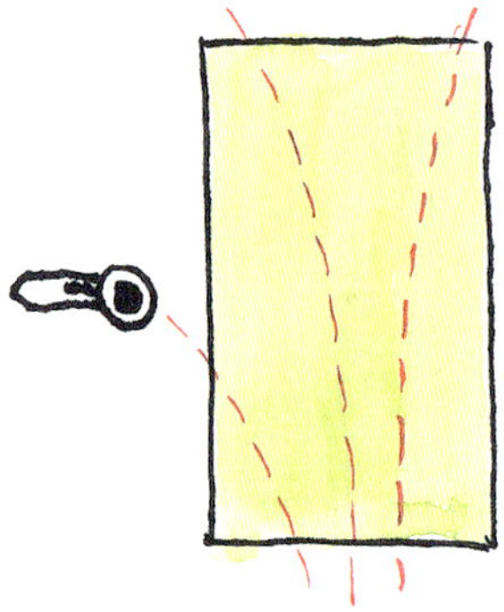

Ein Hintergrundrechteck mit drei Schnitten aufteilen. Unten beginnen. Ein Schnitt führt über die Seitenkante, zwei Schnitte über die Oberkante hinaus.

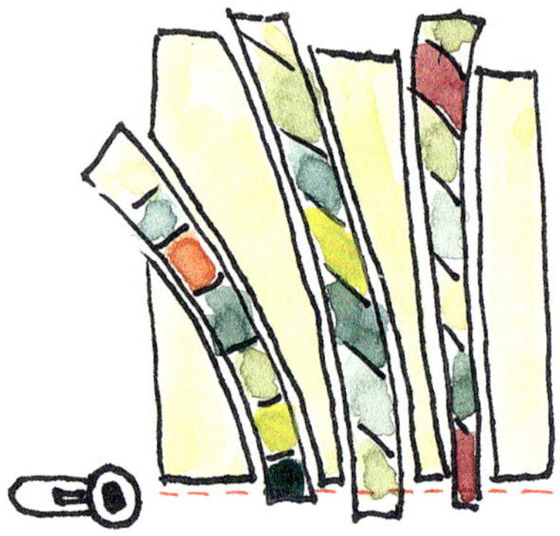

Drei verschiedene bogenförmige Pflanzeneinheiten den drei Schnitten zuordnen. An der Unterkante zu nähen beginnen. Die Streifen zwischen die Teile des Hintergrundstoffs nähen. Nahtzugaben zum Hintergrundstoff hin bügeln. Blöcke auf ein einheitliches Maß zuschneiden, hier sind es 24 x 15 cm.

Hand und den oben liegenden Stoff locker mit der linken. Dann nähen Sie etwa füßchenbreit voran und schieben während des Nähens die Stoffkanten übereinander. Fügen Sie dann das nächste Hintergrundstück an. Da alle Stoffkanten einen diagonalen Fadenlauf aufweisen, lassen sich die Teile gut nähen und Sie benötigen keine Stecknadeln. Bügeln Sie die Nahtzugaben zum Hintergrundstoff hin. Bügeln Sie zuerst von links, dann von rechts, und ziehen Sie dabei die Nähte auseinander.

Schneiden Sie alle Blöcke exakt auf das gleiche Maß zu, hier sind es 24 x 15 cm. Sie brauchen insgesamt 150 Blöcke. Eine gute Mischung der Blöcke A bis E führt zu einem eindrucksvollen Regenwald.

Blöcke A
Ein Schnitt ab der Unterkante zur linken Kante, einer in gleicher Schneiderichtung zur Oberkante der dritte in anderer Schneiderichtung ebenfalls zur Oberkante.

Blöcke B
Ein Schnitt ab der Unterkante zur rechten Kante, einer in gleicher Schneiderichtung zur Oberkante, der dritte in anderer Schneiderichtung ebenfalls zur Oberkante.

Blöcke C
Sie können auch alle drei Schnitte in die gleiche Richtung führen. Einer davon geht über die Seitenkante hinaus, die beiden anderen über die Oberkante.

Blöcke D
Wer möchte, bringt in die Hintergrundfarben eine zusätzliche Abwechslung: Legen Sie zwei Hintergrundblöcke aufeinander, beide weisen mit der rechten Seite nach oben. Schneiden Sie durch beide Stofflagen gleichzeitig. Führen Sie wieder zwei Schnitte zur Oberkante und einen zur Seitenkante hinaus. Tauschen Sie die Farben. Es liegt dann wechselnd ein helles neben einem dunkleren Stoffteil. Nähen Sie nun die Pflanzenbögen in die unterschiedlichen Hintergrundfarben ein.

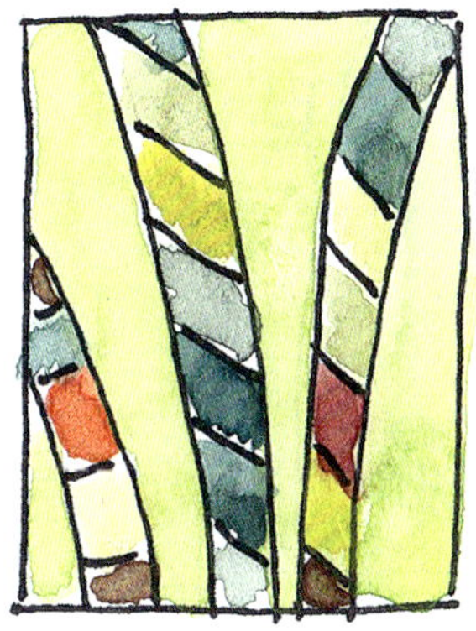

Block A

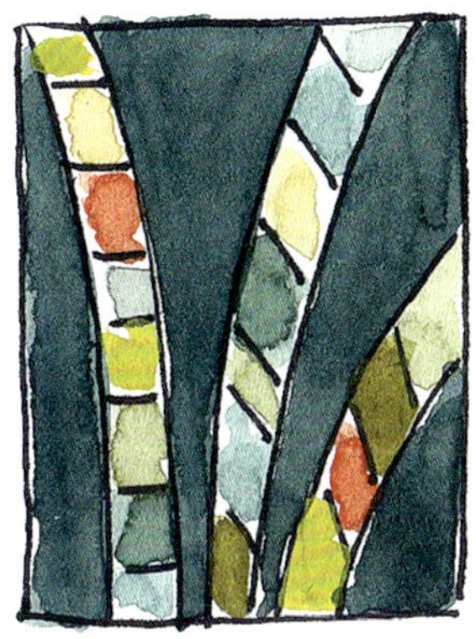

Block B

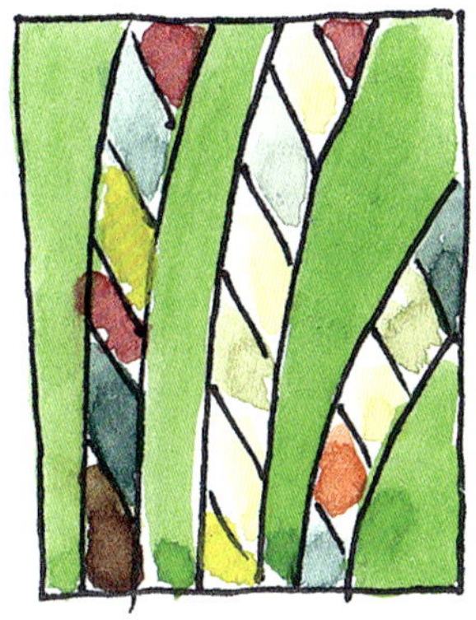

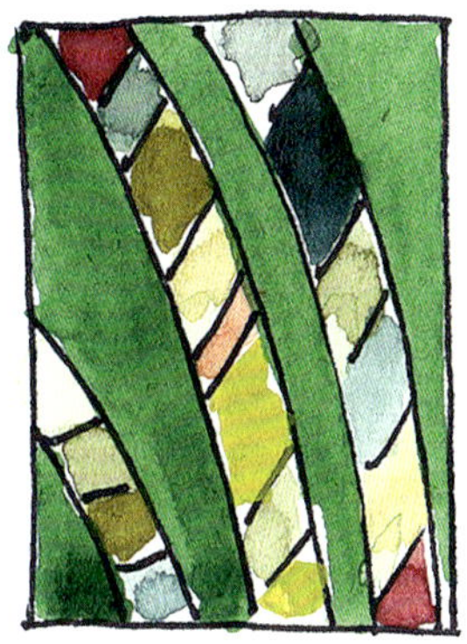

Block C, Schnitte nach links oder nach rechts.

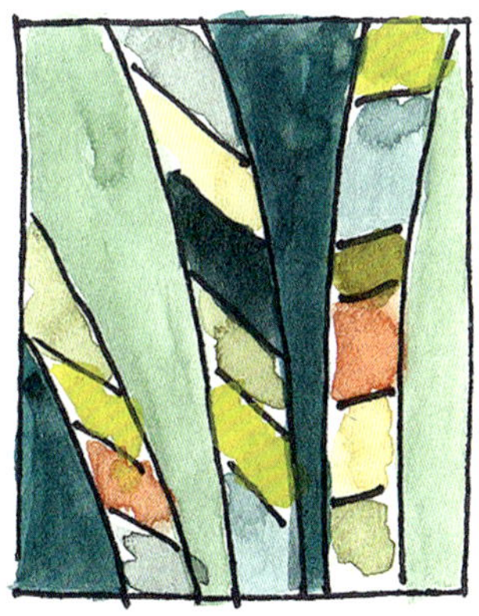

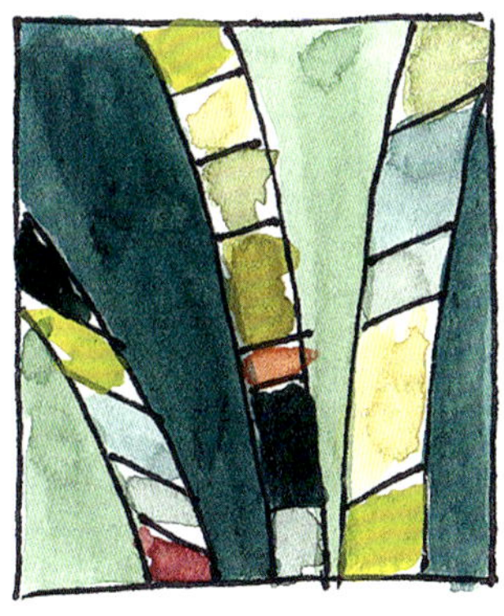

Block D, Farbwechsel im Hintergrund.

Tipp
Halten Sie sich an die Anordnung – zwei Schnitte über die Oberkante hinaus, ein Schnitt zur Seitenkante hin. So werden die Blöcke ungefähr gleich groß.

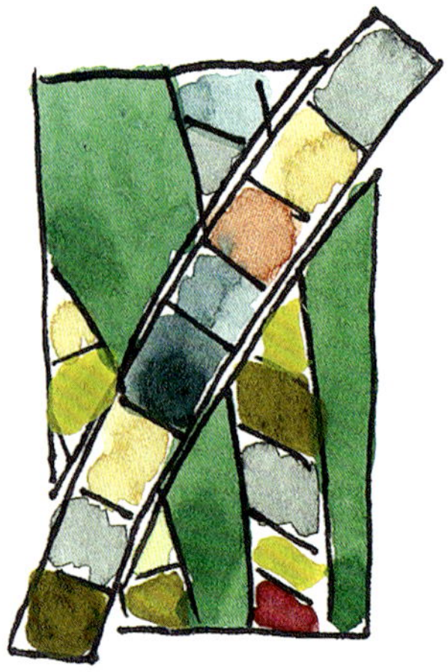

Block E

Nähen Sie die Blöcke zuerst zu Längsstreifen, dann die Längsstreifen an den langen Kanten aneinander. Schneiden Sie die Unterkante gerade. Wechseln Sie beim Zusammennähen der Längsstreifen die Nährichtung, damit die Quiltoberseite ihre Form behält.

Quilten (Lektionen 17 und 18)
Montieren Sie Rückseite, Volumenvlies und Oberseite aufeinander. Quilten Sie auf jeden Block eine Ranke mit langgezogenen herzförmigen Blättern. An Ober- und Unterkante arbeiten Sie die Ranken entweder über einen halben Block oder über eineinhalb Blöcke. Zeichnen Sie zuerst die Mittellinie mit Kreidestift vor (rechts in der Abbildung) und quilten Sie daran entlang die Blätter.

Einfassung (Lektion 19)
Fassen Sie den Quilt mit einem grünen Schrägstreifen ein.

Block E
Ein diagonal eingesetzter Bogen ist die Lösung für einen zu schmal geratenen Block. Nehmen Sie einen fertigen Block A, B oder C und führen Sie einen geschwungenen Schnitt diagonal in Gegenrichtung über den Block. Setzen Sie einen Pflanzenbogen ein. Bügeln Sie den Block.

Zusammensetzen
Sortieren Sie die Blöcke nach dem Farbwert Ihrer Hintergrundstoffe. Beginnen Sie an der Unterkante mit den dunkelsten und ordnen Sie diese pyramidenförmig an. Verschieben Sie die Blöcke längs um einen halben Block, wie abgebildet.

Verteilen Sie die heller werdenden Blöcke nach außen und oben dazu, so dass der Dschungel nach oben hin immer mehr Licht bekommt. Legen Sie 15 Blöcke quer und 10 Blöcke untereinander. Jede zweite Längsreihe endet oben und unten mit einem halben Block. Halbieren Sie die betreffenden Blöcke quer durch die Mitte. Beginnen und enden Sie mit einer 10 Blöcke langen Längsreihe.

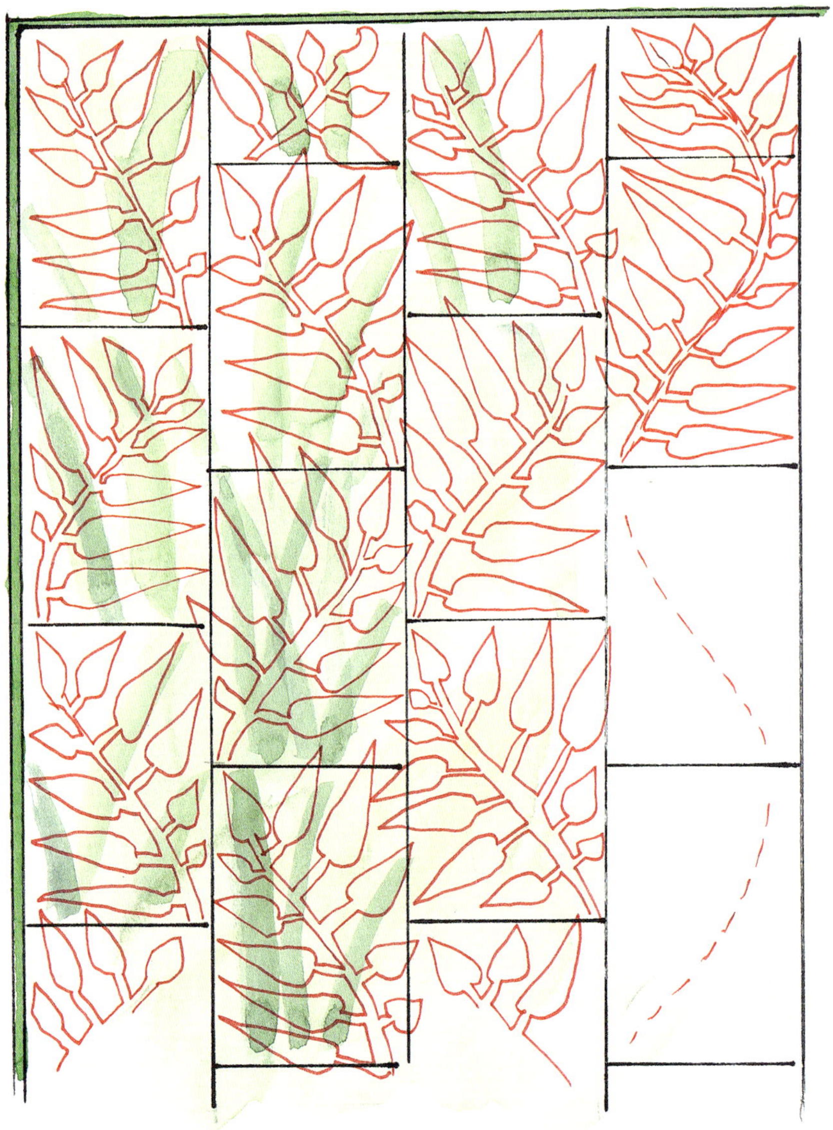

Nähplan und Quiltvorschlag.

STEILKÜSTE

147 X 80 CM

Für diesen Quilt eignen sich handgefärbte Stoffe ideal. Das unruhige Grün spiegelt das Gras und die Büsche wider.

MATERIAL

Stoffe

- 0,70 m Hellblau für den Himmel
- 0,60 m leuchtendes Dunkelblau für das Meer
- 0,70 m unruhig gefärbtes Grün für das Land
- 0,25 m Reinweiß für Steilküste und Möwen
- 0,15 m Rot für den inneren Rand
- 0,50 m Mittelblau uni für den äußeren Rand

Sonstiges

- 170 x 110 cm Rückseitenstoff
- 170 x 110 cm Volumenvlies
- hellblaues, dunkelblaues und grünes Quiltgarn
- 470 cm blauer Schrägstreifen

ARBEITSANLEITUNG

Zuschneiden (Lektion 1)

Für die Viertelkreis-Blöcke arbeiten Sie mit Quadraten von ca. 10 x 10 cm. Alle anderen Quadrate sind exakt 8 x 8 cm groß.

Viertelkreise (Lektion 8)

Arbeiten Sie Viertelkreisblöcke, wie in Lektion 8 beschrieben. Bügeln Sie sie und schneiden Sie alle Blöcke exakt quadratisch zu, hier 8 x 8 cm.

Schneiden und nähen Sie Viertelkreise wie folgt:

- 1x Hellblau/Grün: für 1 grünes Viertel. Der Bogen bleibt übrig.
- 2x Dunkelblau/Grün für 4 Bögen und 4 Viertel.
- 5x Grün/Weiß für 5 weiße Bögen und 4 weiße Viertel, 1 weißes Viertel bleibt übrig.
- 6x Weiß/Dunkelblau für 6 weiße Viertel und 4 Bögen. 2 weiße Bögen bleiben übrig.
- 8x Weiß/Hellblau für 8 weiße Bögen und 5 weiße Viertel, 3 weiße Viertel bleiben übrig.

Schneiden Sie exakt 8 x 8 cm große einfarbige Quadrate wie folgt:

- 2x Weiß
- 65x Hellblau
- 60x Dunkelblau
- 66x Grün

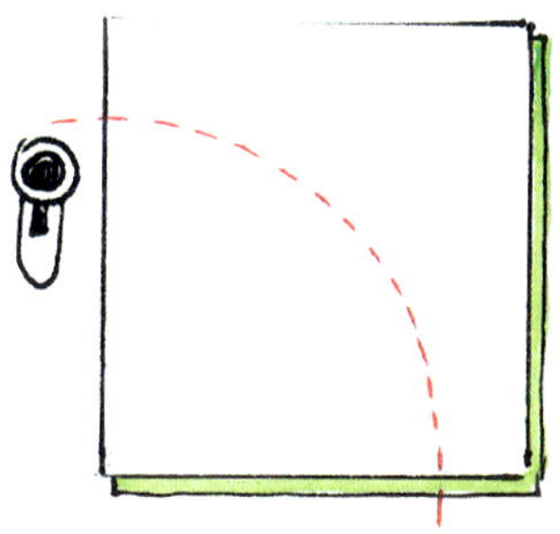

Zwei Quadrate (10 x 10 cm) aufeinanderlegen, beide mit der rechten Seite nach oben. Einen Viertelkreis durch beide Lagen schneiden.

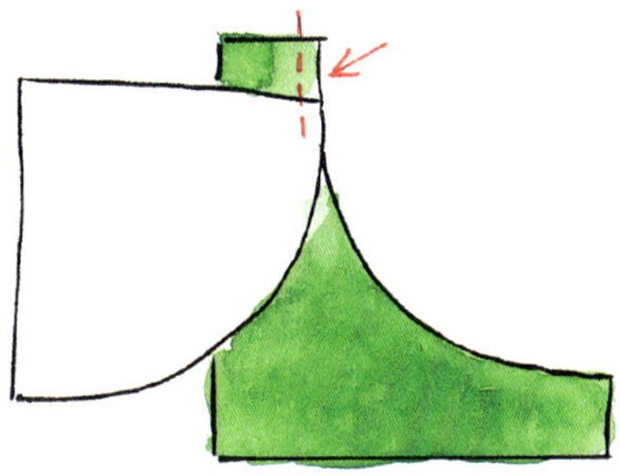

Viertelkreis in den Bogen einsetzen. Den Viertelkreis etwa 1 cm nach unten versetzen, dann mit knapper Nahtzugabe einnähen. Nahtzugabe zum eingesetzten Viertelkreis hin bügeln.

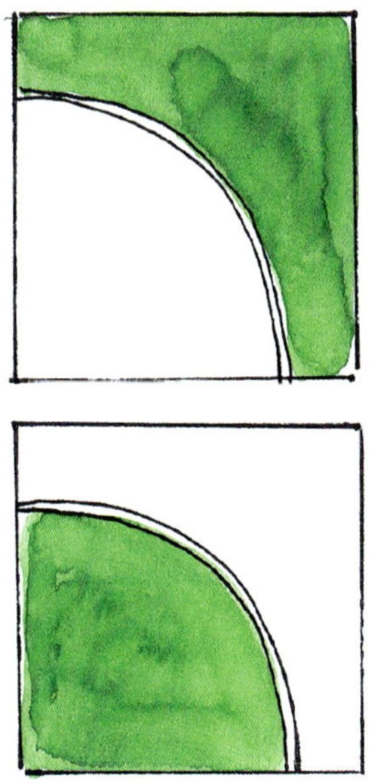

Farben tauschen.

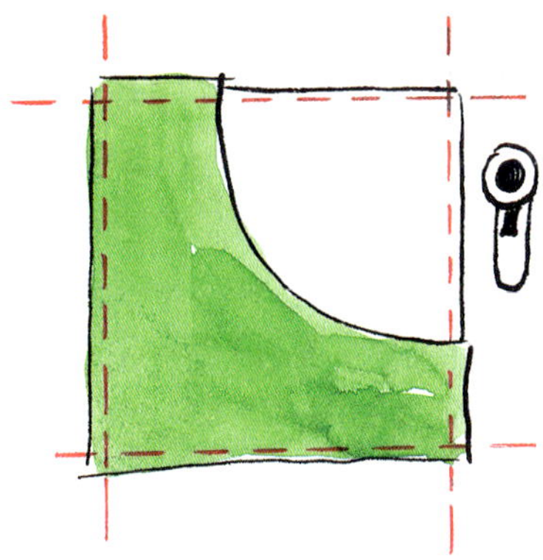

Block exakt quadratisch zuschneiden (8 x 8 cm).

Anordnung
Legen Sie die Blöcke auf einer ausreichend großen Fläche aus. Arrangieren Sie 21 Querreihen zu je 10 Blöcken untereinander. Orientieren Sie sich am Foto und an der Abbildung.

Zusammensetzen (Lektion 15)
Nähen Sie die Quiltoberseite zusammen, wie in Lektion 15 beschrieben.

Randbordüren (Lektion 16)
Rand 1: Weinrot, 3 cm Schneidebreite, gerade Ecken.
Rand 2: Mittelblau, 10 cm Schneidebreite, gerade Ecken.

Quilten (Lektionen 17 und 18)
Montieren Sie Rückseite, Volumenvlies und Oberseite aufeinander. Quilten Sie mit der jeweiligen Fadenfarbe auf dem Himmel angedeutete Wolkenformationen, auf dem Wasser waagerechte Wellenlinien oder nach unten hin größere, sich überschlagende Wellen, sowie auf dem Land ein lockeres Mäandermuster. Wenn Sie möchten, quilten Sie senkrechte Linien auf die weißen Felsen, aber lassen Sie die Möwen unberührt.

Einfassung (Lektion 19)
Fassen Sie den Quilt mit einem blauen Schrägstreifen ein.

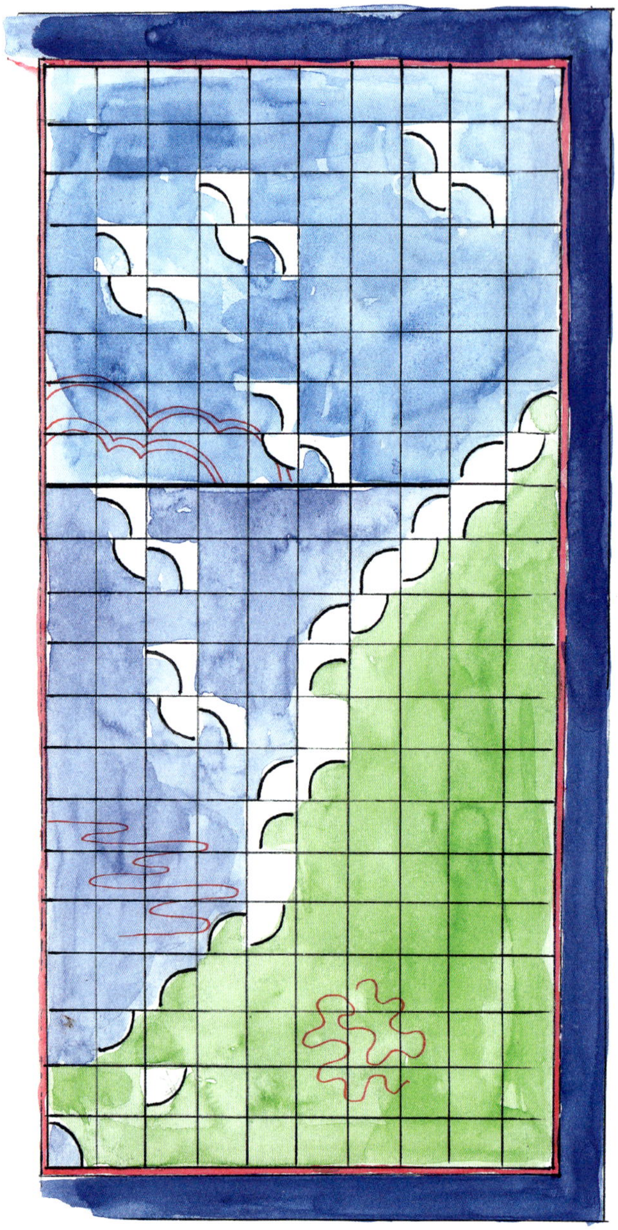

Nähplan, Randgestaltung und Quiltvorschlag.

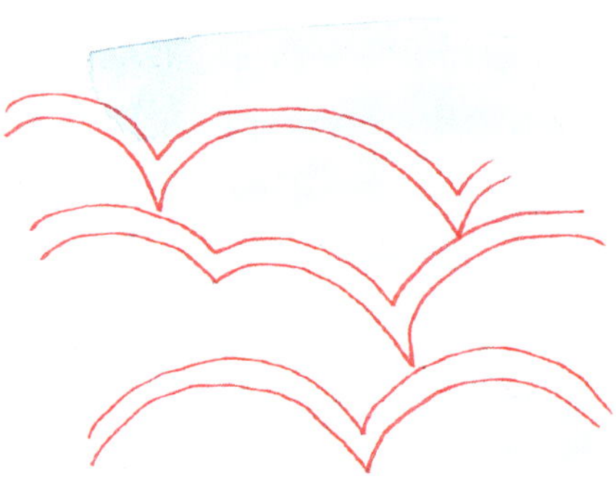

Quiltvorschlag: Himmel.

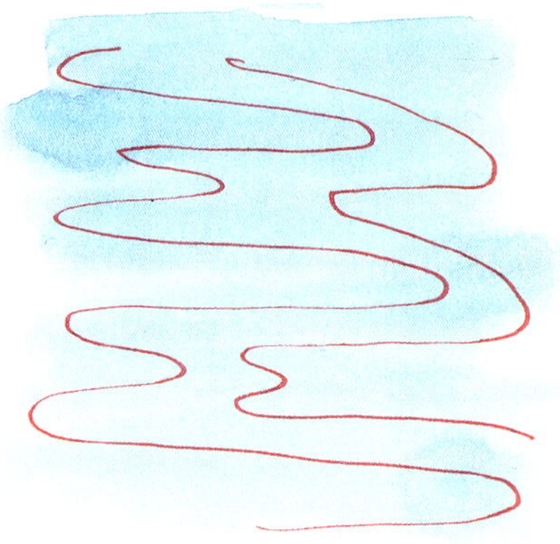

Quiltvorschlag: Wasser.

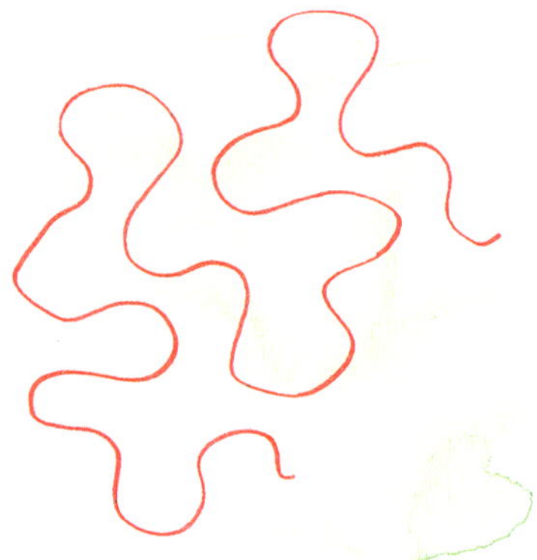

Quiltvorschlag: Land.

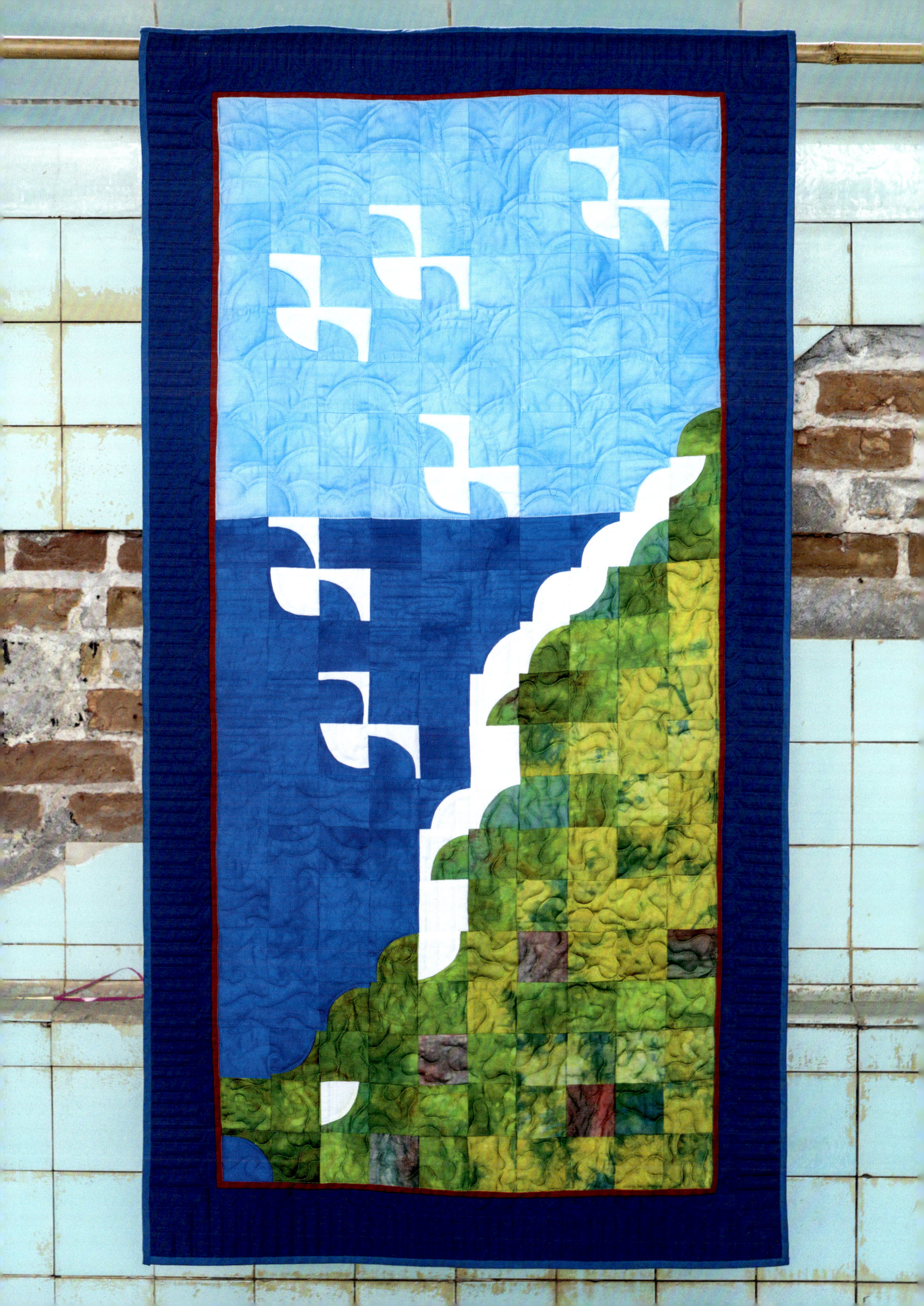

GINKGOBLATT

64 X 64 CM

Bei diesem Wandquilt kommt die Zwillingsnadel zum Einsatz. Die Längsrillen des Blattes werden durch plastisch unterlegte Linien dargestellt.

MATERIAL

Stoffe

- 0,30 m Goldgelb, uni, für das Blatt
- 0,70 m Blau, uni, für den Hintergrund und die Einfassung

Sonstiges

- wasserlöslicher Markierstift
- 1 Knäuel gelbes dickes Baumwollgarn
- zwei identische gelbe Oberfadenspulen
- Zwillingsnadel
- heller Kreidestift
- 70 x 70 cm Rückseitenstoff
- 70 x 70 cm Volumenvlies
- gelbes und blaues Quiltgarn
- 50 cm dunkelblaues Schrägband, 5 cm breit, vorgefalzt und längs geteilt, für den Schatten

Vorbereitung

Schneiden Sie aus dem gelben Stoff einen Halbkreis zu, 30 cm hoch und an der langen Kante 60 cm breit, sowie ein Rechteck von ca. 25 x 20 cm. Nähen Sie das Rechteck mit seiner kurzen Kante mittig an die Unterkante des gelben Halbkreises. Bügeln Sie die Naht.

Blattlinien steppen (Lektion 11)

Bereiten Sie die Nähmaschine für das Nähen mit der Zwillingsnadel vor, wie in Lektion 11 beschrieben. Zeichnen Sie mit wasserlöslichem Stift den Umriss eines Ginkgoblattes mit seiner charakteristischen Kerbe auf den gelben Stoff. Der leicht gebogene Stiel ist ca. 2 cm schmal und reicht bis an die Unterkante des angenähten Rechtecks.

Beginnen Sie an der runden Oberkante rechts der Blattkerbe und steppen Sie eine leicht geschwungene Linie in Richtung des Stiels. Führen Sie die Linie bis an das untere Ende des Stiels. Halten Sie ca. 1 cm vor der Unterkante an und wenden Sie den Stoff in die Gegenrichtung. Achten Sie darauf, dass beim Wenden die Nadelposition oben ist. Steppen Sie parallel der ersten Linie wieder entlang des Stiels und ab da in einem leichten Bogen wieder zur Oberkante, wo Sie an der anderen Seite der Kerbe enden. An der Oberkante schneiden Sie die Fäden ab. Arbeiten Sie weitere v-förmige, geschwungene Linien rechts und links der ersten Linien, wie abgebildet. Die Abstände an der Oberkante betragen ca. 6–8 cm. An den Seiten bleiben ebenfalls ca. 6–8 cm frei.

Tipp

Nähen Sie an Anfang und Ende der Naht immer über ein kleines Stück Stoff (die „Fadenmaus"). Dadurch werden die Fäden festgehalten, so dass keiner herausrutschen kann.

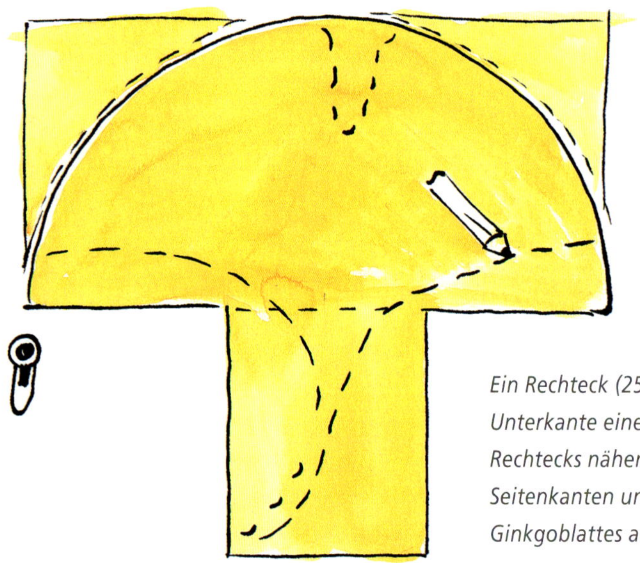

Ein Rechteck (25 x 20 cm) mittig an die Unterkante eines 30 x 60 cm großen Rechtecks nähen. Halbkreis schneiden. Seitenkanten und schlanken Stiel des Ginkgoblattes aufzeichnen.

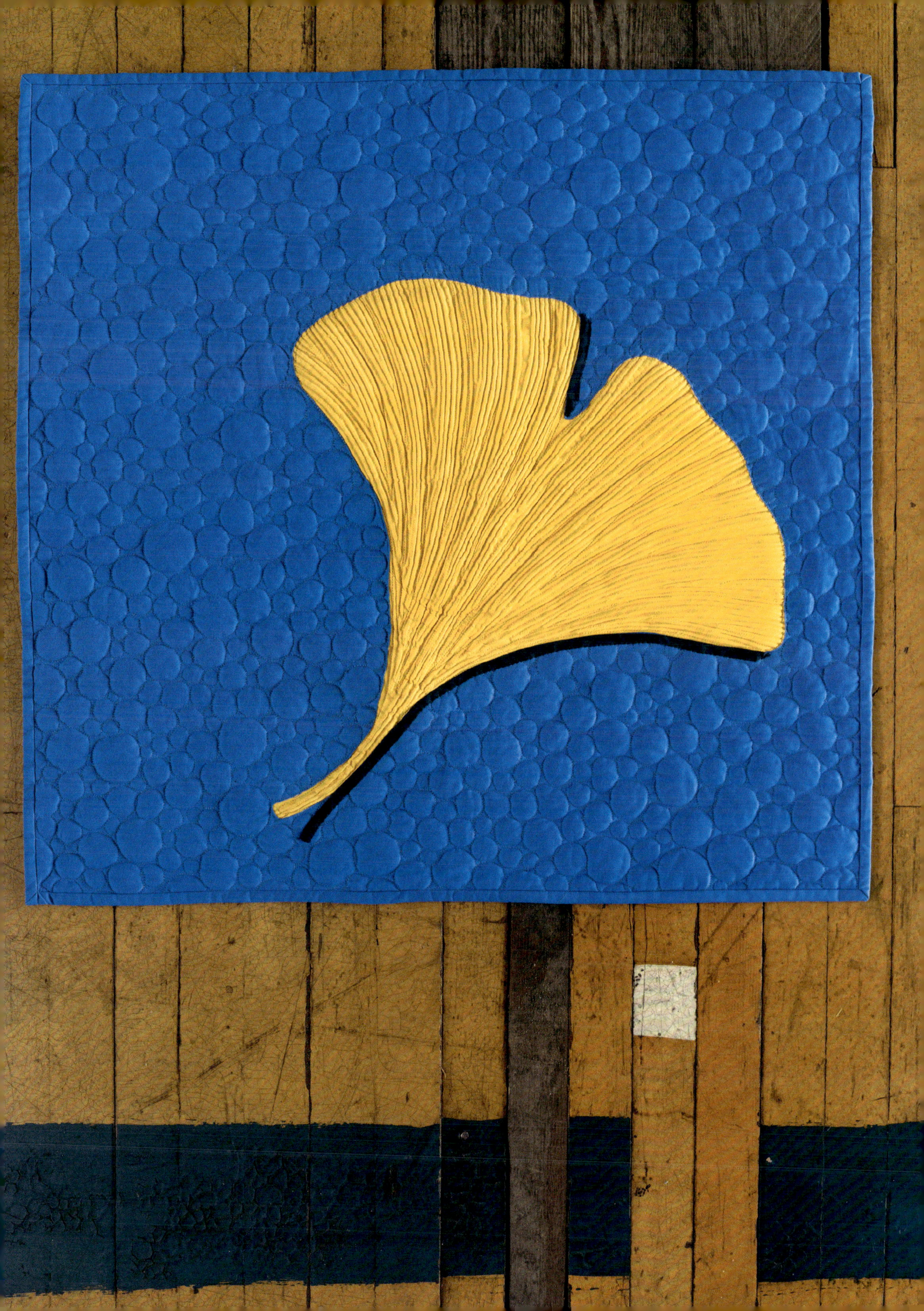

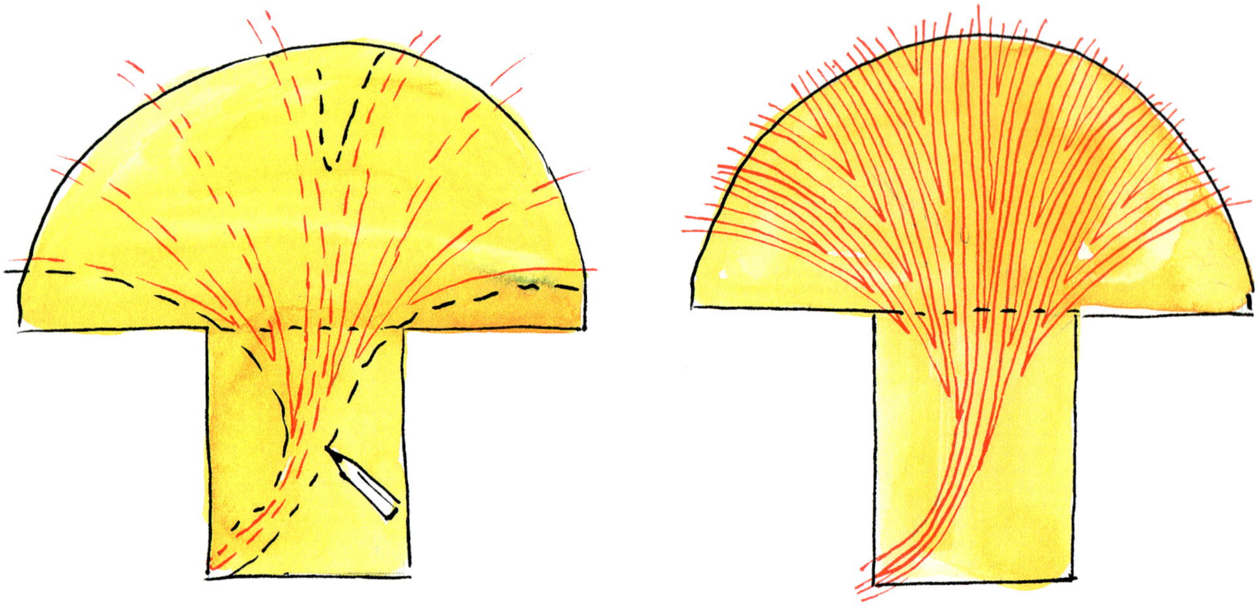

Mit der Zwillingsnadel und untergelegtem dickem Garn zuerst seitlich der Blattkerbe bis zum Stiel und wieder zurück steppen. Mit weiteren v-förmigen Linien bedecken. *Mit der Zwillingsnadel und untergelegtem dickem Garn zuerst seitlich der Blattkerbe bis zum Stiel und wieder zurück steppen. Mit weiteren v-förmigen Linien bedecken.*

Arbeiten Sie nun die Zwischenlinien. Beginnen Sie rechts neben einer bestehenden Linie. Nähen Sie so weit nach unten, bis der Abstand zwischen den bereits genähten Linien etwas mehr als eine Zwillingsnadelbreite beträgt. Wenden Sie hier und nähen Sie entlang der gegenüberliegenden Linie wieder bis zur Oberkante zurück. An der Spitze überlappen sich die Linien. Füllen Sie zuerst die großen Lücken, die immer schmaler werden. Sie können an den Seiten noch Linien zugeben und auch den Stiel 3–4 Linien breit arbeiten.

Entfernen Sie die evtl. vorgezeichneten Linien und bügeln Sie das Blatt von links. Streichen und dehnen Sie dabei die Fläche nach außen.

Hintergrund applizieren

Schneiden Sie den blauen Stoff ca. 70 x 70 cm groß zu. Legen Sie das fertige Blatt leicht schräg auf Ihre Schneidematte und breiten Sie den blauen Hintergrundstoff darüber. Streichen Sie mit den Händen über die Fläche, um die plastischen Linien des Blattes zu spüren. Übertragen Sie die Außenform der Linienfläche mit Kreidestift auf den blauen Stoff. Zeichnen Sie die Kontur des Ginkgoblattes etwa 2 cm innerhalb der Form auf. Stecken Sie das genähte Blatt unter dem Stoff flächig mit einigen Stecknadeln fest.

Arbeiten Sie von Hand mit kurzen Vorstichen eine Heftlinie ca. 0,5 cm rundum außerhalb der gezeichneten Linie. Entfernen Sie die Stecknadeln. Schneiden Sie aus dem blauen Stoff die Blattform vorsichtig ca. 0,5 cm innerhalb der gezeichneten Linie aus, ohne das darunterliegende Motiv zu verletzen. Auf dem Stiel reicht ein mittiger Schnitt, an den unteren Ecken des Stiels machen Sie je einen kurzen Diagonalschnitt. Sie haben nun ca. 1 cm Nahtzugabe für das Applizieren zur Verfügung.

Setzen Sie wieder die normale Nähnadel ein und fädeln Sie blaues Garn in die Maschine. Falten Sie mit Hilfe einer Nadelspitze die offene blaue Kante ca. 3–4 mm nach unten weg, immer kurz vor dem Nähmaschinenfüßchen. Arbeiten Sie kleine Strecken knappkantig an der gefalteten Kante entlang. Nähen Sie so um das gesamte Blatt. Schneiden Sie an der Rückseite den überstehenden gelben Stoff bis auf ca. 1 cm an die Naht zurück.

Schattenstreifen applizieren

Teilen Sie den vorgefalzten, dunkelblauen Schrägstreifen längs durch die Mitte, so dass er gefaltet 12 mm breit liegt. Steppen Sie den Streifen mit der offenen Kante ca. 4 mm breit auf die gewünschte Naht. Falten Sie den Falz zum blauen Stoff hin und nähen Sie ihn dort mit feinen Handstichen fest. Nähen Sie einen Schatten an die Unterkante des Blattes und an die linke Kante der Blattkerbe. Formen Sie abgerundete Enden.

Quilten (Lektionen 17 und 18)
Montieren Sie Rückseite, Volumenvlies und Oberseite aufeinander. Quilten Sie mit gelbem Garn in einigen der Rillen entlang. Arbeiten Sie mit blauem Garn ein passendes Flächenmuster auf den Hintergrund.

Fertigstellung (Lektion19)
Schneiden Sie die Ränder gerade und fassen Sie den Quilt mit einem blauen Streifen ein, gerade geschnitten, Schneidebreite 6 cm, der Länge nach gefaltet. Nähen Sie einen Aufhängetunnel an die rückwärtige Oberkante.

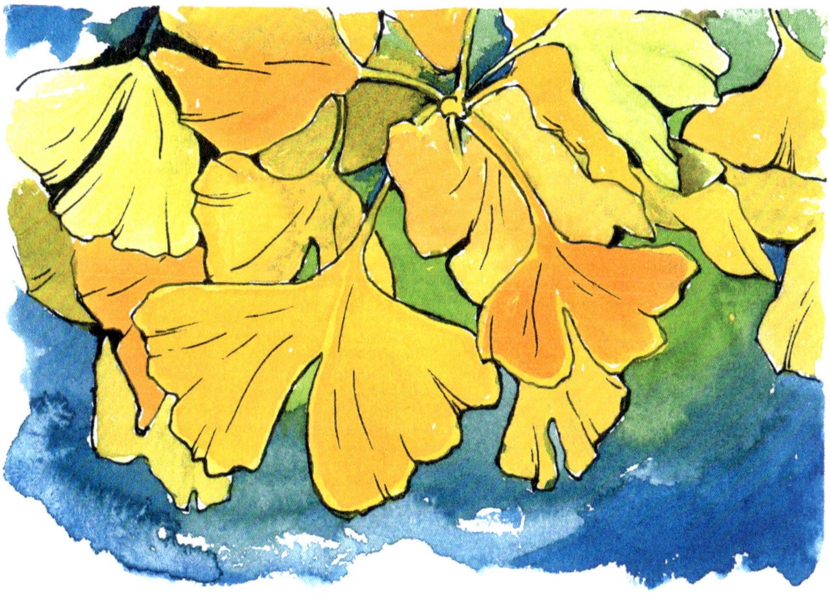

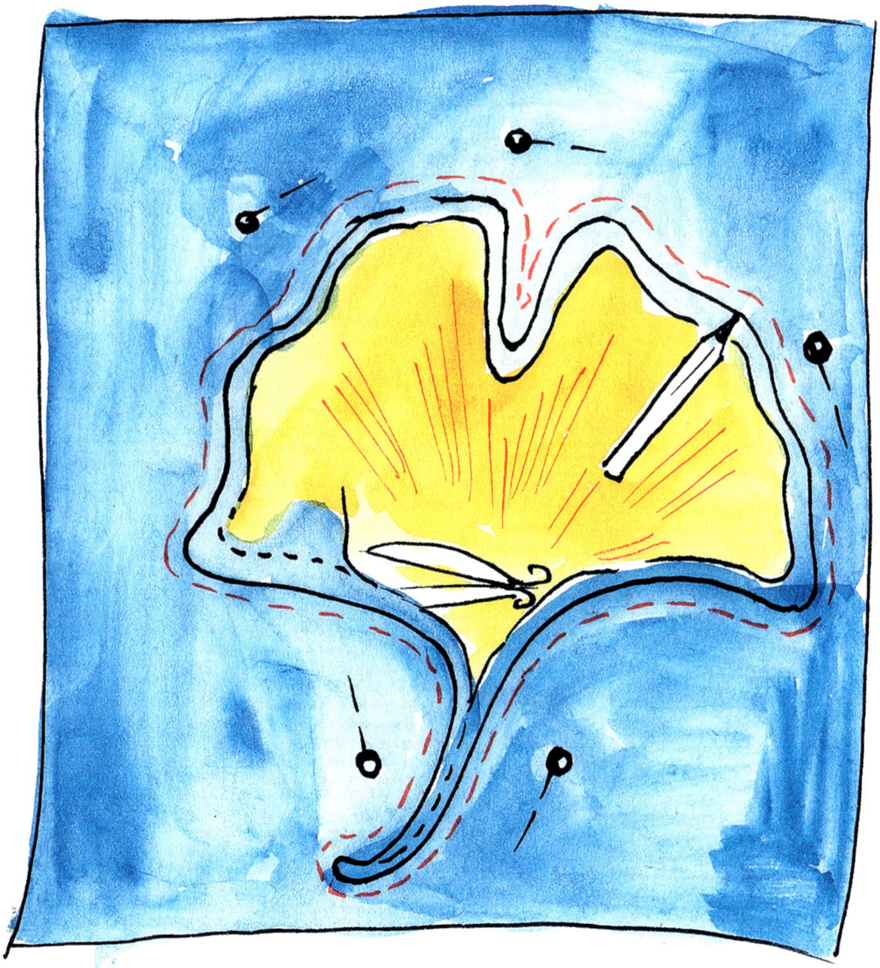

Hintergrundstoff auf das Blatt legen. Innerhalb der Blattfläche den naturgetreuen Umriss eines Ginkgoblattes zeichnen. Rundum 0,5 cm außerhalb der Linie entlang heften (rote gestrichelte Linie). 0,5 cm innerhalb der Linie den Hintergrundstoff ausschneiden.

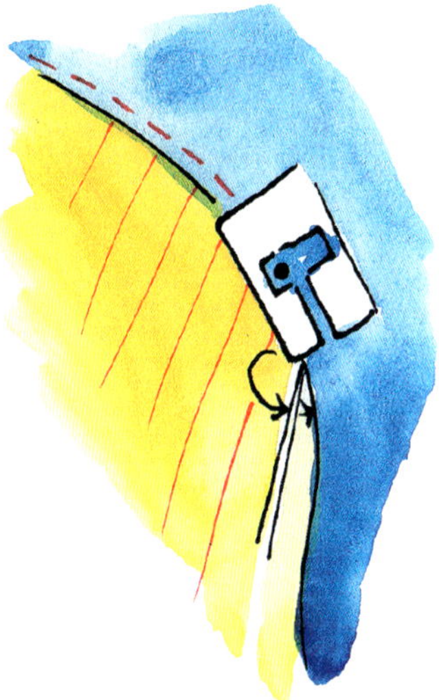

Hintergrundstoff schrittweise knappkantig aufsteppen. Kante mit einer Nadelspitze nach unten einschlagen.

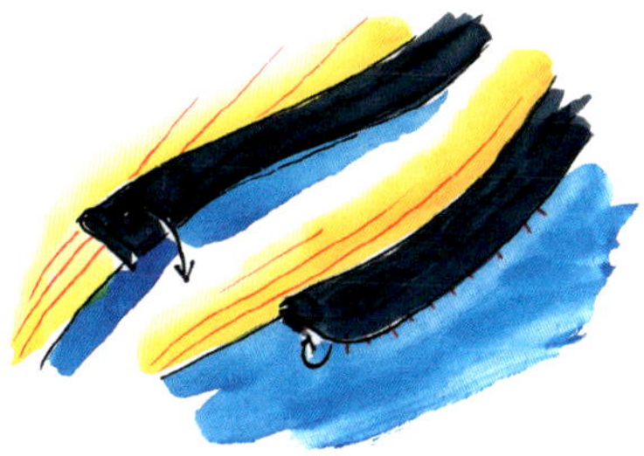

Schatten: Gefalteten dunklen Streifen zuerst knapp entlang der gelben Kante nähen, dann zum blauen Stoff hin falten. Ecken einschlagen. Mit Handstichen befestigen.

KLETTERPFLANZEN

217 X 180 CM

Pflanzen mit schlanken Blättern klettern an den Baumstämmen des Regenwalds empor. Die Ranke ist im Quiltmuster plastisch dargestellt, genäht werden nur die Blätter mit auffallenden Streifenstoffen.

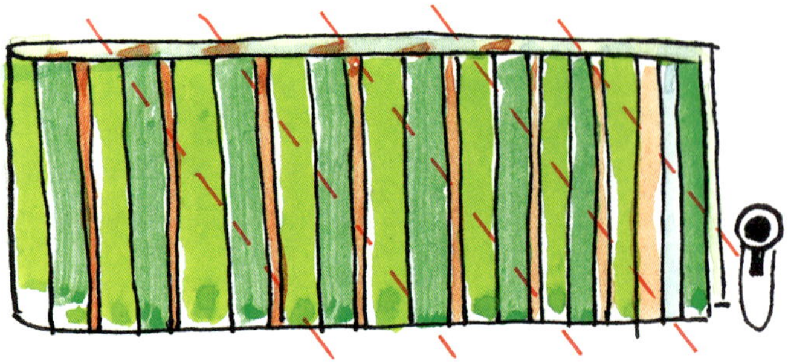

Streifenstoff links auf links falten und diagonal Streifen von ca. 5 cm Breite abschneiden.

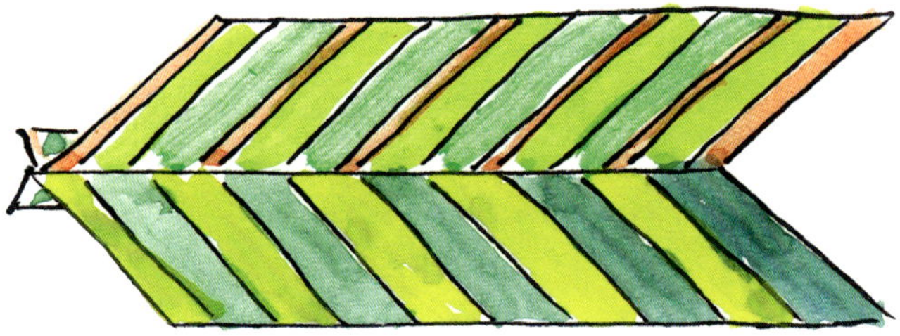

Zwei unterschiedliche Streifenstoffe an der langen Kante aneinandernähen. Nahtzugaben auseinander bügeln.

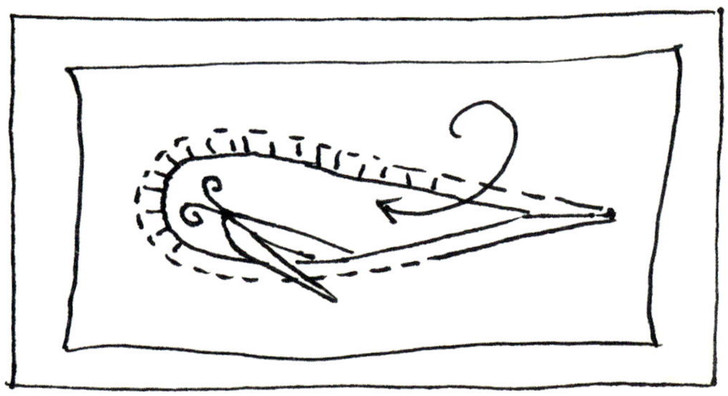

Weißen Paspelstoff rechts auf rechts auf den Nesselstoff legen. Blattform aufzeichnen und auf der Linie rundum nähen. Innerhalb der Form beide Stofflagen ausschneiden, Nahtzugaben einzwicken, dabei besonders die Spitze weit genug einschneiden. Paspelstoff durch die Öffnung nach hinten ziehen. Kante glatt drücken.

■ MATERIAL

Stoffe

- je 0,25 m von 20 verschiedenen gestreiften Stoffe in grüner Farbe und Bunt mit Grün (Gesamtmenge ca. 5 m) für die Blätter und den inneren Randstreifen
- 7,50 m naturweißer Nessel für den Hintergrund und den äußeren Randstreifen
- 6,50 m Reinweiß für die Paspeln

Sonstiges

- evtl. Quiltlineal 15 x 30 cm
- 230 x 200 cm Rückseitenstoff
- 230 x 200 cm Volumenvlies
- naturweißes Quiltgarn
- 810 cm grüner Schrägstreifen

■ ARBEITSANLEITUNG

Blattgrün (Lektion 1)

Für die zusammengesetzten Blätter schneiden Sie die gestreiften grünen Stoffe im diagonalen Fadenlauf zu. Sie benötigen ca. 5 cm breite Streifen. Wenn Sie die Stoffe links auf links gefaltet legen und durch beide Lagen diagonale Streifen schneiden, erhalten Sie zweierlei Streifenrichtungen – einmal nach links, einmal nach rechts laufend. Haben Sie einen gewebten Streifenstoff, können Sie diesen von beiden Seiten benutzen, was sich für die Kombination mit den anderen Streifenstoffen oft als Vorteil erweist.

Legen Sie je zwei unterschiedliche Streifenstoffe nebeneinander. Die Streifen müssen schräg aufeinander zu laufen. Nähen Sie die Streifen an den langen Kanten zusammen und bügeln Sie die Nahtzugaben auseinander. Kombinieren Sie spannende Farbstellungen. Legen Sie die Streifenkombinationen beiseite.

Blattformen (Lektion 10)

Schneiden Sie mindestens 264 Rechtecke von ca. 10 x 25 cm aus Nesselstoff und ebenso viele Rechtecke aus weißem Stoff zu. Legen Sie einen weißen Stoff rechts auf rechts auf den Nesselstoff. Nähen Sie eine schlanke Blattform darauf, entweder frei Hand „nach Gefühl" oder zeichnen Sie sie mit hitzelöslichem Stift vorab auf. Die Blätter sollten ca. 15–18 cm hoch und am breiten unteren Ende ca. 3 cm breit sein. Machen Sie an der Spitze des Blattes einen Querstich, da dies das spätere Wenden der Form erleichtert.

Schneiden Sie innerhalb der genähten Form beide Stofflagen bis auf ca. 5 mm Nahtzugabe aus. Zwicken Sie die Nahtzugaben bis dicht an die Naht ein. Setzen Sie an den Rundungen dichtere

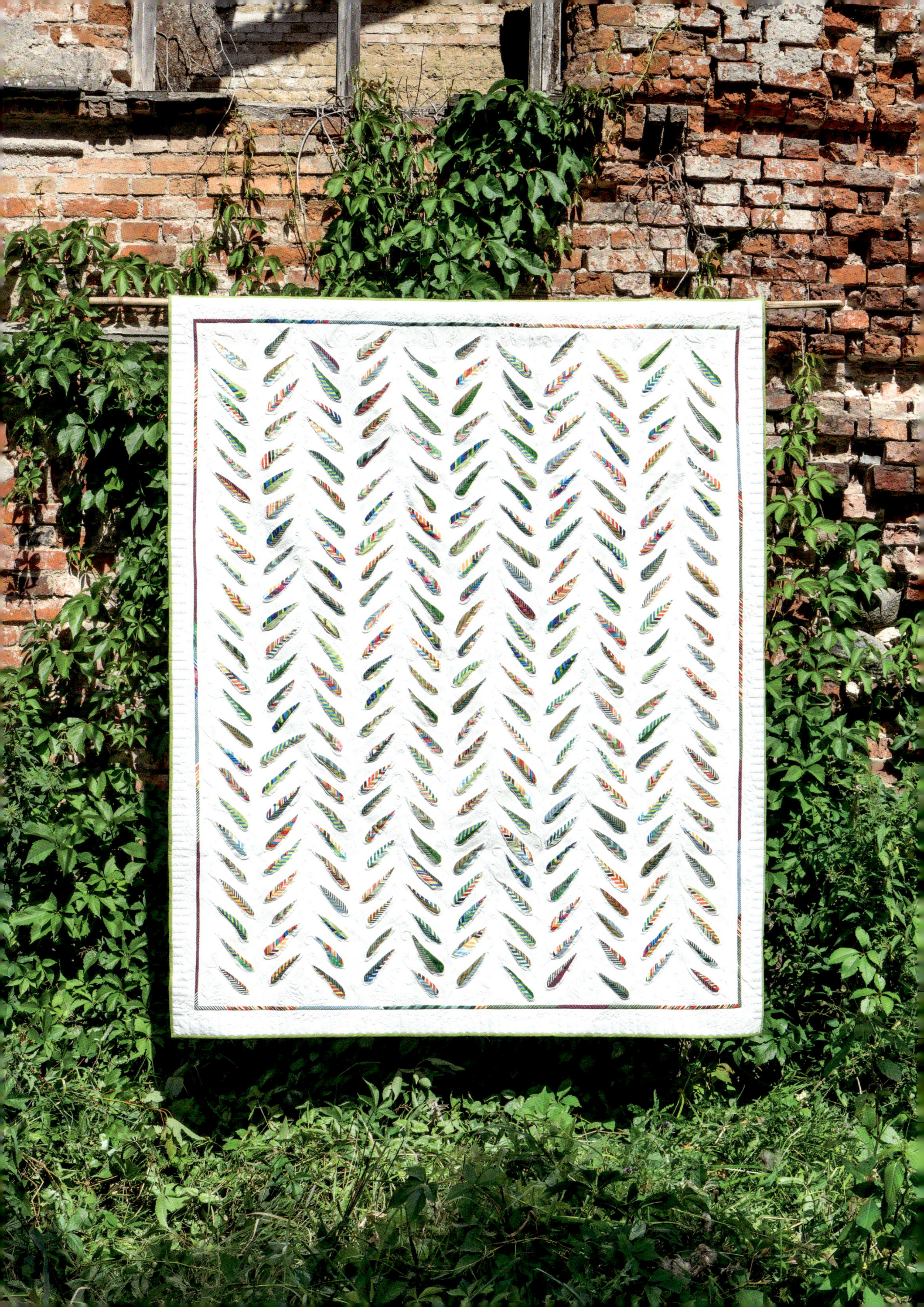

Einschnitte und an der Spitze einen tiefen Schnitt bis an die Naht (wichtig!). Ziehen Sie den weißen Paspelstoff zur Rückseite. Drücken Sie die Kante glatt und bügeln Sie den Block. Arbeiten Sie 264 blattförmige Öffnungen.

264 Blatt-Blöcke

Legen Sie einen ausreichend langen Streifen zusammengesetztes Blattgrün hinter die Öffnung. Die Streifen müssen an der breiten Blattunterkante mittig beginnen und an beiden Seiten nach oben weisen, die Mittelnaht führt genau in die Spitze. Stecken Sie den Streifen mit Stecknadeln hinter die Öffnung. Steppen Sie mit naturweißem Garn knappkantig um die Blattform.

Schneiden Sie anschließend von der Rückseite das Blattgrün bis auf 2–3 mm, den Paspelstoff bis auf 5–6 mm an die Naht heran ab. Bügeln Sie die Blöcke noch einmal und schneiden Sie sie auf exakt 7 x 22 cm Größe zu. Arbeiten Sie 264 Blöcke.

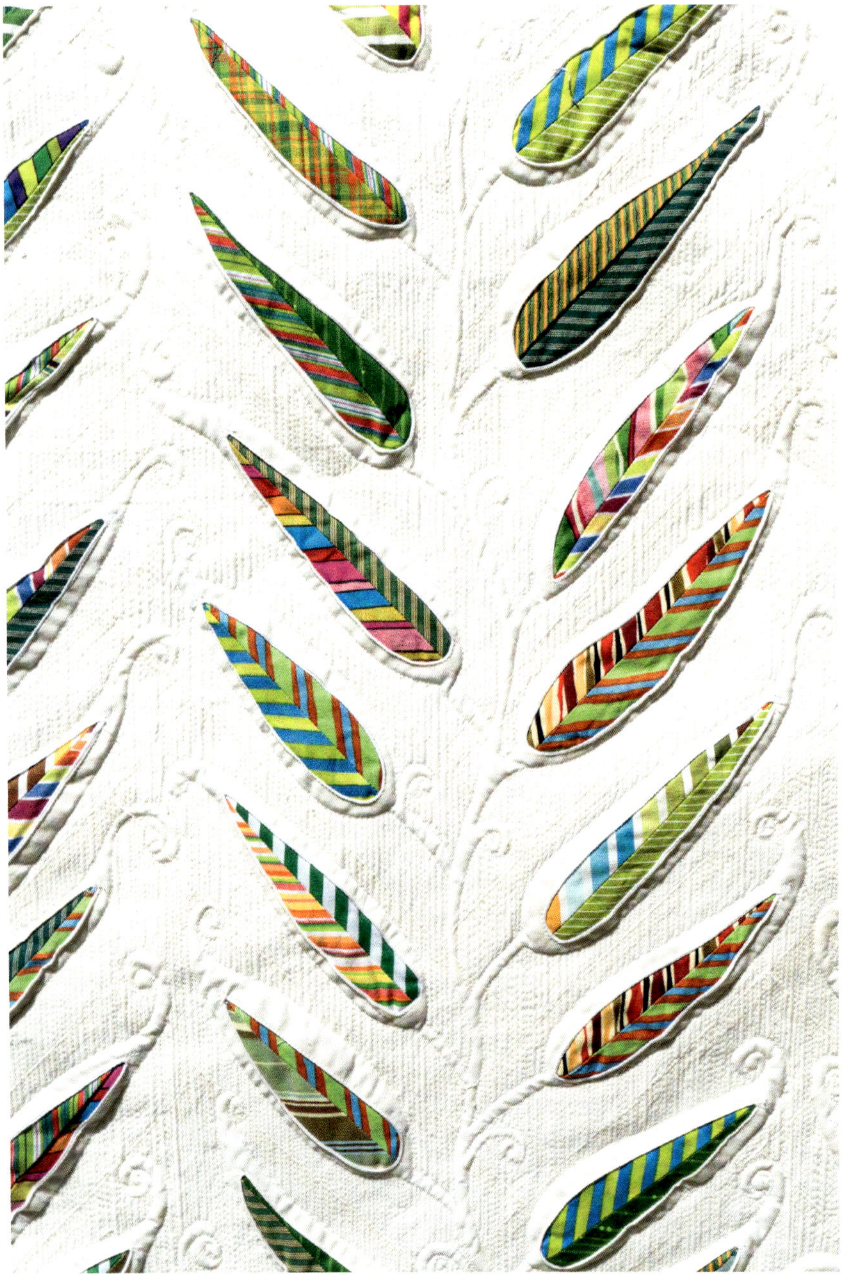

Tipp
Zum Zuschneiden der Blöcke ist ein kürzeres Quiltlineal (15 x 30 cm) ausgesprochen hilfreich.

Anordnung

Ordnen Sie die Blöcke im Fischgrät-Muster an. Alle Blattspitzen sollen schräg nach oben weisen. Verteilen Sie die Farben wie zufällig. Legen Sie 24 Blätter untereinander und je 11 Blätter nebeneinander.

Schneiden Sie für die Kanten des Quilts ca. 40 Nesselrechtecke von 10 x 7 cm zu. Nähen Sie diese Teile an die schmalen Kanten der an den Seiten liegenden Blätterblöcke. Erst nach dem Zusammennähen der gesamten Quilt-fläche schneiden Sie die überstehenden Ecken ab.

Für Ober- und Unterkante schneiden Sie von einem Rechteck von 7 x 22 cm Länge eine großzügige Ecke im 45°-Winkel ab. Dies ergibt Teil d (das größere Teil) und Teil a (das Dreieck). Teilen Sie Rechtecke von 7 x 22 cm Länge etwa auf ⅓ der Höhe im 45°-Winkel. Dies ergibt Teil b (das kleinere) und Teil c (das größere). Sie benötigen dafür ca. 12 Rechtecke. Stecken Sie diese Teile in die Lücken der Ober- und Unterkante des Quilts.

Zusammensetzen

Das Fischgrät-Muster müssen Sie mit halb offenen Nähten arbeiten, die Sie erst in einem nachfolgenden Arbeitsgang vollständig schließen. Beginnen Sie mit den linken beiden Längsreihen. Beginnen Sie an der Oberkante.

Nähen Sie wie folgt:

- Teil b links an Teil a (diagonale Kante weist nach oben)
- Teil c rechts an Einheit a/b (diagonale Kante oben)
- Teil d links an Einheit a/b/c (diagonale Kante oben)
- Blatt 1 rechts an Einheit a/b/c/d (Naht ab x bis zur Unterkante schließen)
- Blatt 2 links an Einheit a/b/c/d (Naht ab der Unterkante bis x schließen)
- Blatt 3 rechts an Blatt 1 (Naht ab x bis zur Unterkante schließen)
- Blatt 4 links an Blatt 2 (Naht ab Unterkante bis x schließen)
- Blatt 5 und alle ungeraden Nummern wie Blatt 3
- Blatt 6 und alle geraden Nummern wie Blatt 4
- Enden Sie an der Unterkante mit den nesselfarbenen Füllstreifen, wie oben begonnen.

Nähen Sie alle Doppelreihen auf diese Weise von oben nach unten. Bügeln Sie die Nahtzugaben gemeinsam nach einer Seite hin.

Das Zusammensetzen der Doppelreihen geschieht nun von unten nach oben. Jetzt werden die halb offenen Nähte geschlossen.

Nähen Sie wie folgt:

- Schließen Sie die unterste Naht von der Stoffkante bis zum x (hier: Kante von Blatt 24 der rechten Reihe an die Füllteile der linken Blätterreihe).

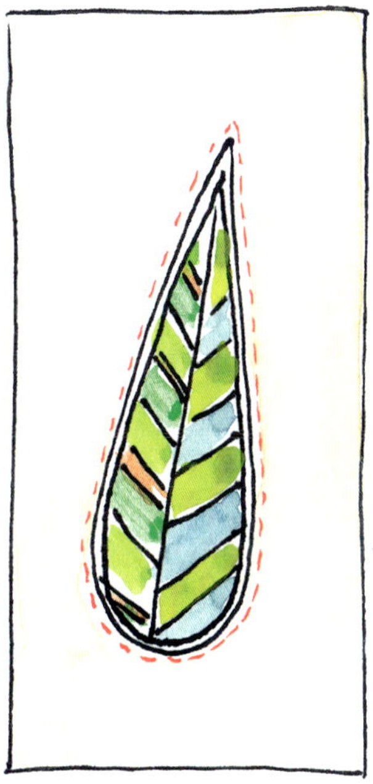

Vorbereiteten Blatt-Streifen hinter die Öffnung stecken und mit hellem Faden knappkantig absteppen.

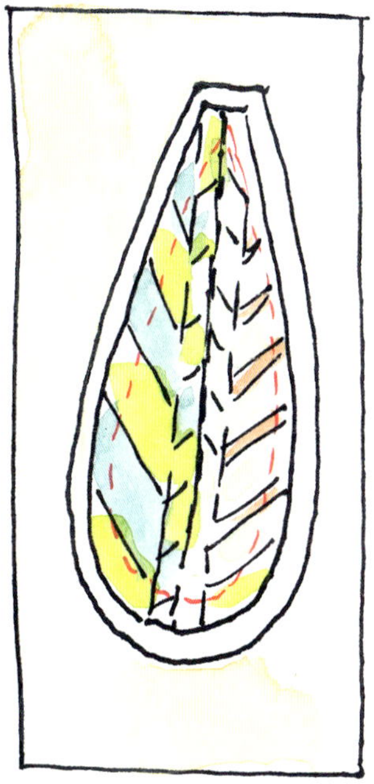

Von der Rückseite den überstehenden Stoff der Paspel bis auf 1 cm, den des Blattes bis auf 0,5 cm zurückschneiden.

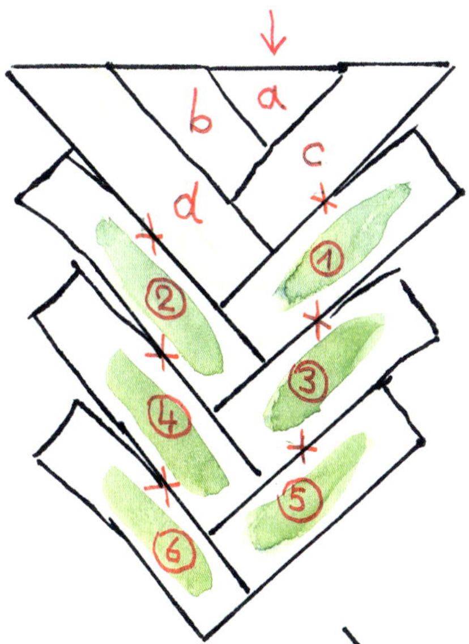

Fischgrätmuster mit halboffenen Nähten: Oben beginnen. Zuerst die oberen nesselfarbenen Füllteile a–d zusammennähen. Die Blätter werden nun jeweils ab der Markierung (x) bis zur Unterkante angenäht. Nähen Sie abwechselnd rechts und links je ein Blatt mit halboffener Naht. Enden Sie an der Unterkante wieder mit Füllteilen.

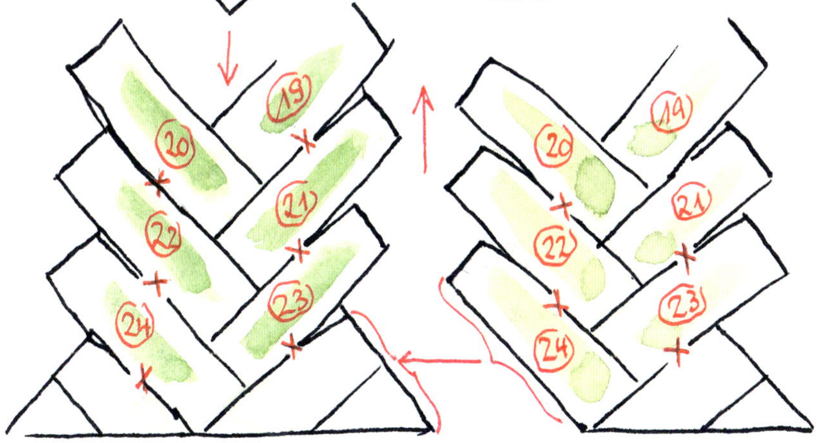

Sind die Reihen genäht, müssen sie von unten nach oben ineinandergefügt werden. Dafür schließen Sie jetzt die halboffenen Nähte.

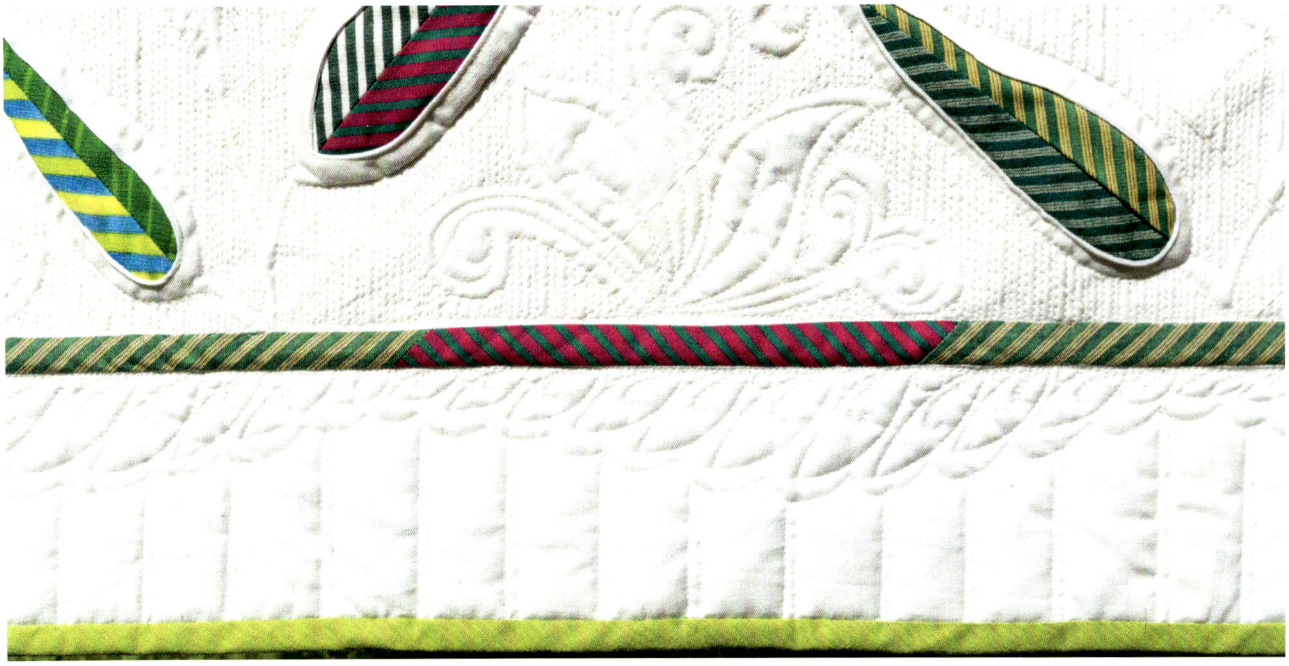

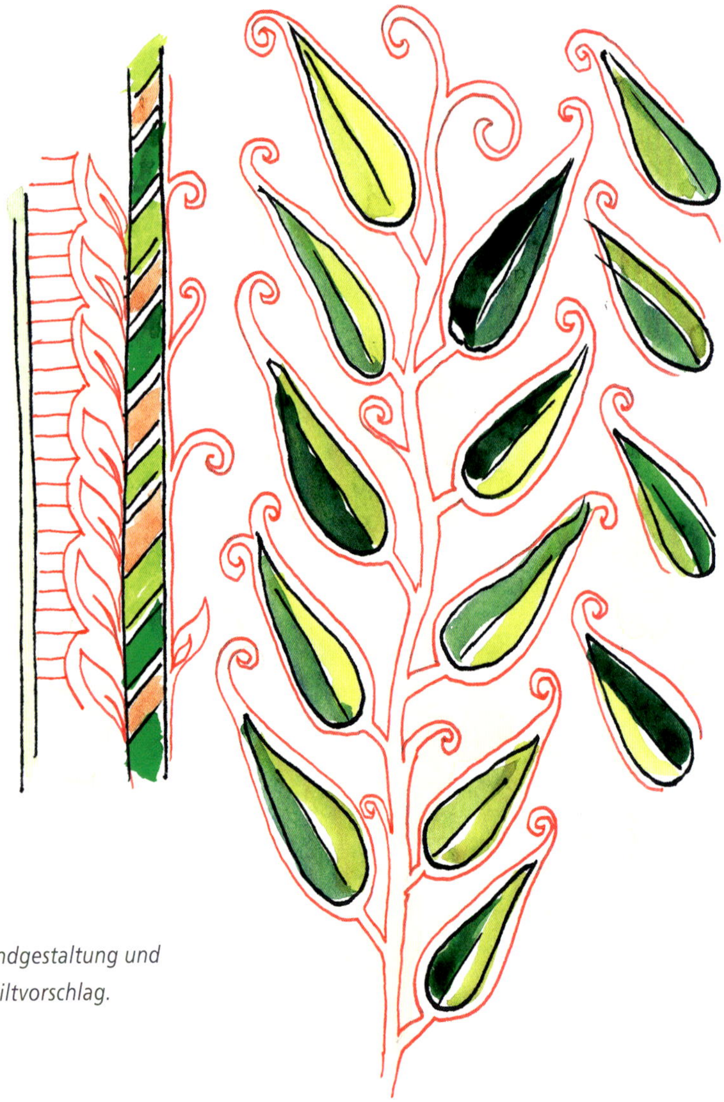

Randgestaltung und Quiltvorschlag.

Tipp
Achten Sie auf die Richtung der Nahtzugaben. Wenn Sie jeweils das „fertig Genähte" oben liegen haben, so dass Sie die bereits geschlossenen Nähte sehen, wissen Sie, in welche Richtung die nachfolgenden Nahtzugaben gelegt werden müssen.

- Schließen sie die nächste Naht vom x bis an die Stoffkante (hier: Kante von Blatt 23 der linken Reihe an die nun geschlossene Kante des vorhergehenden Schritts).
- Schließen Sie die nächste Naht von der Stoffkante bis zum x, und so weiter.

Die einzelne Blätterreihe der rechten Quiltkante fügen Sie von unten nach oben an die halboffenen Nähte der fünften Doppelreihe.

Bügeln Sie die Quiltfläche und schneiden Sie die Kanten gerade. Legen Sie dafür eine lange Aluminiumschiene (aus dem Baumarkt) auf und ziehen Sie mit Markierstift eine Linie. Schneiden Sie an der Linie mit der Schere entlang. Messen Sie zur Sicherheit Länge und Breite der Fläche noch einmal nach. Nähen Sie mit der Nähmaschine und mit lang eingestellten Stichen innerhalb der Nahtzugabe um die gesamte Quiltoberseite, damit die diagonal geschnittenen Stoffkanten nicht ausleiern.

Randbordüren (Lektion 16)
1. Rand: grün gestreift, 2,5 cm, diagonal geschnitten, gerade Ecken. Verwenden Sie Reste der gestreiften Stoffe. Schneiden Sie Schrägstreifen von 2,5 cm Breite und nähen Sie sie in wechselnden Farben und Streifenrichtungen an ihren kurzen Kanten zu einem ca. 800 cm langen Band aneinander.

2. Rand: Nessel, 7 cm breit, gerade Ecken.

Quilten (Lektionen 17 und 18)
Montieren Sie Rückseite, Volumenvlies und Oberseite aufeinander. Quilten Sie aufsteigende Blattranken zwischen die Blätter und umnähen Sie jedes genähte Blatt, so dass es in die Ranke einbezogen wird. Quilten Sie eine umlaufende Blätterbordüre auf den äußeren Randstreifen. Longarm-Quilterinnen bedecken die Flächen zwischen den Blättern zusätzlich mit dichtem Hintergrundmuster, so dass die Blätter besonders deutlich hervor treten. Enden Sie mit „Klaviertasten" nach außen.

Einfassung (Lektion 19)
Schneiden Sie die Quiltkanten gerade und fassen Sie den Quilt mit einem grünen Schrägstreifen ein.

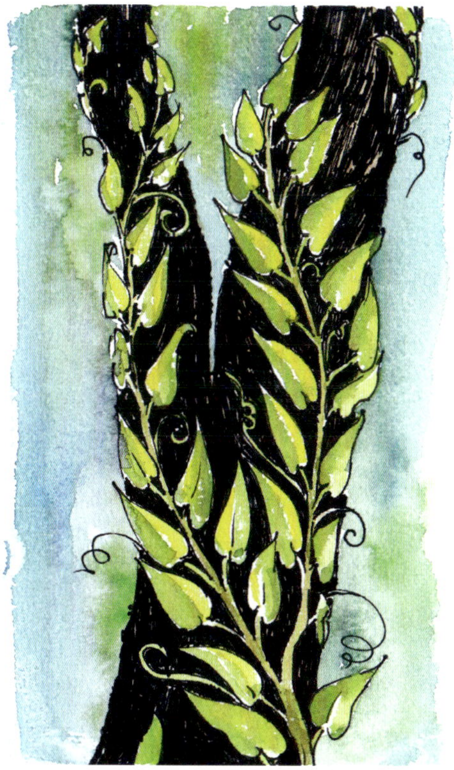

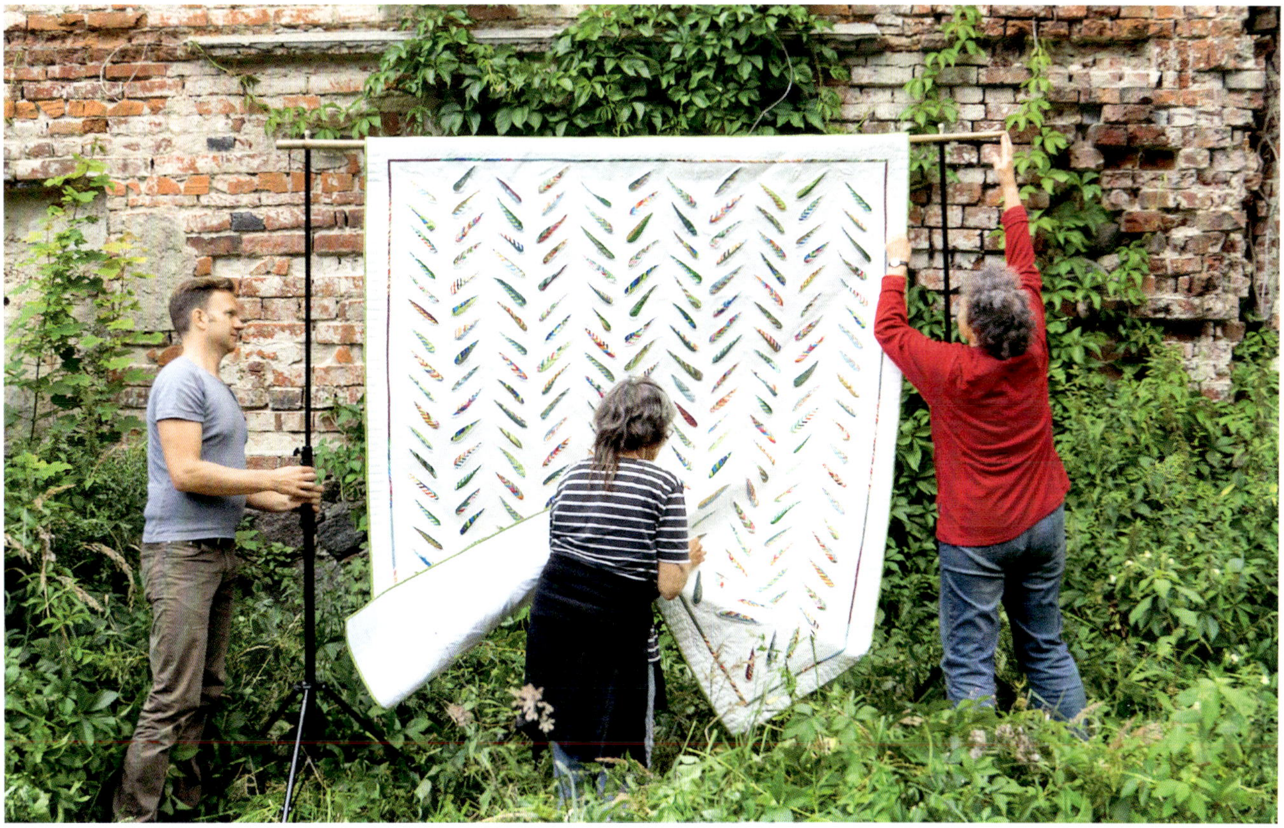

VULKAN

160 X 133 CM

Der Vulkan-Quilt hängt hier passend vor dem Schmelzofen eines Eisengusswerks, das als Industriemuseum zugänglich ist. Diesen feurigen Quilt bauen Sie Block für Block auf. Prüfen und beurteilen Sie die Farbübergänge, indem Sie sie durch ein Verkleinerungsglas, Ihren Fotoapparat oder durch die „falsche" Seite eines Fernglases betrachten.

MATERIAL

Stoffe

- je 0,20 m von ca. 10 verschiedenen Feuerfarben: Hellgelb, Gelb, Dunkelgelb, Orange, Glutrot, Rot, Schwarzrot, uni und/oder leicht gemustert, Druckstoffe und Batik für die Lava
- je 0,20 m von ca. 10 verschiedenen Grau- bis Schwarztönen: hell, mittel und dunkel, etwas dunkles Lila und Dunkelblau, Druckstoffe und Batik, leicht gemustert oder wolkige Färbung, für den raucherfüllten Hintergrund
- 0,40 m Schwarz, uni, für den Vulkankegel

Sonstiges

- weißer Kreidestift
- 180 x 150 cm Rückseitenstoff
- 180 x 150 cm Volumenvlies
- schwarzgrau meliertes Quiltgarn
- 600 cm schwarzer Schrägstreifen

ARBEITSANLEITUNG

Zuschneiden (Lektion 1)

Schneiden Sie 120 Quadrate von ca. 17 x 17 cm zu, davon 26 in Schwarz uni, eines in Hellgelb, drei in Dunkelgelb, ein anderes in Dunkelgelb, zwei in Orange, alle anderen in den verschiedenen Grautönen. Einige zusätzliche Quadrate erleichtern das Finden der Farbübergänge.

Für die Lava benötigen Sie ca. 40 Streifen in Gelb, Orange, Rot, Lila, Schwarzrot, uni und gemustert, 4 bis 6,5 cm Breite, über die halbe Stoffbreite geschnitten.

Hintergrund festlegen

Stecken Sie die Hintergrundquadrate (ca. 17 x 17 cm) auf eine ausreichend große Entwurfswand. Ordnen Sie 10 Quadrate quer und 12 Quadrate hoch an.

Vulkankegel formen

Beginnen Sie mit den untersten vier Reihen, die den dunklen Vulkankegel bilden. Orientieren Sie sich am Nähplan (dunkle Kontur) und dem Foto.

Die rechte Seitenkante des Vulkankegels entsteht aus je einem grauen und einem schwarzen Quadrat (ca. 17 x 17 cm), die diagonal geteilt werden. Vertauschen Sie die Farben und setzen Sie sie an der Diagonalkante zusammen.

Für die linke Seitenkante des Vulkankegels schneiden Sie zwei graue und zwei schwarze Quadrate von ca. 17 x 17 cm zu. Legen Sie je einen grauen und einen schwarzen Block aufeinander, beide weisen mit der rechten Seite nach oben. Führen Sie einen Diagonalschnitt durch beide Lagen. Nähen Sie je einen relativ geraden, zusammengesetzten Lavastreifen zwischen die beiden entstandenen Dreiecke. Schneiden Sie jeden Block auf exakt 15 x 15 cm zu.

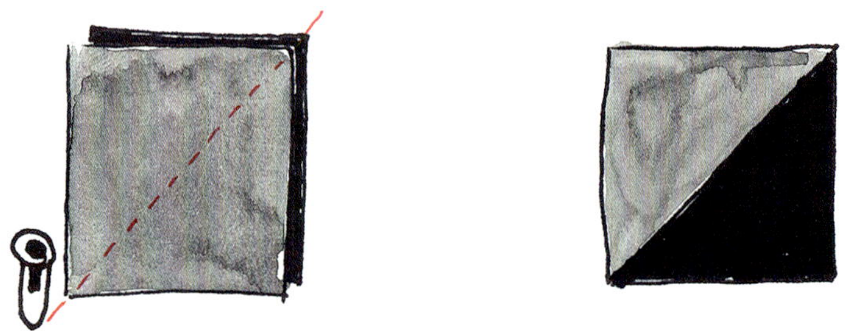

Für den rechten Rand des Vulkankegels je ein graues und ein schwarzes Quadrat aufeinanderlegen, diagonal teilen, Farben tauschen und graues und schwarzes Dreieck zusammennähen.

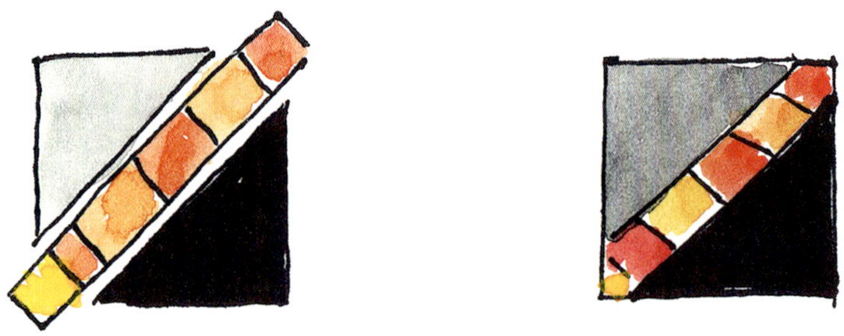

Für den linken Rand des Vulkankegels je einen Lavastreifen zwischen ein graues und ein schwarzes Dreieck nähen. Block exakt auf 15 x 15 cm zuschneiden. Sie brauchen vier solcher Blöcke.

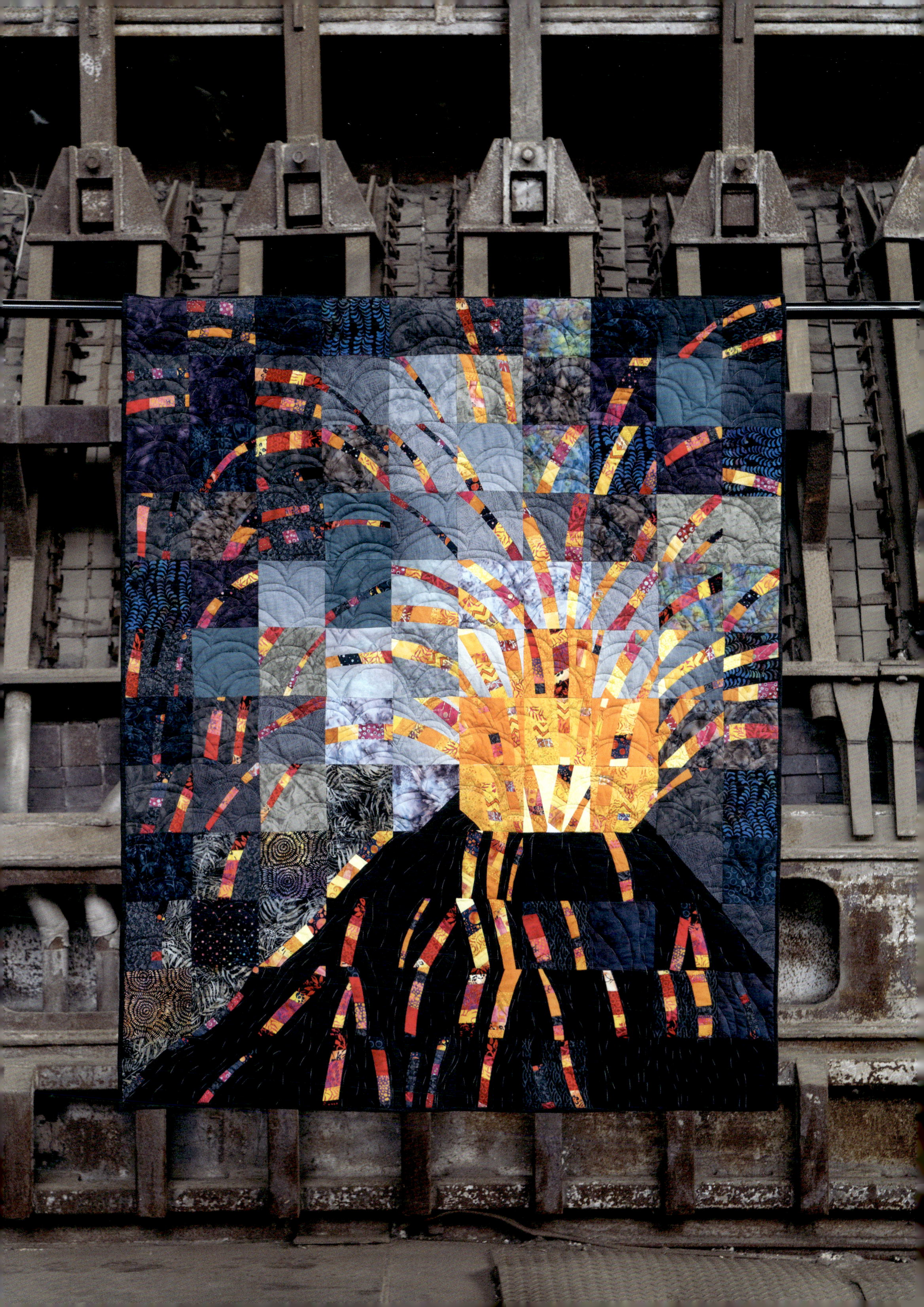

Streifen-Einheiten für die Lava

Nähen Sie für die Lava breite und schmale Streifen im Wechsel an ihren Längskanten aneinander. Versetzen Sie jeden nachfolgenden Streifen um ein kleines Stück nach oben (Linkshänderinnen versetzen sie nach unten), um später wenig Verschnitt zu haben. Für die gewünschte Breite von ca. 25 cm benötigen Sie 6–7 Streifen. Wechseln Sie die Farbtöne und kombinieren Sie hellere Streifeneinheiten, dunklere und Einheiten mit viel Rot. Bügeln Sie die Streifeneinheit zuerst von links, dann von rechts. Bügeln Sie alle Nahtzugaben in eine Richtung und ziehen Sie die Nähte auseinander. Nähen Sie für den gesamten Quilt ungefähr zehn solcher Einheiten.

Schneiden Sie eine der gezackten Seiten der Streifeneinheit mit dem Rollschneider glatt. Dann führen Sie den Rollschneider in einem flachen Bogen parallel an dieser Kante entlang und schneiden Sie Bögen von ca. 4–5 cm Breite.

Lavaströme auf dem Vulkankegel

Zeichnen Sie mit einem hellen Kreidestift Linien für die Lavaströme auf die schwarzen 17 x 17 cm großen Quadrate. Schneiden Sie den jeweiligen Block

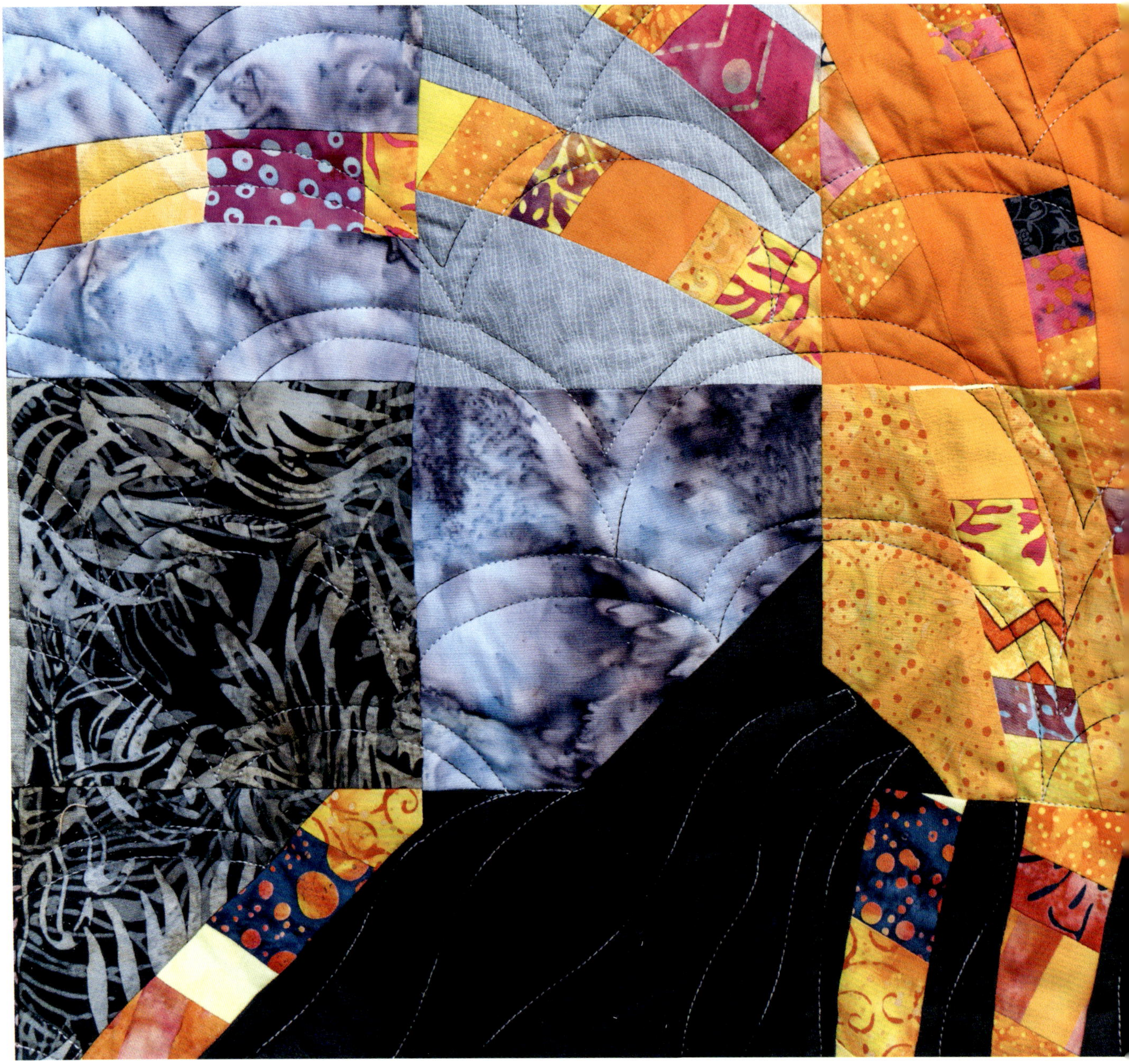

entlang der Linie auf und setzen Sie einen Lavastreifen ein, wie unten bei „Lavaspritzer einnähen" beschrieben. Arbeiten Sie auch Blöcke, auf denen sich die Lava in zwei Ströme verzweigt. Fügen Sie einige rein schwarze Blöcke von exakt 15 x 15 cm dazwischen. Der Bereich mit dem Vulkankegel ist 4 Blöcke hoch und 10 Blöcke breit.

Kraterrand formen

Direkt am Kraterrand (ab Reihe 5) schließen drei gelbe Quadrate an. Ordnen Sie rechts zwei sehr dunkle und links fünf graue Blöcke dazu. Schneiden Sie am linken gelben Quadrat die linke untere Ecke ab und ersetzen Sie diese durch ein schwarzes Dreieck. Machen Sie dasselbe mit der rechten unteren Ecke des links angrenzenden grauen Quadrats und mit der rechten unteren Ecke des linken gelben Dreiecks. Teilen Sie dafür ein schwarzes Quadrat von ca. 15 x 15 cm zweimal diagonal. Setzen Sie mehrere helle Lavaspritzer in die Blöcke dieser Reihe ein, wie unten beschrieben und schneiden Sie die Quadrate auf exakt 15 x 15 cm zu.

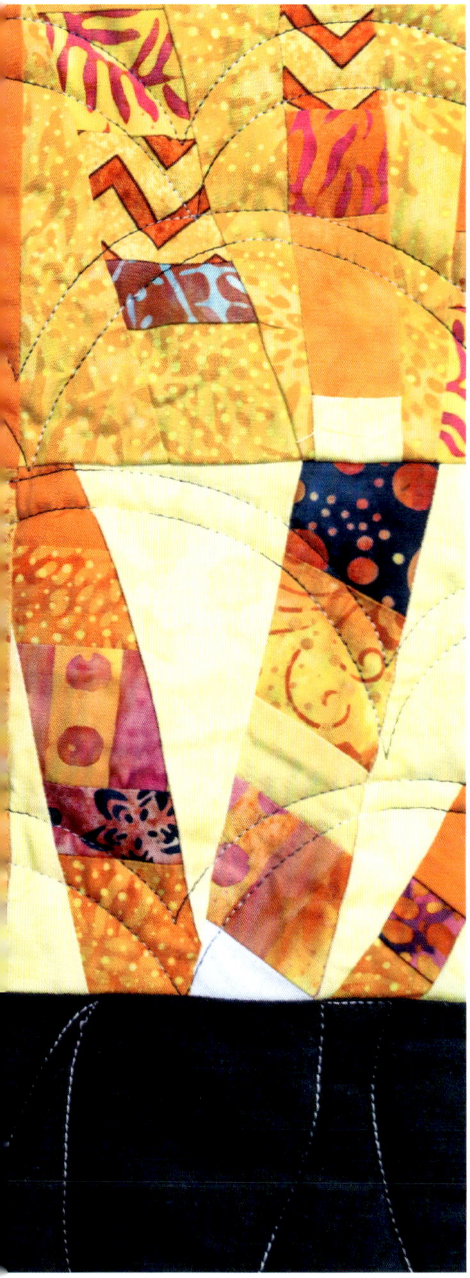

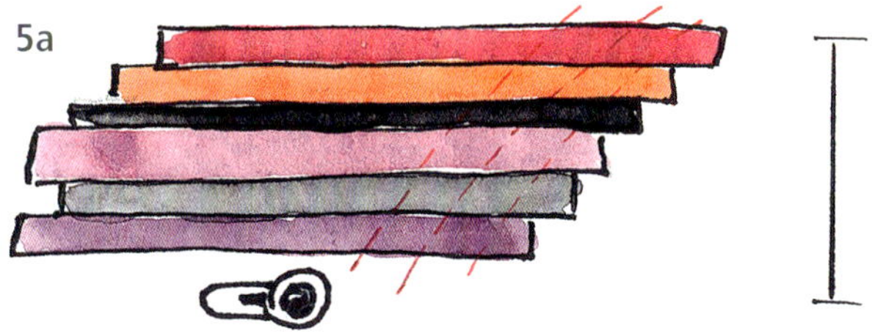

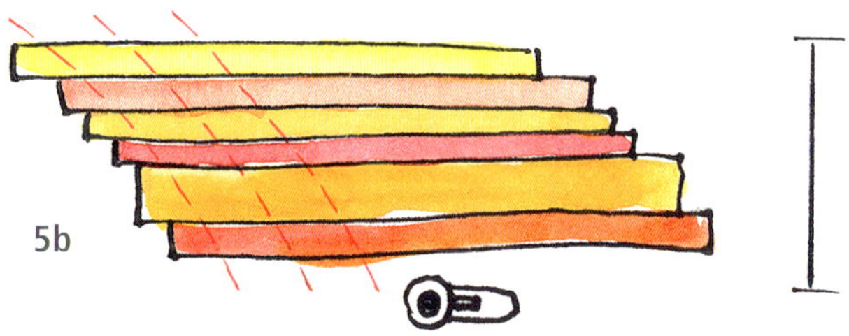

Streifen-Einheiten nähen für die Lava. Versetzen Sie die Streifen, um wenig Stoff zu verlieren. Linkshänderinnen versetzen die Streifen jeweils nach unten (Abb. 5a), Rechtshänderinnen nach oben (Abb. 5b). Sie benötigen ca. 10 solcher Einheiten. Zuerst eine gezackte Kante glatt schneiden, dann leicht gebogene Einheiten von 4–5 cm Breite zuschneiden. Dies werden die Lavaströme und Lavaspritzer.

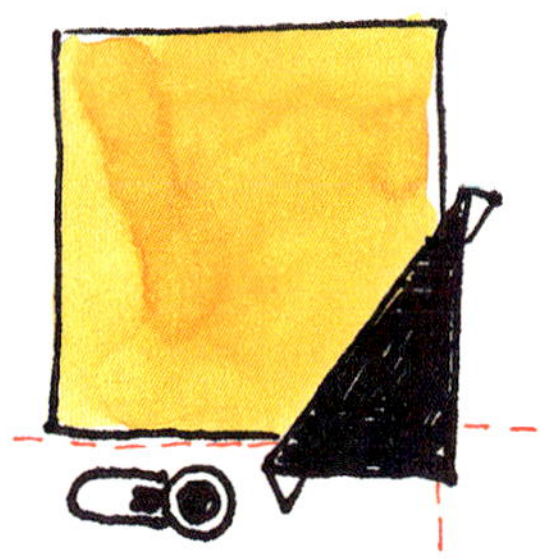

Eine schwarze Ecke anfügen, um den Kraterrand zu formen. Sie brauchen zwei gelbe Blöcke und einen grauen, jeweils mit schwarzer Ecke.

Lavaspritzer planen

Zeichnen Sie mit einem Kreidestift große Bögen auf die Hintergrundquadrate, so wie Lavaspritzer fliegen könnten, dicht beieinander am Kraterrand, mit weiteren Abständen nach außen fliegend. Die eingesetzten Streifen müssen später nicht in den Nähten aufeinandertreffen. Zeichnen Sie auch einzelne kurze Spritzer über die Ecken der Quadrate und lassen Sie einige Quadrate frei, ganz ohne Lava.

Lavaspritzer einnähen

Nehmen Sie das erste Quadrat zur Hand, legen Sie es auf die Schneidematte und schneiden Sie den Stoff entlang der Kreidelinie auf. Setzen Sie einen Lavastreifen ein, der in der Farbe zur Position des Hintergrundquadrates passt.

Farbtipp

Wählen Sie die helleren Streifenkombinationen für die Spritzer in Kraternähe und die Einheiten mit viel Orange und Rot für die Lava, die weit hinaus geschleudert wurde.

Legen Sie eine Streifeneinheit neben die Schnittkante im Hintergrundquadrat und prüfen Sie, ob die beiden Bögen zusammenpassen. Sie können jetzt noch gut korrigieren. Schneiden Sie die

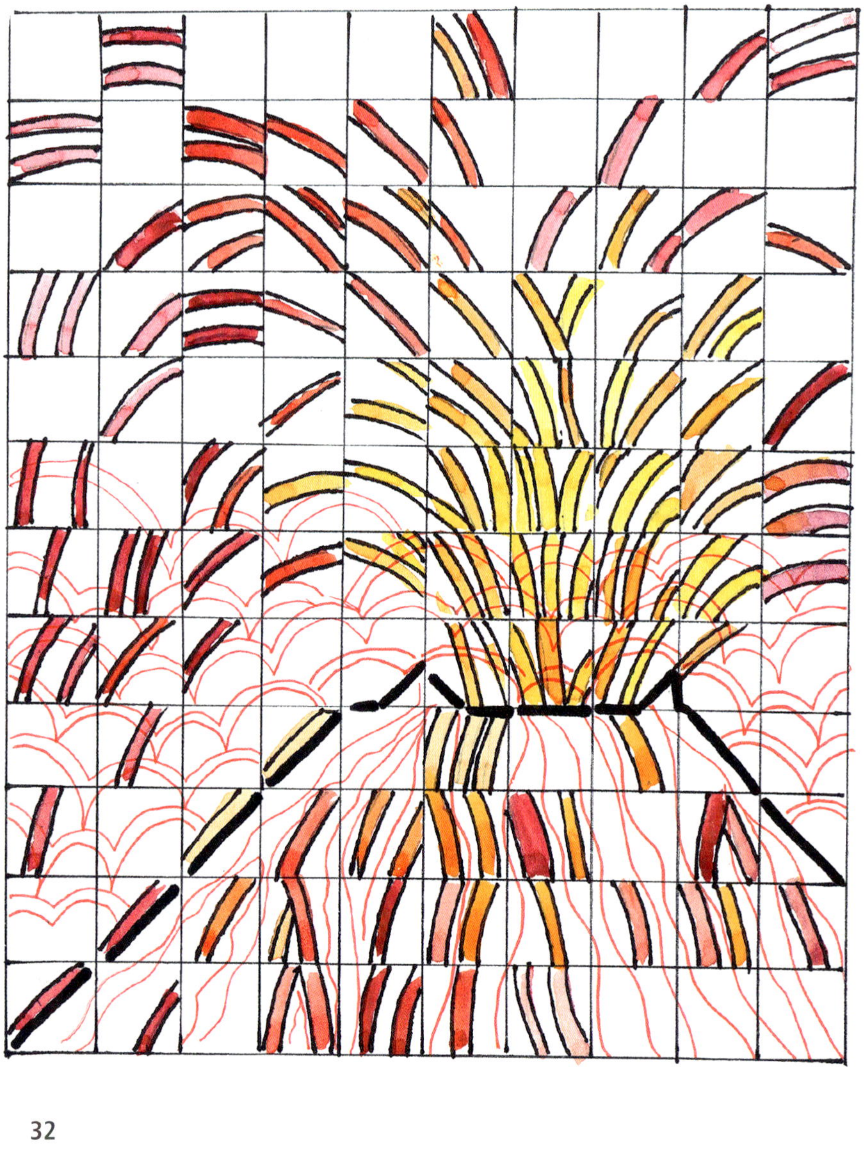

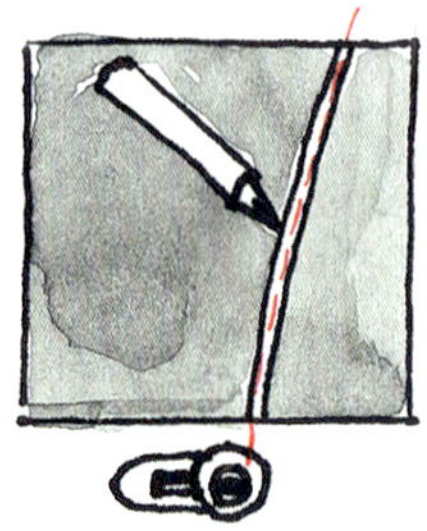

Block entlang der Kreidelinie aufschneiden.

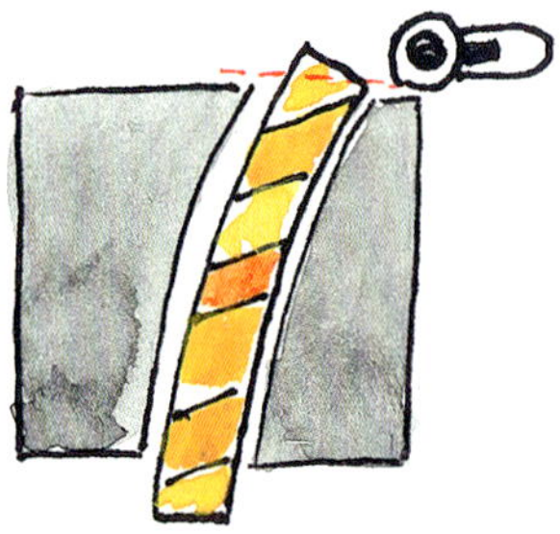

Lavastreifen zwischen die Teile legen, die Kante ggf. anpassen. Das obere Ende des Lavastreifens parallel zur Oberkante des Blocks abschneiden.

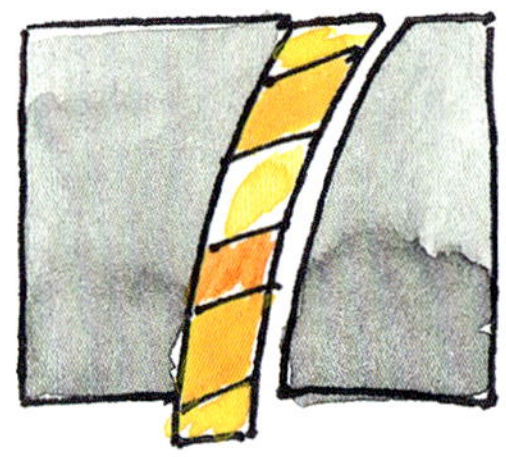

Erste Kante annähen, auffalten und die zweite Kante annähen.

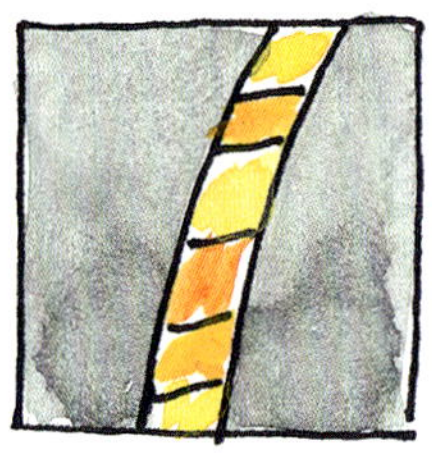

Nahtzugaben zum Hintergrund hin bügeln. Block auf exakt 15 x 15 cm zuschneiden.

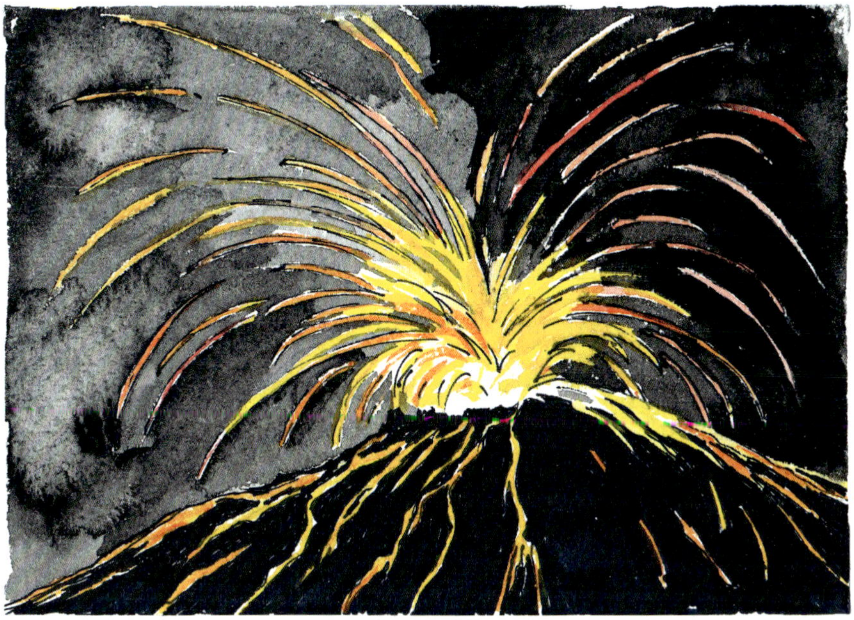

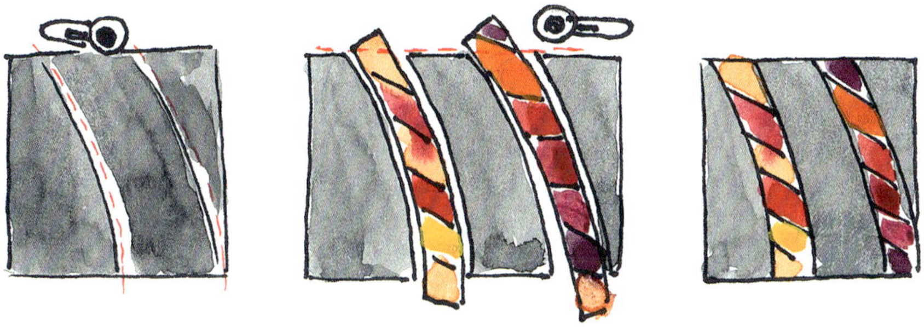

Beispiel für zwei Lavaspritzer in einem Block. Zwei Schnitte anbringen. Lavastreifen einpassen, Oberkante gerade schneiden, Lavastreifen einnähen. Block exakt auf 15 x 15 cm zuschneiden.

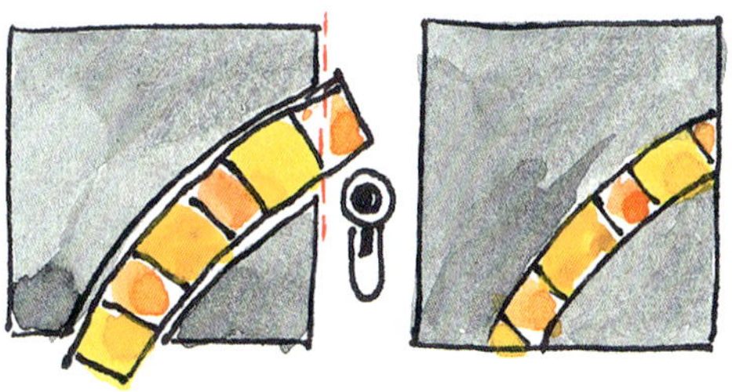

Beispiel für einen Spritzer über eine Ecke. Geschwungenen Schnitt über die Ecke führen. Lavastreifen, in den Schnitt legen, Seitenkante gerade schneiden. Lavastreifen einnähen, bügeln, Block auf 15 x 15 cm zuschneiden.

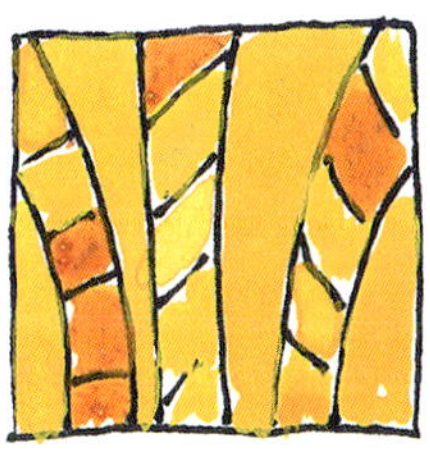

Beispiel für drei Spritzer in einem Block. Drei Schnitte anbringen, Streifen einsetzen, bügeln, Block auf 15 x 15 cm zuschneiden.

Oberkante des Streifens parallel zur Oberkante des Blocks nach. Nähen Sie den Streifen an die Schnittkante, indem Sie die geschwungenen Kanten während des Nähens übereinanderschieben. Drücken Sie die Nahtzugabe zum Block hin. Legen Sie die angrenzende Blockkante an die Streifenkante und prüfen Sie, ob die beiden Bögen zusammenpassen. Korrigieren Sie, wenn nötig. Nähen Sie die zweite Kante ein.

Arbeiten Sie je nach Bedarf einen, zwei oder drei Lavastreifen in den Hintergrundblock. Bügeln Sie die Nahtzugaben zum Hintergrundstoff hin. Schneiden Sie alle Blöcke exakt auf das gleiche Maß zu, hier sind es 15 x 15 cm. Sie brauchen insgesamt 120 Blöcke.

Zusammensetzen (Lektion 15)
Fügen Sie die Quadrate zusammen, wie in Lektion 15 beschrieben.

Quilten (Lektionen 17 und 18)
Montieren Sie Rückseite, Volumenvlies und Oberseite aufeinander. Quilten Sie nach unten laufende Wellenlinien als herabfließende Lava auf den Vulkankegel und arbeiten Sie „Rauchwolken" auf den Rest der Fläche.

Einfassung (Lektion 19)
Fassen Sie den Quilt mit einem schwarzen Schrägstreifen ein.

Tipp für Longarm-Quilterinnen
Sie sollten den Quilt umgekehrt aufspannen, also Unterkante nach oben, um die Bögen der „Rauchwolken" bequem arbeiten zu können.

EISBLUMEN

212 X 185 CM

Eigentlich ist der Winter mit seinen kühlen, glitzernden Schnee- und Eisfarben sehr schön. Wenn es nur nicht immer so kalt wäre.

MATERIAL

Stoffe

- je 0,20 m von 9 verschiedenen mittelhellen Stoffen in kühlem Blau und Türkis (Gesamtmenge 2,2 0 m), uni oder leicht gemustert, Druckstoffe, Batik oder handgefärbt
- je 0,20 m von ca. 27 verschiedenen sehr hellen Tönen, z. B. Reinweiß, Hellgrau, helles Rosa, Aquamarin, Helltürkis, Zartgelb etc. (Gesamtmenge 6,60 m), uni oder leicht gemustert
- 0,30 m Dunkelblau für die Akzente

Sonstiges

- 230 x 200 cm Rückseitenstoff
- 230 x 200 cm Volumenvlies
- weißes Quiltgarn
- 810 cm helltürkisfarbener Schrägstreifen

ARBEITSANLEITUNG

Zuschneiden

Schneiden Sie sämtliche Eisblumenstoffe zu mindestens 212 Quadraten von ca. 20 x 20 cm. Legen Sie jeweils vier davon aufeinander, alle mit der rechten Seite nach oben weisend. Greifen Sie zu 3x Blau und 1x andere Farbe (Helltürkis, Weiß, Rosa, Hellgelb etc.).

Schneiden Sie von diesem Stapel eine Ecke quer ab (ca. 6 cm) und beginnen Sie hier die drei geschwungene Schnitte. Führen Sie die Schnitte durch alle Lagen, zwei enden an der Seitenkante, einer endet an der Oberkante (Variationen sind möglich). Sortieren Sie die Stoffe wie abgebildet. Legen Sie die vier Teile 1 auf die vier Plätze 1, die vier Teile 2 auf die vier Plätze 2, die vier Teile 3 auf die vier Plätze 3 und die vier Teile 4 auf die vier Plätze 4. Verdrehen Sie nichts. Sie haben nun vier Block-Anordnungen, in denen jeweils vier verschiedene Stoffe liegen. Siehe auch Abbildung auf Seite 36.

212 Blöcke

Nähen Sie die Blöcke. Beginnen Sie an den geraden Kanten, nicht an der abgeschnittenen Ecke. Arbeiten Sie mit schmaler Nahtzugabe und schieben Sie die Kanten während des Nähens übereinander. Bügeln Sie alle Nähte in die gleiche Richtung.

Arbeiten Sie 106 Blöcke A, bei denen die geschwungenen Schnitte von unten links nach oben rechts verlaufen, und 106 Blöcke B, bei denen die geschwungenen Schnitte von unten rechts nach oben links verlaufen. Schneiden Sie jeden Block auf exakt 15 x 15 cm zu. Legen Sie das Quadratlineal zuerst an die Ecke mit den großen Stoffteilen, nicht an die dicht genähte Ecke.

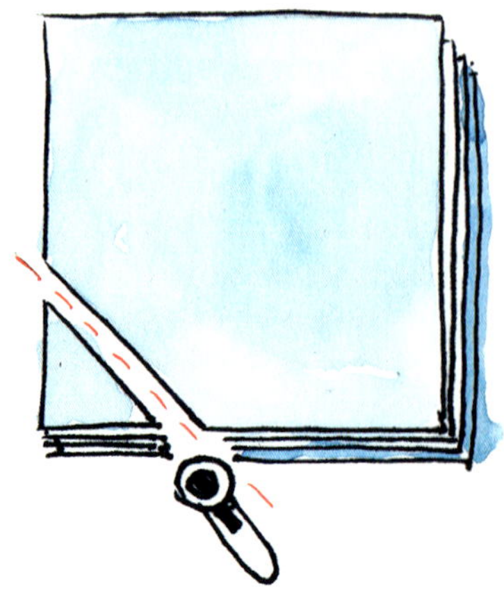

Vier Quadrate von 20 x 20 cm aufeinanderlegen, alle mit der rechten Seite nach oben weisend. Eines davon ist etwas dunkler, drei sind sehr hell. Schneiden Sie eine etwa 6 cm breite Ecke ab.

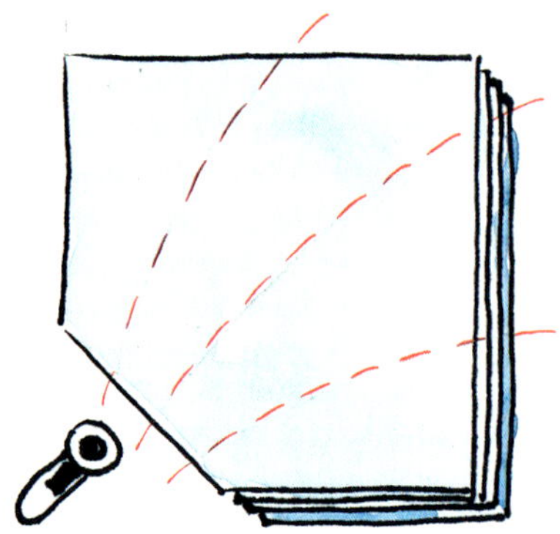

Beginnen Sie mit den geschwungenen Schnitten an der abgeschnittenen Ecke. Zwei Schnitte führen seitlich, einer an der Oberkante aus dem Block. Bei Block A verlaufen die geschwungenen Schnitte von unten links nach oben rechts.

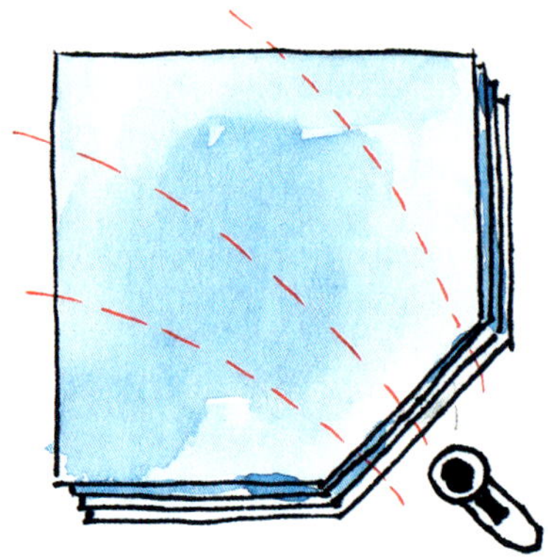

Bei Block B verlaufen die geschwungenen Schnitte von unten rechts nach oben links.

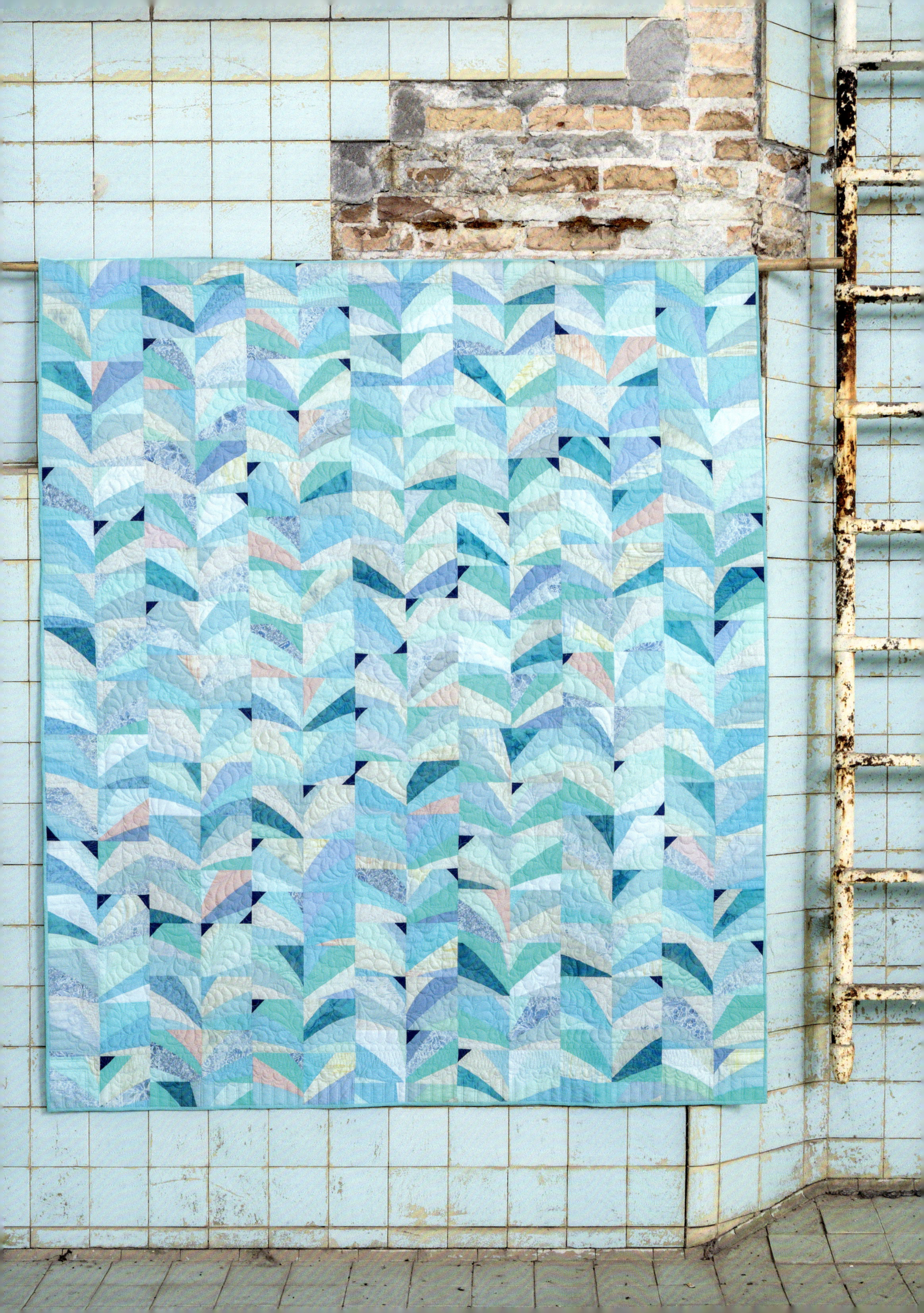

Anordnung

Arrangieren Sie die Blöcke auf einer ausreichend großen Entwurfswand. Legen Sie je einen Block A und einen Block B so nebeneinander, dass die Bögen nach rechts bzw. nach links oben verlaufen. Bilden Sie sieben solcher Doppelreihen. Versetzen Sie jede zweite Doppelreihe um jeweils einen halben Block nach unten. Verteilen Sie die Farben wie zufällig. Legen Sie 14 Blöcke quer (paarweise) und 15 Blöcke längs (um einen halben Block verschoben).

Akzente (Lektion 6)

Schneiden Sie aus dem dunkelblauen Stoff Dreiecke, indem Sie ca. 30 Quadrate von ca. 8 x 8 cm einmal diagonal teilen. Verteilen Sie die Dreiecke wie zufällig gestreut oder in kleineren Reihen über die Blöcke. Stecken Sie sie jeweils an eine Ecke des entsprechenden Blocks. Nehmen Sie jeden der betroffenen Blöcke von der Entwurfswand und schneiden Sie die helle Ecke diagonal ab. Setzen Sie ein dunkelblaues Dreieck an, wie in Lektion 6 beschrieben. Bügeln Sie die Nahtzugaben nach außen. Schneiden Sie den Block noch einmal auf exakt 15 x 15 cm zu.

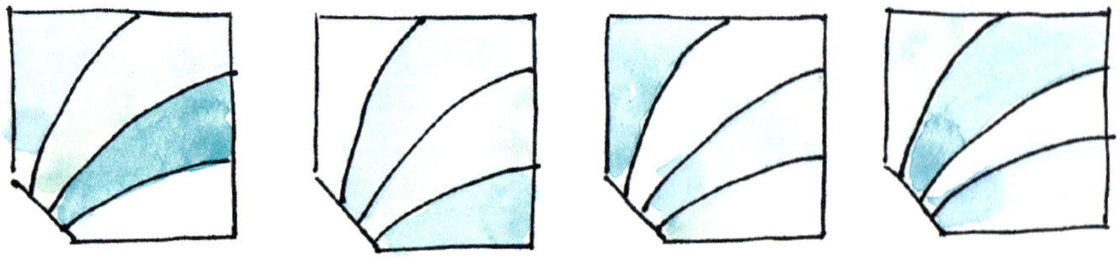

Sortieren Sie die Farben, so dass in jedem Block vier verschiedene Stoffe liegen.

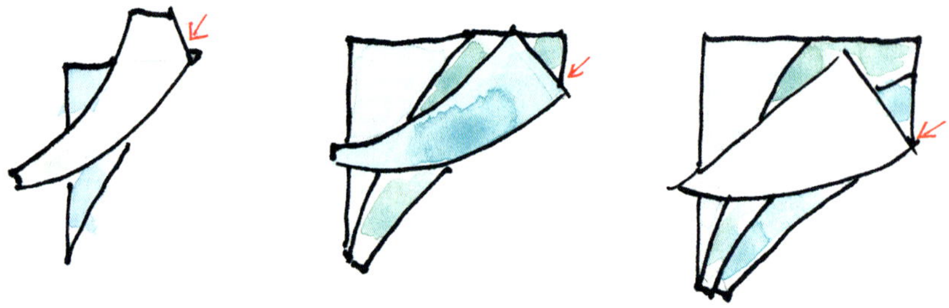

An der Oberkante zu nähen beginnen. Block zusammennähen, anschließend quadratisch zuschneiden (15 x 15 cm).

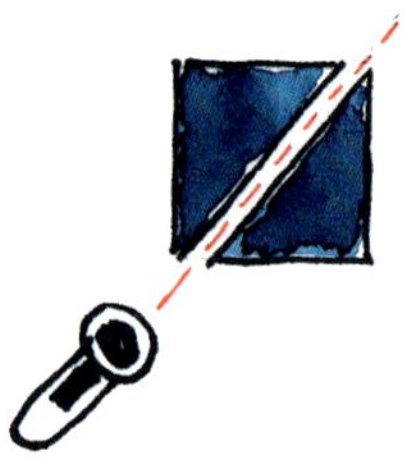

Akzent: Quadrat von 8 x 8 cm einmal diagonal teilen.

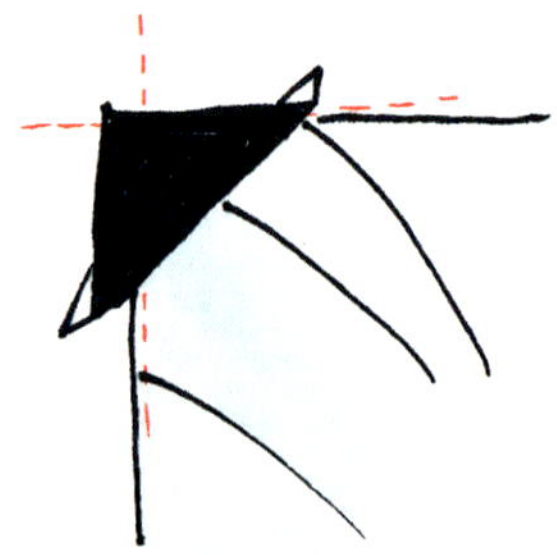

Dreieck an einen Block anfügen, Kanten erneut nachschneiden.

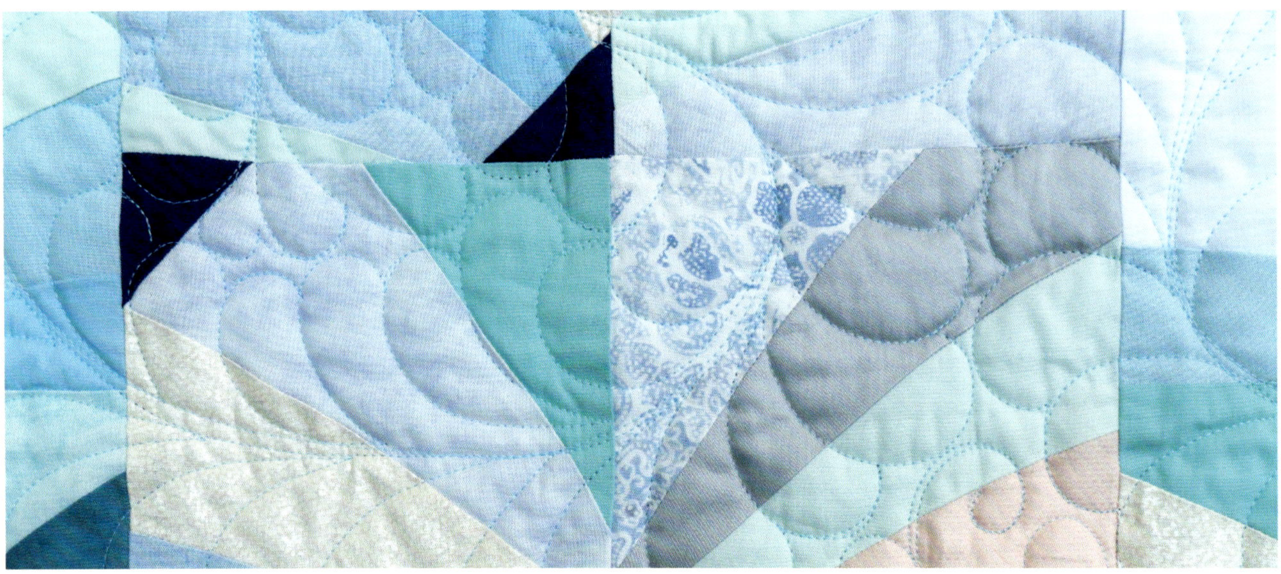

Zusammensetzen (Lektion 15)
Nähen Sie zuerst alle sieben Doppel-Längsreihen. Schneiden Sie an jeder zweiten Doppelreihe oben eine halbe Blockhöhe ab, versetzen Sie den halben Block an die Unterkante der Doppelreihe und nähen Sie ihn dort an. Fügen Sie dann die Doppelreihen zusammen. Bügeln Sie die Quiltoberseite und schneiden Sie die Unterkante gerade.

Quilten (Lektionen 17 und 18)
Montieren Sie Rückseite, Volumenvlies und Oberseite aufeinander. Arbeiten Sie eine Bogenkante auf die äußerste Reihe von Blöcken und bedecken Sie die Mittelfläche mit lebhaften Federgirlanden.

Einfassung (Lektion 19)
Fassen Sie den Quilt mit einem wasserhell türkisfarbenen Schrägstreifen ein.

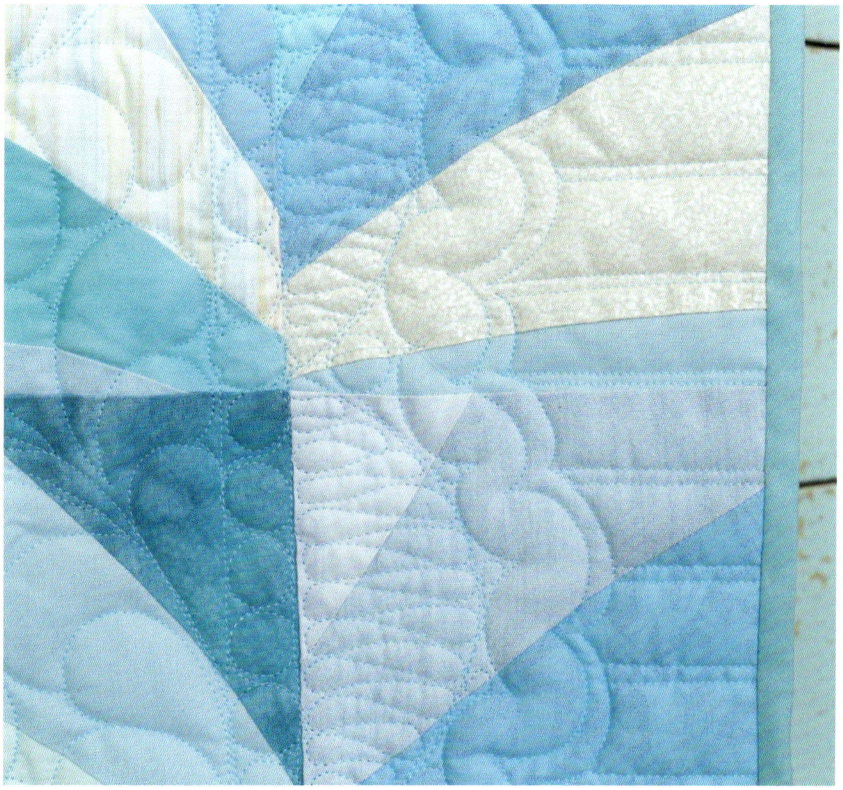

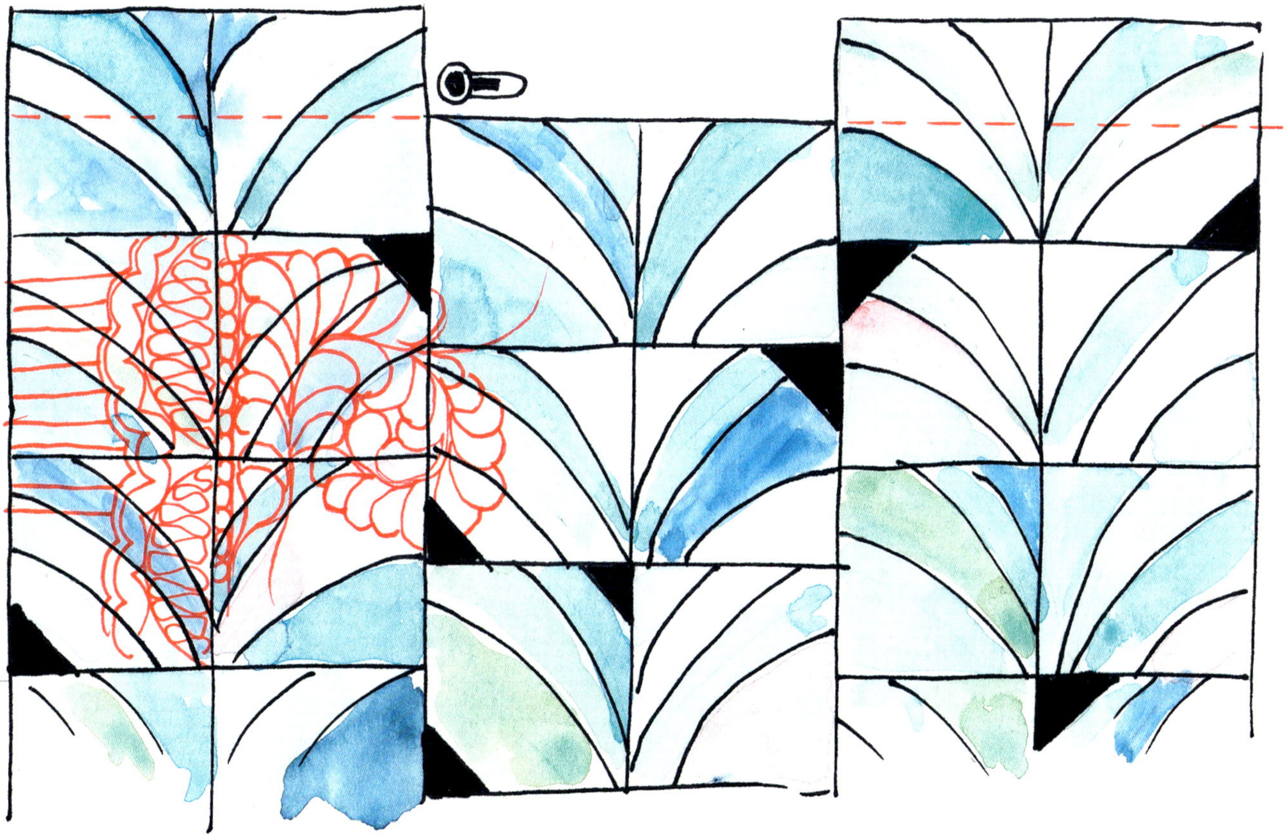

Blöcke paarweise versetzt anordnen. Erst wenn die Blöcke angeordnet sind, die Akzent-Dreiecke ansetzen. Oben überstehenden halben Block abschneiden und unten wieder ansetzen. Quiltvorschlag.

WINTERSTIMMUNG

210 X 186 cm

Die Winterstimmung ergibt sich durch die Wahl der Farben. Greifen Sie zu kühlem Blau und Türkis. Ein blau-weißer Quilt wirkt immer frisch und lebendig und bietet Gelegenheit, weiße Bettwäsche und Hemdenstoffe zu verarbeiten. Je einfacher ein Block, desto mehr Variationsmöglichkeiten ergeben sich. Sobald er frei geschnitten ist, werden die Muster erst so richtig lebendig und interessant.

MATERIAL

Stoffe

- je 0,25 m von ca. 20 verschiedenen Hellblau- bis Mittelblau-Tönen, auch etwas Türkis, uni und gemustert
- 5,50 m Reinweiß (oder die entsprechende Menge Bettwäsche)
- 0,10 m uni Dottergelb oder Reste, oder vom gelben Schrägstreifen der Einfassung zusätzliche 140 cm (siehe Sonstiges)

Sonstiges

- 230 x 210 cm weißer Rückseitenstoff
- 230 x 210 cm Volumenvlies
- weißes Quiltgarn
- 810 cm dottergelber Schrägstreifen

ARBEITSANLEITUNG

Zuschneiden (Lektion 1)

Schneiden Sie die blauen und die weißen Stoffe zu je 318 (mindestens) Rechtecken von ca. 12 x 10 cm zu. Bereiten Sie lieber ein paar mehr als Reserve vor. Dazu kommen noch 42 gelbe Quadrate von ca. 3 x 3 cm und 42 weiße Rechtecke von ca. 14 x 10 cm für die Blöcke B. Außerdem benötigen Sie 77 weiße Quadrate von 9 x 9 cm zum Auffüllen von Lücken in der mittleren Bordüre.

636 blau/weiße Zweierblöcke A

(Lektion 2)

Nähen Sie mindestens 636 Zweierblöcke, wie in Lektion 2 beschrieben. Achten Sie darauf, die Schnitte in leicht wechselnder Richtung zu führen. Schneiden Sie alle Blöcke auf ein gemeinsames Maß zu, hier sind dies exakt 9 x 9 cm.

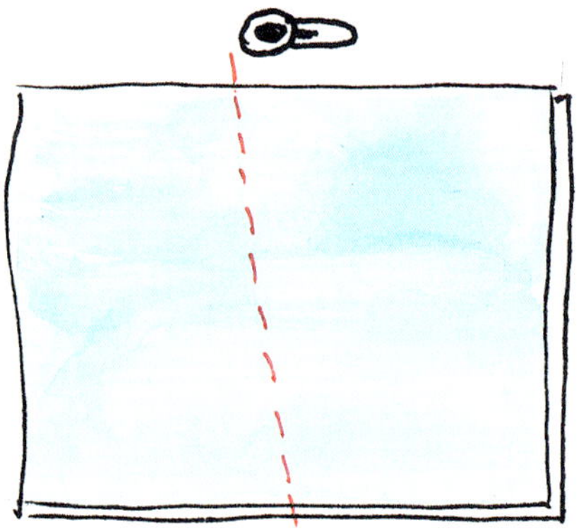

Ein blaues und ein weißes Rechteck (ca. 12 x 10 cm) aufeinanderlegen, beide mit der rechten Seite nach oben weisend. Einen leicht schrägen Schnitt durch beide Stofflagen führen.

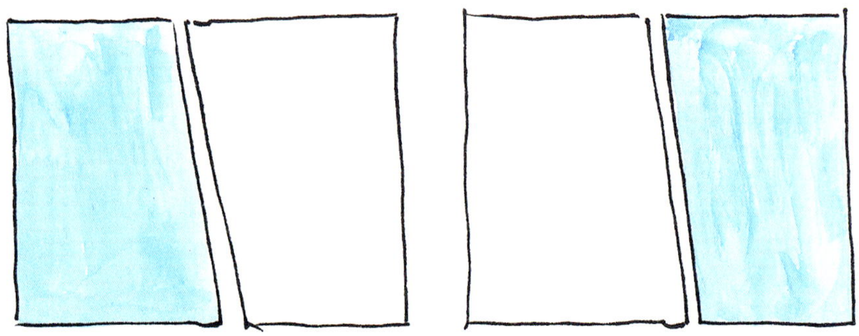

Farben tauschen. Blau zu Weiß und Weiß zu Blau.

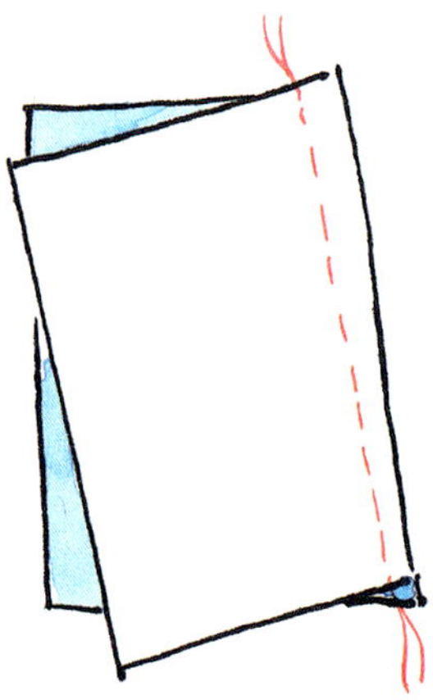

Stoffe rechts auf rechts legen, Naht schließen.

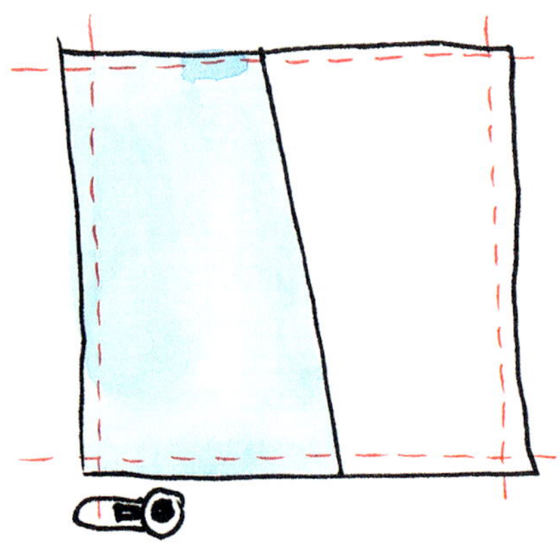

Block A auffalten, bügeln, exakt zuschneiden (hier 9 x 9 cm).

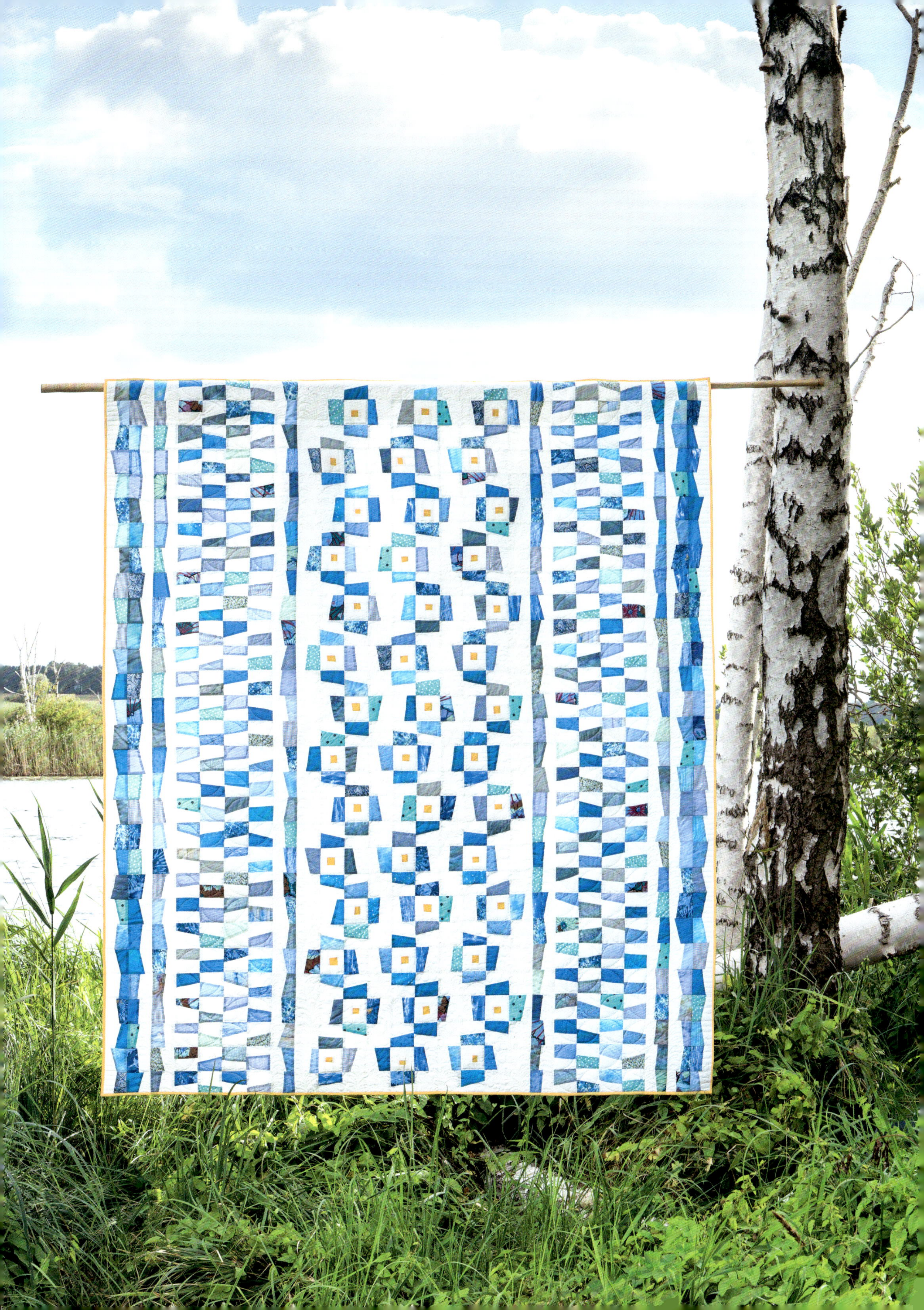

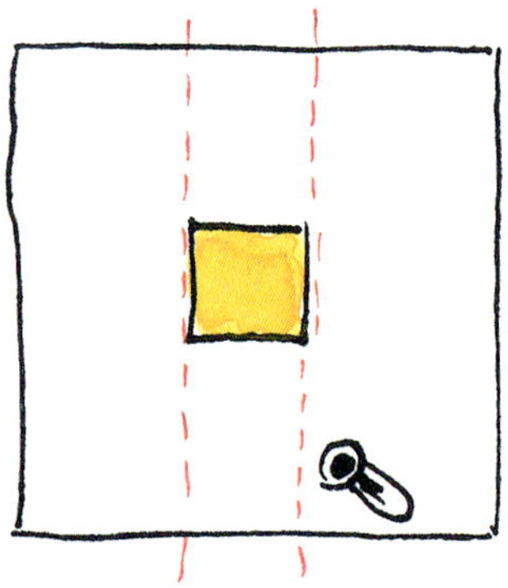

Für Block B: gelbes Quadrat von ca. 3 x 3 cm mittig auf ein weißes Rechteck von ca. 14 x 12 cm legen. Zwei Längsschnitte, die an den Seitenkanten des gelben Quadrats entlang führen.

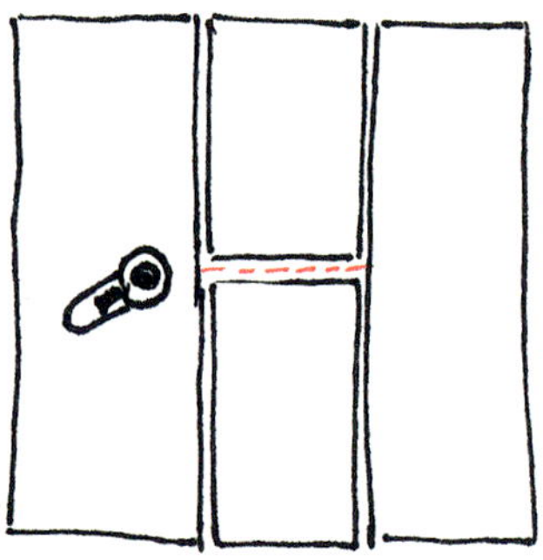

Gelbes Quadrat beiseite legen. Den mittleren Streifen quer durch die Mitte teilen.

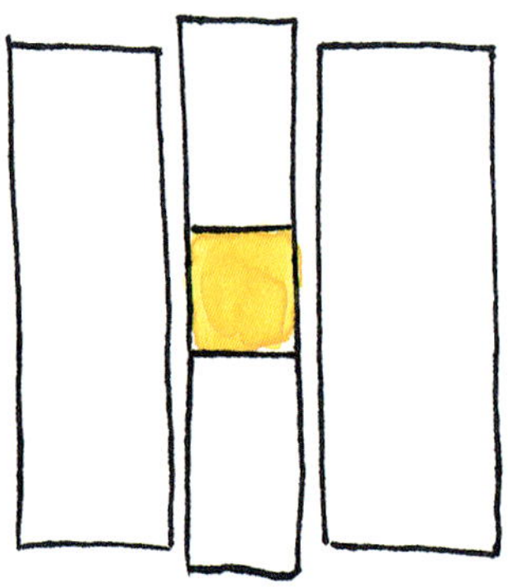

Gelbes Quadrat in den Mittelstreifen einsetzen, dann die Seitenteile rechts und links anfügen. Block bügeln und auf exakt 9 x 9 cm zuschneiden.

42 Blöcke B mit gelbem Mittelpunkt

Legen Sie ein weißes Rechteck von ca. 14 x 12 cm quer vor sich auf die Schneidematte. Platzieren Sie darauf mittig ein gelbes Quadrat von ca. 3 x 3 cm, beide Stoffe weisen mit der rechten Seite nach oben.

Schneiden Sie zweimal längs über das Rechteck, genau an den Seitenkanten des Quadrats entlang. Rücken Sie die beiden Seitenstücke etwas weg und entfernen Sie das gelbe Quadrat. Teilen Sie den in der Mitte liegenden weißen Streifen quer durch die Mitte.

Nähen Sie die beiden kleinen Teile oben und unten an das gelbe Quadrat und bügeln Sie die Nahtzugaben nach außen. Dann fügen Sie die beiden Seitenstücke an. Bügeln Sie die Nahtzugaben nach innen. Nähen Sie 42 solcher Blöcke und schneiden Sie sie auf exakt 9 x 9 cm zu.

77 weiße Blöcke C

Dies sind reinweiße Quadrate von exakt 9 x 9 cm.

Anordnung

Wir haben den Quilt in drei breiten Bordüren genäht. So lässt die Fläche leichter handhaben. Jede Bordüre ist 29 Blöcke lang.

Die Muster sind: die „breite Säule“, die „schmale Säule“, das „Schachbrett“ quer liegend und das Muster „Stalltür“ mit gelbem Punkt.

Hinweis: Um die Position des blauen Stoffteils zu beschreiben, bezeichne ich die Blöcke A mit dem Zusatz l für links, o für oben, r für rechts und u für unten. Folgen Sie der Tabelle.

Mittlere Bordüre, „Stalltür“ 10 Blöcke breit, links oben beginnend:
1. Reihe: 2C, 1Au, 2C, 1Au, 2C, 1Au, 1C.
2. Reihe: 1C, 1Ar, 1B, 1Al, 1Ar, 1B, 1Al, 1Ar, 1B, 1Al.

Tipp

Diese kleinen Quadrate und die Einfassung des Quilts sollten das gleiche Gelb haben. Wenn Sie keinen entsprechenden Stoff für die kleinen Quadrate finden, benutzen Sie den Schrägstreifen (von dem Sie entsprechend mehr kaufen müssen). Bügeln Sie ihn flach und schneiden Sie Quadrate von ca. 3 x 3 cm ab.

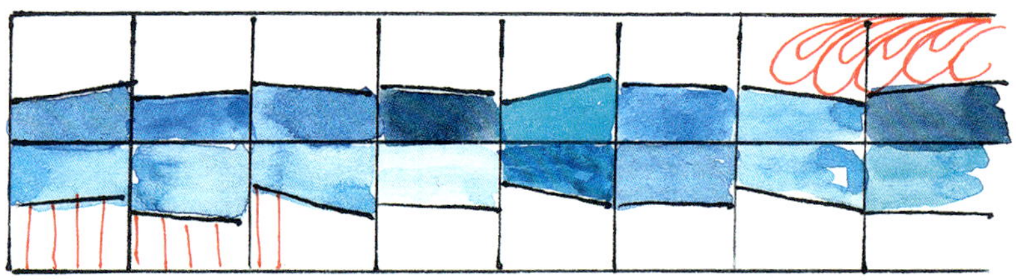

Muster „breite Säule“ mit Quiltvorschlag für die Seitenkante und die Innenkante.

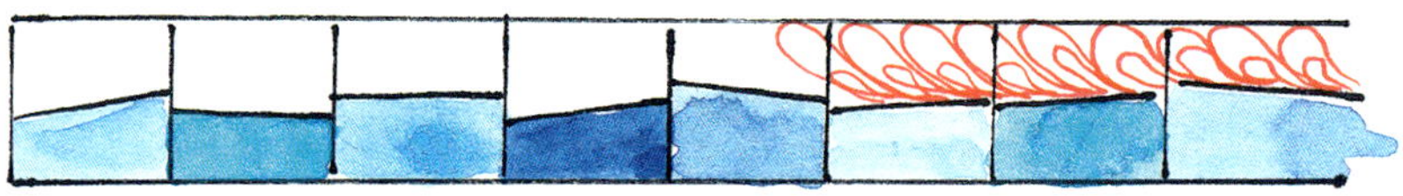

Muster „schmale Säule“ mit Quiltvorschlag.

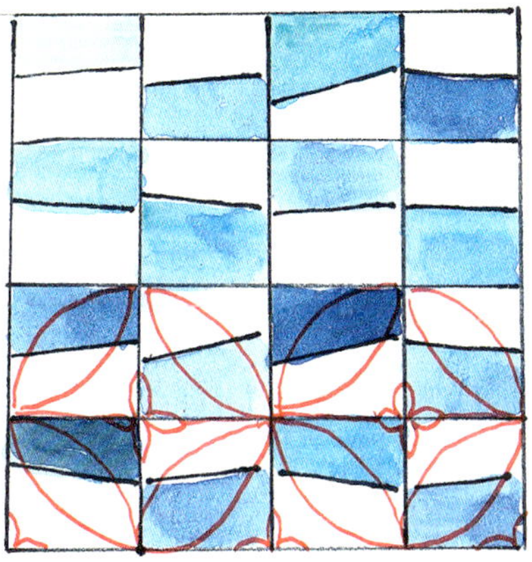

Muster „Schachbrett" mit Quiltvorschlag.

3. Reihe: 1C, 1Au, 1Ao, 1C, 1Au, 1Ao, 1C, 1Au, 1Ao, 1C.
4. Reihe: 1Ar, 1B, 1Al, 1Ar, 1B, 1Al, 1Ar, 1B, 1Al, 1C.
5. Reihe: 1C, 1Ao, 1Au, 1C, 1Ao, 1Au, 1C, 1Ao, 1Au, 1C.

Wiederholen Sie die Reihen 2 bis 5 bis zur vorletzten Reihe
Reihe 29: 1C, 1Ao, 2C, 1C, 1Ao, 2C1C, 1Ao, 2C.

Linke Bordüre, 8 Blöcke breit, links oben beginnend:
1Ar, 2 Al, 1Ao, 1Au, 1Ao, 1Au, 1Ar.
Alle Reihen sind gleich.

Rechte Bordüre, 8 Blöcke breit, links oben beginnend
1Al, 1Ao, 1Au, 1Ao, 1Au, 2 Ar, 1Al.
Alle Reihen sind gleich.

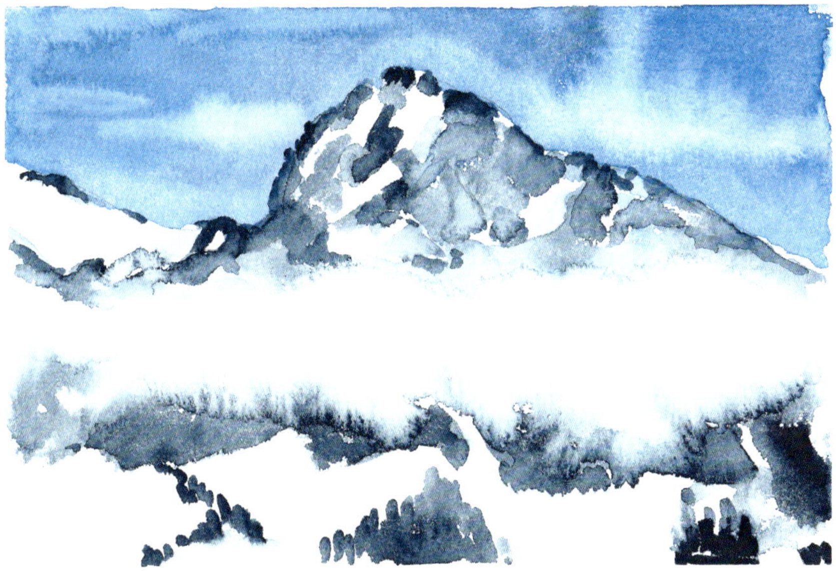

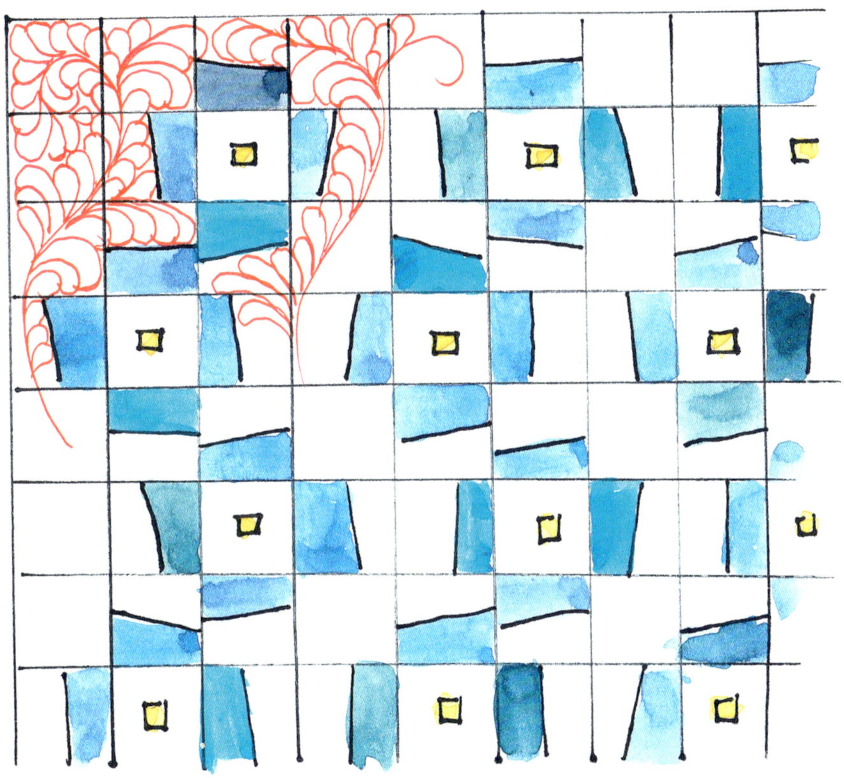

Muster „Stalltür" mit Quiltvorschlag.

Zusammensetzen (Lektion 17)
Nähen Sie jede der drei Bordüren einzeln wie in Lektion 17 beschrieben. Dann fügen Sie die linke, die mittlere und die rechte Bordüre an ihren Längskanten aneinander. Bügeln Sie die gesamte Fläche.

Quilten (Lektionen 18 und 19)
Montieren Sie Rückseite, Volumenvlies und Oberseite aufeinander. Quilten Sie nur auf den weißen Flächen. Beispiel: mit der Longarm-Quiltmaschine dichte Federmuster von unten nach oben zwischen den Motiven der mittleren Bordüre und auf den langen weißen Längsreihen ebenfalls. Quilten Sie Orangenschalen auf dem breiten Band der beiden äußeren Bordüren. Ganz am Rand quilten Sie nach außen laufende Querlinien. Von Hand können Sie über die ganze Fläche Orangenschalenmuster quilten oder Diagonallinien von Ecke zu Ecke in beide Richtungen oder ein anderes Muster, das sich an den Blocknähten orientiert.

Einfassung (Lektion 21)
Fassen Sie den Quilt mit einem dottergelben Schrägstreifen ein.

INSPIRATION TIERWELT

Für dieses Thema hatte ich die meisten Gestaltungsideen, die ich in meinem Skizzenbuch festhielt. Einige davon habe ich nun genäht. Es muss nicht das Tier abgebildet werden. Oft reicht ein Ausschnitt, der in eine geometrische Form gebracht, gedreht, versetzt oder gekippt wird, damit ein aufregend neues Muster entsteht. An die natürlichen Farben sind Sie nicht gebunden. Wenn Ihnen Schwarz zu düster erscheint, wählen Sie Blau oder Grau. Und wer hindert Sie daran, in Ihren Lieblingsfarben zu arbeiten? Sie sind der schöpferische Geist und dürfen alles tun.

Spaziergänge im Internet sind sehr ergiebige Inspirationsquellen. Bei den Bilderserien von Insekten und Meerestieren finden Sie unerwartete Farbkombinationen. Die hellblauen Kringel des 5 cm kleinen Blauringkraken fanden Platz im Quilt „Blaue Ringe" von Seite 76. Die Farben dazu kommen vom Diskusfisch, der rot und türkis gemustert ist. Es gibt sogar einen „Plant Hopper" irgendwo im Regenwald, in Magentarot und Hellblau! Meine Lieblings-Farbkombination.

Bei der Internetsuche nach Motiven und Ideen empfehle ich auch das Stichwort „Nachtfalter". Man kann sich in die pelzigen Lebewesen verlieben, so zart und fein sind ihre Antennen gefiedert und ihre Flügel gemustert. Ihre Farbenwelt besteht beileibe nicht nur aus zurückhaltendem Grau, Sie finden auch Orange, Blau, Rot und Gelb. Die Suche nach gepunkteten Stoffen macht Spaß! Wenn Sie Stoff mit kleinen Totenschädeln (zeitweise groß in Mode) finden, haben Sie den richtigen für die Totenkopf-Nachtschwärmer.

Sogar ein Aufenthalt in einem Bahnhof kann zu unerwarteten Inspirationen führen. An einem Postkartenständer stieß ich auf interessante Muschelfotos. Die Muscheln auf den Karten waren farblich sortiert und geometrisch angeordnet. Sogleich hatte ich die Idee für die diagonal gestreiften roten Kissen und den hellen Quilt, bei denen die Farben der Muscheln übernommen sind, ebenso wie die zarten Punkt- und Streifenmuster.

Die schönste Zackenlinie trägt die Kreuzotter auf ihrem Rücken. Hier findet die dekorative Linie auf dem Südseemuschel-Quilt einen neuen Platz. Wenn Sie Gelegenheit haben, das Südseemuseum in Obergünzburg (Allgäu) zu besuchen, zeigt man Ihnen vielleicht, außer der Reihe, auch die Muschelsammlung. Das Museum ist sehenswert und voller Inspirationsquellen.

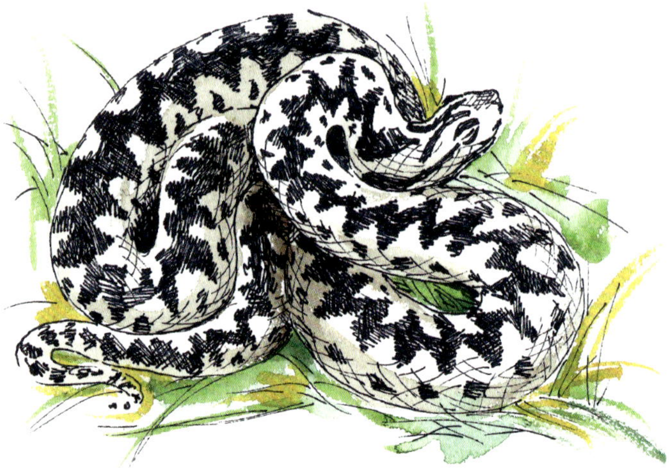

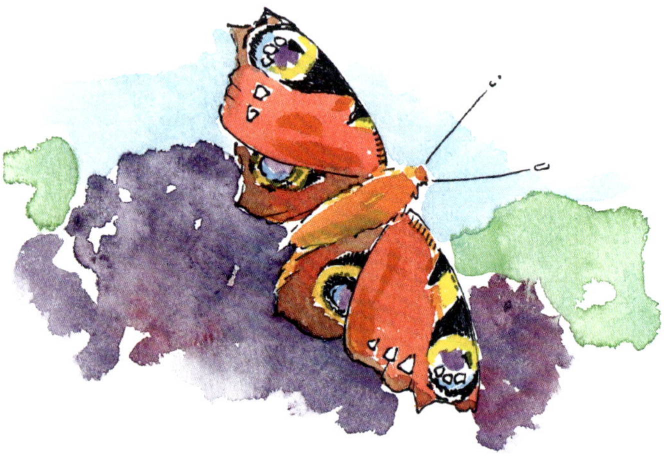

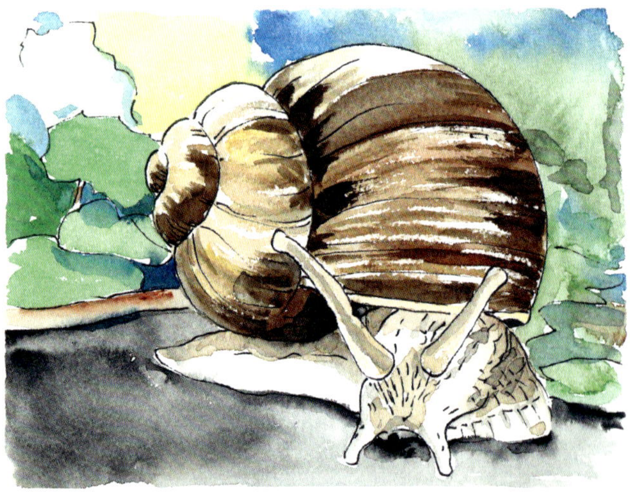

Wir haben als Kinder Schnecken gesammelt. Die lebenden Hausschnecken mit den gelbschwarz und braunrot geringelten Häusern. Und dann haben wir die Schnecken, da die „Pflege" so langweilig war, im Garten ausgesetzt. Zur Freude der Eltern. Schneckenhäuser mag ich immer noch und sammele sie auf meinen Spaziergängen. Bemalen Sie Weinbergschneckenhäuser mit feinem Goldstift und Schwarz. Das sieht wunderbar aus. Oder geben Sie Ihren Kindern/Enkelkindern/Schülern eine Schneckenhausvorlage und lassen Sie sie bunt ausmalen. Die kleine Tochter einer befreundeten Quilterin verwendete das Schneckenhausmotiv für die Schule. Sie malte es mit farbigen Kringeln und Zacken aus und bekam eine Eins dafür.

Die applizierten Schneckenhäuser des Quilts „Gartenbewohner" sind aufgeklebt, denn ich nähe nicht gerne von Hand. Mein Backpapier brauche ich mehr in der Werkstatt zum Stoffe festkleben als zum Backen in der Küche. Eine Klebeapplikation muss zusätzlich festgenäht werden, denn sie würde sich beim Waschen ablösen. Die Blätter fand ich in meiner Jeanskiste. Dass die Stoffkanten ausfransen, ist beabsichtigt und wirkt dekorativ. Das beidseitig haftende Klebevlies ist eine wunderbare Erfindung. Meine Entwurfswand besteht aus einer großen, mit Flanell bezogenen Weichholzplatte. Ich konnte direkt mit dem heißen Bügeleisen über die Wand streichen und so alle Schneckenhausspiralen ganz praktisch befestigen.

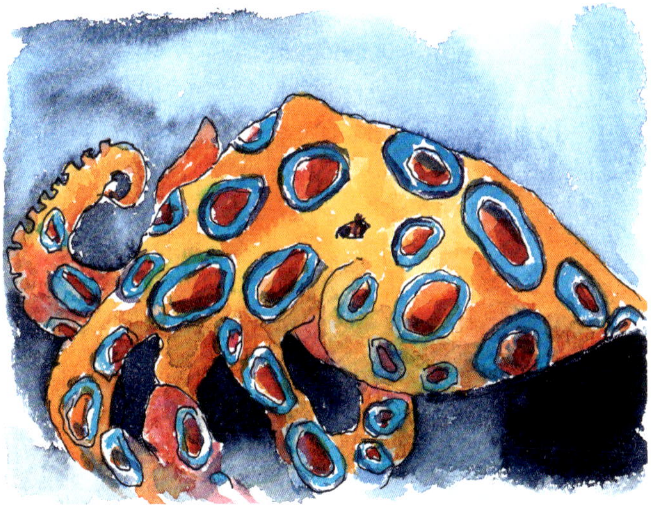

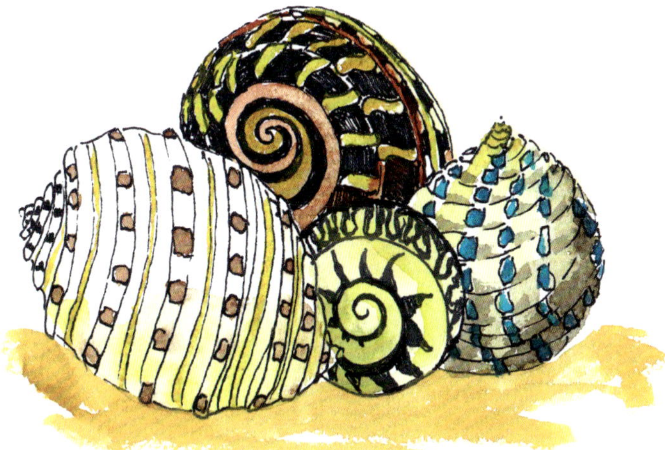

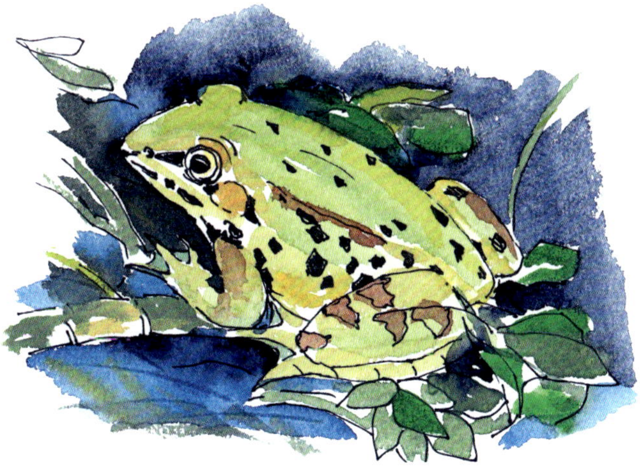

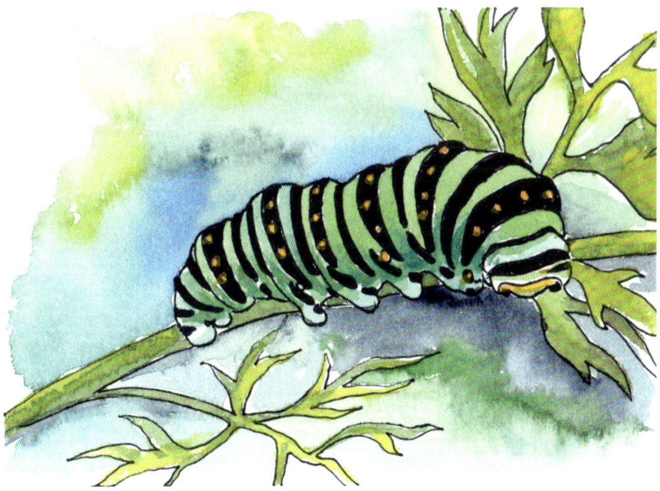

SCHMETTERLINGE

180 X 150 CM

Die Schmetterlingsform aus Dreiecken ist ziemlich einfach. Doch ist es erstaunlich, wie oft man die Teile beim Zusammensetzen verdrehen kann. Und das nicht nur einmal. Da kommt keine Langeweile auf. Durch den Einsatz von jeweils anderen Punktestoffen für die oberen und unteren Flügelpaare sorgen Sie für eine große Artenvielfalt.

MATERIAL

Stoffe

- 5,50 m Nesselstoff für den Hintergrund
- je 0,10 m von 10 verschiedenen gepunkteten Stoffen aller Art für die Flügel oder Reste von mindestens 8 x 8 cm (Gesamtmenge ca. 1,00 m)
- 0,20 m schmal schwarz-weiß gestreifter Stoff für die Körper
- 0,20 m schmal schwarz-weiß gestreifter Stoff für den inneren Randstreifen (anders oder gleich wie die Schmetterlingskörper)
- 0,90 m Dottergelb für den äußeren Rand

Sonstiges

- 200 x 170 cm Rückseitenstoff
- 200 x 170 cm Volumenvlies
- naturweißes Quiltgarn
- 680 cm rostroter Schrägstreifen

Tipp

Es MÜSSEN keine Punktestoffe sein, die sehen aber besonders nett aus.

ARBEITSANLEITUNG

Zuschneiden (Lektion 1)

Punktestoff: 73 Quadrate von 8 x 8 cm und 73 Quadrate 6 x 6 cm für die oberen und unteren Flügelpaare.

Nesselstoff: 73 Quadrate von 8 x 8 cm und 73 Quadrate von 6 x 6 cm für den Hintergrund an den Flügeln. Streifen von 6 cm Breite für das Verbreitern des unteren Flügelpaares, für die Fläche oberhalb und unterhalb des Körpers und für die Randstreifen pro Block. Streifen von 8 cm Breite für einige breitere Randstreifen und für die Leerstellen zwischen den Schmetterlingen.

Streifenstoff: 5 cm breite Streifen, die Streifen laufen parallel zur langen Kante.

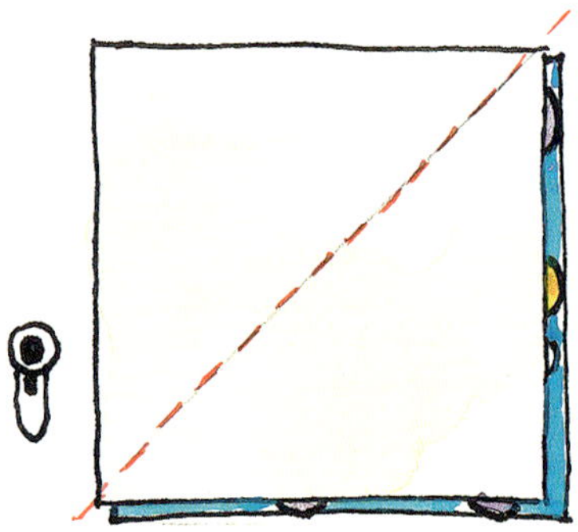

Oberes Flügelpaar: Ein Nessel- und ein Punktequadrat von 8 x 8 cm aufeinanderlegen, beide mit der rechten Seite nach oben. Beide Stofflagen diagonal durchschneiden.

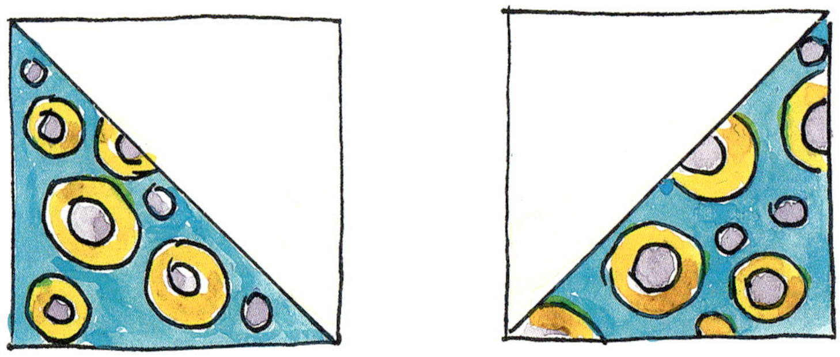

Farben tauschen: Punktestoff an Nessel und Nessel an Punktestoff. Beide an ihren langen Kanten zusammennähen. Bügeln.

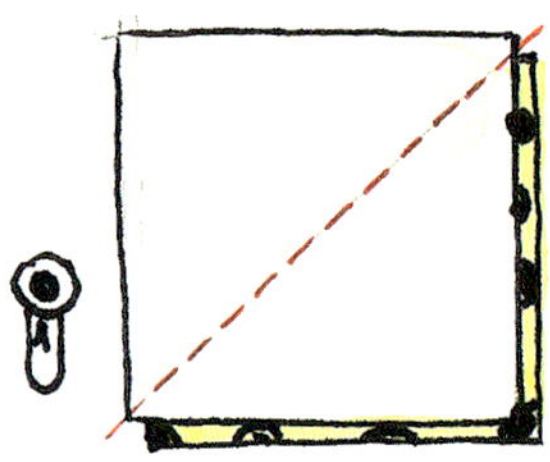

Unteres Flügelpaar: Ein Nessel- und ein Punktequadrat von 6 x 6 cm aufeinanderlegen, beide mit der rechten Seite nach oben. Beide Stofflagen diagonal durchschneiden.

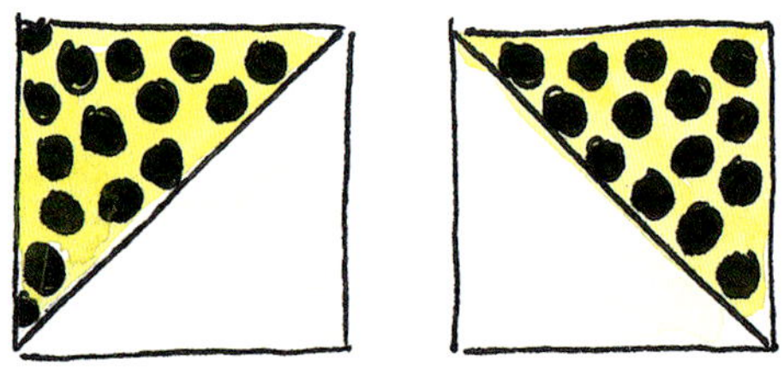

Farben tauschen wie oben. Beide Dreiecke an den langen Kanten zusammennähen. Bügeln.

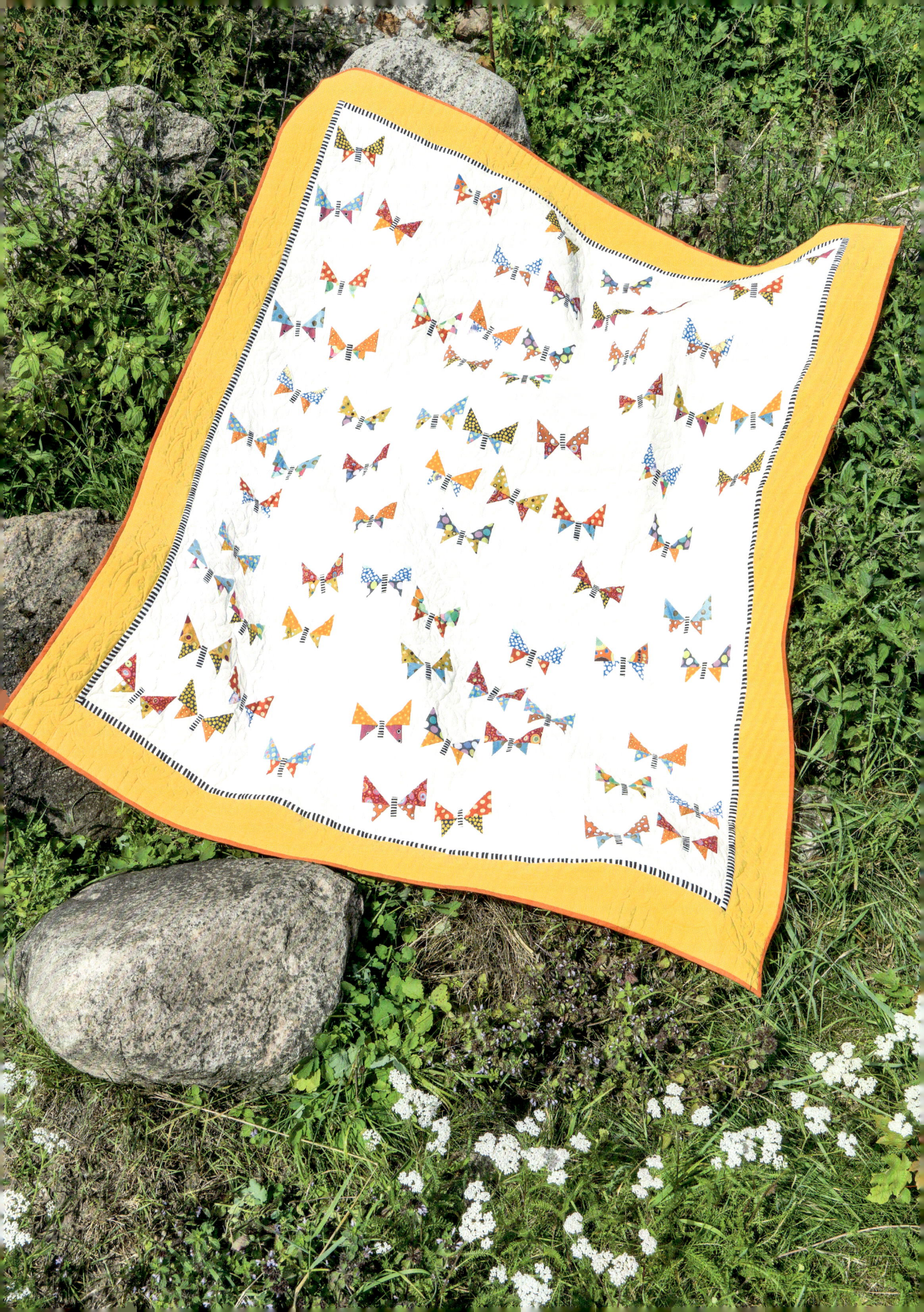

73 Schmetterlinge

Schmetterlingsflügel (Lektion 3)
Nähen Sie aus je einem nesselfarbenen und einem gepunkteten Quadrat von 8 x 8 cm Halbquadrat-Dreiecke, wie in Lektion 3 beschrieben. Bügeln Sie die Nahtzugaben zum Punktestoff hin.

Arbeiten Sie die 6 x 6 cm großen Quadrate in Nessel und Punktestoff genau so und bügeln Sie die Nahtzugaben zum Hintergrundstoff hin.

Legen Sie die vier Einheiten auf die Schneidematte, wie abgebildet. Nähen Sie an die linke Kante des linken unteren Flügels ein nesselfarbenes Rechteck, ebenso an die rechte Kante des rechten unteren Flügels. Drücken Sie die Nahtzugaben zum Hintergrundstoff hin. Fügen Sie nun die oberen und unteren Flügel aneinander. Bügeln Sie diese Naht auseinander. Sollte die Innenkante, an welcher der Körper angesetzt wird, etwas krumm geworden sein, schneiden Sie sie mit Hilfe eines Lineals gerade.

Schmetterlingskörper
Bereiten Sie für mehrere Körper eine Streifeneinheit vor. Setzen Sie einen ca. 5 cm breiten gestreiften Stoff zwischen zwei ca. 6 und 3 cm breite Nesselstreifen. Die Streifen des gestreiften Stoffes laufen parallel zu den angesetzten seitlichen Streifen. Schneiden Sie davon Einheiten von ca. 2,5 cm Breite ab. Benutzen Sie hierfür das Lineal.

Setzen Sie die beiden Flügel-Einheiten rechts und links an die Körper-Einheit. Achten Sie darauf, dass die Flügel auf gleicher Höhe liegen. Bügeln Sie die Nahtzugaben zum Körperstreifen hin, wo sie sich überlappen und dadurch den Körper plastisch erscheinen lassen.

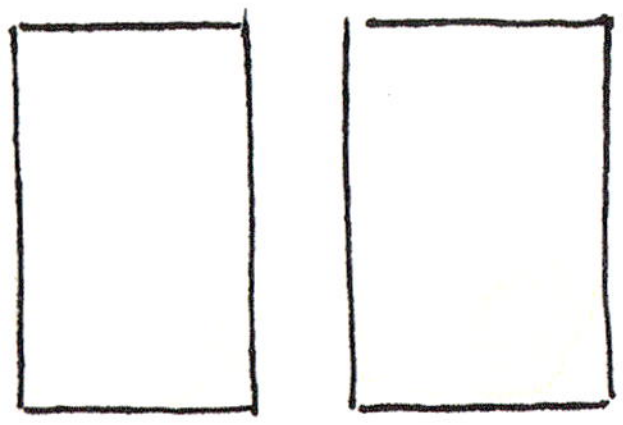

Untere Flügel verbreitern. Ein Nessel-Rechteck, so hoch wie die unteren Flügel zuschneiden, seitlich an die unteren Flügel ansetzen.

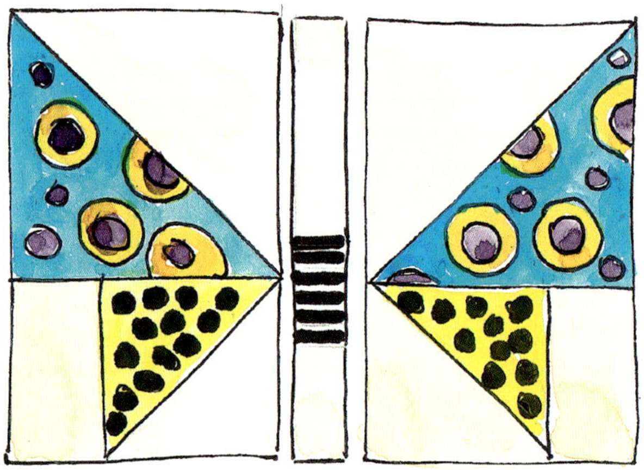

Rechtes und linkes Flügelpaar untereinander zusammennähen.

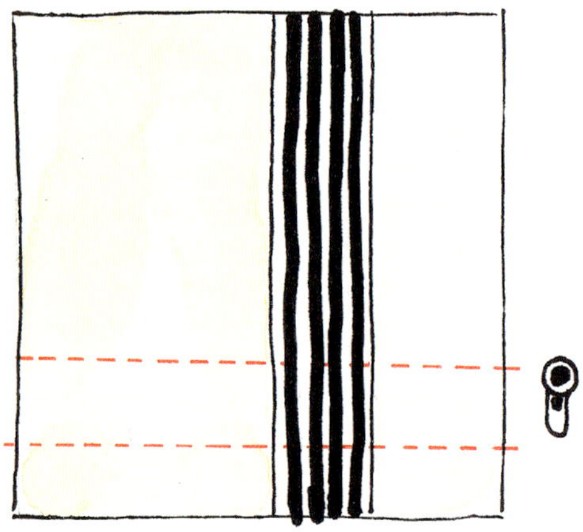

Körper: Einen Streifenstoff von 5 cm Breite zuschneiden, bei dem die Streifen entlang den Längskanten verlaufen. An die langen Kanten einen ca. 6 cm und einen ca. 3 cm breiten Nesselstreifen anfügen. Diese Einheit soll so breit sein, wie die Höhe der beiden Flügel-Einheiten. Jetzt 2,5 cm breite Abschnitte abschneiden, jeder Abschnitt ist ein Schmetterlingskörper.

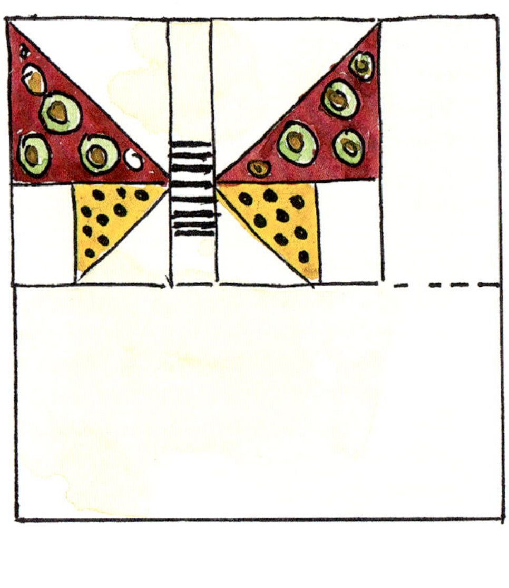

Variation: Schmetterling in der Ecke eines Blocks platzieren, mit Nesselstreifen vergrößern.

Die Körper können bei jedem Schmetterling etwas höher oder niedriger liegen. Jeder Schmetterling ist ein Individuum!

Blöcke fertig stellen
Schneiden Sie alle überstehenden Kanten zurück und umnähen Sie den Schmetterling an allen vier Seiten mit ca. 6 cm breiten Nesselstreifen.

Variation: Arbeiten Sie einige Schmetterlinge mit ca. 9 cm breiten Streifen an zwei Seiten so dass sie in einer Ecke des Blocks liegen. Bügeln Sie alle Nahtzugaben nach außen.

Blöcke zurechtschneiden
Schneiden Sie die Blöcke mit Hilfe eines Quadratlineals auf ein gemeinsames Maß zu, hier sind es 16 x 16 cm. Legen Sie das Quadratlineal nach rechts geneigt oder nach links geneigt auf. Nähen Sie 73 Schmetterlinge.

Leerblöcke
Bereiten Sie die Leerblöcke vor, indem Sie exakt 9 cm breite und 16 cm hohe Streifen zuschneiden. Dies entspricht etwa der halben Breite und der genauen Höhe eines Schmetterlingsbocks. Sie können solche Streifen auch direkt nebeneinander anordnen und so einen breiten Leerblock erhalten.

Anordnung
Stecken Sie die 73 Schmetterlinge an Ihre Entwurfswand. Legen Sie 11 Querreihen zu je 9 Blöcken. Verteilen Sie sie wie zufällig. Alle Schmetterlinge fliegen nach oben. Versetzen Sie die Querreihen unregelmäßig. Ordnen Sie Leerblöcke dazwischen, um die Wolke von Schmetterlingen natürlich wirken zu lassen. Folgen Sie dem vorgeschlagenen Nähplan oder finden Sie eine eigene Anordnung, die Ihnen gefällt.

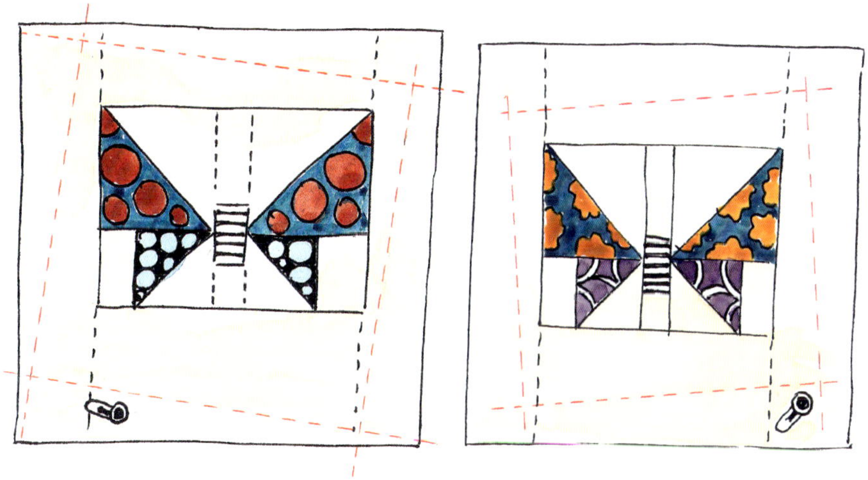

Blöcke mit Nesselstreifen vergrößern und quadratisch zuschneiden. Quadratlineal wechselnd nach rechts bzw. nach links geneigt auflegen. Auf diese Weise werden die Schmetterlinge unruhig über die Quiltfläche fliegen.

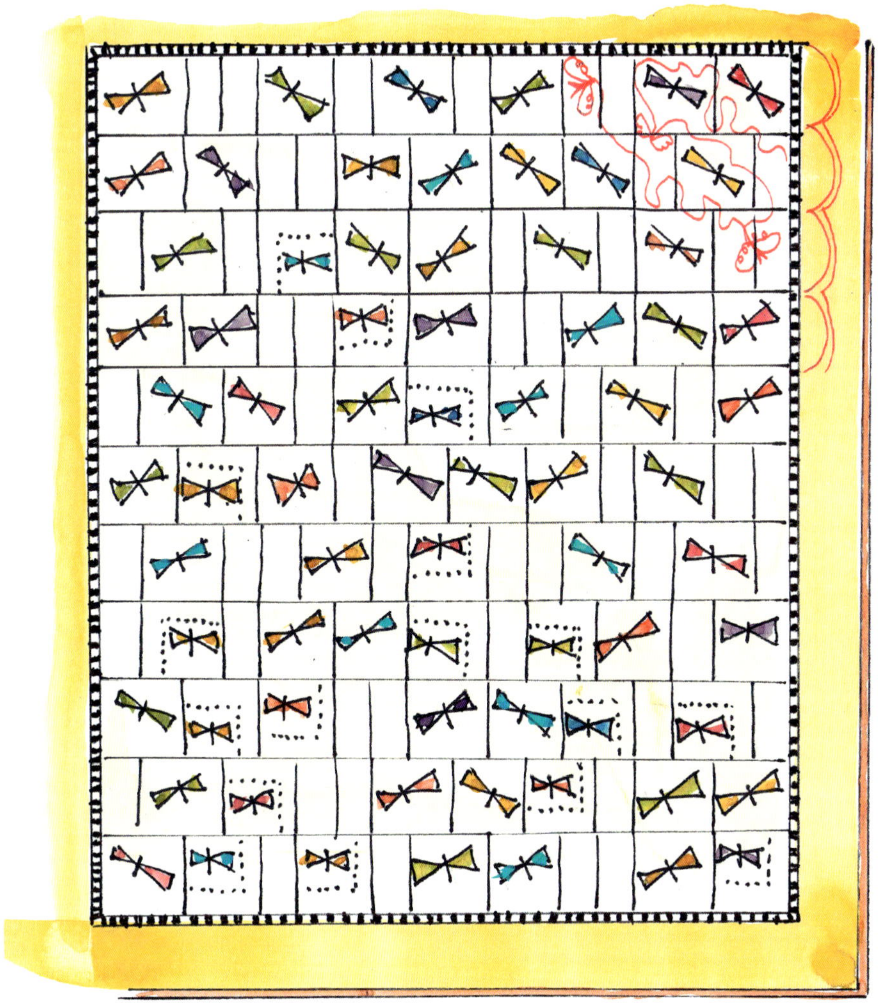

Nähplan, Quiltvorschlag und Randgestaltung.

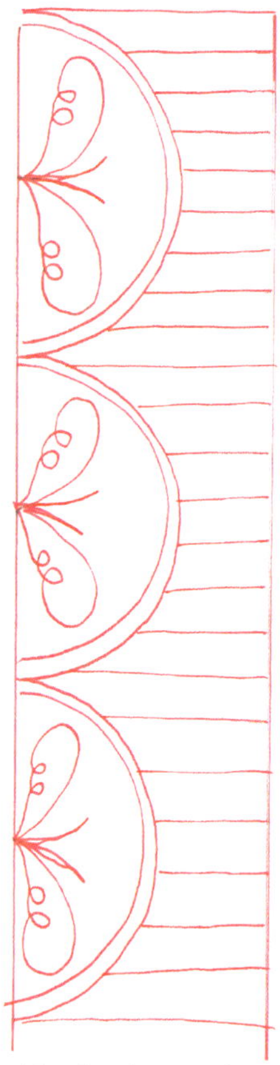

Quiltvorschlag für den Rand.

Zusammensetzen
Nähen Sie zuerst die elf Querreihen, die Sie dann untereinander zur Fläche zusammenfügen.

Randgestaltung (Lektion 16)
1. Rand: schwarz-weiß gestreift, Schneidebreite 3 cm, gerade Ecken.
2. Rand: dottergelb, Schneidebreite 12 cm, gerade Ecken.

Quilten (Lektionen 17 und 18)
Montieren Sie Rückseite, Volumenvlies und Oberseite aufeinander. Quilten Sie ein lockeres Mäander- und Blättermuster auf den Hintergrundstoff. Lassen Sie die Schmetterlinge unberührt. Bedecken Sie den äußeren Rand mit fortlaufendem Schmetterlingsmuster und Bögen.

Von Hand könnten Sie um jeden Schmetterling runde Flügel um die farbigen Dreiecke quilten, einen spitz zulaufenden Hinterleib sowie zwei gebogene Antennen.

Einfassung (Lektion 19)
Fassen Sie den Quilt mit einem rostbraunen Schrägstreifen ein.

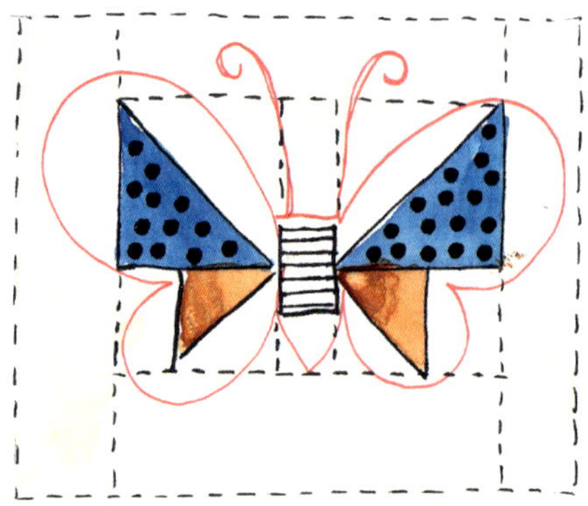

Alternativvorschlag für das Quilten.

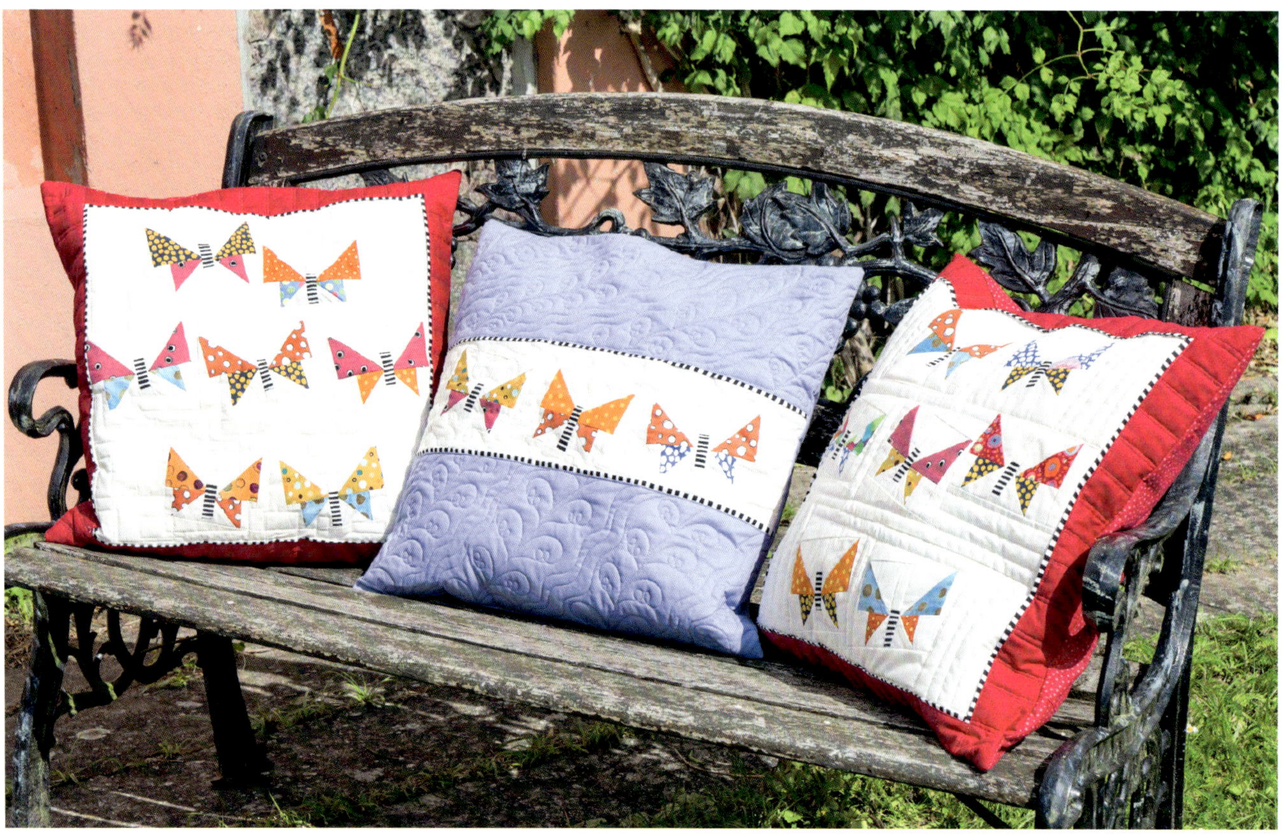

NACHTFALTER

227 x 156 cm

Diese Falter sind lebhaft gemustert, doch farblich eher zurückhaltend. Wir haben vielerlei Arten genäht und anschließend drei davon für diesen Quilt verwendet. Auf dem grauen Hintergrund sind Spinnennetze und kleine Spinnen gequiltet. Meine Schwester Irmgard meint, mit diesem Quilt würde sie sich niemals zudecken.

MATERIAL

Stoffe

- 7,00 m helles Grau uni für den Hintergrund der Blöcke und den Rand
- je 0,25 m von 15–18 verschiedenen gepunkteten Stoffen aller Art für die Flügel und die bunte Einfassung (auch Reste von ca. 12 x 12 cm verwenden)
- 0,10 m oder Reste von dunklen Stoffen für die Köpfe der Falter
- 0,60 m schwarz-weiß schmal gestreift für die Körper und die Paspelstreifen

Sonstiges

- 250 x 170 cm Rückseitenstoff
- 250 x 170 cm Volumenvlies
- hellgraues und dunkelgraues Quiltgarn
- 800 cm kunterbunter Schrägstreifen, 10 cm Schneidebreite, für die Einfassung

ARBEITSANLEITUNG

24 große Nachtfalter A

(Lektionen 1, 6, 8 und 10)

Zuschneiden der Flügel

Schneiden Sie für zwei farblich symmetrische, große Nachtfalter zu:

- 8 Quadrate von 18 x 18 in Grau für den Hintergrund
- 2 Punktestoffe 1 von 11 x 11 cm für die Hinterflügel
- 2 Punktestoffe 2 von 11 x 11 cm für die Hinterflügel
- 1 Punktestoff 3 von 13 x 13 cm für die Vorderflügel von Falter A1
- 1 Punktestoff 4 von 13 x 13 cm für die Vorderflügel von Falter A2
- 4 Streifenstoffe, diagonal geschnitten, 2,5 cm breit, für die Paspeln

Nähen Sie die großen Nachtfalter, wie bei den Fusselfalter-Kissen (Seite 56) ausführlich beschrieben. Beachten Sie auch die Abbildungen dort.

Kopf

Setzen Sie an den Oberkörper ein dunkles Quadrat als Kopf an. Hier haben wir unter anderem einen Stoff mit Totenschädeln benutzt um „Totenkopfschwärmer" zu erschaffen. Schneiden Sie vom „Kopf" beide oberen Ecken rechtwinkelig ab und fügen Sie 2 graue Dreiecke an (Dreieck von 4 x 4 cm einmal diagonal geteilt). So formen Sie den Oberkörper. Verlängern Sie den Körper nach oben mit einem ausreichend langen grauen Streifen. Möglicherweise müssen Sie den Körper etwas schmaler schneiden, entscheiden Sie von Fall zu Fall und benutzen Sie dafür das Lineal.

Große Nachtfalter zusammensetzen

Setzen Sie den Körper zwischen die beiden Schmetterlingsflügel-Einheiten. Achten Sie darauf, dass beide Flügelteile auf gleicher Höhe am Körper beginnen. Bügeln Sie den Schmetterlingsblock. Es kann sein, dass Sie an Ober- oder Unterkante des Blocks einen grauen Streifen annähen müssen, um den Block auf ein quadratisches Maß zu bringen. Zu klein geratene Blöcke vergrößern Sie mit angenähten grauen Streifen an den nötigen Stellen.

Schneiden Sie die Blöcke exakt quadratisch zu, hier sind es 27 x 27 cm. Nähen Sie 24 große Nachtfalter.

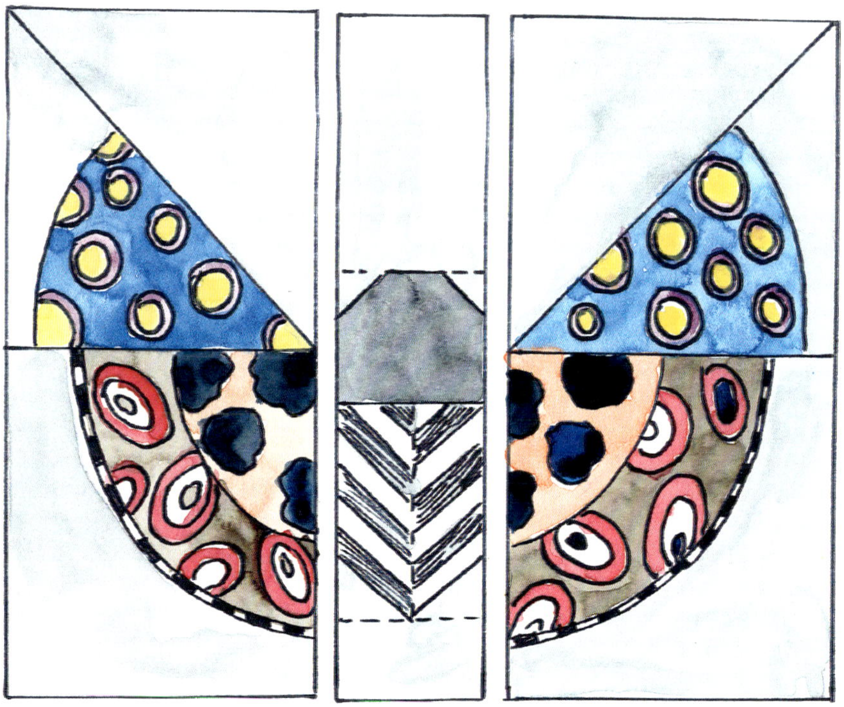

Nähplan für den großen Nachtfalter A. Für die einzelnen Nähschritte beachten Sie die Abbildungen der „Fusselfalter".

15 mittlere Nachtfalter B

Stoffe zuschneiden

Schneiden Sie pro Falter zwei graue Quadrate von 18 x 18 cm, einen Punktestoff 1 (Vorderflügel) 11 x 11 cm, einen Punktestoff 2 (Hinterflügel) 10 x 10 cm und einen diagonal geschnittenen Paspelstreifen, schwarz-weiß, 2 cm Schneidebreite. Für die Ergänzung zum Block schneiden Sie ein Rechteck von ca. 18 x ca. 30 cm (Breite der Schmetterlingseinheit).

Vorderflügel

Falten Sie den Paspelstreifen der Länge nach mittig links auf links. Schneiden Sie von jedem Punktestoff eine Ecke viertelkreisförmig ab. Legen Sie den Viertelkreis von Punktestoff 1 (11 x 11 cm) auf eine Ecke des grauen Stoffes, die rechten Seiten weisen nach oben. Schneiden Sie an der Außenkante entlang durch den grauen Stoff. Legen Sie den darunter liegenden grauen Viertelkreis beiseite. Nähen Sie den Viertelkreis und gleichzeitig den Paspelstreifen (offene Kanten aufeinander) in den grauen Ausschnitt.

Hinterflügel

Machen Sie dasselbe mit Punktestoff 2 (10 x 10 cm) und dem anderen grauen Quadrat. Nähen Sie hier aber keinen Paspelstreifen ein.

Körper

Der Körper besteht aus einem 2,5 cm breiten schwarz-weiß gestreiften Stoff und einem als Kopf angesetzten dunklen Quadrat von 2,5 x 2,5 cm. Ergänzen Sie den Körper unten mit einem 2,5 cm breiten grauen Streifen. Schneiden Sie diesen aus dem unter dem Vorderflügel herausgeschnittenen grauen Viertelkreis.

Mittlere Nachtfalter zusammensetzen

Bügeln Sie die Einheiten und schneiden Sie jede diagonal von der farbigen Ecke zur grauen Ecke hin. Nähen Sie je einen Vorderflügel und einen Hinterflügel an den diagonalen Kanten zusammen. Bügeln Sie. Setzen Sie die Flügel-Einheiten rechts und links an den Körper. Bügeln Sie die Nahtzugaben zu den Flügeln hin.

Schneiden Sie die Oberkanten der Schmetterlingsflügel etwas schräg zu. Legen Sie dafür ein Lineal an und schneiden Sie von der Seitenkante ca. 2 cm unterhalb der Oberkante bis zur Mitte des Kopfes.

Legen Sie das ca. 18 x 30 cm große graue Rechteck quer auf die Schneidematte und platzieren Sie den Schmetterling darüber. Die schrägen Oberkanten des Schmetterlings überlappen die Unterkante des Rechtecks um ca. 1 cm. Schneiden Sie mit Hilfe eines Lineals an einer Oberkante des Falters entlang. Beginnen Sie an der Seite und verlängern Sie den Schnitt bis zur gegenüberliegenden Kante.

Dann rücken Sie die Falter-Einheit ca. 1 cm weit nach unten. Schneiden Sie dann an der anderen Oberkante des Falters entlang. Entfernen Sie das unter dem Falter liegende graue Teil.

Nähen Sie zuerst das schmale Dreieck an die entsprechende Oberkante des Falters. Schneiden Sie die entstandene Kante ggf. noch einmal gerade. Dann fügen Sie das größere Teil an. Mit etwas Glück bildet sich im Kopfbereich des Falters eine flache Spitze.

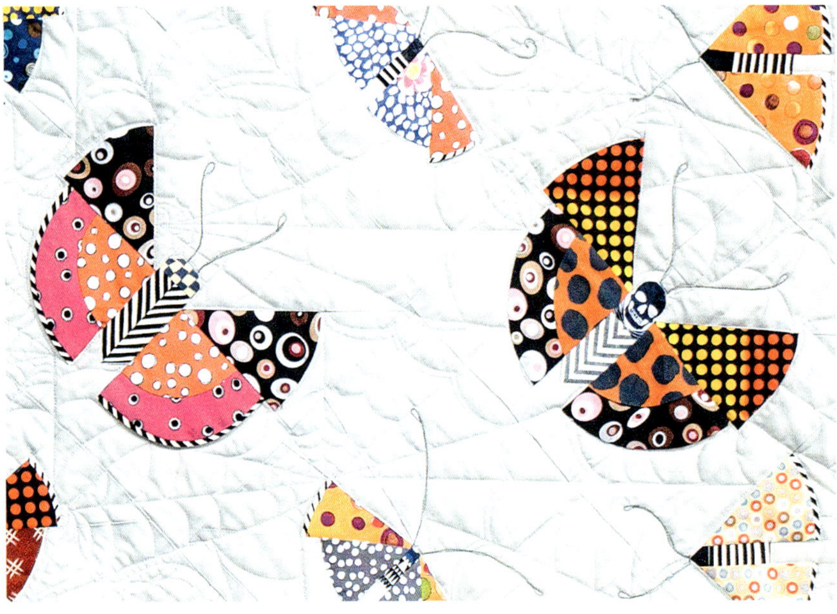

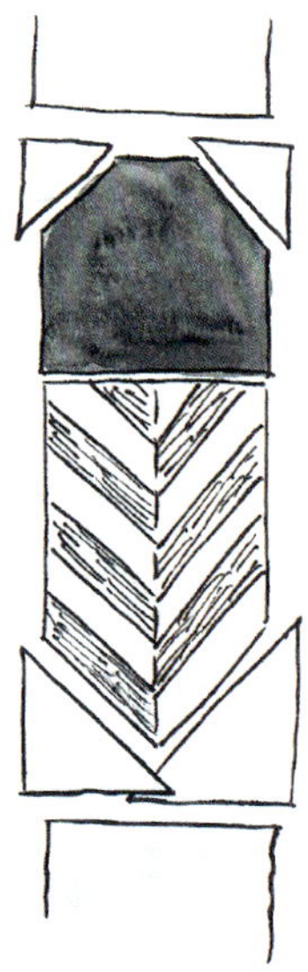

Nähplan für den Körper von Nachtfalter A.

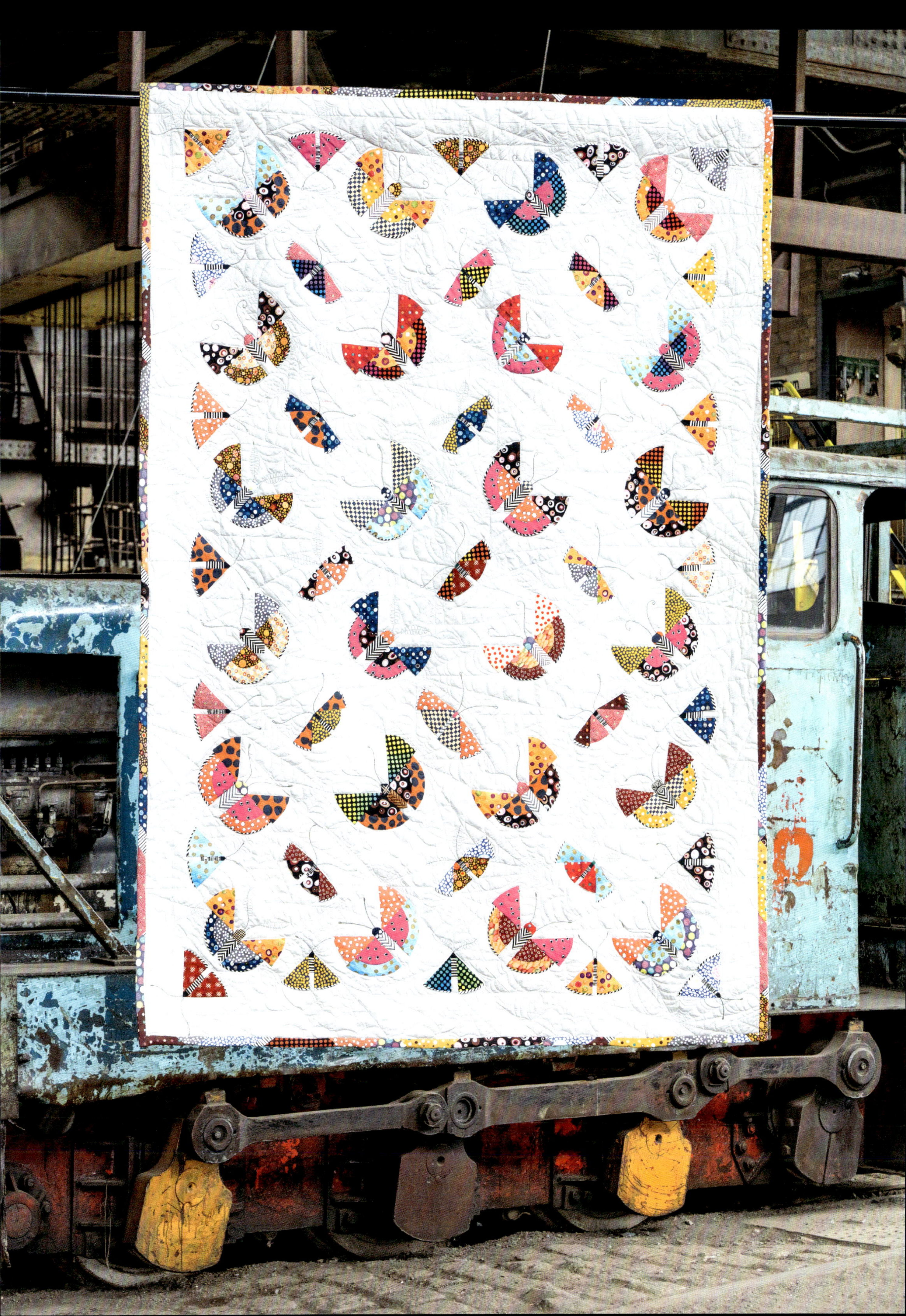

Nähen Sie 15 mittlere Falter B und schneiden Sie alle auf ein gemeinsames Maß zu, hier sind es, wie bei den großen Faltern A, 27 x 27 cm.

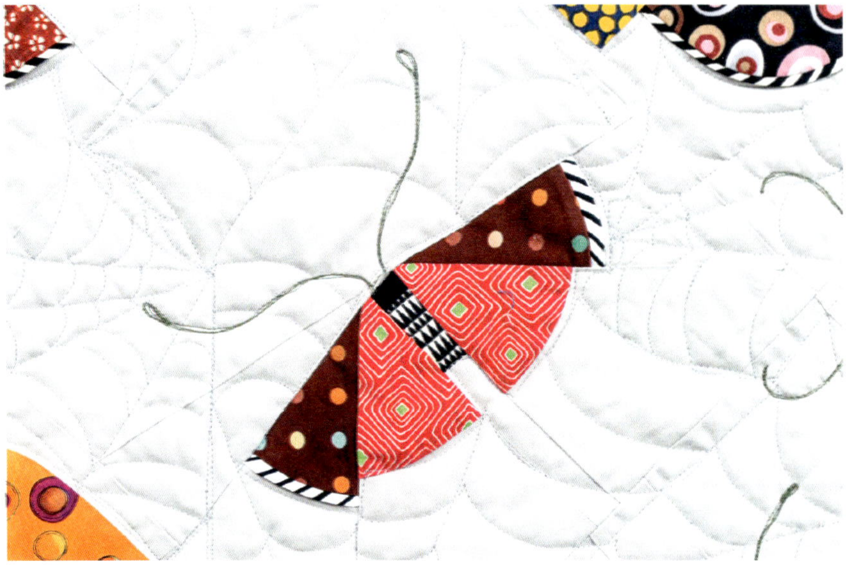

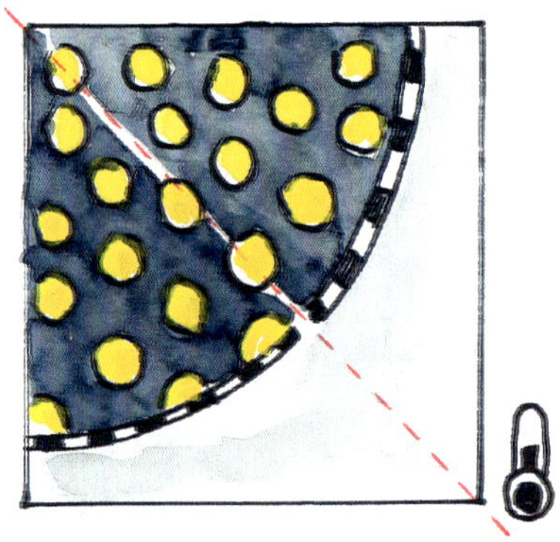

Vorderflügel für den mittleren Nachtfalter B, ebenso Flügel für Motte C. Punktestoff 1 (11 x 11 cm) mit Paspel als Viertelkreis in ein graues Quadrat (18 x 18 cm) einnähen.

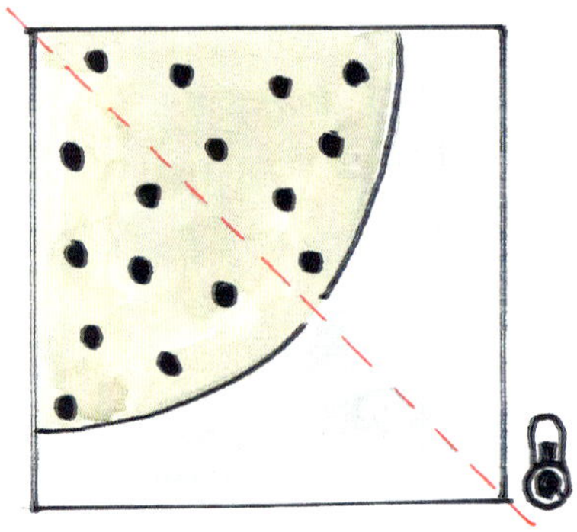

Hinterflügel für Nachtfalter B. Punktestoff 2 (10 x 10 cm) als Viertelkreis in ein graues Quadrat (18 x 18 cm) einnähen. Einheiten diagonal teilen. Zu zwei Flügeln kombinieren. Einen 3 cm breiten Körper einsetzen: Kopf 3 x 3 cm, Leib 5 x 3 cm.

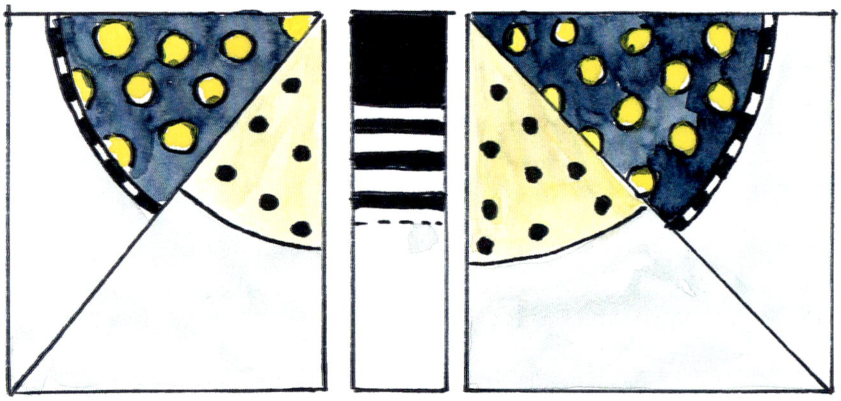

Nähplan für Nachtfalter B.

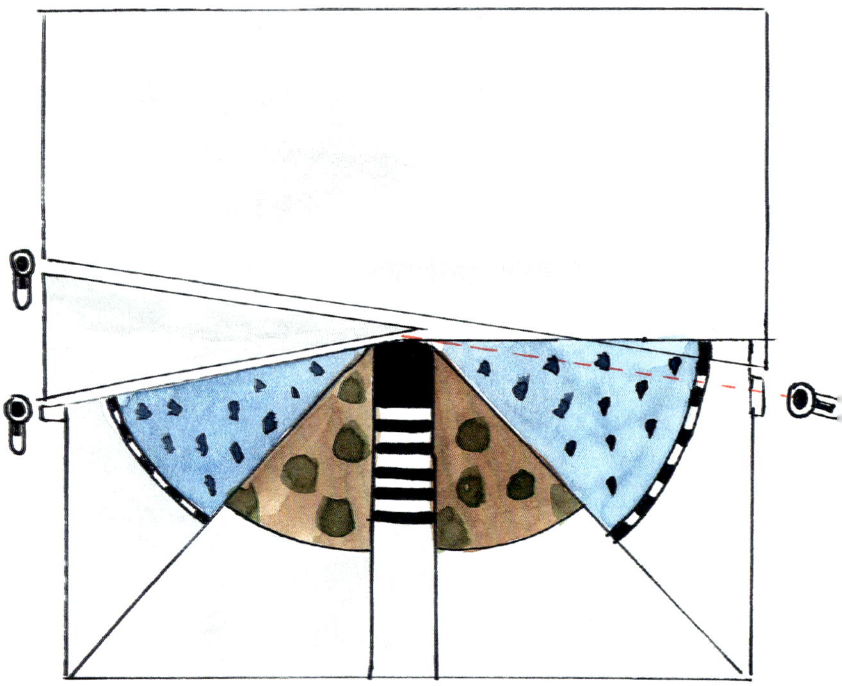

Nachtfalter B zum Block vergrößern. Beide Oberkanten der Schmetterlingsflügel etwas schräg zuschneiden (Beispiel: rote gepunktete Linie rechts). Grauen Stoff ca. 1 cm weit (an den Seiten gemessen) unter den Schmetterling schieben. An einer Seite des Schmetterlings entlang bis zur gegenüberliegenden Kante des grauen Stoffs schneiden. Stoff etwas wegrücken, Schmetterling 1 cm nach unten versetzen. Dann an der anderen Oberkante entlang schneiden. Stoff unter dem Schmetterling entfernen. Hintergrund annähen, zuerst das kleine Teil, dann das große.

19 kleine Motten C dreieckiger Block

Zuschneiden

Schneiden Sie pro Motte ein graues Quadrat 18 x 18 cm und einen Punktestoff 12 x 12 cm groß zu, sowie einen diagonal geschnittenen schwarz-weiß gestreiften Paspelstreifen, 2 cm Schneidebreite, mittig der Länge nach links auf links gebügelt. Des weiteren dunklen und gestreiften Stoff für Kopf und Körper, sowie 5 cm breite, graue Streifen für die beiden kurzen Kanten.

Flügel

Nähen Sie die Flügel wie die Vorderflügel des mittelgroßen Falters B, mit eingesetztem Paspelstreifen.

Schneiden Sie die Einheit quadratisch zu. Hier empfiehlt sich ein exaktes Quadrat, bei dem die eingesetzte Ecke nach beiden Seiten hin gleich viel misst. Teilen Sie das Quadrat einmal diagonal, von der farbigen Ecke zur grauen hin. Legen Sie dabei die Diagonale des Quadratlineals genau von Ecke zu Ecke.

Legen Sie die beiden entstandenen Dreiecke so auf die Schneidematte, so dass die langen Kanten seitlich liegen und die kurzen Kanten zueinander weisen.

Körper

Gestalten Sie einen ca. 3 cm breiten Körper. Der dunkle Kopf ist ca. 4 cm lang, der schwarz-weiße Körper ca. 5 cm und der graue Hintergrundstoff darunter ca. 10–11 cm. Setzen Sie diese drei Teile untereinander und nähen Sie den Körperstreifen zwischen die kurzen Seiten der zuvor genähten Flügelteile. Lassen Sie beim Einnähen den dunklen Stoff ca. 2 cm über die oberen Spitzen

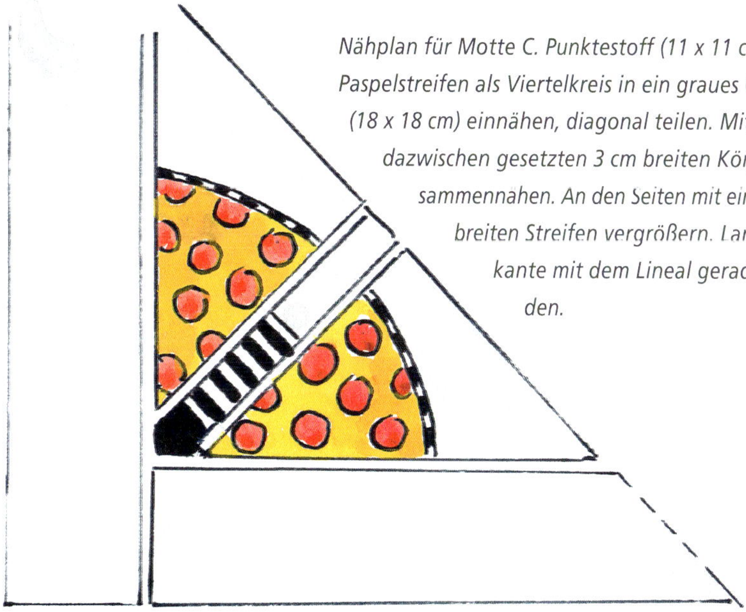

Nähplan für Motte C. Punktestoff (11 x 11 cm) mit Paspelstreifen als Viertelkreis in ein graues Quadrat (18 x 18 cm) einnähen, diagonal teilen. Mit einem dazwischen gesetzten 3 cm breiten Körper zusammennahen. An den Seiten mit einem 5 cm breiten Streifen vergrößern. Lange Unterkante mit dem Lineal gerade schneiden.

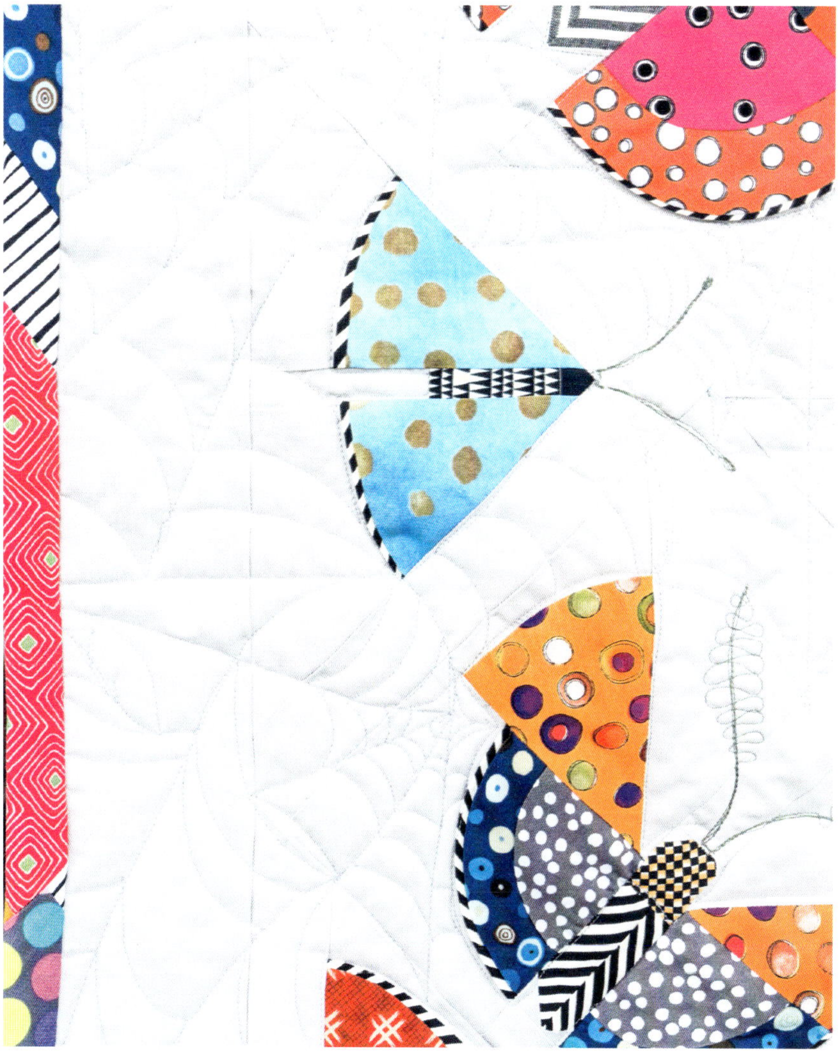

der Flügelteile hinausragen. Nach dem Bügeln schneiden Sie den Kopf in Verlängerung der beiden Seitenkanten spitz zu. Wenn Sie dazu das Quadratlineal benutzen und die diagonale Markierung entlang des Körpers auflegen, haben Sie die Gelegenheit, gleichzeitig auch die Seitenkanten im rechten Winkel nachzuschneiden.

Legen Sie vier der Motten für die Quilt-Ecken beiseite.

Block ergänzen

Fügen Sie an die beiden diagonalen Kanten je einen 5 cm breiten grauen Streifen an. Schneiden Sie die entstandene lange Unterkante mit dem Lineal gerade. Der Block misst nun ca. 31 cm an den kurzen Seitenkanten und ca. 44 cm an der langen Unterkante.

Anordnung

Ordnen Sie die Nachtfalterblöcke auf einer großen Entwurfswand in diagonalen Reihen an. Beginnen Sie mit vier Blöcken A und sortieren Sie drei Blöcke B in die Lücken dazwischen. Füllen Sie die Fläche auf diese Weise und enden Sie an der Unterkante wieder mit vier Blöcken A. Lassen Sie alle Nachtfalter nach links oben oder nach rechts oben „fliegen" Verteilen Sie die Farben wie zufällig. Nähen Sie die Oberfläche zusammen, aber lassen Sie die vier Eck-Motten noch weg.

4 Eck-Motten C

Nehmen Sie die vier zuvor beiseite gelegten Motten zur Hand. Legen Sie eine Quilt-Ecke gerade auf die Schneidematte und schneiden Sie 2 cm der Eckdiagonale ab. Schieben Sie nun eine Eck-Motte so weit unter den Quilt, dass die Außenkanten von Ecke und Quilt in einer Linie verlaufen. Markieren Sie die Kante des Quilts auf der Ecke mit einer Stecknadel. Ziehen Sie nun die Eck-Motte 2 cm weit hervor und schneiden Sie an der diagonalen Kante des Quilts entlang über die Schmetterlingsecke. Nähen Sie die Ecke an den Quilt. Schneiden Sie, wenn nötig, die Quiltkanten gerade, bevor Sie den nächsten Randstreifen anfügen.

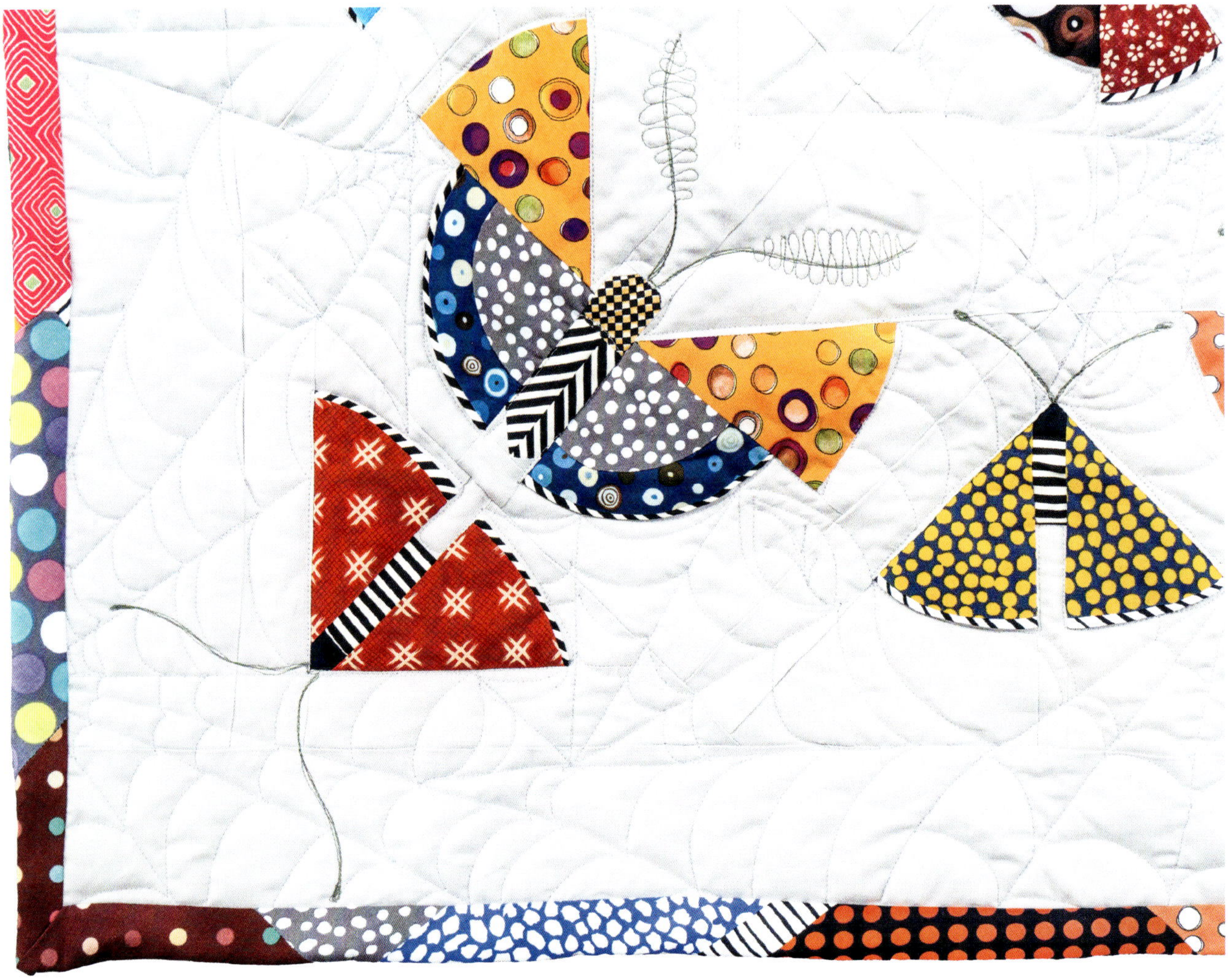

Randgestaltung (Lektion 16)
Zusätzlicher Rand: Grau, 10 cm Schneidebreite, gerade Ecken.

Quilten (Lektionen 17 und 18)
Montieren Sie Rückseite, Volumenvlies und Oberseite aufeinander. Quilten Sie von Hand oder mit der Maschine Spinnennetze, Blättchen sowie einzelne kleine Spinnen und Insekten auf den Hintergrund. Wem es vor Spinnennetzen gruselt, quiltet Blätter und Blüten. Quilten Sie bei den großen Schmetterlingen an den äußeren Flügelkanten und dem Körper entlang. Bei den kleineren Nachtfaltern genügt es, um die Außenform herum zu quilten.

Quilten oder sticken Sie zum Schluss die Antennen jedes einzelnen Nachtfalters mit dunkelgrauem Garn. Zeichnen Sie symmetrisch geschwungene Formen und gefiederte Antennen.

Einfassung (Lektion 19)
Fassen Sie den Quilt mit einem bunt zusammengesetzten Schrägstreifen von 10 cm Schneidebreite ein, wie in Lektion 19 beschrieben. Verwenden Sie dafür die Reststoffe der Nachtfalter.

Tipp
Probieren Sie eigene Variationen. Schieben Sie die Flügelteile waagerecht zur Seite, schräg nach oben oder schräg nach unten. Arbeiten Sie schmale Flügel, indem Sie die Viertelkreise zu ⅛-Kreisen und diese zu ¹⁄₁₆-Kreisen teilen. Kombinieren Sie die unterschiedlichen Flügelteile. Die Vorderflügel müssen dabei immer größer sein als die Hinterflügel. Füllen Sie die Zwischenräume mit Hintergrundstoff. Vergessen Sie nicht die schwarz-weißen Paspelstreifen! Achten Sie einmal darauf: Es gibt in der Natur Schmetterlinge mit einer farblich auffallenden Flügelkante, manchmal sogar schwarz-weiß.

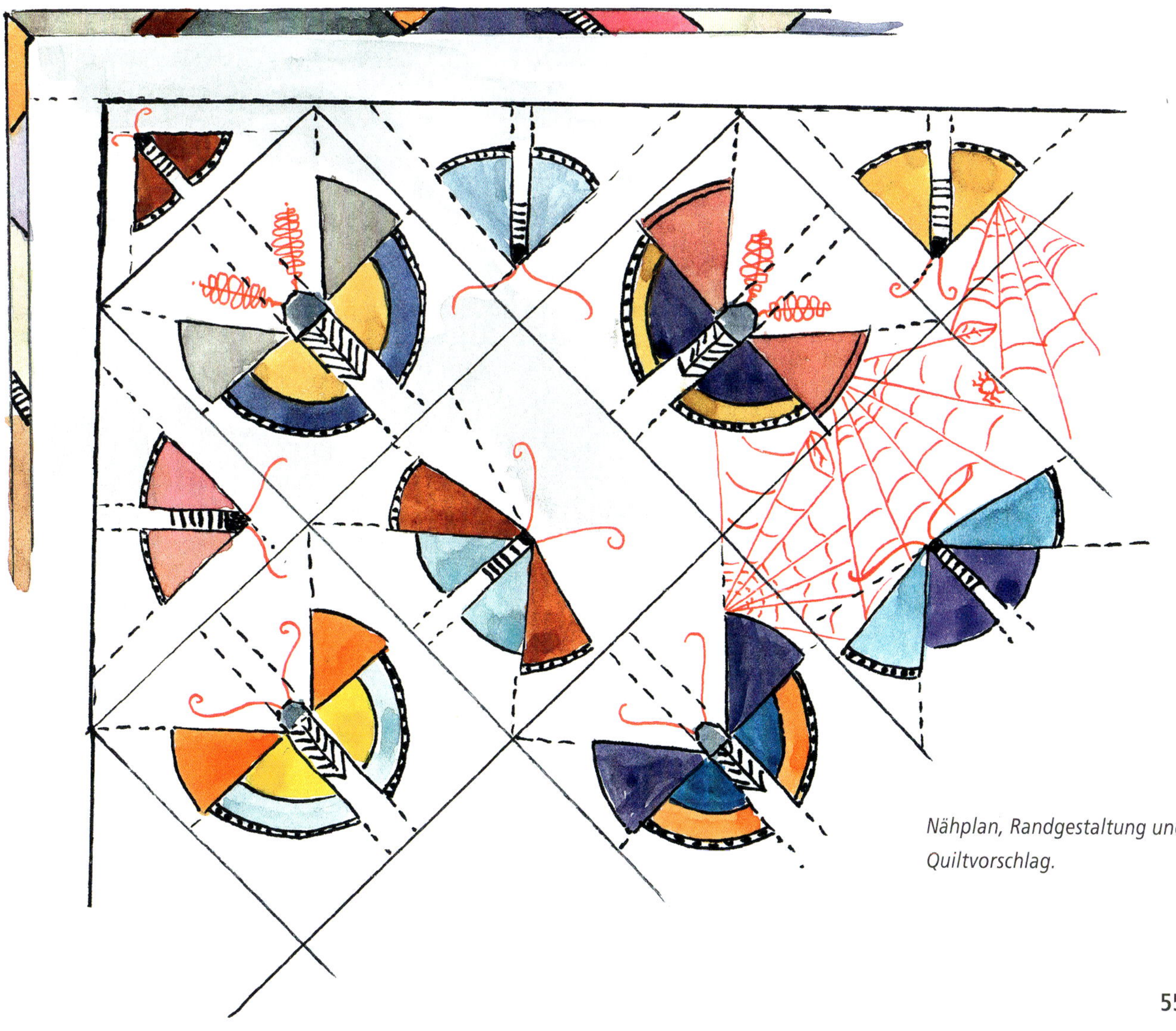

Nähplan, Randgestaltung und Quiltvorschlag.

FUSSELFALTER

ZWEI KISSEN, JE 50 X 50 CM

Viele Nachtfalter sind fast weiß und ihre Körper und Antennen dicht bepelzt, Dies ist bei diesen Kissenhüllen durch aufgenähtes Fusselgarn nachempfunden. Es entstehen zwei Schmetterlinge gleichzeitig, da Sie die Farben tauschen müssen. Jeder Schmetterling muss farblich symmetrisch sein.

MATERIAL

Stoffe

- 0,30 m Reinweiß für den Hintergrund
- 0,15 m Rosa (1) für die Flügel
- 0,15 m Naturweiß mit dunklen kleinen Punkten (2) für die Flügel
- 0,15 m Naturweiß mit bunten Punkten (3) für die Vorderflügel
- 20 x 0,20 m Grau/Natur oder Grau/Weiß schmal gestreifter Stoff für die Hinterleiber
- 10 x 0,12 m Naturweiß für die Oberkörper
- 30 x 0,30 m Hellblau/Weiß schmal gestreifter Stoff für die Paspel an der Flügelkante
- 0,30 m Rosa/Weiß schmal gestreifter Stoff für den Rand von Kissen 1
- 0,30 m Hellblau-Weiß schmal gestreifter Stoff für den Rand von Kissen 2

Sonstiges

- weißes Effektgarn mit langen Fusseln
- 55 x 55 cm Kissen-Innenseite
- 55 x 55 cm Volumenvlies
- rosafarbenes und hellblaues Quiltgarn
- 65 x 55 cm Kissen-Rückseite
- 40 cm Reißverschluss
- Kissenfüllung 50 x 50 cm

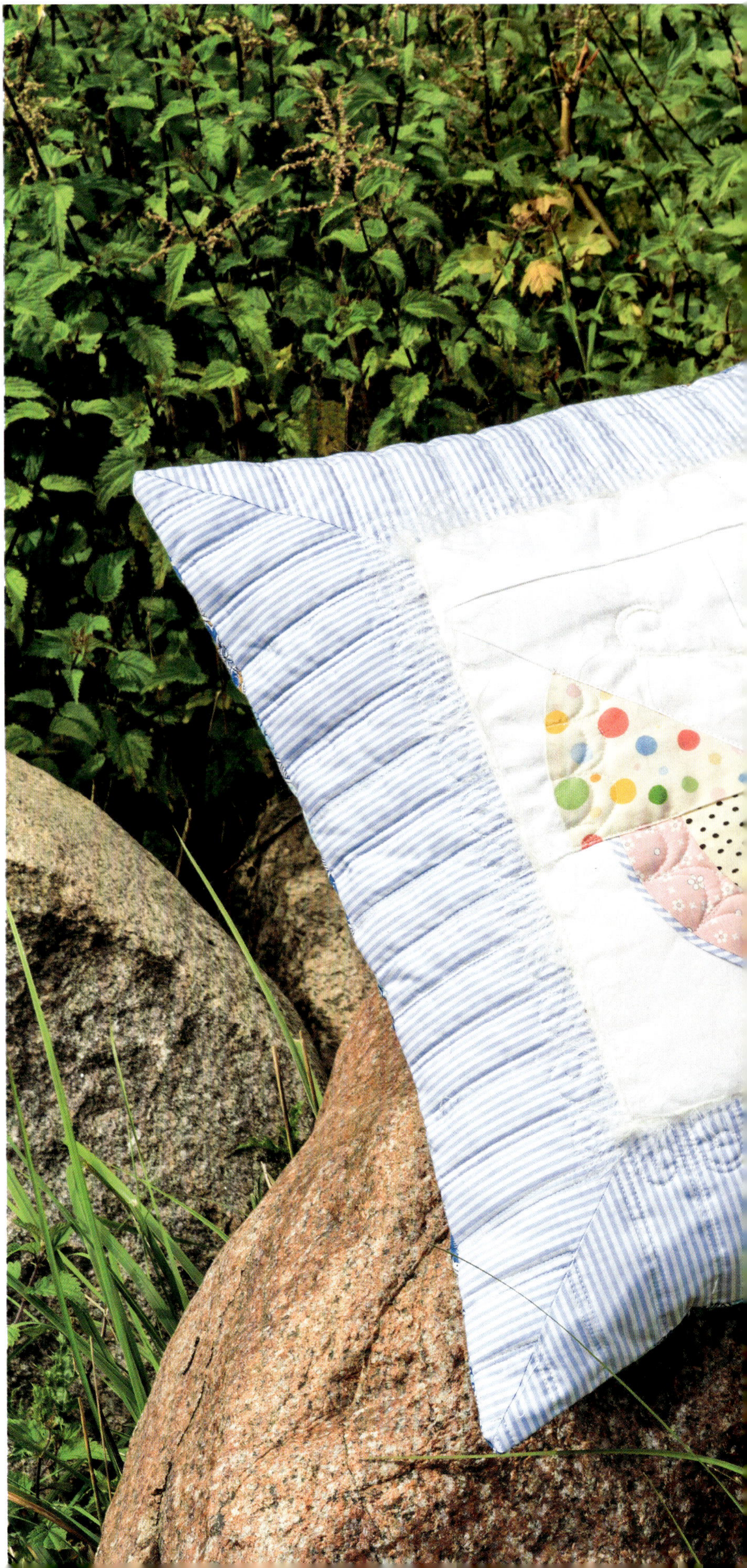

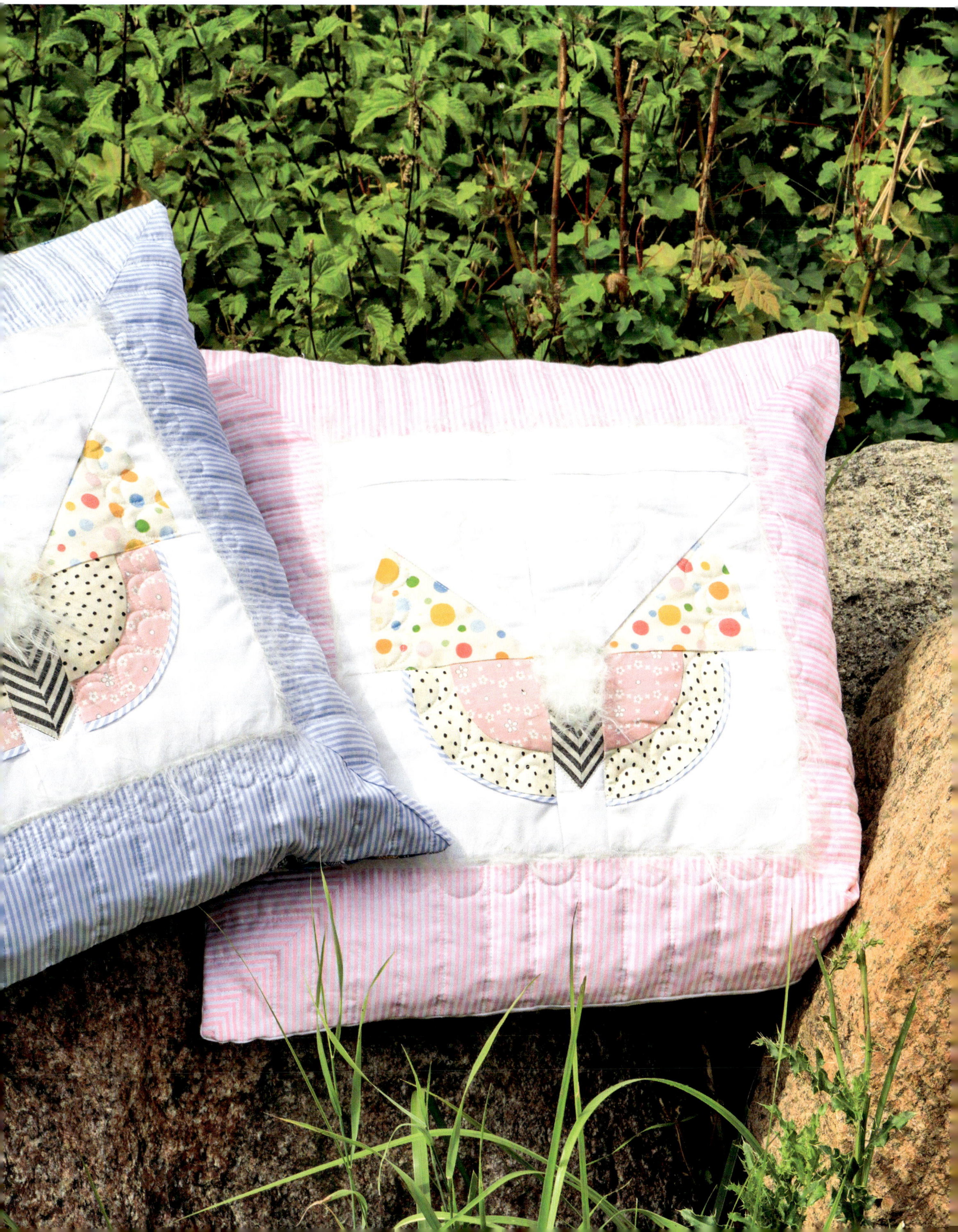

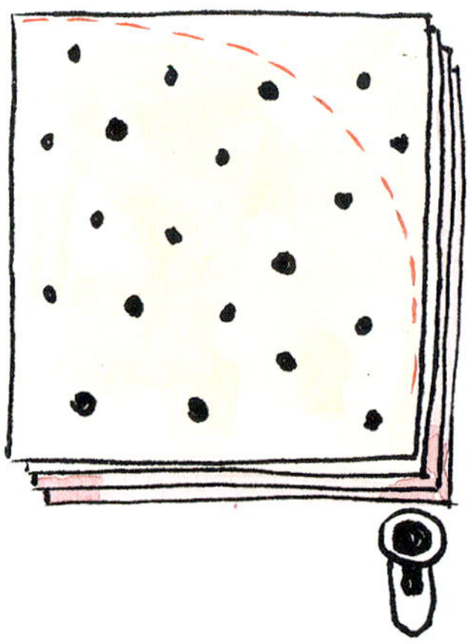

Je 2 gleiche Flügelstoffe (12 x 12 cm) aufeinanderstapeln, alle vier mit der rechten Seite nach oben.

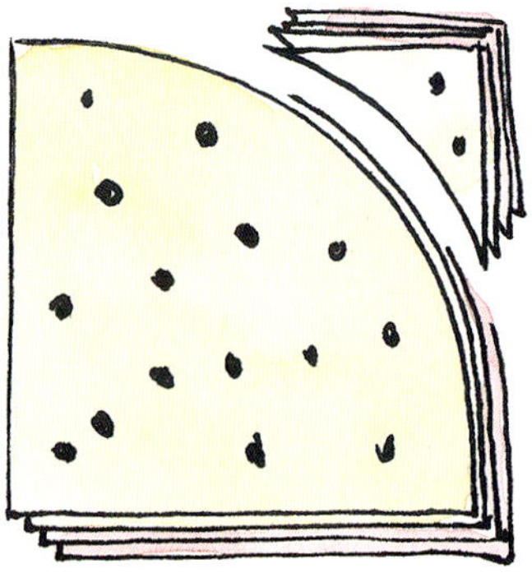

Eine Ecke viertelkreisförmig abschneiden.

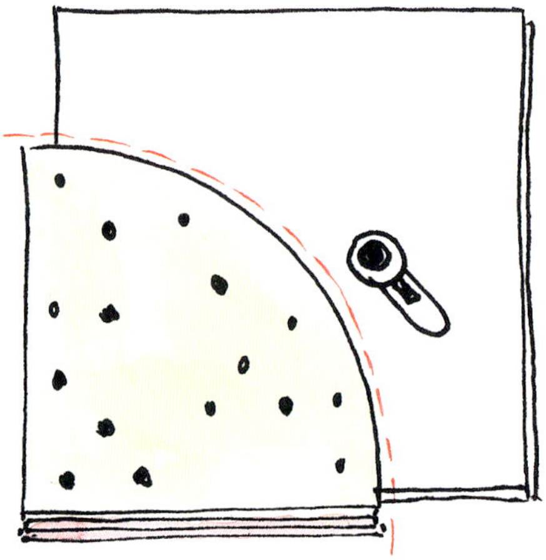

Den Stapel wie eine Schablone auf zwei weiße Quadrate (18 x 18 cm) legen. Ca. 1 cm weit nach außen ziehen. An der runden Kante entlang schneiden. Darunterliegende weiße Teile entfernen.

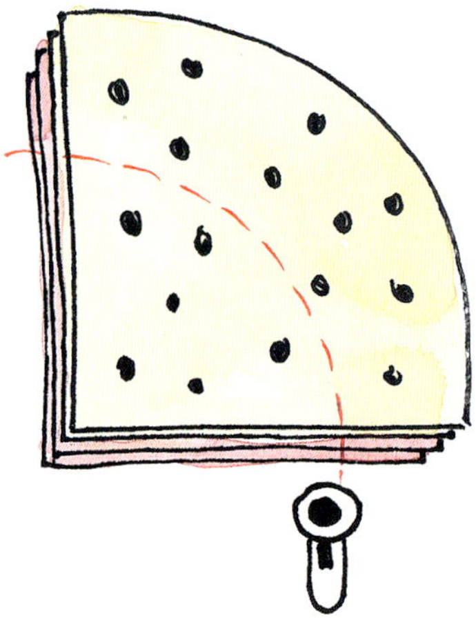

Mittig durch die vier noch aufeinanderliegenden Flügelstoffe einen weiteren Viertelkreis schneiden.

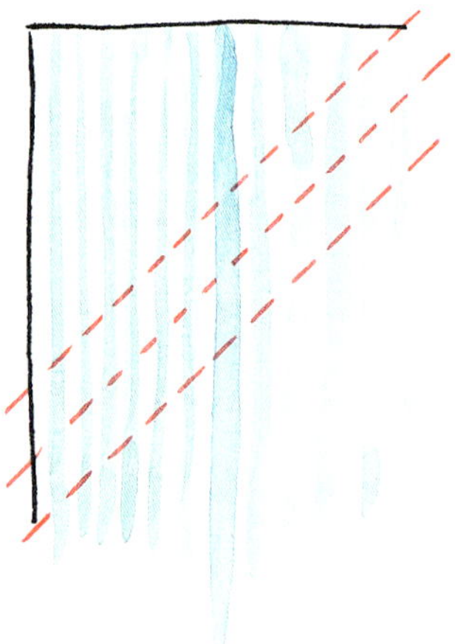

Paspel: hell gestreift, diagonal geschnitten, exakt 2,5 cm breit, ca. 20 cm lang, der Länge nach falten und bügeln.

ARBEITSANLEITUNG

Zwei helle Fusselfalter

(Lektionen 1 und 8)

Hinweis: die Anleitung ist die gleiche wie für die „großen Nachtfalter" im vorhergehenden Quilt Seite 49.

Hinterflügel

Beginnen Sie mit vier Quadraten Weiß von 18 x 18 cm und je zwei verschiedenen Flügelstoffen von 12 x 12 cm Größe. Legen Sie die vier Flügelstoffe aufeinander, alle weisen mit der rechten Stoffseite nach oben. Schneiden Sie eine Ecke viertelkreisförmig ab.

Legen Sie die vier entstandenen Viertelkreise, noch aufeinanderliegend, auf eine Ecke der vier weißen aufeinanderliegenden Stoffe. Ziehen Sie die Viertelkreise ca. 1 cm weit über die weiße Ecke hinaus. Schneiden Sie an der Außenkante des Viertelkreises entlang durch den weißen Stoff. Entfernen Sie die unter den Flügelstoffen liegenden weißen Teile. Durchschneiden Sie die aufeinanderliegenden Flügelstoffe ca. 4 cm innerhalb der runden Außenkante noch einmal rund.

Tauschen Sie die Farben. Es ergeben sich vier Einheiten. Zweimal Weiß mit Stoff 1 (rosa) innen und Punktestoff 2 außen und gegengleich dazu zweimal Weiß mit Punktestoff 2 innen und Stoff 1 (rosa) außen.

Schneiden Sie aus dem hellblau/weiß gestreiften Stoff 2,5 cm breite Schrägstreifen diagonal aus dem Stoff. Sie benötigen viermal ca. 20 cm davon. Falten Sie die Streifen längs links auf links und bügeln Sie den Falz.

Nähen Sie den äußeren großen Flügelkreis mittig in den Ausschnitt des weißen Quadrats. Legen Sie gleichzeitig den gefalteten Paspelstreifen in diese Naht, die offenen Kanten liegen aufeinander.

Dann nähen Sie den kleineren Flügelkreis mittig in den Ausschnitt des äußeren. Nähen Sie die vier vorbereiteten Blöcke auf diese Weise fertig. Bügeln Sie die Nahtzugaben zu den eingesetzten Viertelkreisen hin und bügeln Sie den Paspelstreifen von der rechten Stoffseite her nach außen.

Je zwei farblich gleiche Blöcke bilden die Hinterflügel eines Schmetterlings. Schneiden Sie die Kanten am eingesetzten Viertelkreis gerade und rechtwinkelig zu. Erst wenn die Vorderflügel fertig sind, gleichen Sie die Blöcke der Hinterflügel an deren Größe an.

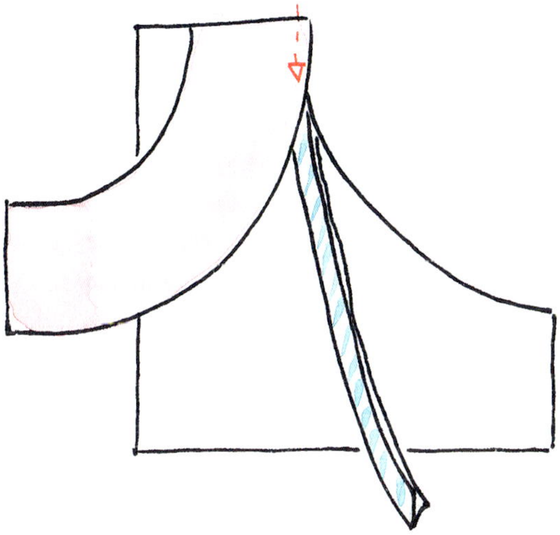

Farben tauschen. Den äußeren Flügel-Bogen zusammen mit dem gestreiften Schrägstreifen in den weißen Ausschnitt nähen.

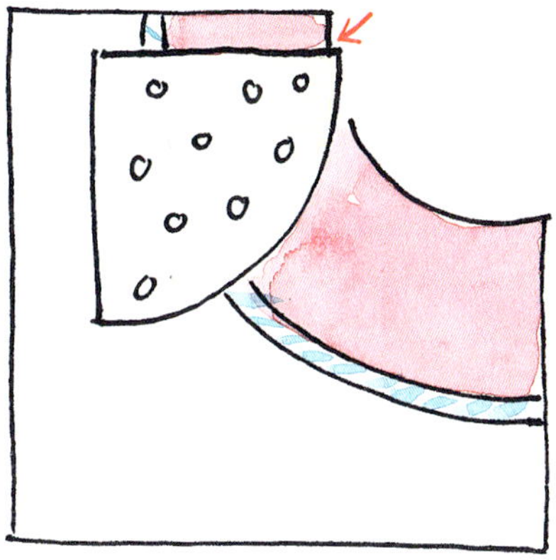

Den kleinen Viertelkreis in den kleinen Ausschnitt des Flügel-Bogens einsetzen. Dabei die Naht 1 cm tiefer beginnen (Pfeil). Block bügeln und die Flügel-Ecke rechtwinklig zuschneiden.

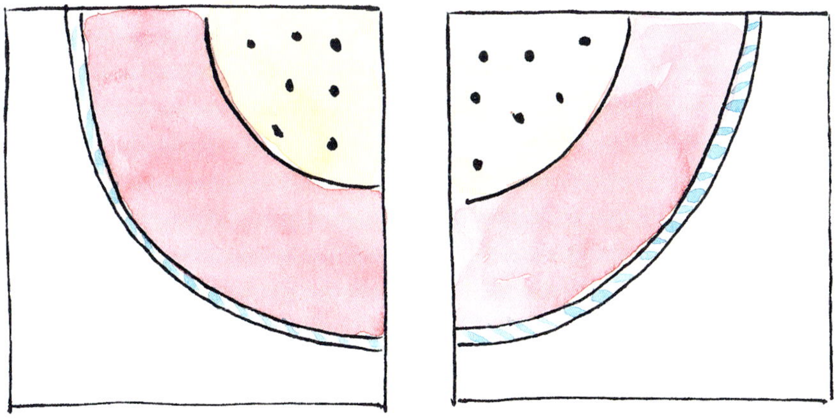

Sie haben nun zweierlei Hinterflügel genäht, hier ist eine der Farbkombinationen abgebildet.

Vorderflügel

Legen Sie zwei weiße Quadrate von ca. 18 x 18 cm bereit. Schneiden Sie Punktestoff 3 zu einem Quadrat von 14 x 14 cm und runden Sie eine Ecke, wie oben beschrieben. Legen Sie den Viertelkreis mit der rechten Seite nach oben auf ein weißes Quadrat von 18 x 18 cm. Ziehen Sie den Viertelkreis 1 cm weit über die graue Ecke hinaus. Schneiden Sie entlang der runden Außenkante durch das Weiß. Setzen Sie den Viertelkreis ein und schneiden Sie den Block quadratisch zu, hier 15 x 15 cm. Teilen Sie diese Einheit einmal diagonal von der farbigen Ecke zur weißen Ecke hin. Teilen Sie das letzte weiße Quadrat ebenfalls diagonal und nähen Sie je ein zusammengesetztes und ein weißes Dreieck an ihren langen Kanten aneinander. Bügeln Sie die Naht zum weißen Stoff hin. Schneiden Sie diese vier Blöcke noch einmal ebenfalls quadratisch zu, hier sind es 15 x 15 cm. Legen Sie beim Zuschneiden die Diagonallinie des Lineals auf die diagonale Naht des Blocks.

Nähen Sie je einen Hinterflügel und einen Vorderflügel untereinander. Die geraden Flügelkanten weisen zur Mittellinie, der Oberflügel ist größer als der Hinterflügel.

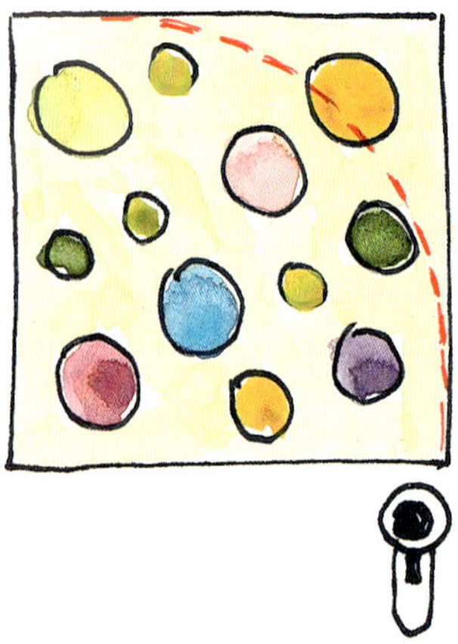

Von einem Quadrat (14 x 14 cm) für den Vorderflügel eine Ecke viertelkreisförmig abschneiden.

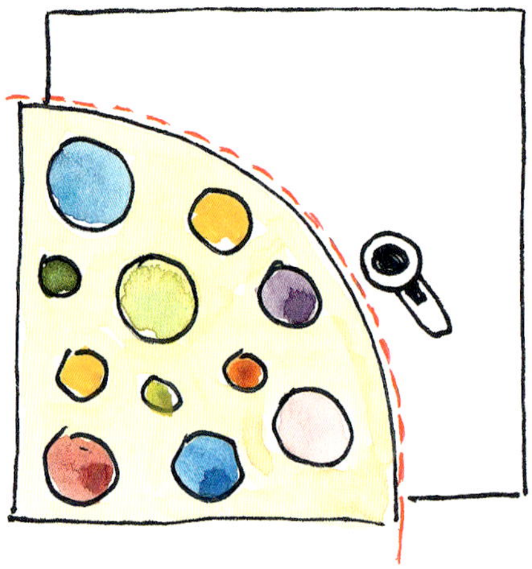

Den Viertelkreis auf die Ecke eines weißen Quadrats (18 x 18 cm) legen und 1 cm weit nach außen rücken. An der Stoffkante wie an einer Schablone entlang durch den weißen Stoff schneiden. Der darunter liegende weiße Stoff wird nicht benötigt.

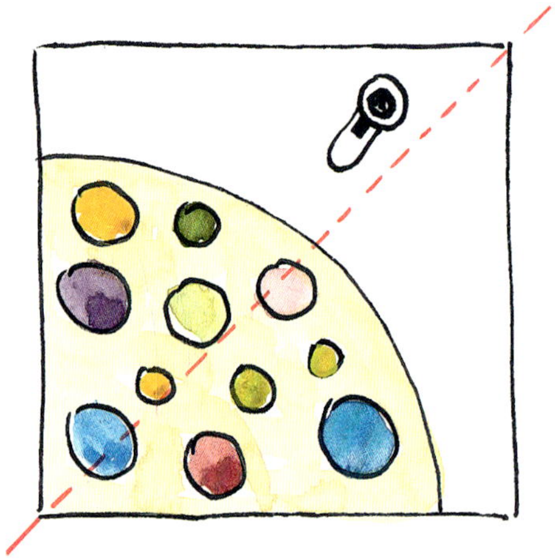

Flügelviertelkreis in den weißen Ausschnitt nähen. Bügeln. Block diagonal von der farbigen bis zur weißen Ecke teilen.

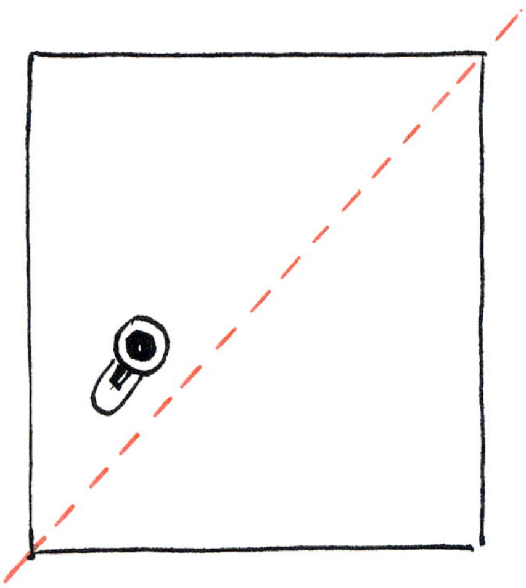

Ein weißes Quadrat von 18 x 18 cm einmal diagonal teilen.

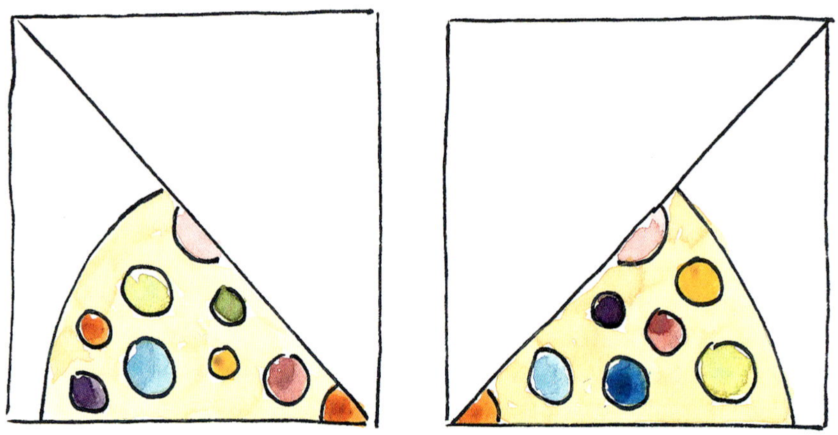

Je ein weißes und ein zusammengesetztes Flügel-Dreieck an den langen Kanten zusammennähen.

Körper

Für den kräftigen Körper schneiden Sie zwei grau/weiß gestreifte Stoffe diagonal zu, so dass die Streifen beim Zusammensetzen schräg auf die Mittelnaht zulaufen. Schneiden Sie die Streifen je ca. 3,5 cm breit zu und nähen Sie die Mittelnaht. Sie benötigen für beide Kissen ca. 15 cm davon. Bügeln Sie die Nahtzugaben der Mittelnaht auseinander.

Bilden Sie einen spitzen Hinterleib, indem Sie den Körper, den Streifen folgend, im 90°-Winkel spitz zuschneiden und zwei weiße Dreiecke anfügen. Die weißen Dreiecke entstehen aus je einem Quadrat von ca. 5 x 5 cm, einmal diagonal geteilt. Verlängern Sie den Hintergrund unterhalb des Körpers auf das benötigte Maß mit einem ca. 6 cm breiten weißen Streifen.

Legen Sie den Körper probehalber zwischen die beiden Schmetterlingshälften und entscheiden Sie, wie lang der Hinterleib werden soll, hier sind es ca. 7 cm bis zur unteren Spitze gemessen. Schneiden Sie die Oberkante des Körpers gerade ab. Nähen Sie ein naturweißes Quadrat von 6 x 6 cm als Oberkörper an das obere Ende des Hinterleibs. Verlängern Sie den Körper nach oben mit einem ausreichend langen weißen Streifen. Begradigen Sie die Seitenkanten des Körpers mit Rollschneider und Lineal. Setzen Sie rechts und links die Flügel-Einheiten an. Achten Sie darauf, dass die Quernaht des Körpers ca. 2 cm unterhalb der Flügelnähte liegt und dass beide Flügelteile auf gleicher Höhe beginnen. Bügeln Sie den Schmetterlingsblock und schneiden Sie Ober- und Unterkante gerade. Arbeiten Sie beide Schmetterlinge gleich.

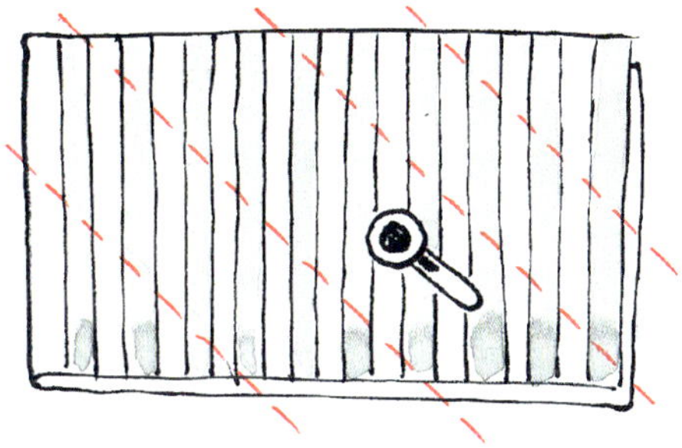

Einen gestreiften Stoff links auf links falten und durch beide Lagen 3,5 cm breite Streifen schneiden.

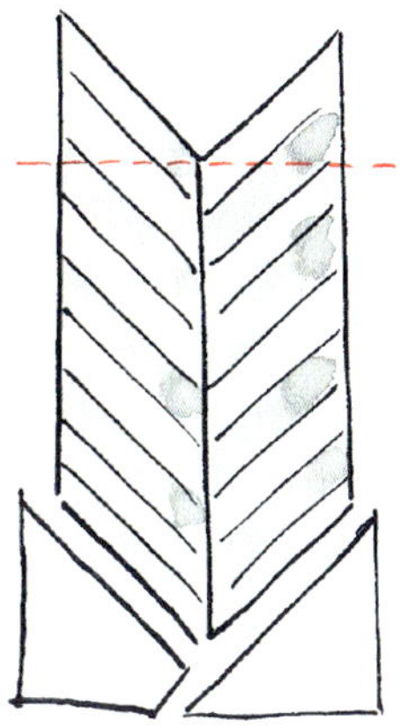

Zwei der Streifen an den langen Kanten aneinandernähen, so dass die Streifen aufeinander zu laufen. An die untere Spitze zwei weiße Dreiecke nähen, um eine gerade Unterkante zu erhalten. Streifenkombination oben gerade abschneiden. Der Hinterleib ist ca. 7 cm lang.

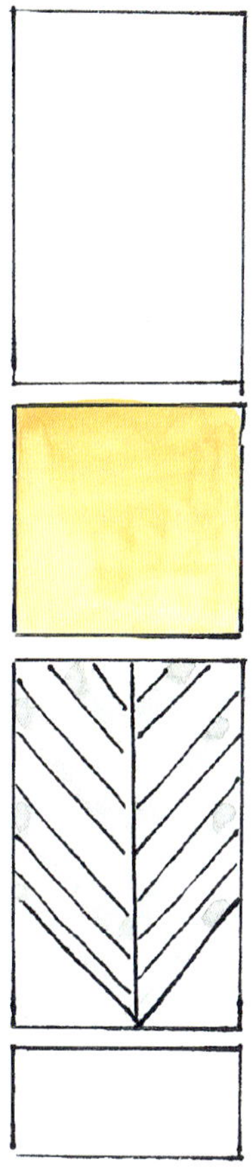

Körper zusammensetzen. Von unten nach oben: weißes Hintergrundteil, Streifenkörper mit unten angesetzten Dreiecken, Oberkörper aus Naturleinen (6 x 6 cm) darüber wieder Weiß bis die Länge der beiden Flügel-Einheiten erreicht ist.

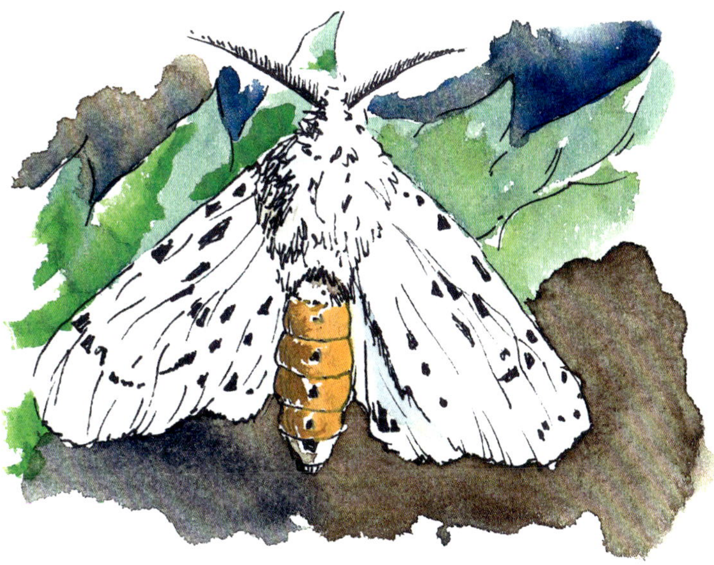

Vergrößern Sie das Schmetterlingsmotiv entlang der Oberkante, um ein Quadrat zu erhalten. Das Mittelmotiv misst hier 31 x 31 cm.

Randstreifen (Lektion 16)
Ergänzen Sie die Kissenfläche mit rundum angenähten blau/weißen bzw. rosa/weißen Streifenstoffen auf das Maß von ca. 55 x 55 cm. Formen Sie diagonale Ecken.

Oberkörper und Antennen
Bedecken Sie den Oberkörper des Schmetterlings mit weißem Effektgarn. Nehmen Sie die Fusselfäden dreifach. Nähen Sie sie mit lang und breit eingestelltem Zickzackstich auf den Bereich des Oberkörpers und in spitz zulaufender Form auch ein Stück weit auf den Hinterleib hinab. Legen Sie die Fäden dicht längs und quer. Kratzen Sie anschließend mit dem Fingernagel darüber, damit sich die Fusseln aufbauschen.

Zeichnen Sie mit wasserlöslichem Stift zwei nach außen geschwungene Antennen, die am Kopf des Schmetterlings beginnen. Benähen Sie diese Linien mit doppelt gelegtem Fusselgarn. Benetzen Sie die Linien mit Wasser, um die Farbe zu entfernen, aber bügeln Sie nicht. Hier haben wir die Naht entlang des Randstreifens ebenfalls mit Fusselgarn bedeckt.

Wichtig: Berühren Sie das empfindliche Fusselgarn (Synthetik!) niemals mit dem heißen Bügeleisen.

Quilten (Lektionen 17 und 18)
Montieren Sie die Kissen-Innenseite, das Volumenvlies und die Kissen-Oberseite aufeinander. Quilten Sie von Hand oder mit der Maschine um die Schmetterlingsform, entlang den Antennen und in der Naht um den Rand. Quilten Sie „Klaviertasten" auf dem Rand.

Kissen fertigstellen (Lektion 20)
Wenn Sie Glück haben, finden Sie einen Bettkissenbezug mit intakter Knopfleiste. Benutzen Sie diesen als Kissen-Rückseite. Andernfalls nähen Sie eine weiße Rückseite und arbeiten einen Reißverschluss ein. Zum Schluss wenden Sie die Hülle auf rechts und schieben eine 50 x 50 cm große Kissenfüllung hinein.

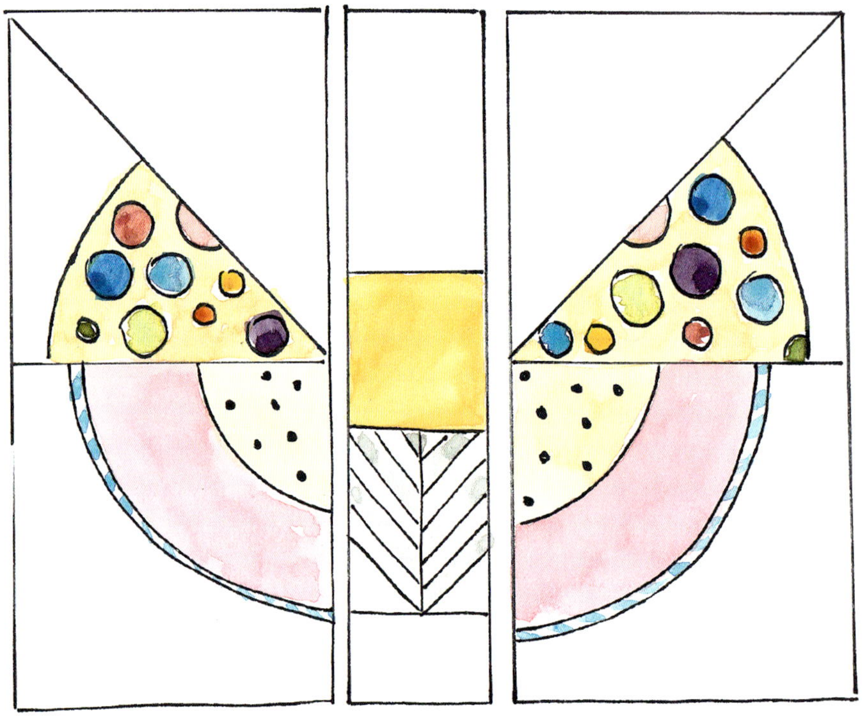

Schmetterling zusammensetzen, oben einen Streifen annähen, um ein Quadrat zu erhalten.

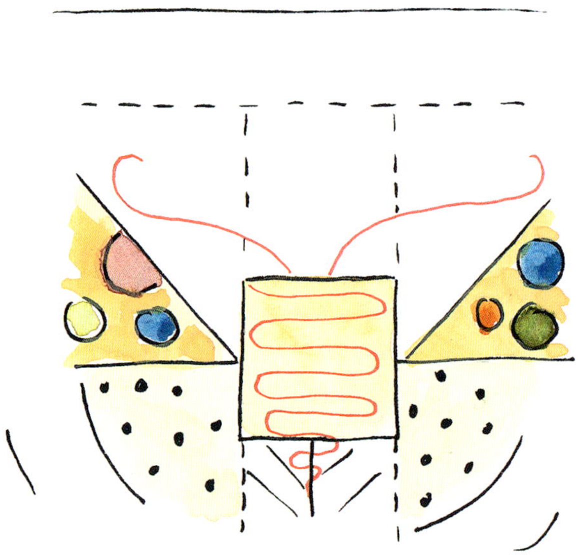

Die roten Linien zeigen, wo das Effektgarn aufgenäht wird.

SÜDSEEMUSCHEL-KISSEN

50 X 50 CM

Die Muster der Südseemuscheln eignen sich gut für Kissen. Die feine Musterung der rötlich-braunen Turbanmuschel gefällt mir besonders gut. Sie können diese Kissen auch in anderen Farbstellungen gestalten.

MATERIAL

Stoffe

- ca. 1,00 m (Gesamtmenge) rote Stoffe aller Art, gestreift, uni und groß gemustert, von Orange bis Lila
- Rest schwarz-weiß gestreifter Stoff
- Reste in Ocker, Türkis und Schwarz (Stoffstreifen genügen)

Sonstiges

- langes Lineal und Bleistift
- 55 x 55 cm Basisstoff, hell, leicht
- 60 x 60 cm roter Kissen-Innenstoff
- rotes Quiltgarn
- 60 x 60 cm Volumenvlies
- 65 x 55 cm roter Kissen-Rückseitenstoff
- 40 cm roter Reißverschluss

ARBEITSANLEITUNG

Vorbereitung

Zeichnen Sie auf den Basisstoff (55 x 55 cm) mit Bleistift und Lineal eine Diagonale von Ecke zu Ecke und einige weitere Linien parallel dazu bis in die anderen Ecken. Diese Linien dienen als Orientierung zum Auflegen der Stoffstreifen.

Stoffstreifen herstellen

Finden Sie eine interessante Farbkombination und nähen Sie einige Stoffstreifen an ihren langen Kanten aneinander. Beispiele (angegeben ist jeweils die Schneidebreite):

- Rot 10 cm / Schwarz 3 cm im Wechsel
- Schwarz 5 cm / Weiß 5 cm / Rot 3 cm / Weiß 5 cm im Wechsel
- Ocker 5 cm / Schwarz 3 cm / Ocker 5 cm / Rot 7 cm im Wechsel
- Ocker 5 cm / Türkis 3 cm / Ocker 5 cm / Rot 3 cm im Wechsel

Bügeln Sie die Nahtzugaben in eine Richtung. Schneiden Sie von diesen Streifenkombinationen Abschnitte von 3–4 cm Breite ab. Nähen Sie diese zu einem langen Band aneinander.

Schneiden Sie die roten Stoffe zu Streifen zwischen 7 und 15 cm Breite, je nach Muster. Schneiden Sie gestreifte Stoffe so zu, dass der Streifen über die kurze Kante verläuft. Schwarz-weiß gestreifte Stoffstreifen dürfen auch sehr schmal geschnitten sein, so wirken sie besonders stark.

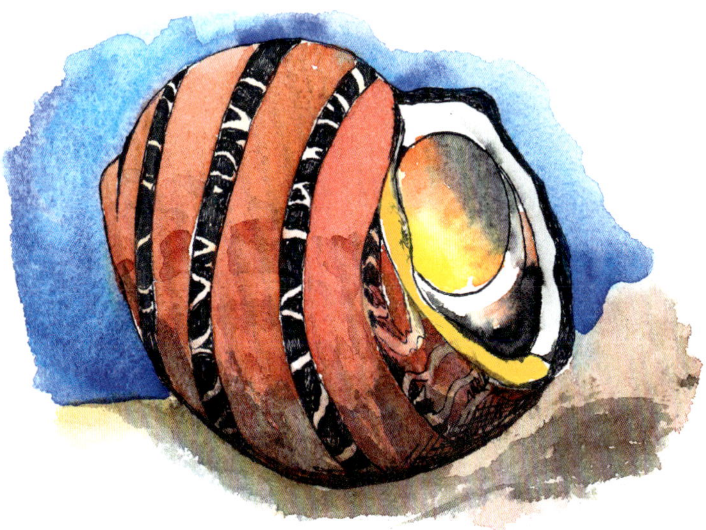

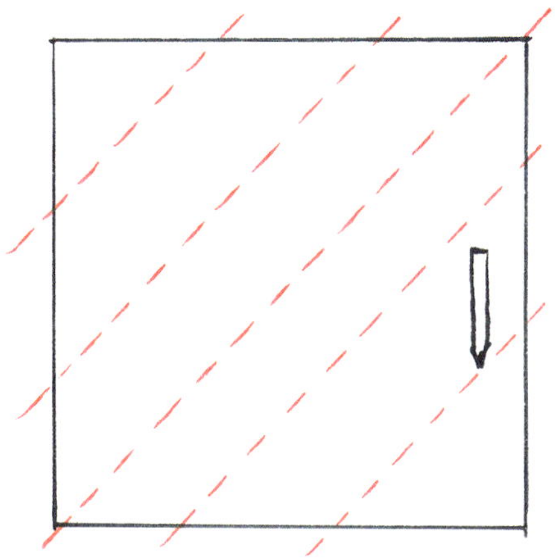

Basisstoff vorbereiten: diagonale Linien einzeichnen.

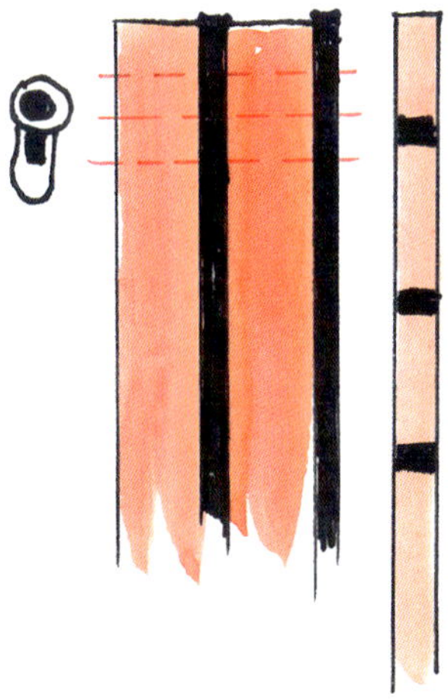

Streifenkombinationen zusammenstellen, an den langen Kanten aneinandernähen, Einheiten abschneiden und zu einem langen Band aneinandersetzen.

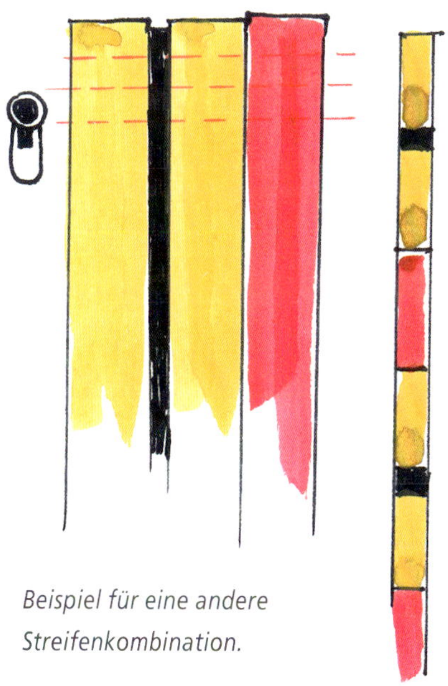

Beispiel für eine andere Streifenkombination.

Anordnung und Zusammensetzen
Beginnen Sie in der Mitte des Kissens und stecken Sie den ersten Streifen mit der langen Kante seitlich der mittleren Diagonallinie (die Sie als erstes markiert haben) mit der linken Seite nach unten auf den Basisstoff. Fügen Sie dann an beide Kanten rechts auf rechts einen weiteren Streifen an, ob zusammengesetzt oder nicht. Falten Sie die Streifen auf. Bügeln Sie die Naht, bevor Sie den nächsten Streifen annähen.

Enden der Streifen, die über den Quiltrand hinausragen, schneiden Sie ab. Bedecken Sie den gesamten Basisstoff mit Streifen. Bügeln Sie die Fläche und schneiden Sie sie quadratisch zu.

Quilten (Lektionen 17 und 18)
Montieren Sie Rückseite, Volumenvlies und Oberseite aufeinander. Quilten Sie von Hand oder mit der Maschine verschiedene Bordürenmuster entlang den diagonalen Streifen. Schneiden Sie die Kissenplatte auf 52 x 52 cm zu.

Kissen fertigstellen (Lektion 20)
Nähen Sie eine Kissenrückseite mit Reißverschluss. Stellen Sie die Kissenhülle fertig und füllen Sie ein Kissen ein.

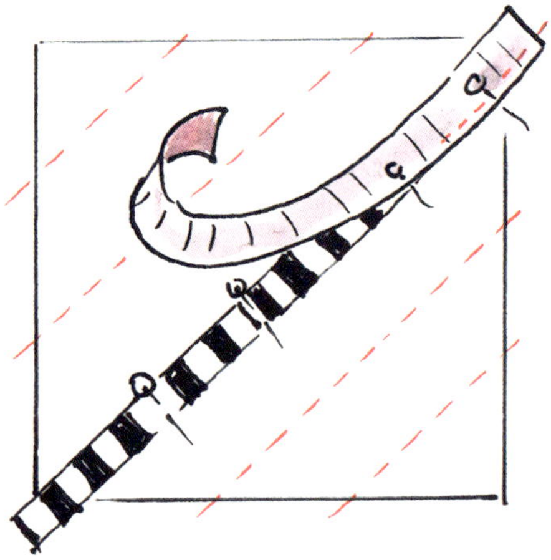

Ersten Streifen aufstecken, den nächsten rechts auf rechts darüberlegen und an der Längskante annähen.

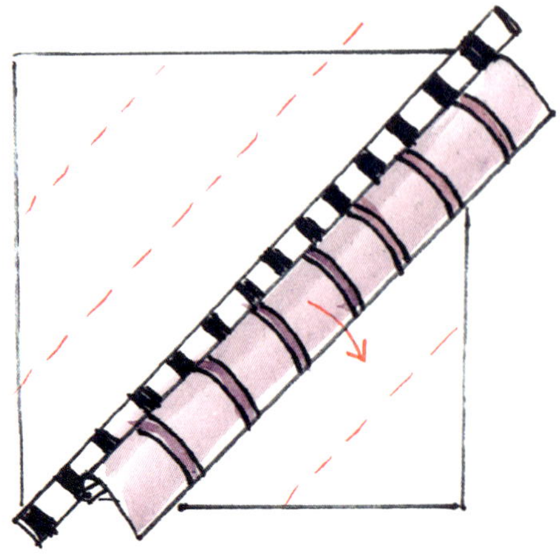

Streifen auffalten und bügeln.

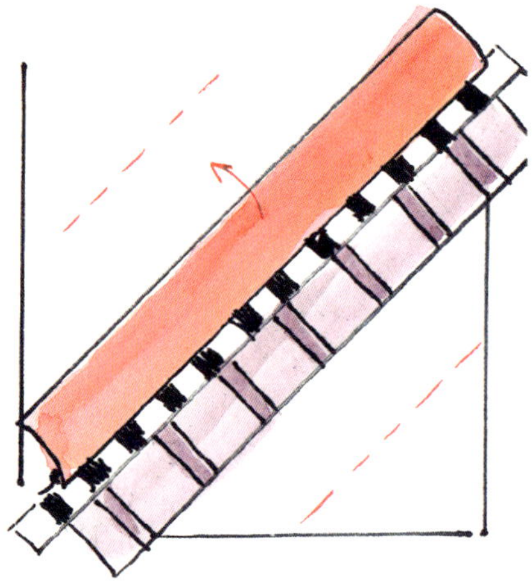

Nächsten Streifen auf der anderen Seite des ersten Streifens anfügen.

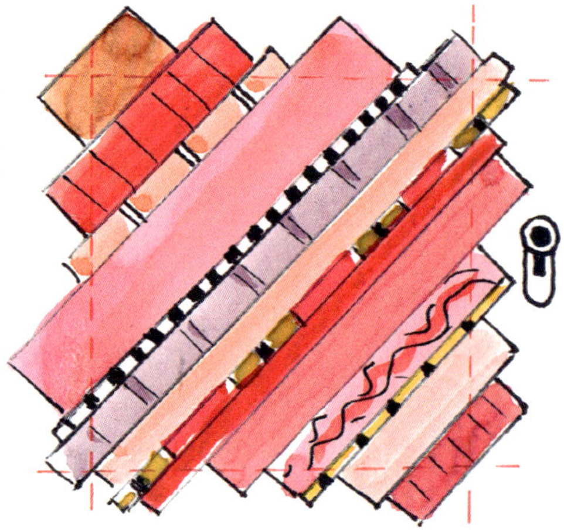

Die nächsten Streifen genau so annähen, bis die ganze Fläche bedeckt ist. Überstehenden Stoff an den Kanten zurückschneiden.

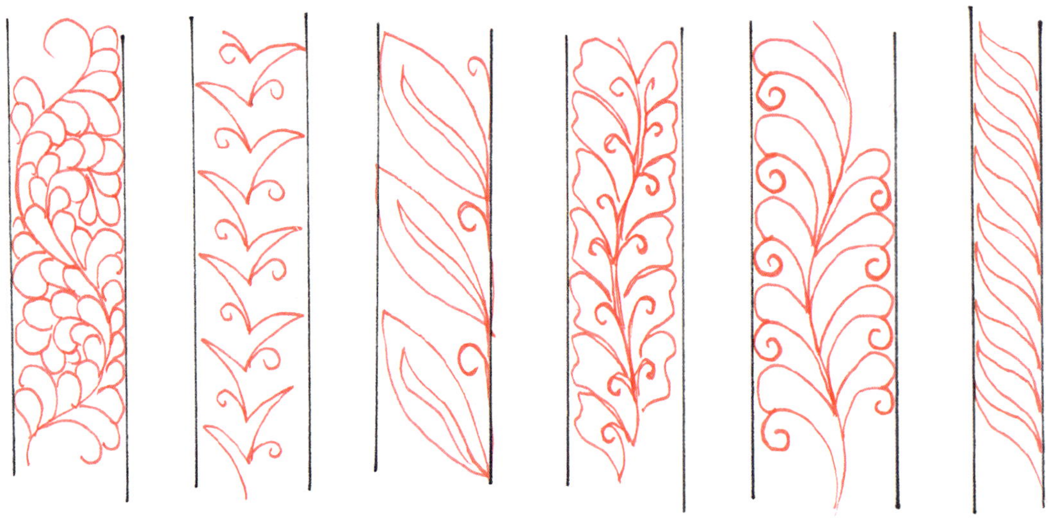

Quiltvorschlag: Bordüren auf den Streifen.

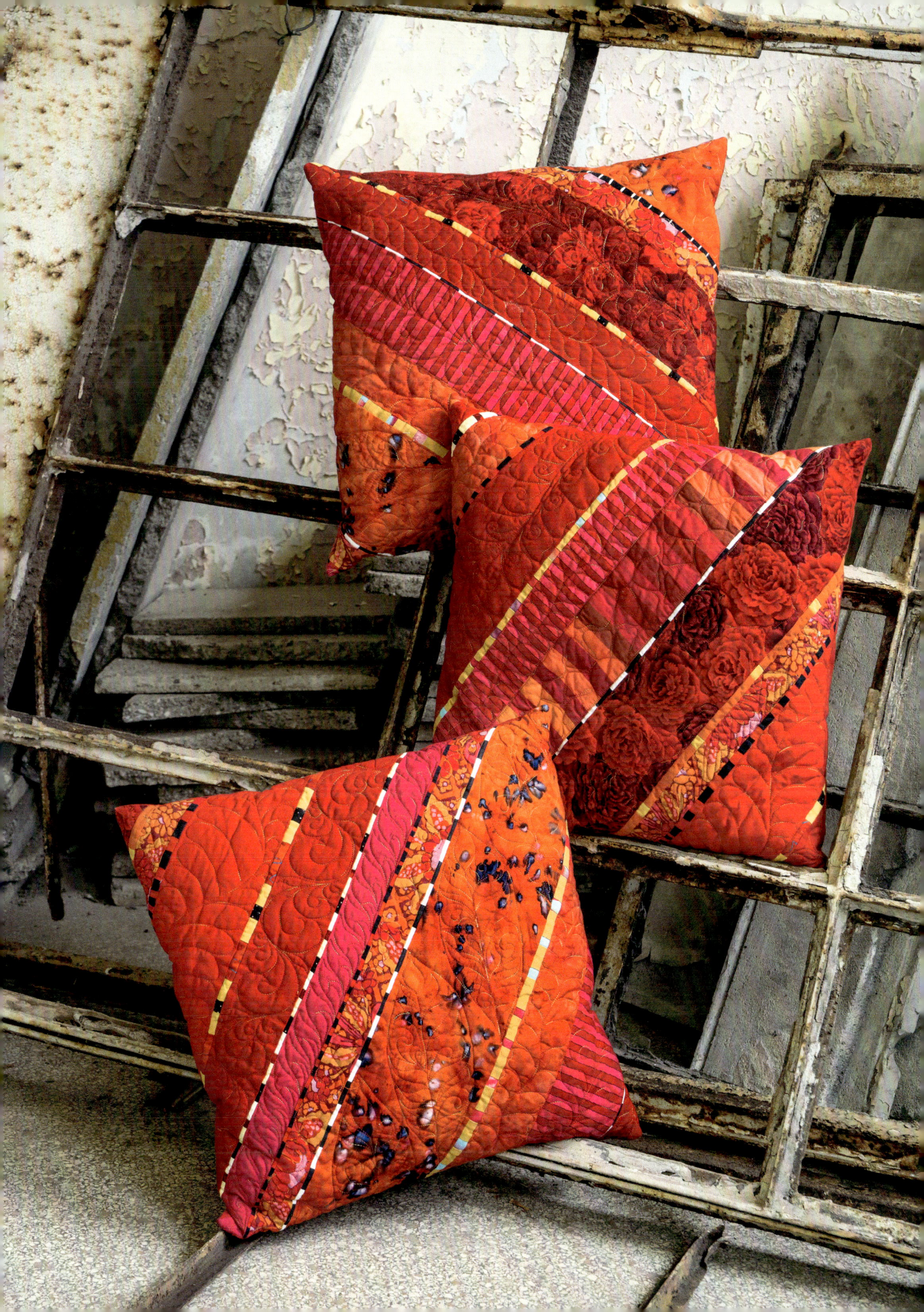

SÜDSEEMUSCHELN

188 X 210 CM

In meinem Südseemuschelquilt sind sogar Stoffe aus Neuseeland eingearbeitet, die mir meine Schwester Elisabeth mitgebracht hat. Besuchen Sie einmal das Südseemuseum in Obergünzburg im Allgäu. Ein Allgäuer Kapitän, der einst die Südseeroute befuhr, hat eine sehenswerte Sammlung von Gegenständen zusammengetragen.

MATERIAL

Stoffe

- 1,00 m Nesselstoff für die Zackenbordüre
- 1,00 m Reinweiß für die Zackenlinie
- 3,00 m Reinweiß für die Zwischenstreifen
- 0,25 m schwarz-weiß schmal gestreifter Stoff
- 0,25 m grau-weiß (grau-cremeweiß) gemusterter Stoff
- 0,50 m Pastellfarbe (wie das Innere einer Muschel)
- 0,25 m helles Ocker
- 0,25 m Grau
- 0,25 m Altrosa
- 0,25 m bedruckt mit großen Punkten oder Blüten
- Stoffreste mit verschiedenen Strukturen (Waffelpikee, Wildseide, Leinen, Biesenbereich eines Bettbezugs etc.)

Sonstiges

- lange Aluminiumschiene oder Holzlatte als Lineal
- harter Bleistift zum Vorzeichnen
- 220 x 240 cm weißer Basisstoff
- 220 x 240 cm weißer Rückseitenstoff
- 220 x 240 cm Volumenvlies
- 820 cm weißer Schrägstreifen, 10 cm breit, mit eingesetzten farbigen Stoffen (aus ca. 115 x 115 cm Stoff)

ARBEITSANLEITUNG

Vorbereitung

Falten Sie die linke obere Ecke eines Basisstoff im Format von ca. 220 x 230 cm im 45°-Winkel nach innen, so dass die Diagonale in die rechte obere Ecke läuft. Bügeln Sie den Falz. Zeichnen Sie mit einem harten Bleistift und mit Hilfe des langen Lineals die diagonale Linie nach. Ziehen Sie weitere Diagonallinien in 10-cm-Abständen parallel dazu, bis an die beiden gegenüberliegenden Ecken.

Zackenlinien (Lektionen 1 und 5)

Schneiden Sie 110 Quadrate in Reinweiß, ca. 8 x 8 cm groß und 110 Quadrate in Nesselstoff, ebenfalls ca. 8 x 8 cm groß. Schneiden Sie den schwarz-weiß gestreiften Stoff in 2 cm breite Streifen.

Nähen Sie Halbquadrat-Dreiecke mit eingesetztem Streifen, wie in Lektion 5 beschrieben.

Schneiden Sie alle Blöcke auf ein gemeinsames Maß zu. Hier sind es exakt 7 x 7 cm. Legen Sie das Quadratlineal so auf, dass die diagonale Markierung des Lineals mittig entlang des eingesetzten Streifens verläuft.

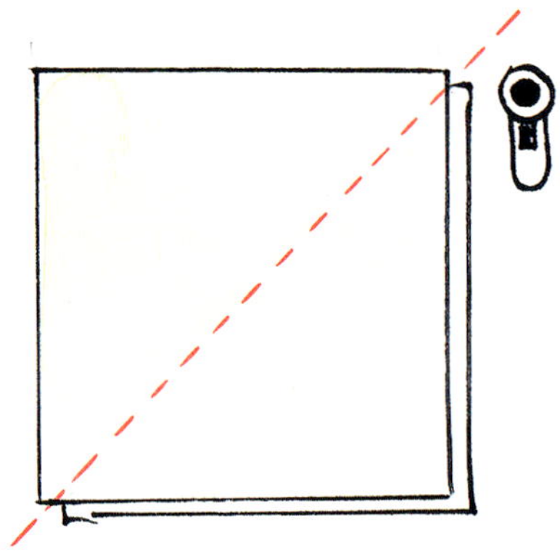

Zwei Quadrate (8 x 8 cm) aufeinanderlegen, beide mit der rechten Seite nach oben. Beide Quadrate diagonal teilen. Farben tauschen.

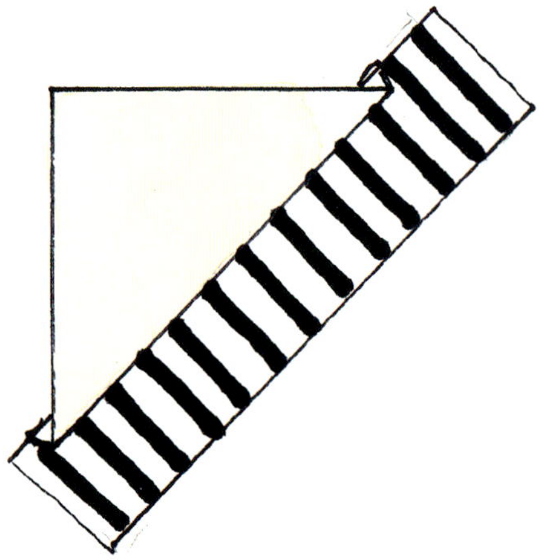

2,5 cm breiten schwarz-weiß gestreiften Streifen an die lange Kante nähen. Die Enden sollten mindestens 1 cm weit überstehen.

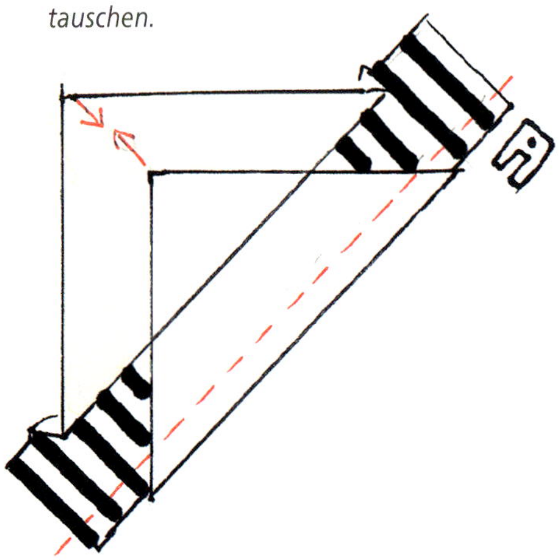

Zweites andersfarbiges Dreieck an die zweite Kante des Streifens annähen. Darauf achten, dass die Spitzen der Dreiecke aufeinander zu laufen (kleine rote Pfeile).

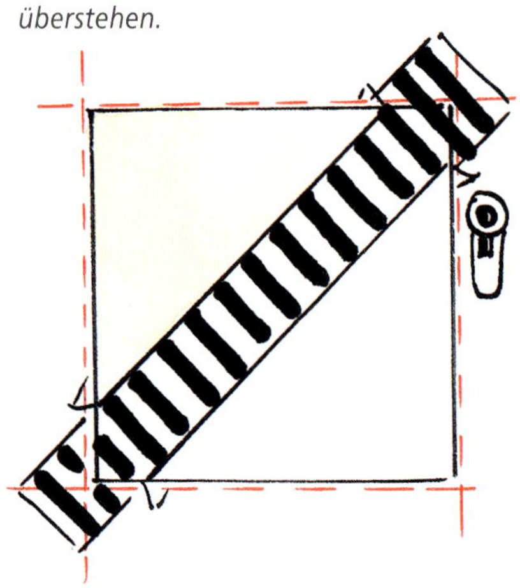

Block auffalten, Nahtzugaben nach außen bügeln, exakt quadratisch zuschneiden (7 x 7 cm).

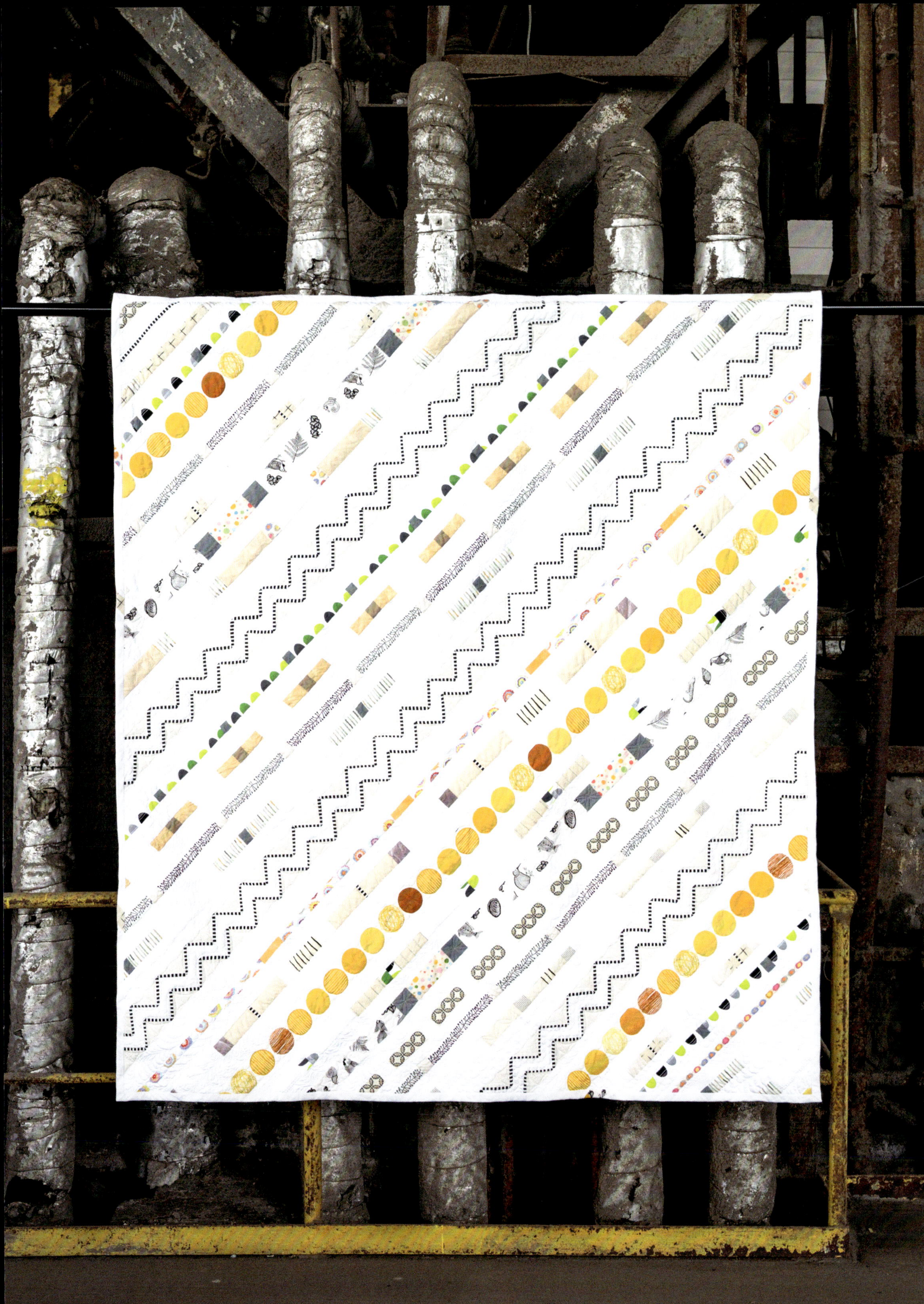

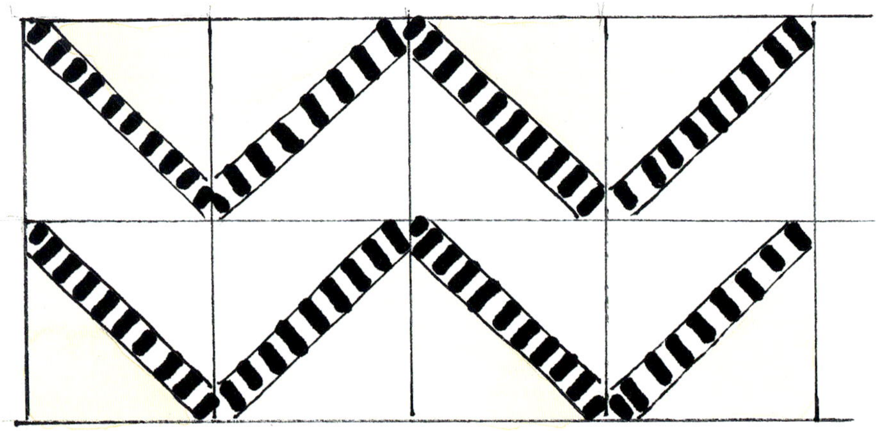

Für die Zackenbordüre die Blöcke wie abgebildet zusammensetzen.

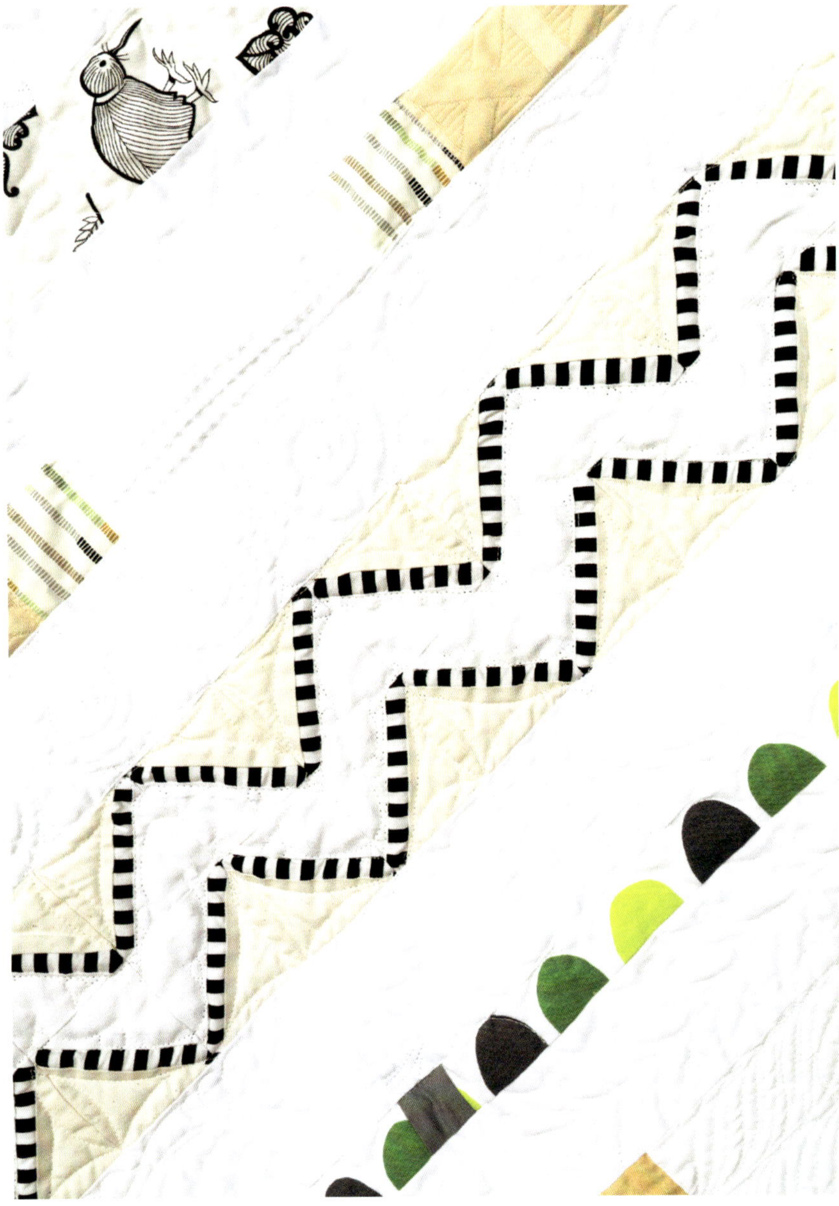

Legen Sie je zwei Blöcke so zueinander, dass sich zwei gleiche Farben (hier Weiß) berühren und die Streifenstoffe zwei parallel führende Zackenlinien formen. Nähen Sie die Blöcke zu einem langen Band aneinander. Der längste Zickzack-Streifen, der diagonal über den Quilt führt, ist ca. 280 cm lang und besteht aus 104 paarweise aneinandergenähten Blöcken.

Gemusterte Stoffe
Haben Sie Stoffe mit passendem Muster, schneiden Sie sie mustergenau plus Nahtzugaben in Streifen. Die Breite der Streifen hängt vom Druckmuster ab. Benutzen Sie einen durchgehenden Streifen oder setzen Sie, je nach Länge der Abschnitte, die Sie schneiden, kleine andersfarbige Teile (Quadrate, Rechtecke, Streifen) dazwischen.

Gestreifte Stoffe
Schneiden Sie gestreifte Stoffe so zu, dass der Streifen an der kurzen Kante verläuft. Die Breite des Streifens hängt von der aufgedruckten Streifenbreite ab. Wenn Sie Streifenstoffe in zusammengesetzten Elementen einplanen, schneiden Sie Stücke zu, bei denen der Streifen entlang der Längskante verläuft. Beim Abschneiden der Einheiten wird der Streifen entlang der kurzen Kante liegen.

Zusammengesetzte Streifen
Die Kombination dieser Streifen hängt von den Fundstücken aus Ihrer Stoffkiste ab. Setzen Sie verschieden breite und etwa gleich lange (z. B. 20 cm) Stoffe an ihren langen Kanten aneinander und schneiden Sie davon Streifeneinheiten ab, die Sie wiederum an ihren kurzen Kanten zu langen Bändern aneinandernähen. Die Einheiten könnten z. B. 5 cm oder 7 cm Schneidebreite betragen. Probieren Sie aus, was gut

wirkt. Mir gefällt es, wenn die Streifen symmetrisch gespiegelt aufeinander folgen. Also Rosa/Grau/Rosa, oder Nessel/Grau/Gestreift/Grau/Nessel. Diese Kombinationen werden durch einen Streifen in neutraler Farbe (Reinweiß oder Nessel, breiter oder schmaler) immer wieder voneinander abgesetzt. Diese Symmetrie kann aber auch unterbrochen sein, ganz wie Sie wollen oder wie es Ihr Stoffvorrat zulässt.

Variation A

- 5 cm grau-weißer Streifenstoff
- 5 cm Damast, naturweiß
- 3 schwarze, schmale Längsstreifen auf naturweißem Hintergrund
- 8 cm Damast, naturweiß
- 5 cm grau-weißer Streifenstoff
- 15 cm Damast, naturweiß
- 5 cm Hellgrau (gemustert)
- 15 cm Reinweiß, usw.

Variation B

- 10 cm Gelb
- 5 cm Braun
- 10 cm Gelb
- 15 cm Reinweiß, usw.

Variation C

- 10 cm naturfarbene Wildseide
- 5 cm Muschelrosa
- 10 cm naturfarbene Wildseide
- 15 cm Reinweiß, usw.

Variation D

- 12 cm Damast, naturweiß
- 2 cm schwarzweißer Streifenstoff, Streifenbreite ca. 5 mm
- 12 cm Damast, naturweiß
- 7 cm feines Waffelpikee, reinweiß
- 12 cm Streifenstoff in nessel/schwarz, breite Abstände der Streifen zueinander
- 7 cm feines Waffelpikee, reinweiß
- 12 cm Damast, naturweiß
- 2 cm schwarzweißer Streifenstoff, Streifenbreite ca. 5 mm
- 12 cm Damast, naturweiß
- 7 cm helles Grau-Lila, zart gemustert
- 17 cm Reinweiß, usw.

Variation E

- 20 cm Reinweiß
- 5 cm weiß-in-weiß bedruckt
- 5 cm Ikat, naturweiß/blau
- 1,5 cm schwarzweiß gestreift
- 5 cm Ikat, naturweiß/blau
- 5 cm weiß-in-weiß bedruckt, usw.

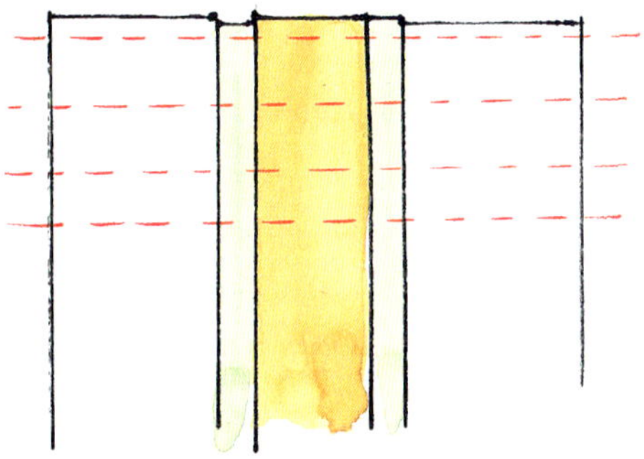

Beispiel für einen zusammengesetzten Streifen. Stoffe in gewünschter Reihenfolge an ihren langen Kanten aneinandernähen. Einheiten abschneiden, z. B. 5 cm breit, und zu einem langen Bad verbinden.

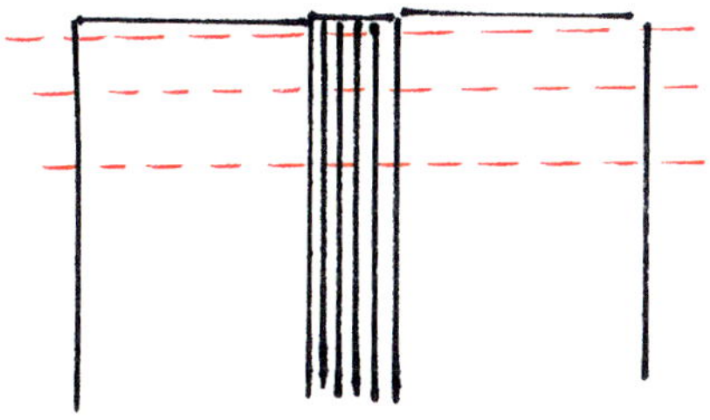

Beispiel für einen eingesetztem Streifenstoff. Diesen so zuschneiden, dass die Streifen mit den Längskanten parallel laufen. Werden später die Einheiten abgeschnitten, laufen die Streifen quer.

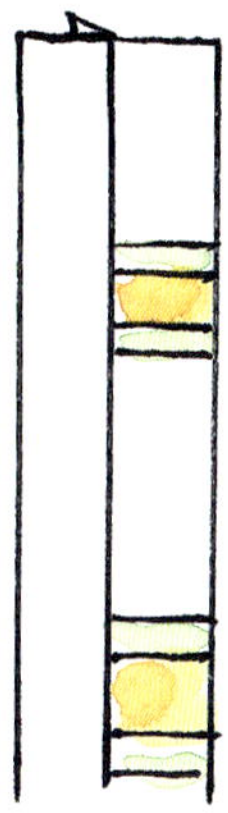

An die lange Seite eines zusammengesetzten Streifens einen schlichten weißen Streifen anfügen. Dieser wird entlang einer Markierungslinie auf den Basisstoff genäht. So werden dicke Näht vermieden.

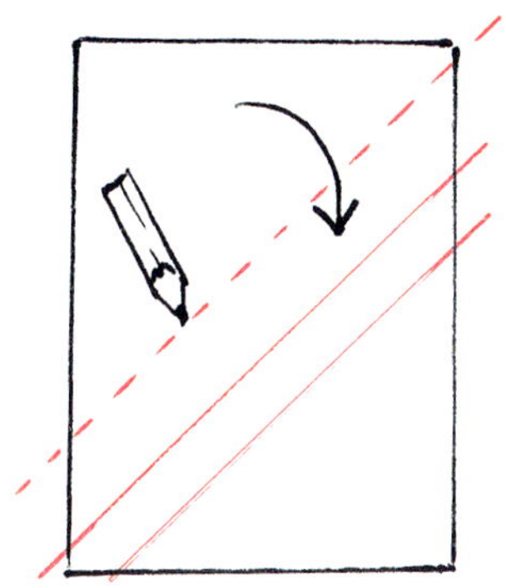

Basisstoff falten, um die diagonalen Linien einzeichnen zu können.

Zwischenstreifen

Die oben genannten Kombinationen und Stoffe werden von je einem weißen Streifen, 6 oder 8 cm breit, voneinander abgesetzt. Fügen Sie dafür mehrere Stoffstreifen bis zur benötigten Länge aneinander. Wenn Sie zuerst einen weißen Streifen an die lange Kante eines zusammengesetzten Streifens nähen, können Sie die weiße Kante auf den Basisstoff steppen, ohne dass sich beim anschließenden Auffalten dicke Nähte bilden.

Anordnung und Zusammensetzen

Beginnen Sie mit Streifen Nr. 1 (erste Zackenlinie) und stecken Sie sie mit der oberen langen Kante seitlich der mittleren Diagonallinie (die Sie als erstes eingebügelt und markiert haben) auf den Basisstoff. Wählen Sie unterschiedliche Breiten und Muster der Streifen. Nähen Sie alle Streifen auf. Enden, die über den Quiltrand hinausragen, schneiden Sie ab. Benutzen Sie sie für die kürzeren Reihen zu den Ecken hin.

Quilt zurechtschneiden

Aufgrund der diagonalen Nähweise verzieht sich der gesamte Quilt sehr leicht. Schneiden Sie zuerst Ober- und Unterkante parallel gerade ab. Dann stecken Sie den Quilt waagerecht an Ihre Entwurfswand und schneiden Sie die Seitenkanten nach. Befestigen Sie zu diesem Zweck einen schweren Gegenstand (wir haben einen Tacker benutzt) an einer Schnur und lassen Sie diese senkrecht entlang der Seitenkante hängen. Markieren Sie diese Linie. Wir mussten an beiden Seiten ca. 12 cm korrigieren.

Quilten (Lektionen 17 und 18)

Montieren Sie Rückseite, Volumenvlies und Oberseite aufeinander. Quilten Sie von Hand oder mit der Maschine beliebige weiße Bordürenmuster entlang der diagonalen Streifen.

Einfassung (Lektion 19)

Fassen Sie den Quilt mit einem selbst geformten weißen Schrägstreifen ein, in den Sie einzelne farbige Stoffstücke eingefügt haben. Bei einer Schneidebreite von 10 cm, gefaltet, ergibt sich eine ca. 2,5 cm breite Einfassung. Formen Sie diagonale Ecken.

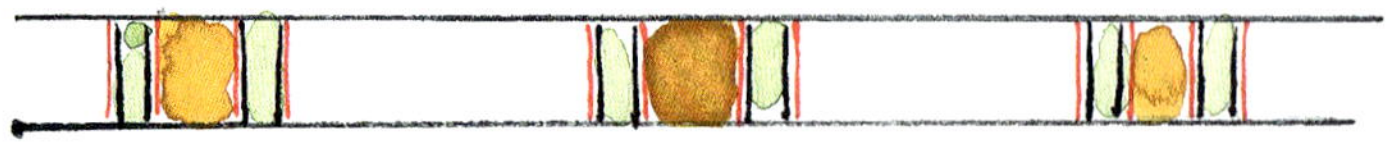

Zusammengesetzte Streifen nur in den Nähten quilten.

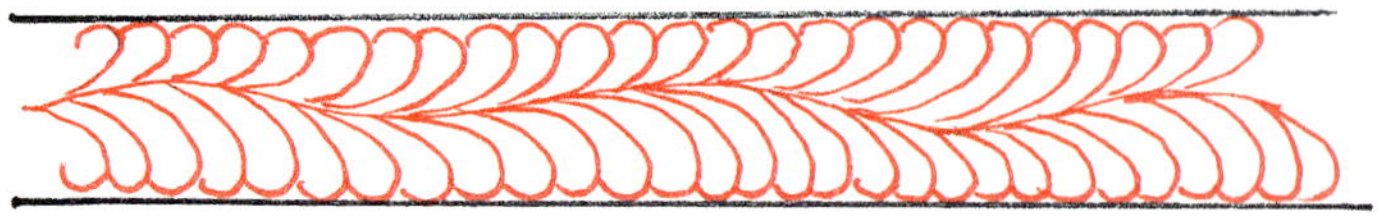

Federmuster

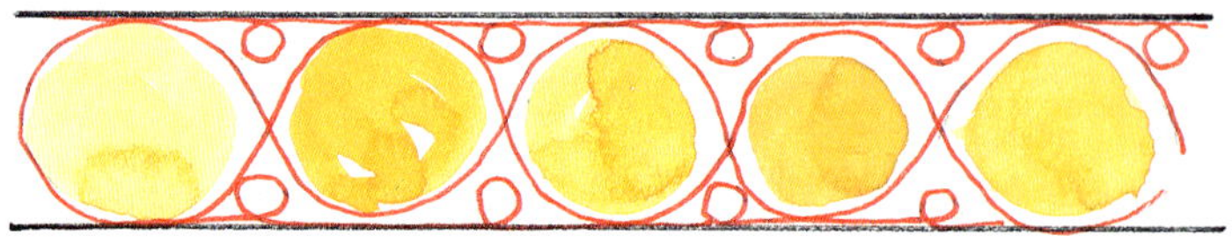

Druckmuster des Stoffes in das Quilting mit einbeziehen.

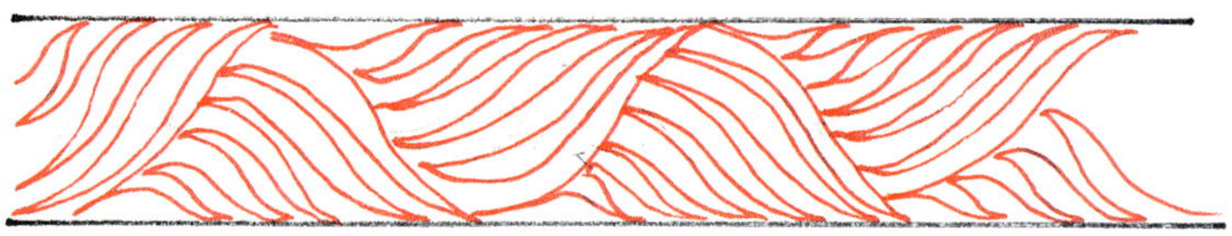

„Zwiebel"-Muster (von Claudia Pfeil)

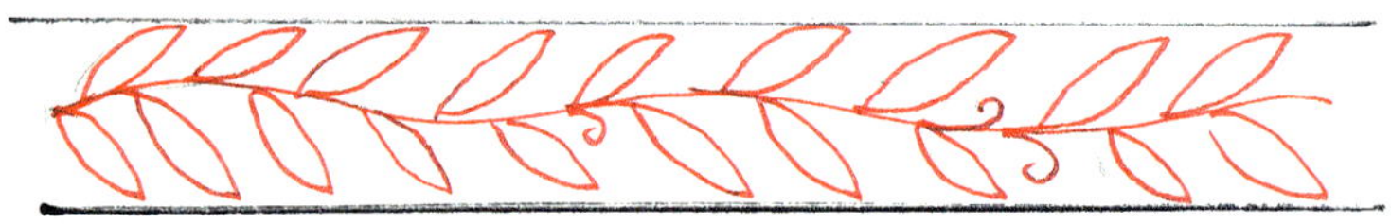

Blattbordüre

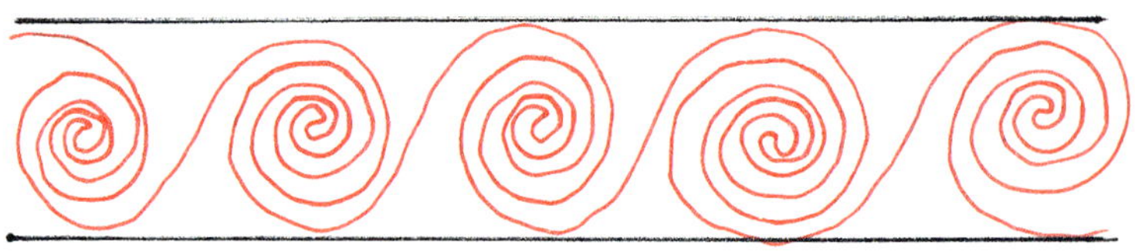

Dichte Spiralen

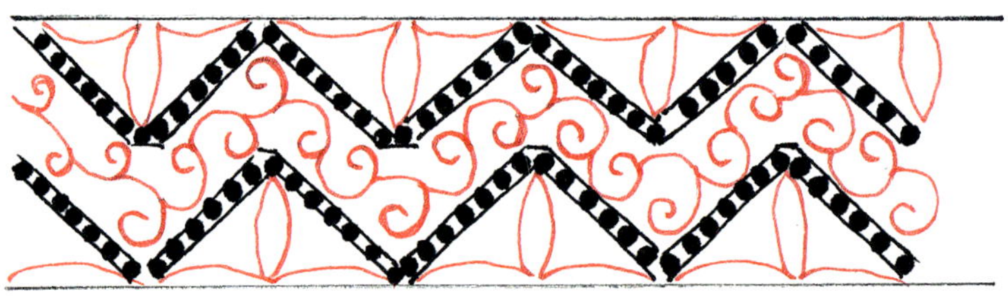

Zackenmuster mit Innen- und Außenverzierung

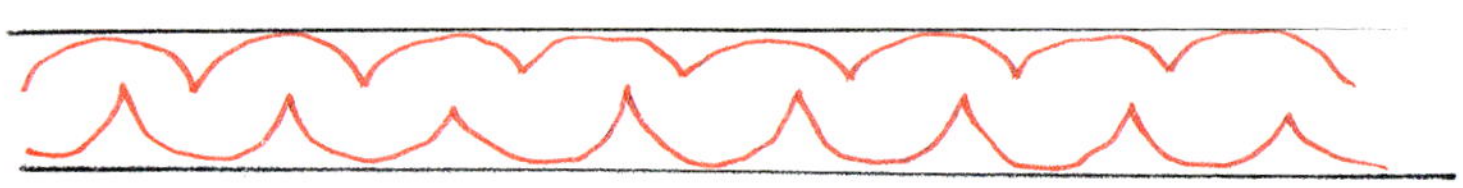

Versetzte U-Bogen

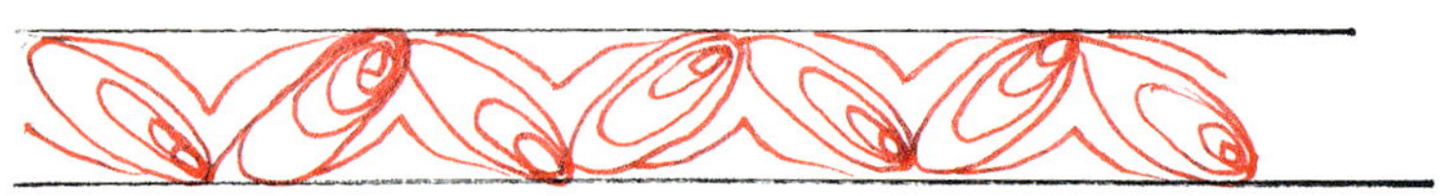

Miesmuschelmuster mit Echolinie

GARTENBEWOHNER

190 x 185 cm

Dies ist einer meiner wenigen Applikationsquilts. Da ich nicht gerne von Hand nähe, verwende ich das praktische Klebevlies. Um die Stoffe optimal zu nutzen, habe ich beim Übertragen der Formen in die Zwischenräume noch einige kleine Würmchen und winzige Schneckenhäuschen gezeichnet.

MATERIAL

Stoffe

- je 0,5 0 m von 4 verschiedenen hellen Grüntönen für die Mittelteile des Hintergrunds
- 2,00 m helles Gelblich-Grün für die Seitenbereiche des Hintergrunds
- je 0,15 m von 10 verschiedenen dunklen Erd- und Moosfarben, sehr dunkles Weinrot und zwei hellere Gelbtöne, sowie ein Rest Türkis für die Schneckenhäuser
- 2 Jeans (Erwachsenengröße) oder ca. 0,50 m Jeansstoff für die Blätter

Sonstiges

- Pappe, Klebstoff, Bleistift
- ca. 200 cm beidseitig haftendes, aufbügelbares Klebevlies
- Antihaft-Backpapier
- wasserlöslicher Stift
- 210 x 200 cm Rückseitenstoff
- 210 x 200 cm Volumenvlies
- 700 cm schmales dunkelblaues Satinband, ca. 3 mm breit, für die Blattstiele
- 200 cm schmales hellblaues Band, ca. 3 mm breit, für die Blattstiele
- hellgrünes, dunkelgrünes, gelbes, hellbraunes, dunkelbraunes, braunes und blaues Quiltgarn/Nähgarn
- 770 cm mittelgrüner Schrägstreifen für die Einfassung

ARBEITSANLEITUNG

Hintergrund zusammensetzen

Setzen Sie die vier 50 cm breiten grünen Stoffe an ihren Längsseiten zusammen. Dies ist der mittlere Bereich des Hintergrunds. Fügen Sie an die langen Seiten je einen 35 cm breiten gelbgrünen Stoff an. Bügeln Sie alle Nahtzugaben auseinander. Stecken Sie den Hintergrundstoff ausgebreitet an eine ausreichend große Entwurfswand.

Schneckenhaus-Vorlagen

Zeichnen Sie Schneckenhäuser frei Hand in verschiedenen Größen (Durchmesser ca. 6,5 cm, 10 cm und 13 cm – jeweils an der breitesten Stelle gemessen) auf Papier oder vergrößern Sie die untenstehenden Vorlagen auf das gewünschte Maß. Schneiden Sie die Umrisse aus und kleben Sie die Motive auf Karton oder festes Papier. Schneiden Sie die festen Vorlagen aus. Schneiden Sie die nach innen führende Spirale so breit aus, dass eine Bleistiftspitze darin geführt werden kann.

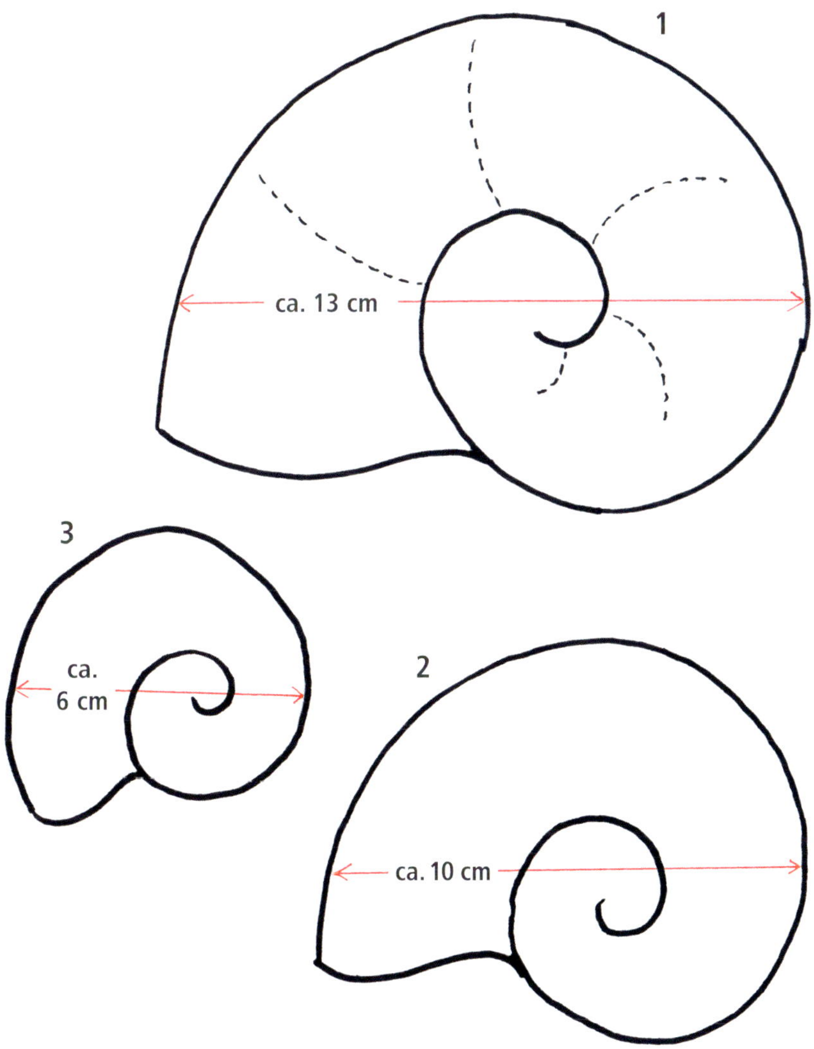

Vorlagen 1, 2 und 3 auf das angegebene Maß vergrößern, ausschneiden und auf Pappe kleben. Die nach innen führende Spirale so breit ausschneiden, dass eine Bleistiftspitze darin geführt werden kann.

165 Schneckenhäuser
Bügeln Sie die Schneckenhausstoffe mit der linken Stoffseite auf die Klebeseite des Vlieses. Übertragen Sie die Formen auf die Papierseite. Auf einem 15 cm breiten Stoffstreifen, von Webkante zu Webkante geschnitten, haben z. B. 5 große, 5 kleine und 5 mittlere Schneckenhäuser Platz. Wer mag, zeichnet in die Lücken noch ein paar ganz kleine. Diese Winzlinge sehen manchmal wie zusammengerollte Raupen und Würmchen aus. Um mehr Abwechslung zu erhalten, können Sie die Vorlagen auch wenden.

Schneiden Sie die gezeichneten Formen an den Konturen aus. Gestalten Sie die Schneckenhäuser, indem Sie die nach innen führende Spirale 2–3 mm breit ausschneiden. Hier haben wir 51 große, 48 mittlere, 49 kleine und 17 Winzlinge zugeschnitten.

Ziehen Sie die Papierschicht des Klebevlieses ab und stecken Sie die Stoffteile auf dem Hintergrund fest. Verteilen Sie die Farben und Größen wie zufällig. Legen Sie Backpapier über den Stoff und bügeln Sie die Teile auf.

Nähen Sie nun alle Schneckenhäuser entlang der offenen Stoffkanten fest. Arbeiten Sie entweder maschinengeführt (dabei ist viel Stoff durch die Maschine zu schieben) oder in freier Nähtechnik. Dabei gibt es zwar ebenfalls viel Stoff zu führen, er muss aber nicht gedreht werden. Sie können die großen Schneckenhäuser mit einigen Dekorlinien bearbeiten (gestrichelte Linien auf Vorlage 1), welche die Form plastisch wirken lassen. Nähen Sie zweimal entlang, damit die Applikation sicher hält.

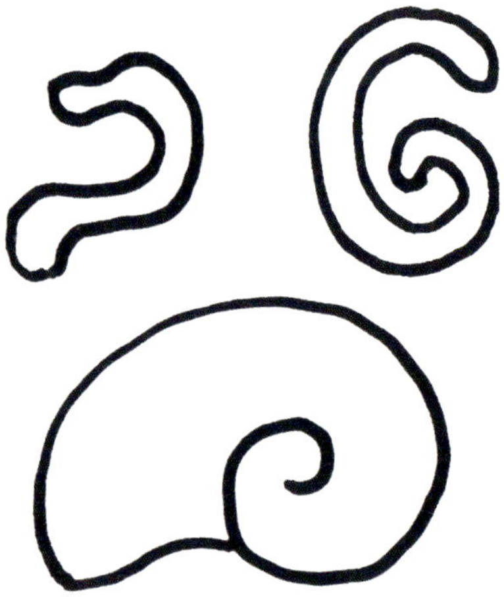

Klebevlies auf die Rückseiten der Schneckenhausstoffe bügeln. Vorlagen 1, 2 und 3 auf die Papierseite übertragen. Die Flächen dazwischen nach Belieben mit noch kleineren Schneckenhäusern, Raupen und Würmchen ausfüllen. Formen ausschneiden. Die nach innen führende Spirale ebenfalls ausschneiden.

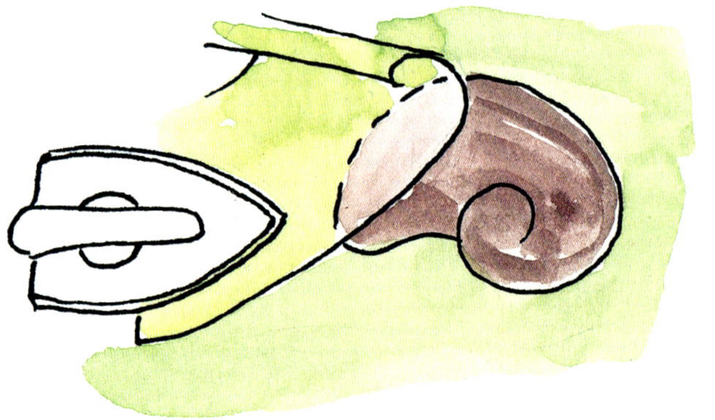

Alle Schnecken auf dem Hintergrundstoff verteilen, Trägerpapier von der Rückseite abziehen. Backpapier auflegen und alle Formen festbügeln.

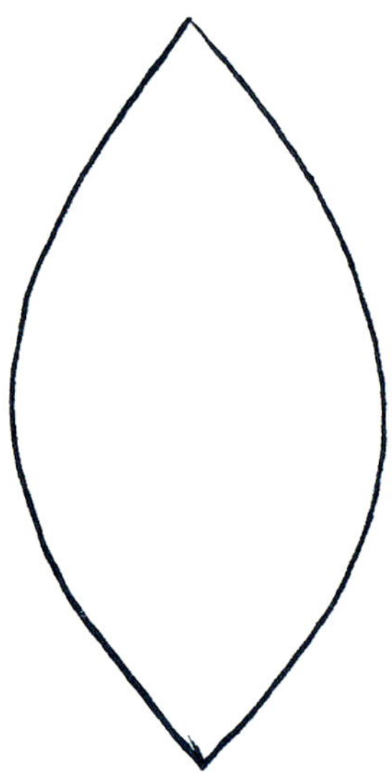

Originalgroße Schablone für die Jeans-Blätter.

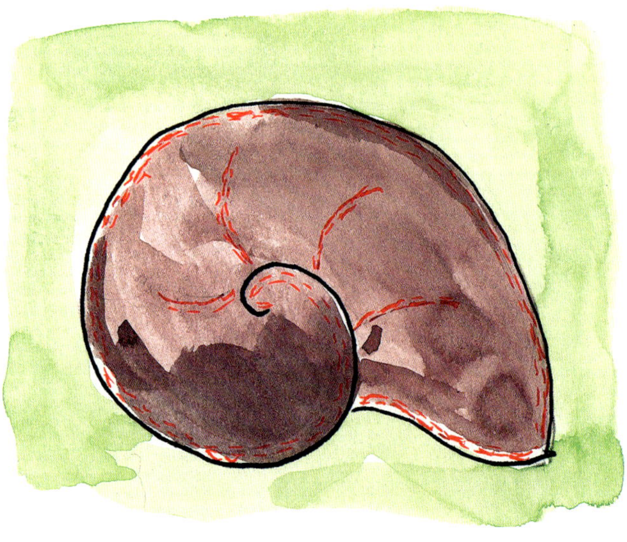

Alle Formen mit offenen Kanten aufsteppen. Zweimal um jede Kontur nähen. Bei den großen Schnecken können Sie, nach Belieben, auch einzelne Wachstumsringe (gestrichelte Linien auf Vorlage 1) einarbeiten.

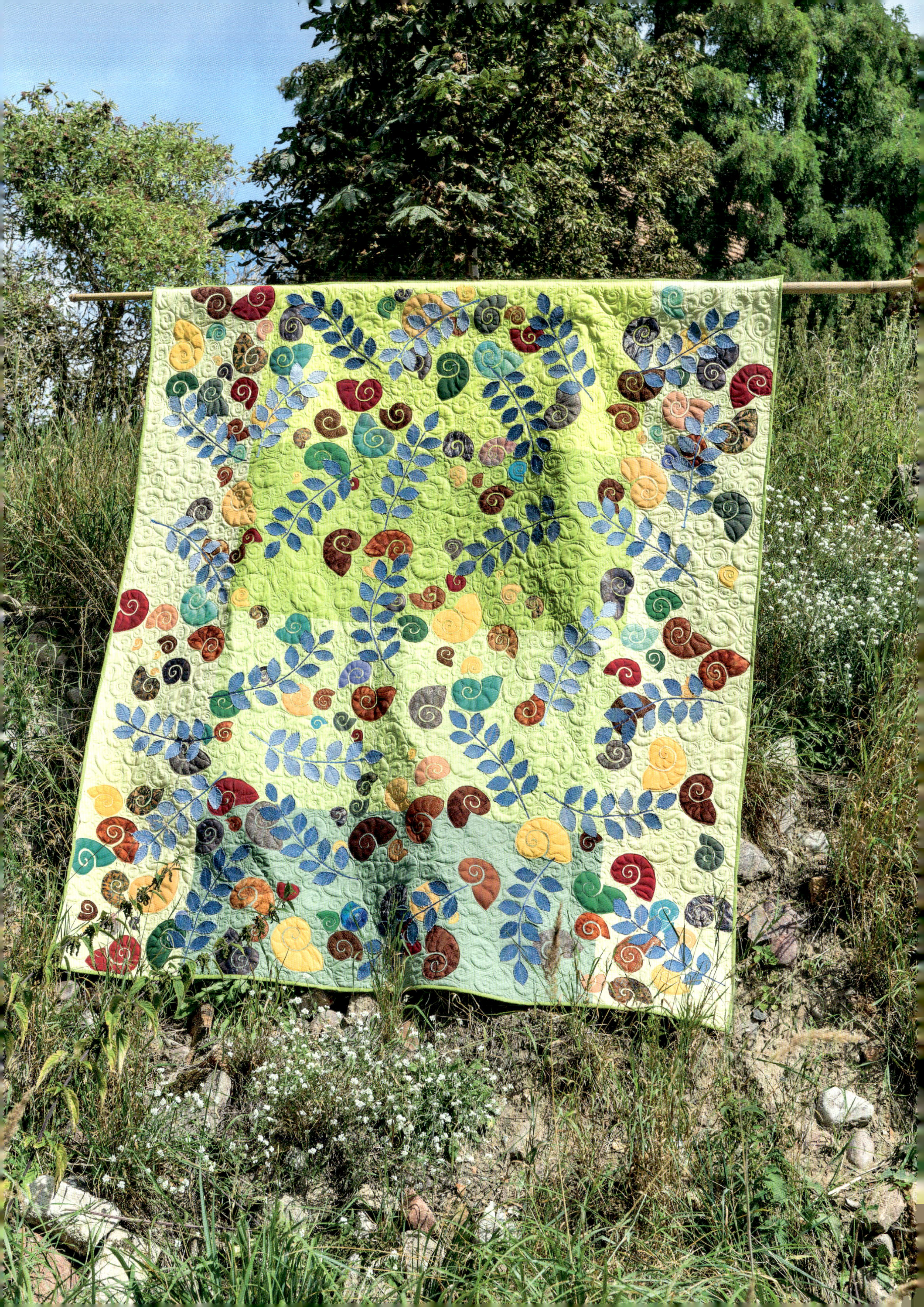

Tipp für Longarm-Quilterinnen
Zeichnen Sie jetzt die Position der 27 Blattgruppen mit wasserlöslichem Stift auf. Spannen Sie die Rückseite, das Vlies und die mit Schneckenhäusern beklebte Oberseite auf die Stangen Ihrer Maschine. Nähen Sie alle Schneckenhäuser fest und quilten Sie den Hintergrundstoff mit dichtem Spiral- und Schneckenmuster. Lassen Sie den Quilt auf der Maschine und rollen Sie ihn wieder nach oben. Dann befestigen Sie die Blattgruppen mit der Longarm-Maschine entlang der einzelnen Markierungen auf dem fertig gequilteten Quilt.

297 Jeansblätter zuschneiden
Schneiden Sie Blätter aus Jeansstoff zu. Jedes Blatt ist ca. 5–6 cm lang und ca. 3–3,5 cm breit. Schneiden Sie frei Hand oder stellen Sie eine Schablone aus festem Karton her.
Sie brauchen 297 einzelne Blätter für 27 Blattgruppen.

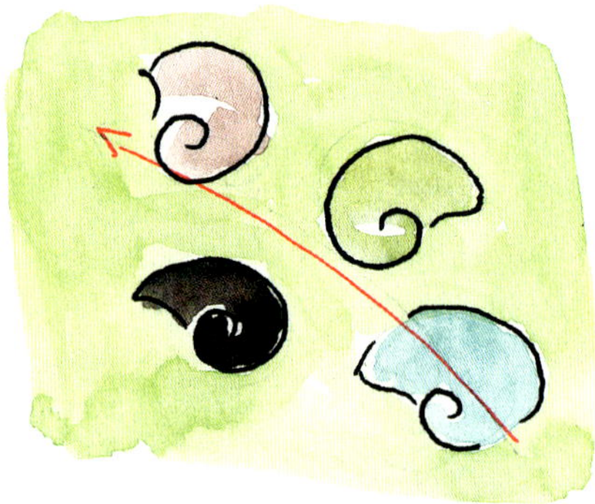

Lage der 27 Blattstiele und ihre Richtung mit wasserlöslichem Stift festlegen.

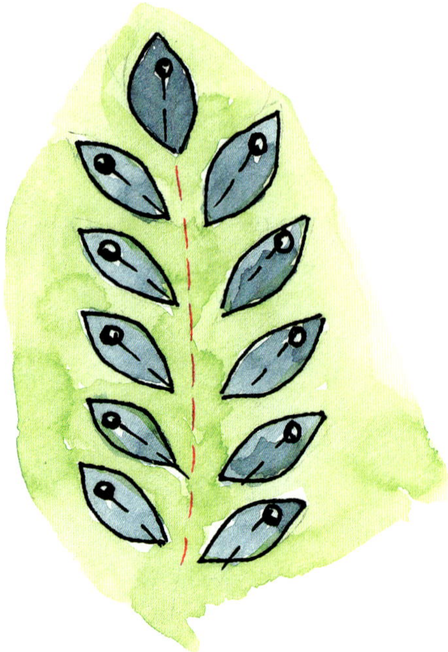

Ein einzelnes Blatt an die Spitze und 10 Blätter paarig entlang der Markierung feststecken.

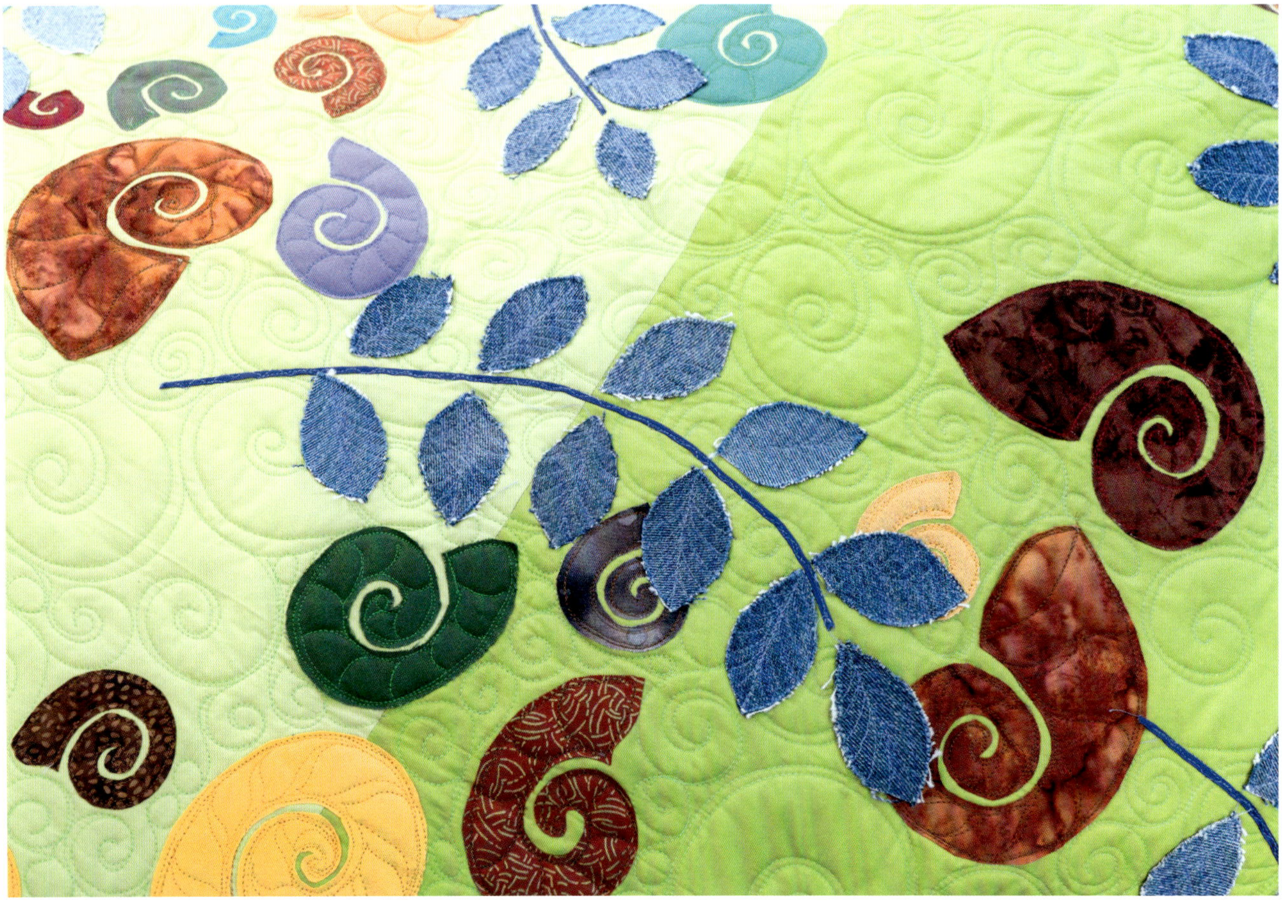

27 Blattpositionen festlegen
Zeichnen Sie mit wasserlöslichem Stift die Markierungen für die Lage der Blätter. Es genügt, wenn Sie die Blattspindel aufzeichnen und das Ende, an dem das oberste Blatt sitzen wird, mit einem Pfeil kennzeichnen (evtl. nummerieren). Jede Spindel ist ca. 30 cm lang.

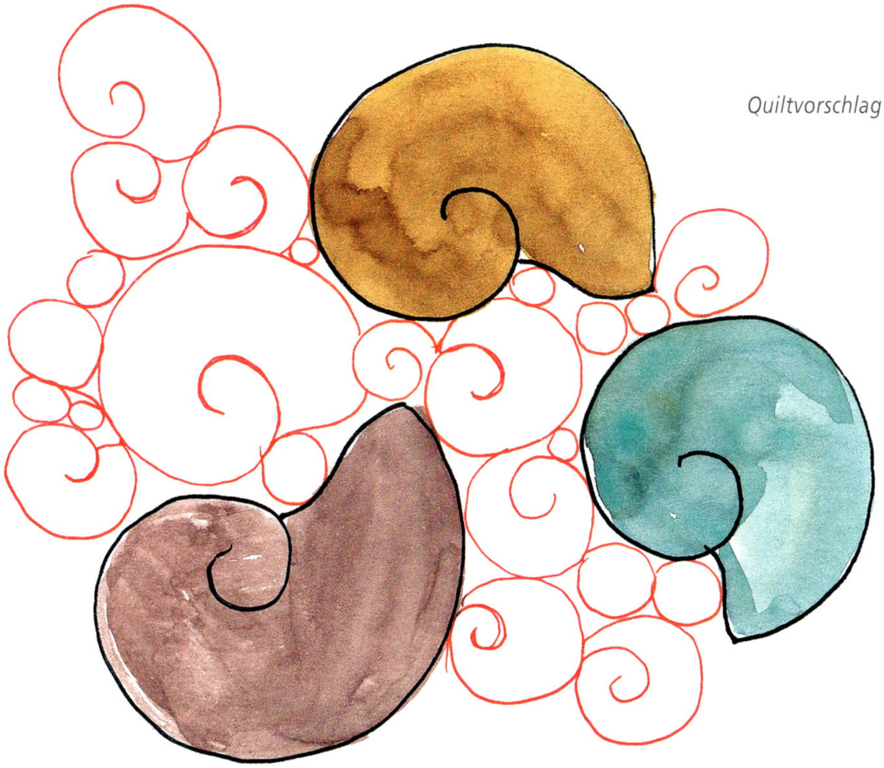

Quiltvorschlag

Blätter applizieren
Stecken Sie die Blätter fest. Jeder Zweig besteht aus einem Endblatt und zehn paarweise angeordneten Seitenblättern. Nähen Sie auf jedem Blatt die Adern dicht an dicht und bis an die Kante, damit der Jeansstoff nicht so arg franst. Gruppieren Sie jeweils dunkle Blätter und helle Blätter.

Zum Schluss nähen Sie die Blattspindeln auf. Ordnen Sie hellblaues Bändchen zu hellen Blättern und dunkelblaues zu den dunklen. Hier sind sieben Blättergruppen mit hellem Stiel, alle anderen haben dunkle Stiele. Applizieren Sie entweder mittig entlang des Bandes mit Geradstich oder verwenden Sie einen weiten Zickzackstich.

Quilten (Lektionen 17 und 18)
Montieren Sie Rückseite, Volumenvlies und Oberseite aufeinander. Quilten Sie den grünen Hintergrund mit fortlaufenden Schneckenmustern, von Hand gequiltet könnten dies einzelne Schneckenhäuser sein. Wenn es Ihnen nötig erscheint, quilten Sie auch entlang den applizierten Schneckenhäusern und einmal um alle Blätter.

Einfassung (Lektion 19)
Fassen Sie den Quilt mit einem mittelgrünen Schrägstreifen ein.

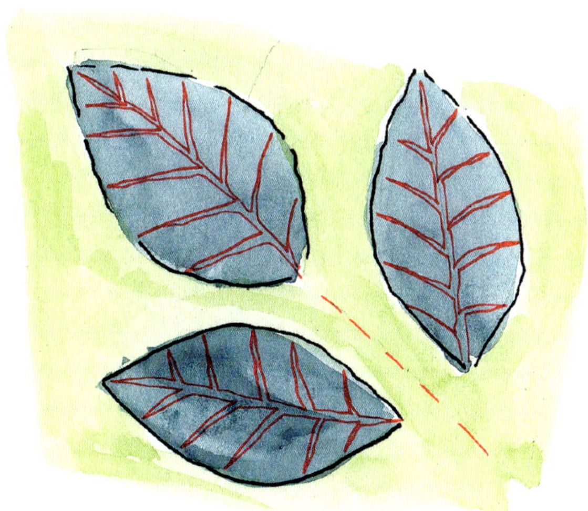

Jedes Blatt einzeln mit frei geführten dichten Linien applizieren. Die genähten Blattrippen sollen bis ganz an die Blattkante reichen.

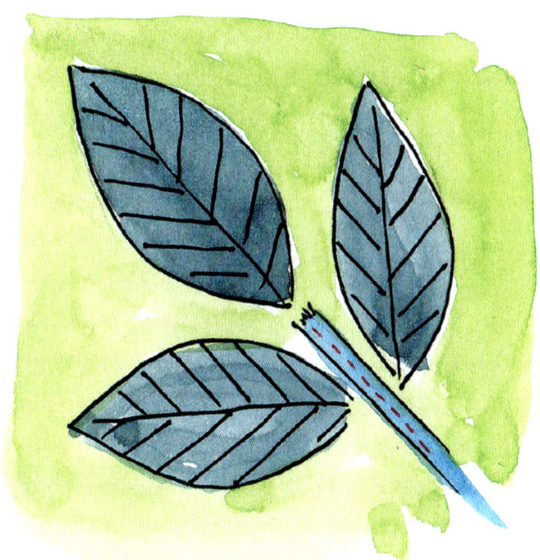

Blattspindel in Form eines schmalen, blauen Bändchens applizieren.

BLAUE RINGE

230 X 197 CM

Das auffallende Warnmuster des Blauring-Kraken war die Inspiration für diesen Quilt. Wenn man bedenkt, dass dieses giftige Tier nur fünf Zentimeter groß ist, erhält der Begriff „Vergrößerung" eine ganz neue Bedeutung.

MATERIAL

Stoffe

- ca. 10 m Rot (Gesamtmenge). Abstufung von mittel bis dunkel, uni oder leicht gemustert, alle Farbtöne, die zur Farbfamilie Rot gehören. Auch Reste, kleine und kleinste Abschnitte, rote Jelly-Roll-Streifen und Ähnliches sind für die Crazy-Fläche geeignet.
- ca. 2,00 m Hellblau (Gesamtmenge), viele verschiedene Stoffe in Hellblau bis Türkis, uni oder leicht gemustert. Auch Reste und kleine Abschnitte können verwendet werden.
- ca. 7,00 m dünner heller Stoff als Basis für das Crazy, z. B. dünner Vorhang, Bettwäsche oder Ähnliches

Tipp
Manche Patchworkerinnen benutzen anstelle eines dünnen Unterstoffs Windelvlies-Einlagen, die es im Drogeriemarkt zu kaufen gibt.
Ein Näh- und Wasch-Test vorab ist zu empfehlen.

Sonstiges

- 220 x 250 cm Rückseitenstoff
- 220 x 250 cm Volumenvlies
- rotes Quiltgarn
- 860 cm hellblauer Schrägstreifen für die Einfassung

ARBEITSANLEITUNG

Zuschneiden (Lektion 1)
Schneiden Sie den Basisstoff zu 168 Quadraten von ca. 20 x 20 cm.

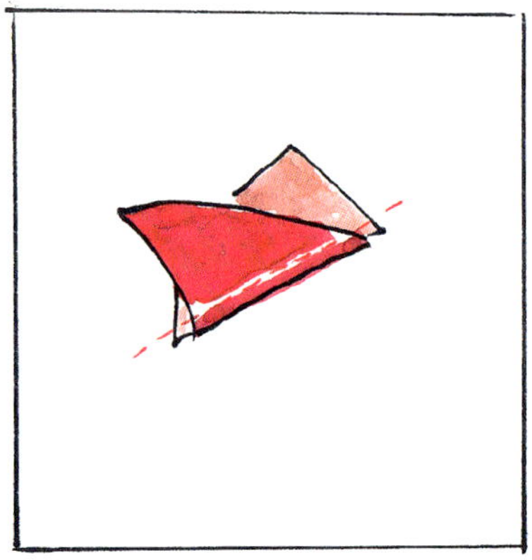

Teil 2 an eine Kante von Teil 1 nähen.

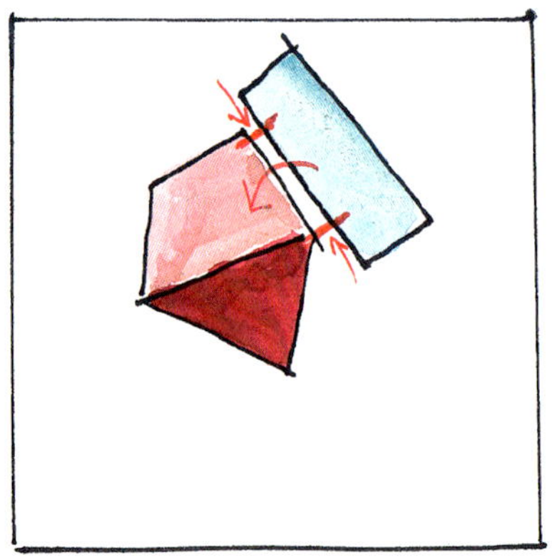

Teil 2 auffalten. Teil 3 an eine Kante von Teil 1 (oder 2) anfügen. Nur von Anfang bis Ende der unten liegenden Kante nähen.

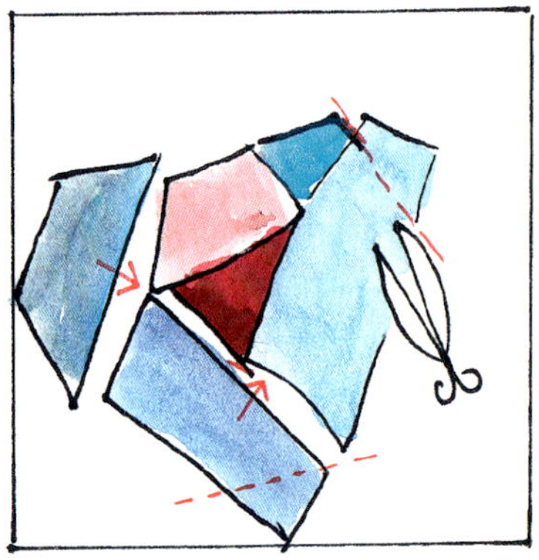

Weitere Teile rundum anfügen. Immer die Enden in Verlängerung der vorigen Kanten nachschneiden. Einzelne Ecken abschneiden, um die Form zu runden.

168 Crazy Blöcke (Lektion 14)
Nähen Sie die Blöcke in der Crazy-Technik auf Basisstoff, wie in Lektion 14 beschrieben. Bedecken Sie die Flächen mit Stoffstücken und schneiden Sie sie auf exakt 18 x 18 cm zu.

Tipp
Dünner Basisstoff hat den Vorteil, dass der Quilt nicht so schwer wird.

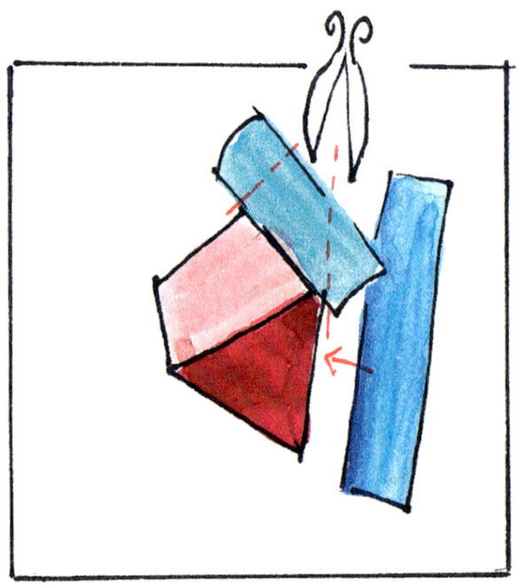

Teil 3 auffalten. Die Enden von Teil 3 in Verlängerung der unten liegenden Kanten nachschneiden. Dann Teil 4 anlegen.

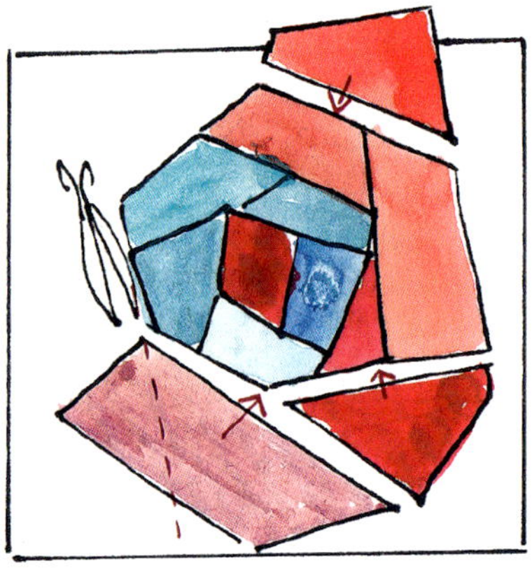

Block mit verschiedenen Stücken Rot auffüllen, bis der Basisstoff bedeckt ist. Jeweils die Ecken nachformen.

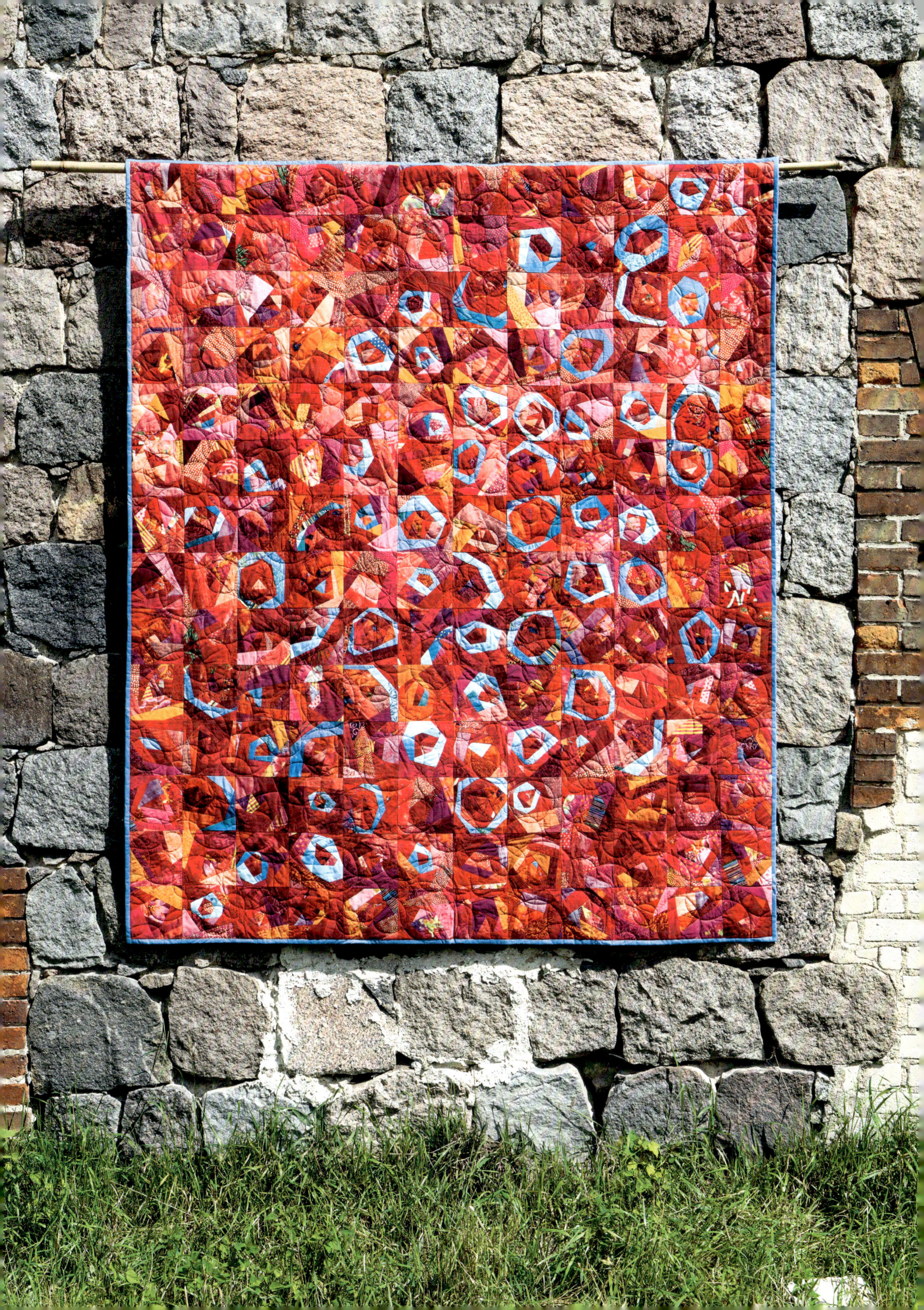

98 Blöcke A
Alle roten Stoffe verwenden. Die angegebenen Zahlen sind eine mögliche Nähreihenfolge. Diese wird bei jedem Block eine andere sein.

11 Blöcke B
Nähen Sie kleine blaue „Lichter", indem Sie mit einem kleinen unregelmäßigen Stück Türkis beginnen. Dieses muss nicht mittig liegen. Arbeiten Sie den Rest der Fläche in Rot.

22 Blöcke C
Arbeiten Sie kleine Ringe. Beginnen Sie mit einem oder mehreren kleinen roten Stoffstücken. Umranden Sie die Form mit Hellblau/Türkis und achten Sie darauf, dass sich eine „runde" Form ergibt. Schneiden Sie zu diesem Zweck die Ecken der aufgenähten Stoffe ab. Füllen Sie den Rest der Fläche mit Rot. Die kleinen Ringe dürfen auch in einer Ecke des Blocks liegen.

20 Blöcke D
Arbeiten Sie größere Ringe, indem Sie zuerst eine mittelgroße Fläche mit Rot gestalten, umranden diese mit Hellblau/Türkis und füllen Sie den Rest der Fläche mit Rot. Achten Sie auch hier auf eine möglichst „runde" Form, indem Sie nach Bedarf die Ecken der aufgenähten Stoffstücke nachschneiden.

17 Blöcke E
Nähen Sie offene Ringe, indem Sie an einer Ecke des Blocks mit Rot beginnen. Sorgen Sie für „runde" Außenkanten. Umranden Sie die gefundene Außenkante mit Hellblau/Türkis und füllen Sie den Rest der Fläche mit Rot.

Arbeiten Sie insgesamt 168 Blöcke. Bügeln Sie sie. Schneiden Sie alle Blöcke auf ein gemeinsames Maß zu, hier sind es exakt 18 x 18 cm. Sie können die Anzahl der Blöcke A bis E natürlich verändern.

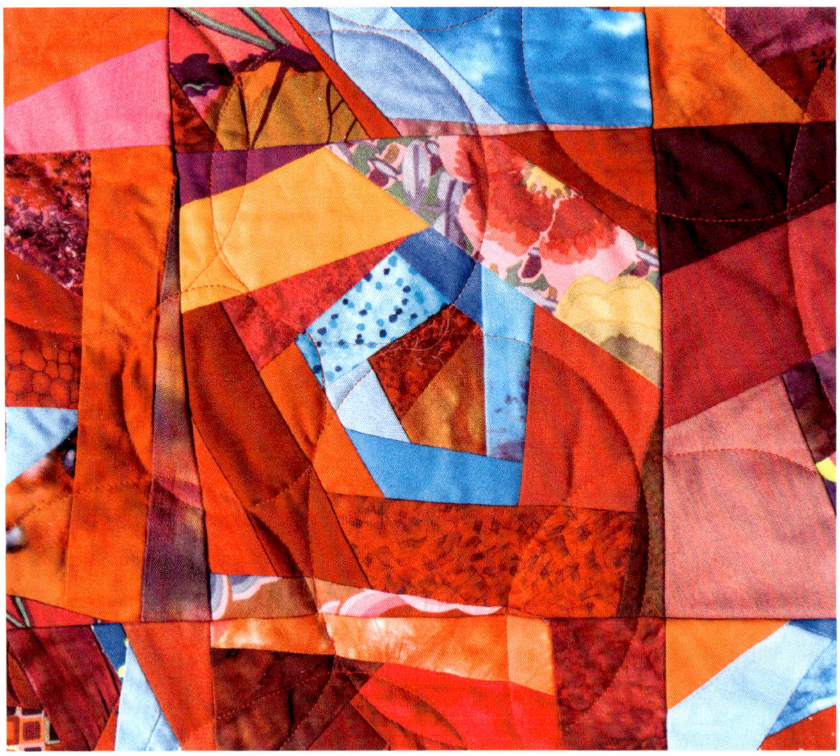

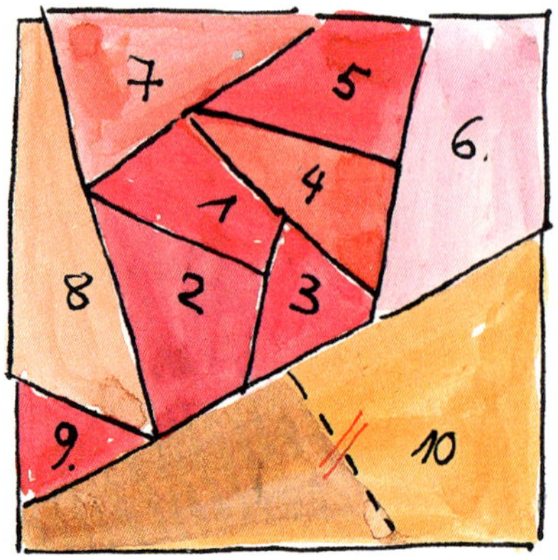

Block A: Rot in Rot. Große Stücke im Außenbereich aus zwei oder drei kleineren Stoffen zusammensetzen (rote Doppelstriche) und mit einer langen Naht anfügen. Block quadratisch zuschneiden. 98x nähen.

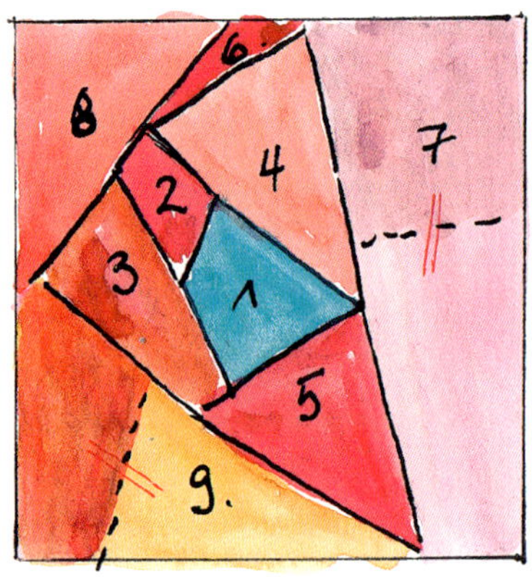

Block B: Einzelner hellblau/türkisfarbener Stoff, mittig oder zur Seite verschoben, außen alles mit Rot auffüllen. Block quadratisch zuschneiden. 11x nähen.

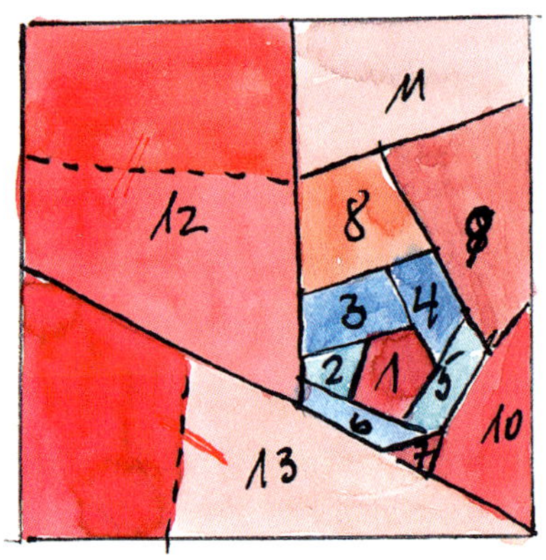

Block C: Kleiner Ring, außen rotes Teil anfügen bis die gesamte Basisfläche bedeckt ist. Block quadratisch zuschneiden. 22x nähen.

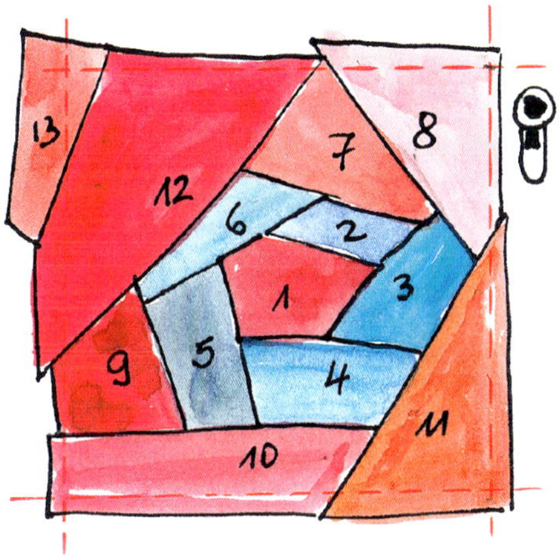

Block D: Größerer Ring. Hellblaue Streifen um ein größeres rotes Viel-Eck anordnen. Nach außen mit Rot auffüllen. Block quadratisch zuschneiden (15 x 15 cm). 20x nähen.

Anordnung
Orientieren Sie sich am Foto oder finden Sie eine eigene Anordnung, die Ihnen gefällt. Hier bilden die blauen Ringe eine breite, von links unten nach rechts oben führende Spur.

Zusammensetzen (Lektion 15)
Nähen Sie das Mittelteil zusammen, wie in Lektion 15 beschrieben.

Quilten (Lektion 17 und 18)
Montieren Sie Rückseite, Volumenvlies und Oberseite aufeinander. Quilten Sie mit rotem Garn kleine und große sich überschneidende Kreise über die gesamte Quiltfläche.

Einfassung (Lektion 19)
Fassen Sie den Quilt mit einem hellblauen Schrägstreifen ein.

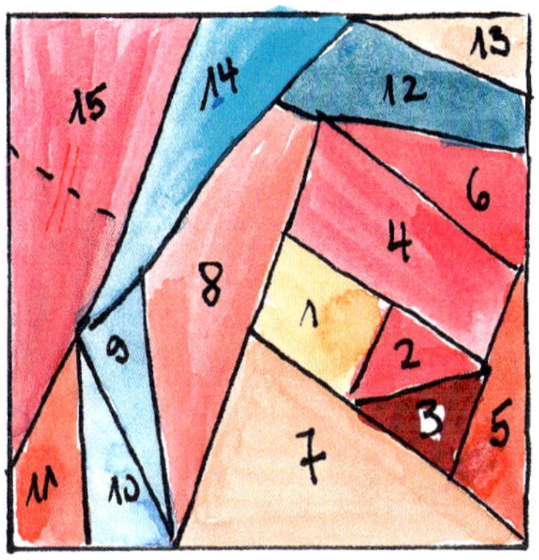

Block E: Offener Ring, in einer Ecke mit Rot beginnen, hellblau/türkis halbkreisförmig anfügen, Rest mit Rot auffüllen. Block quadratisch zuschneiden. 17x nähen.

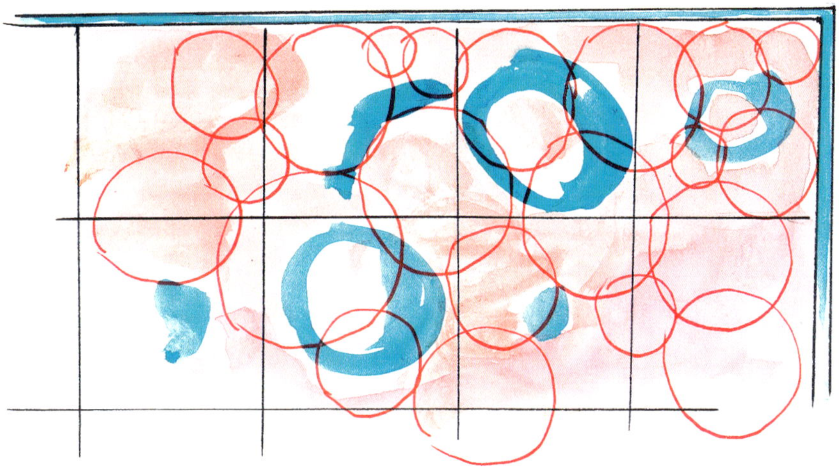

Quiltvorschlag.

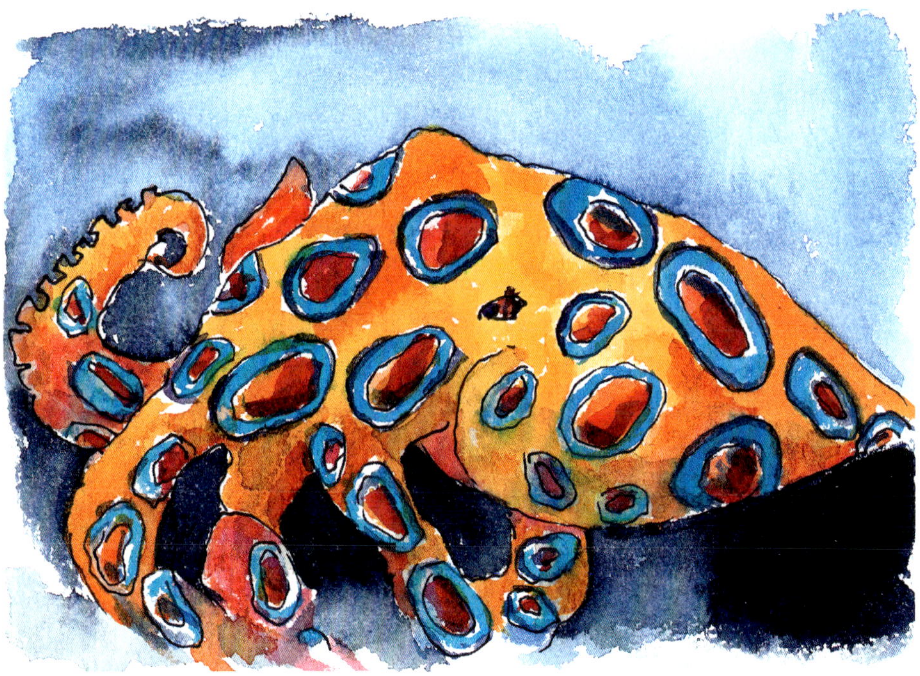

INSPIRATION KOSMOS

Bei diesem Stichwort denken wir zuerst an Sonne, Mond und Sterne. In den Quilts dieses Kapitels ist der ganze Kosmos verewigt. Sterne sind ein sehr beliebtes Patchworkmuster. Sie werden in diesem Buch in freier Schneidetechnik beschrieben. Auch hier sind Sie nicht an die natürlichen Farben gebunden, wie Sie am Beispiel „Wüstenhimmel" und „Sternennacht" sehen. Das Gegenbeispiel ist die „Herbstsonne", da sind es allein die naturgemäßen Farben, welche die Herbststimmung hervorrufen. Sobald Sie andere Farben benutzen, braucht der Quilt einen neuen Namen.

Der „Weltraumquilt" entstand aus Bettwäsche mit entsprechendem Motiv. Nie zuvor habe ich nach Weltall-Bettwäsche im Internet gesucht und war überrascht und beeindruckt vom Angebot eines spezialisierten Buchladens. Beim Blick durch das genähte Fenster hindurch ins endlose All fühle ich mich wie im Kino. Ich gestehe, dass ich ein großer Kinofan bin und auch gerne Science-Fiction-Filme ansehe. Das Motiv erinnert mich an den Film „Gravity".

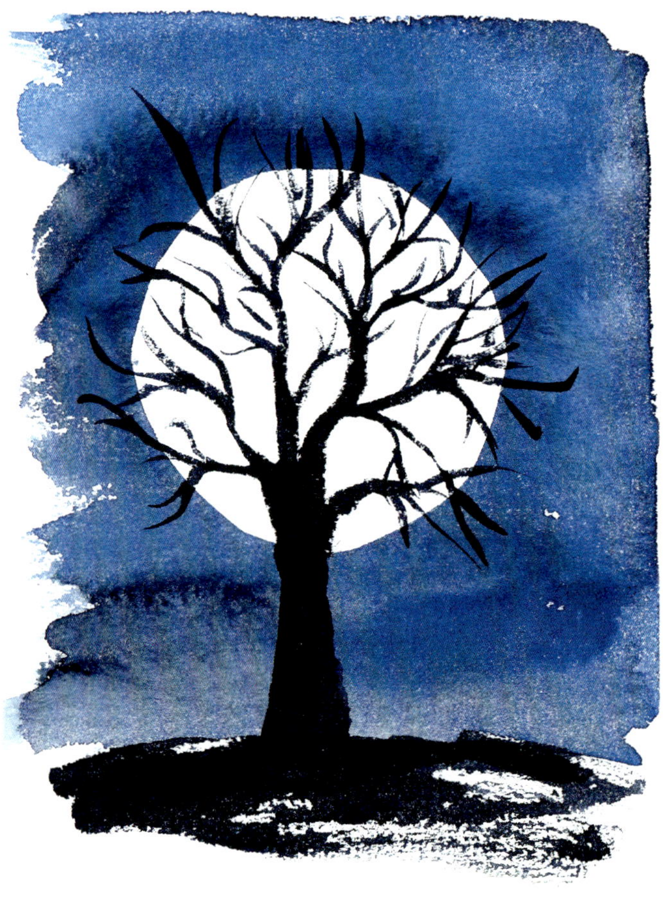

Vor dem „Vollmond" steht der Schattenriss eines Laubbaums. Auch da blicken wir ins Weltall, wenn auch nicht so weit. Der silbrige Glanz des Stoffes für das Mondlicht harmoniert gut mit dem Blau der Jeansstoffe. – Die Äste sind in „echter" Patchworktechnik gearbeitet, also Hintergrundstoff aufgeschnitten und Streifen eingesetzt. Mit dieser Technik lassen sich Bäume ziemlich naturgetreu darstellen. Ja, und die Jeansblätter. Davon habe ich immer noch welche. Die Kiste will einfach nicht leerer werden. Wenn es Ihnen gefällt, können Sie auf einen Ast den Schattenriss einer kleinen Eule applizieren.

Im „Wüstenhimmel" sind die Farben des Orients verarbeitet. Ich denke an die nordafrikanische Sandwüste, über welcher der Himmel besonders sternenreich ist. Die Farbkombination Gelb, Hellgrün, Pink, Rot, Hellblau und Lila empfinden wir als orientalisch. Die Farben passen sehr gut zusammen und verleihen dem Quilt etwas Exotisches. Durch asymmetrisch angenähte Streifen ist es möglich, die Regelmäßigkeit der Anordnung zu unterbrechen und den Wüstenhimmel besonders lebendig zu gestalten. Der Block der „Sternennacht" ist etwas kniffelig zu nähen, das habe ich selbst erlebt, als ich einige Wochen lang nicht zum Nähen kam. Ich hatte vergessen, wie es ging und musste meine eigene Anleitung zu Rate ziehen, die ich glücklicherweise schon niedergeschrieben hatte.

Menschen suchen überall nach Regelmäßigkeiten, auch da, wo es keine gibt. Blicken Sie in den Sternenhimmel. Dort hat die Menschheit seit Urzeiten nach Mustern gesucht, den Sternbildern Namen gegeben und Geschichten erzählt. Meine

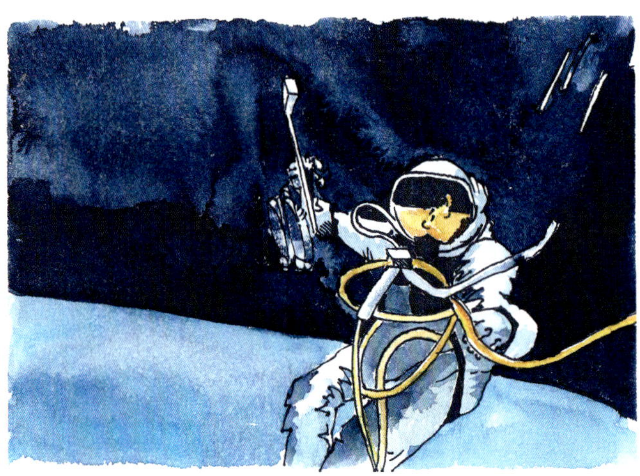

Lieblingssternbilder sind „Bootes" und „Krone". Sie sind jetzt in einem Quilt verewigt. Folgen Sie der Deichsel des großen Wagens (großer Bär) im Bogen nach unten und Sie treffen auf Arktur, den Hauptstern des „Bootes". Schon haben Sie den Bärenhüter gefunden. Er ist das ganze Jahr hindurch am Nordhimmel sichtbar. Auch die daneben befindliche nördliche Krone ist ein markantes Sternbild und wunderschön. In fast allen Tageszeitungen ist einmal im Monat ein Artikel „Der Sternenhimmel" zu finden. Ich gehöre zu den Leuten, die ihn mit Interesse lesen. Wenn Sternschnuppenzeit ist, stehe ich mit nach hinten gerecktem Hals auf der Wiese und schaue gebannt in den Nachthimmel.

Mit der beschriebenen Technik können Sie Ihr Lieblingssternbild in Stoff umsetzen. Ist es der „Orion"(rechts abgebildet)? Den mag ich auch sehr gerne. Im Internet oder in Sternenbüchern finden Sie viele Anregungen. Der Besuch in einer nahe gelegenen Sternwarte oder in einem Planetarium lohnt sich immer. Verwenden Sie gepunkteten Hintergrundstoff oder Stoff mit kleinen Sternchen, denn damit sind die Nähte unsichtbar. Wenn Sie Mühe haben, auf dem Quilt das Sternbild klar zu erkennen, können Sie die Verbindungslinien mit Goldgarn aufsticken.

Die kleinen Roboter passen ausgesprochen gut zum Weltall-Thema, obwohl sie von Menschenhand geschaffen sind. Denken Sie an alle Science-Fiction Abenteuerfilme. Nutzen Sie die Musterlinien von schwarz-weißen Stoffen, um der kleinen Maschine Lebendigkeit zu verleihen. Lassen Sie sich inspirieren: ein Zifferblatt wird zum Gesicht, Punkte werden Räder, gebogene Linien formen Arme oder Beine. Die Antennen und die Räder sind mit Quiltlinien gezeichnet. Ein „weiblicher" Roboter ist durch ein Schleifchen an der Antenne oder durch eine Kleiderform definiert, hat er vier Beine oder vier Rädchen, ist es „Robodog" oder ein ähnliches Wesen. Da können Sie Ihrer Fantasie freien Lauf lassen und siehe: WALL-E hat immer noch zu tun.

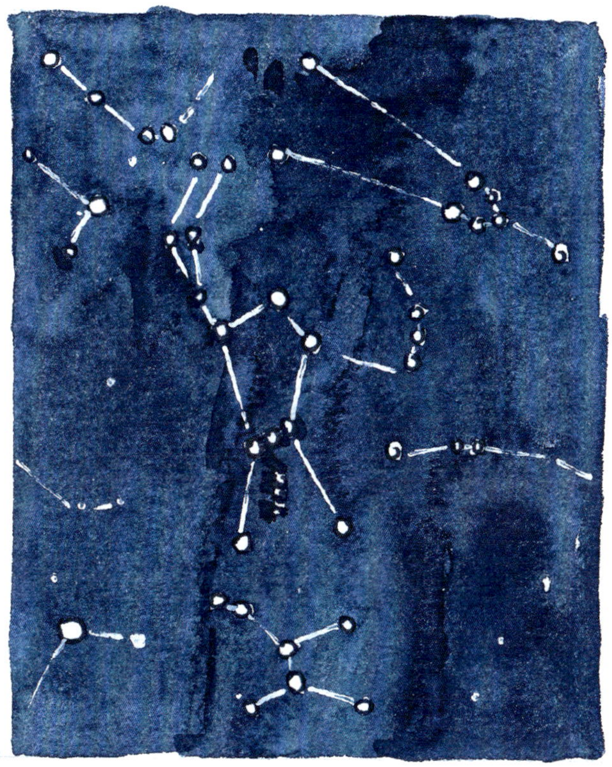

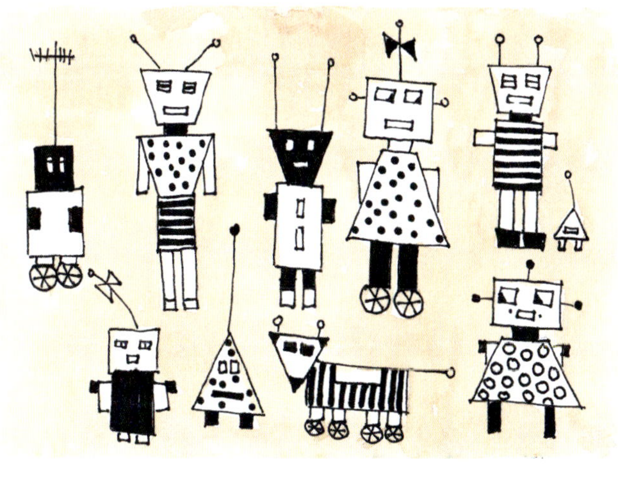

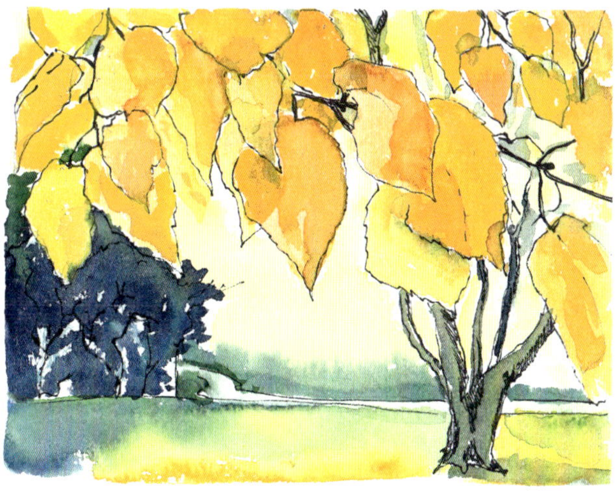

WELTRAUMQUILT

208 x 152 cm

Bettwäsche mit Weltall-Motiv finden Sie im Internet. Wie so vieles. Durch die Gitterstreifen wird die Fläche zu einem Panoramafenster vergrößert. Die ungleichen Abstände der Gitterlinien machen die Aufteilung interessant.

MATERIAL

Stoffe

- Bettwäsche mit Weltraum-Motiv
- 2,00 m dunkles Grau, uni, für die Gitterlinien
- 1,00 m schwarz-weiß gestreifter Stoff für die Akzentestreifen

Sonstiges

- 220 x 170 cm Rückseitenstoff
- 220 x 170 cm Volumenvlies
- graues, schwarzes und blaues Quiltgarn
- 780 cm nachtblauer Schrägstreifen

ARBEITSANLEITUNG

Vorbereitung

Schneiden Sie von der Bettwäsche die Nähte und den Verschluss ab. Verwenden Sie nur die Vorderseite mit dem Motiv.

Einteilung der Fläche

Messen Sie die Fläche und finden Sie eine Einteilung, welche die OCR-Codes (soweit vorhanden) intakt lässt. Wir haben mehr Längslinien als Querlinien eingesetzt, um dem Quilt eine angenehme Proportion zu geben.

Abstände der Längslinien: Mittellinie einzeichnen. Ab der Mittellinie nach beiden Seiten je einmal 25 cm und dann viermal 8,5 cm einzeichnen, der letzte seitliche Streifen ist noch 5 cm breit. Diese etwas ungeraden Maße stellen sicher, dass der OCR-Code intakt bleibt. Finden Sie bei Ihrem Quilt die entsprechende Einteilung.

Abstände der Querlinien von oben: 17 cm, zweimal 18 cm, 25 cm, 50 cm, 25 cm, zweimal 18 cm. Schneiden Sie Ober- und Unterkante gerade.

Schneiden Sie die Fläche nach den eingezeichneten Längslinien in Streifen und stecken Sie sie nebeneinander an eine ausreichend große Entwurfswand. Die Längsstreifen sind hier von 1–12 gekennzeichnet. Die Buchstaben A und B bezeichnen die beiden verschiedenen Blöcke, die im Längsstreifen 1 und 12, sowie im obersten und untersten Querstreifen wegen des Randabschlusses etwas unterschiedlich sind (z. B. Kennzeichnung A1 oben/unten, B1 oben/unten).

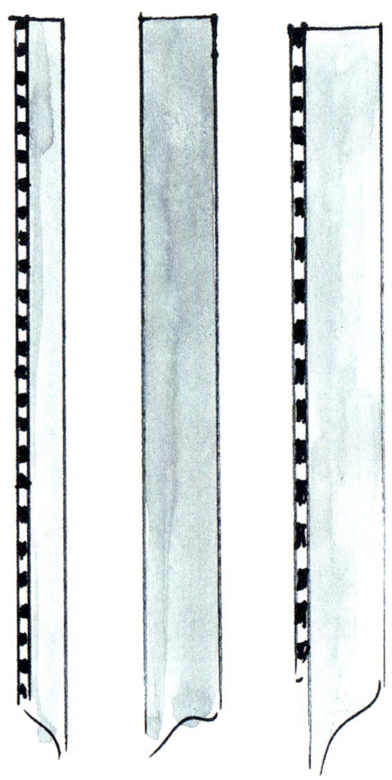

Gitterstreifen vorbereiten: 7 cm breit mit und ohne Akzentstreifen für die Ränder des Quilts und 4 cm breit mit Akzentstreifen für das Gitter.

Gitterstreifen

Schneiden Sie den grauen Stoff zu acht Streifen von 7 cm (für die Ränder des Quilts) und 40 Streifen von 4 cm Breite (für das Gitter), sowie den schwarz-weiß gestreiften Stoff zu 40 Streifen von 2,5 cm Breite. Nähen Sie an fünf der 7 cm breiten Streifen je einen schwarz-weißen Streifen (in der Anleitung: „7-cm-Streifen" genannt). Nähen Sie an alle 4 cm breiten Streifen ebenfalls einen schwarz-weißen Streifen (in der Anleitung: „4-cm-Streifen" genannt). Bügeln Sie die Nahtzugaben vom Streifenstoff weg zum Grau hin. Alle 7 cm breiten Streifen werden am Rand des Quilts liegen.

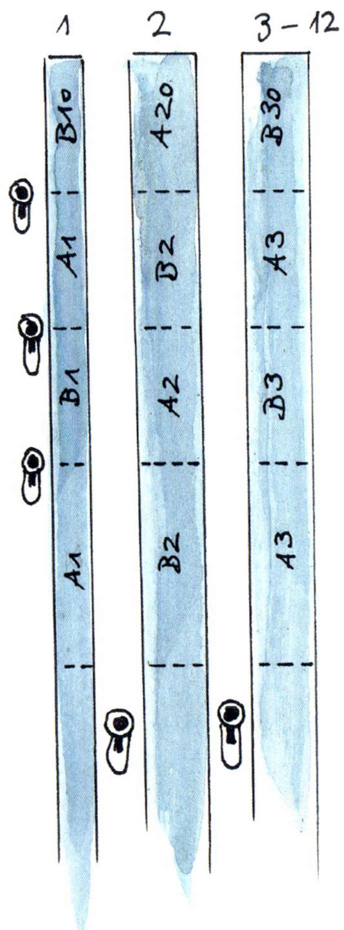

Bettwäschemotiv symmetrisch aufteilen und Längsstreifen (hier 12) schneiden. Die einzelnen Blöcke werden erst dann abgeschnitten, wenn sie bearbeitet werden. Hier etwas heller dargestellt, damit die Beschriftung noch zu lesen ist.

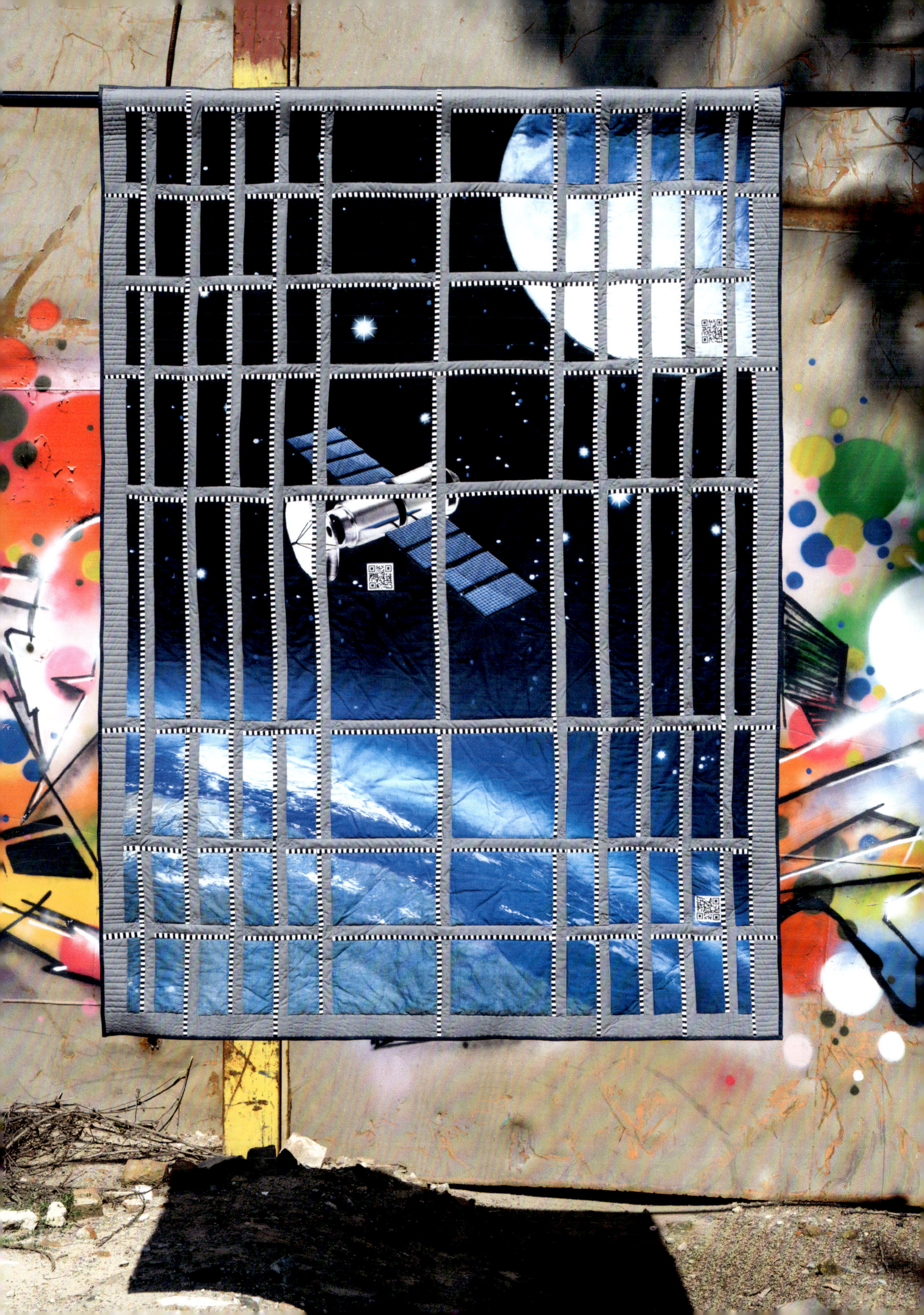

Blöcke nähen

Nehmen Sie den jeweiligen Längsstreifen des Bettwäschestoffes zur Hand. Schneiden Sie den obersten Block ab. und stecken Sie den Rest des Streifens wieder an die Entwurfswand. Das Maß der nun anzunähenden Streifen entspricht der jeweiligen Länge oder Breite des Blocks bzw. der bisher genähten Einheit. Bügeln Sie nach jeder Naht.

Wichtig: Nähen Sie die zusammengesetzten Streifen immer so an die Blöcke, dass der Akzentstreifen nach unten bzw. nach links weist. Bügeln Sie die Nahtzugaben vom Streifenstoff weg.

Längsreihe 1 (links)

Block B1 oben

1) zusammengesetzter 4-cm-Streifen rechts, 2) zusammengesetzter 7-cm-Streifen oben, 3) grauer 7 cm breiter Streifen links.

Block A1

1) grauer 7 cm breiter Streifen links, 2) zusammengesetzter 4-cm-Streifen oben, 3) zusammengesetzter 4-cm-Streifen rechts.

Block B1

1) zusammengesetzter 4-cm-Streifen rechts, 2) zusammengesetzter 4-cm-Streifen oben, 3) grauer 7 cm breiter Streifen links.

Wiederholen Sie die Blöcke A1 und B1 so oft wie nötig. Bei einer ungeraden Anzahl von Querreihen beginnen und beenden Sie Längsreihe 1 mit einem Block B.

Block B1 unten

1) grauer 7 cm breiter Streifen links, 2) zusammengesetzter 4-cm-Streifen oben, 3) zusammengesetzter 4-cm-Streifen rechts, 4) grauer 7 cm breiter Streifen unten.

Längsreihe 2

Block A2 oben

1) zusammengesetzter 7-cm-Streifen oben, 2) zusammengesetzter 4-cm-Streifen rechts.

Block B2

1) zusammengesetzter 4-cm-Streifen rechts, 2) zusammengesetzter 4-cm-Streifen oben.

Block A2

1) zusammengesetzter 4-cm-Streifen oben, 2) zusammengesetzter 4-cm-Streifen rechts.

Wiederholen Sie die Blöcke A2 und B2 so oft wie nötig. Bei einer ungeraden Anzahl von Querreihen beginnen und beenden Sie Längsreihe 2 mit einem Block A.

Block A2 unten

1) grauer 7-cm-Streifen unten, 2) zusammengesetzter 4-cm-Streifen rechts, 3) zusammengesetzter 4-cm-Streifen oben.

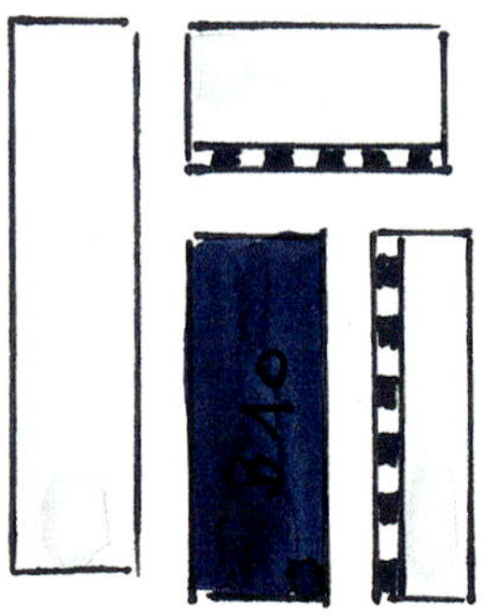

Nähplan für Block B1 oben (Block B, Längsreihe 1, oberster Block).

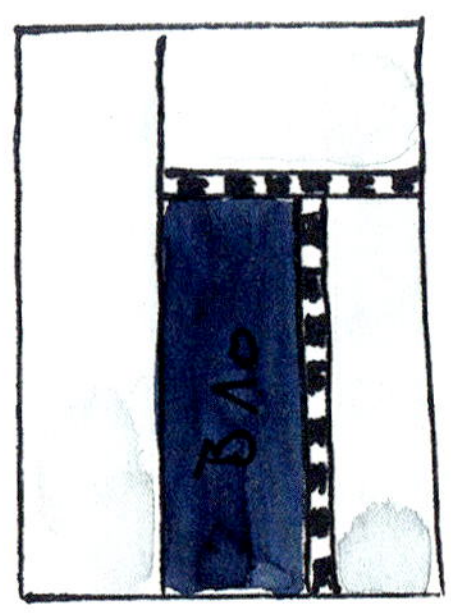

Block B1 oben, fertig.

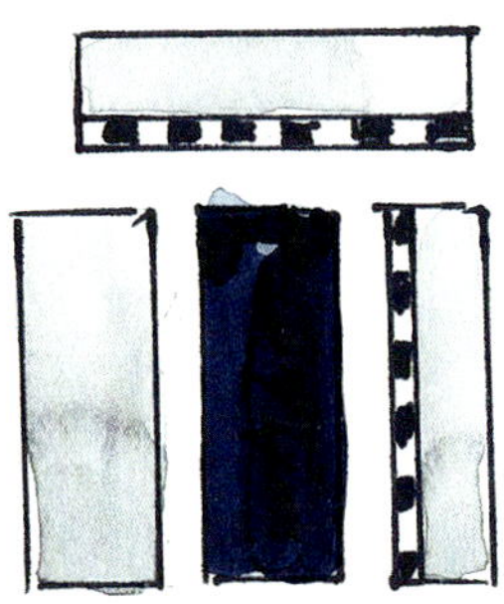

Nähplan für Block A1 (Block A, Längsreihe 1).

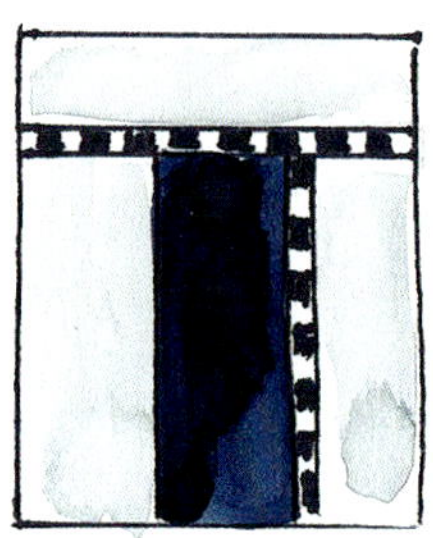

Block A1, fertig.

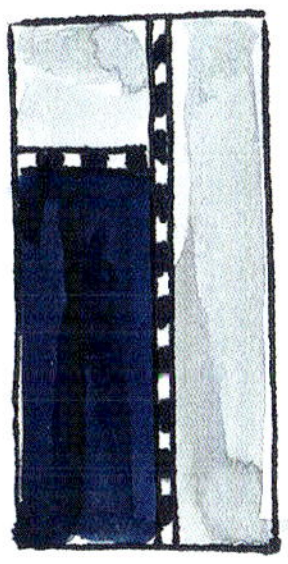

Block A2 oben (Block A, Längsreihe 2, oberster Block).

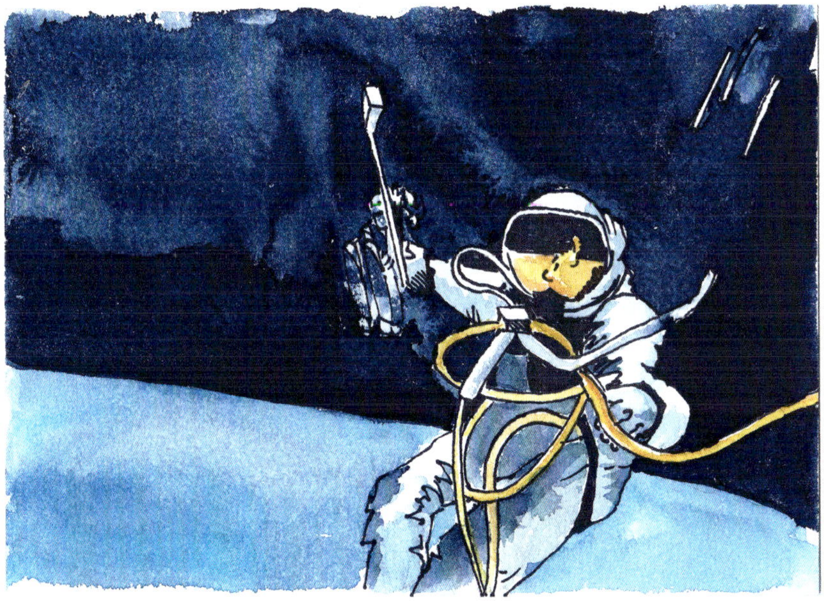

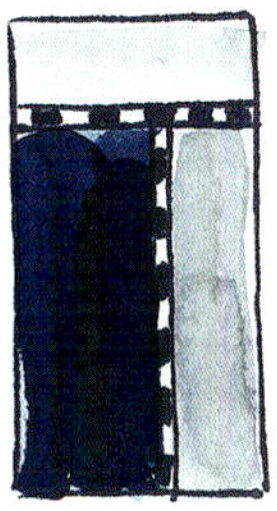

Block B2 (Block B, Längsreihe 2).

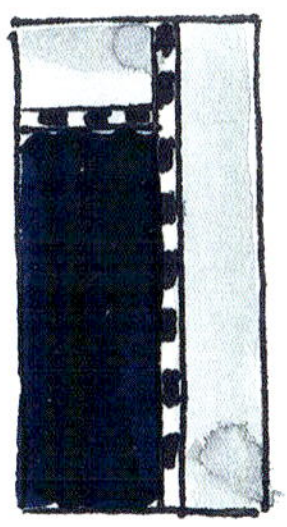

Block A2 (Block A, Längsreihe 2).

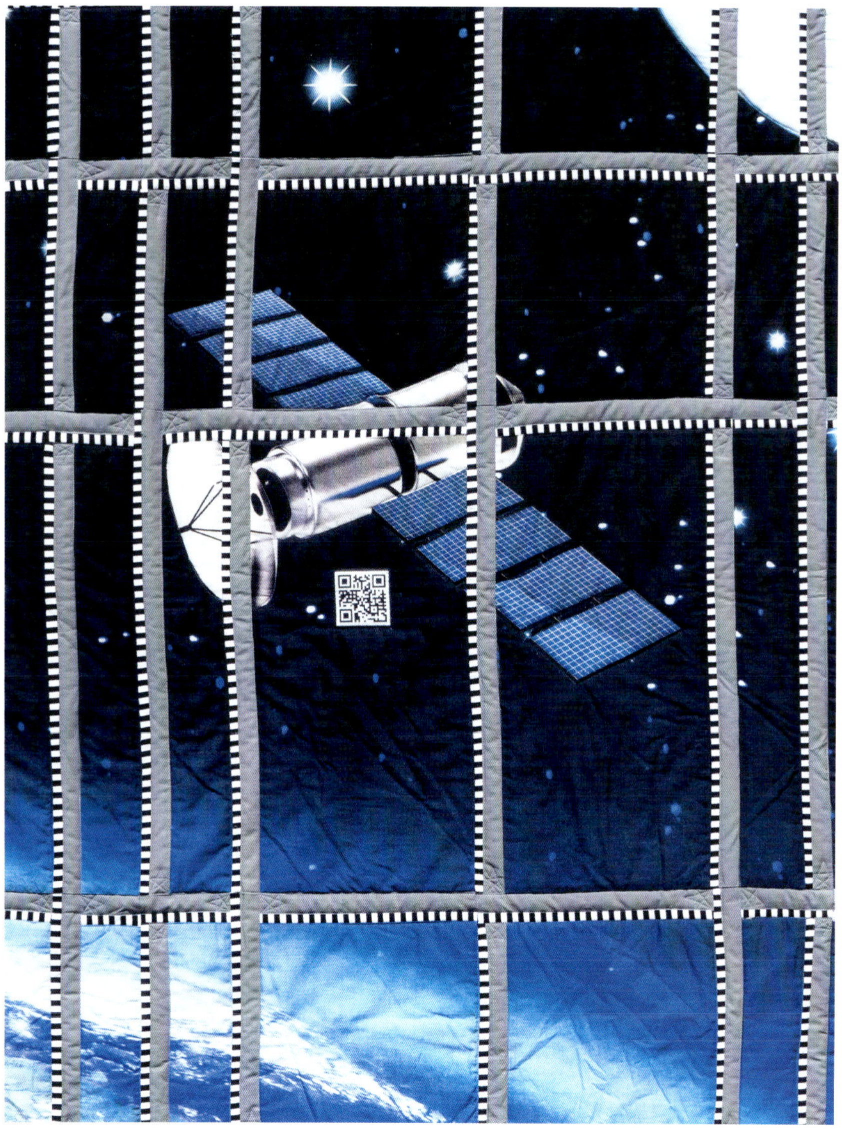

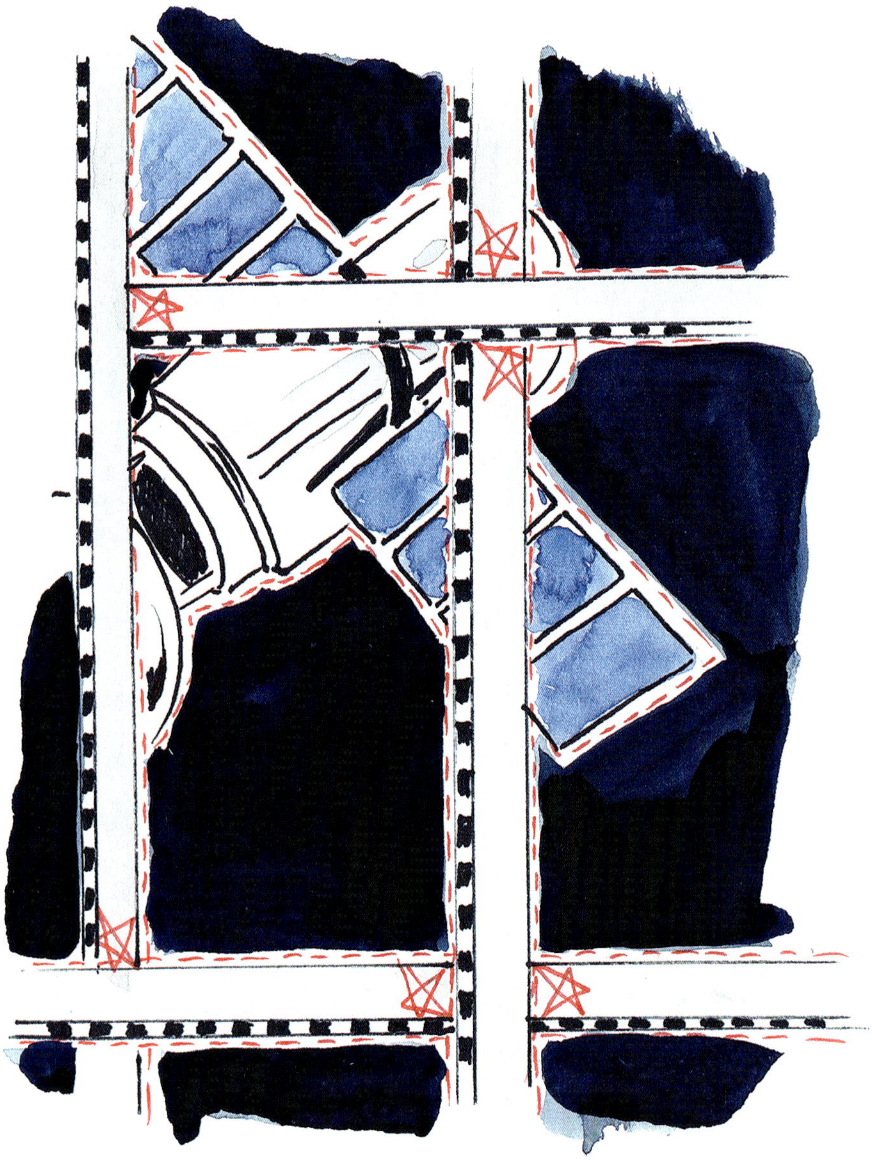

Quiltvorschlag

Längsreihe 3

Block B3 oben
1) zusammengesetzter 4-cm-Streifen rechts, 2) zusammengesetzter 7-cm-Streifen oben.

Block A3
1) zusammengesetzter 4-cm-Streifen oben, 2) zusammengesetzter 4-cm-Streifen rechts.

Block B3
1) zusammengesetzter 4-cm-Streifen oben, 2) zusammengesetzter 4-cm-Streifen rechts.

Wiederholen Sie die Blöcke B3 und A3. Bei einer ungeraden Anzahl von Querreihen beginnen und beenden Sie Längsreihe 3 mit einem Block B.

Block B3 unten
1) zusammengesetzter 4-cm-Streifen oben, 2) zusammengesetzter 4-cm-Streifen rechts, 3) grauer 7 cm breiter Streifen unten.

Wiederholen Sie die Längsreihen 2 und 3 abwechselnd und so oft wie nötig. Die letzte Längsreihe 12 (ganz rechts) wird wieder etwas anders genäht. Die rechte Außenkante wird hier der 7 cm breite graue, zusammengesetzte Streifen.

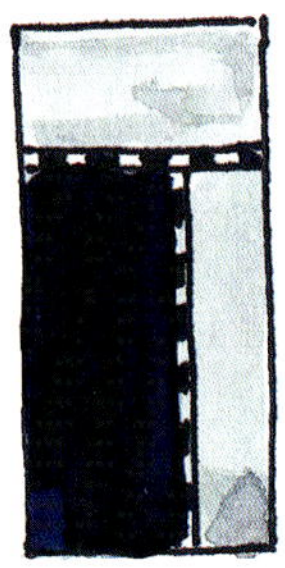

Block B3 oben (Block B, Längsreihe 3, oberster Block).

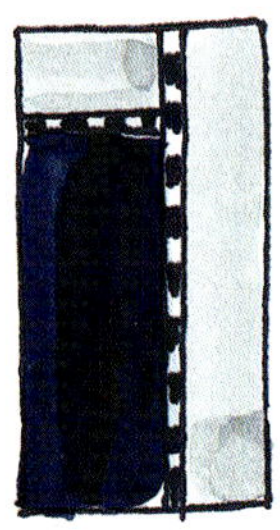

Block A3 (Block A, Längsreihe 3).

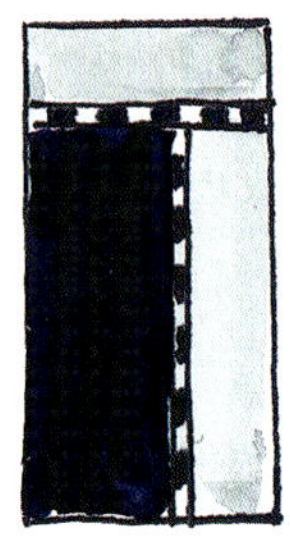

Block B3 (Block B, Längsreihe 3).

Längsreihe 12 (ganz rechts)

Block A12 oben
1) zusammengesetzter 7-cm-Streifen oben, 2) zusammengesetzter 7-cm-Streifen rechts.

Block B12
1) zusammengesetzter 7-cm-Streifen rechts, 2) zusammengesetzter 4-cm-Streifen oben.

Block A12
1) zusammengesetzter 4-cm-Streifen oben, 2) zusammengesetzter 7-cm-Streifen rechts.

Wiederholen Sie die Blöcke B12 und A12 so oft wie nötig. Bei einer geraden Anzahl von Querreihen beginnen und beenden Sie Längsreihe 12 mit einem Block B.

Block A12 unten
1) grauer 7 cm breiter Streifen unten, 2) zusammengesetzter 7-cm-Streifen rechts, 3) zusammengesetzter 4-cm-Streifen oben.

Zusammensetzen (Lektion 15)
Die Blöcke bleiben in ihrer Reihenfolge unverändert. Setzen Sie die gesamte Quiltfläche zusammen, wie in Lektion 15 beschrieben.

Quilten (Lektionen 17 und 18)
Montieren Sie Rückseite, Volumenvlies und Oberseite aufeinander. Quilten Sie mit farblich passendem Garn in allen langen Nähten und arbeiten Sie „Klaviertasten" rundum auf den breiteren grauen Rand. Setzen Sie ans Ende jedes schmalen grauen Streifens, dort wo er auf den anderen trifft und optisch darunter weiter führt, einen fünfzackigen Stern. Dadurch wird das „drüber" und „drunter" des Gitters zusätzlich betont. Quilten Sie auch die Konturen von Mond, Erde und Satellit.

Einfassung (Lektion 19)
Fassen Sie den Quilt mit einem nachtblauen Schrägstreifen ein.

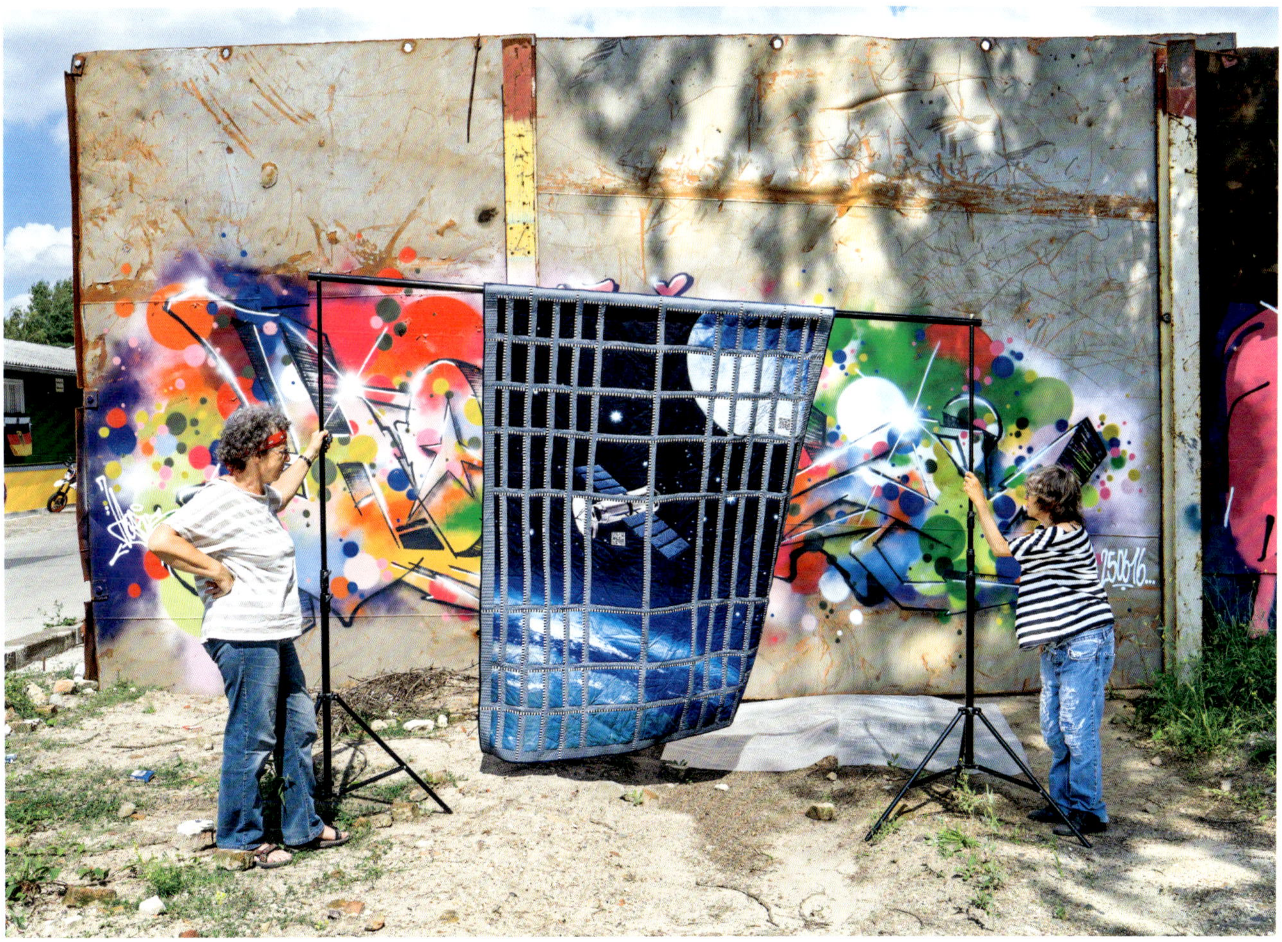

STERNENNACHT

185 X 145 cm

Die auffallenden Konturen des Sternenblocks werden durch schwarz-weißen Streifenstoff geformt. Ein farbstarkes Ergebnis.

■ MATERIAL

Stoffe

- je 0 25 m von 10 verschiedenen Farben, uni, helle, mittlere und dunkle (Gesamtmenge 2,5 m) für die Sternenblöcke
- 1,50 m schwarz-weiß gestreifter Stoff, Streifenbreite ca. 5 mm, für die Konturen der Spitzen
- 3,20 m Schwarz, uni, für die Innenstreifen, die Zwischenstreifen, die Sternenmitten Rand 1 und die Ecksteine in Rand 2
- 1,00 m kräftiges Blau für Rand 2

Sonstiges

- Quadratlineal (z. B. 20 x 20 cm)
- 200 x 160 cm Rückseitenstoff
- 200 x 160 cm Volumenvlies
- blaues und schwarzes Quiltgarn
- 680 cm schwarzer Schrägstreifen für die Einfassung

■ ARBEITSANLEITUNG

Zuschneiden (Lektion 1)

Schneiden Sie die farbigen Unistoffe zu Quadraten von ca. 6 x 6 cm. Pro Block benötigen Sie 6 gleichfarbige dunklere Hintergrundquadrate und 2 gleichfarbige hellere Quadrate für die Sternenzacken. Benutzen Sie das Lineal, um keinen Stoff zu verschwenden. Stecken Sie die acht Quadrate pro Farbkombinationen mit einer Stecknadel zusammen. Schneiden Sie für die Sternenmitten aus dem schwarzen Stoff 80 Quadrate von 6 x 6 cm zu. Schneiden Sie schwarz-weiß gestreifte und schwarze Streifen zu, die Schneidebreite beträgt bei beiden 2,5 cm.

80 Sternenblöcke nähen (Lektion 6)

Arbeiten Sie jeden Stern in kleineren Einheiten, hier A bis C gekennzeichnet. Kombinationen der Einheiten sind mit AB, BC, AC etc. bezeichnet.

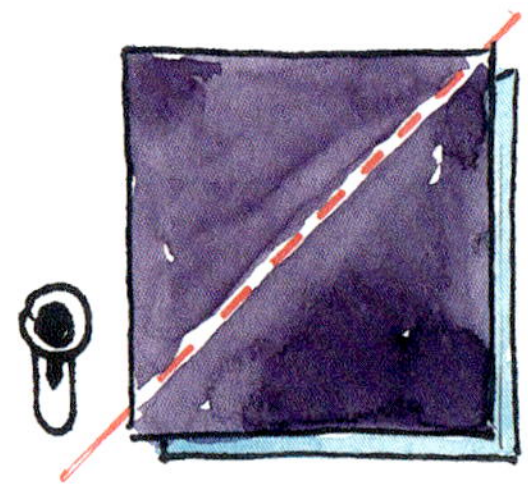

Block A: ein helles und ein dunkles Quadrat (6 x 6 cm) aufeinanderlegen, beide mit der rechten Seite nach oben. Quadrate diagonal durch beide Lagen durchschneiden.

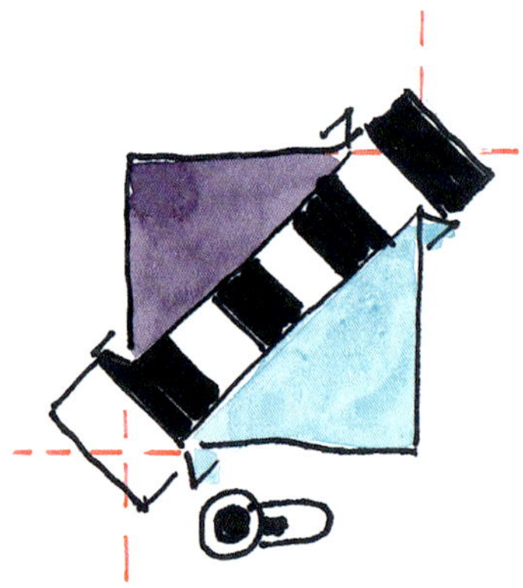

Überstehende Enden und Ecken abschneiden.

Block B: einen schwarz-weiß gestreiften Streifen an eine Kante eines dunklen Quadrats nähen. 4x nähen.

4x Einheit A

Arbeiten Sie Einheiten A aus je einem hellen und einem dunklen Quadrat, sowie einem eingesetzten Streifen, wie in Lektion 6 beschrieben.

4x Einheit B

Nähen Sie jeweils an eine Kante der vier verbleibenden dunklen Hintergrundquadrate einen schwarz-weißen Streifen. Bügeln Sie den Streifen nach außen.

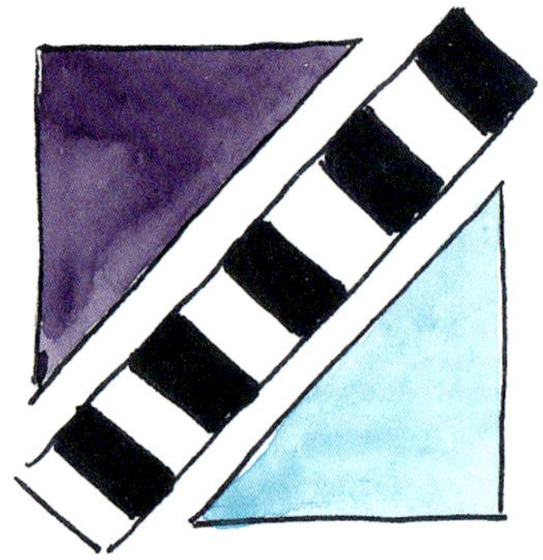

Farben tauschen. Einen 2,5 cm breiten, schwarz-weiß gestreiften Stoffstreifen zwischen die Dreiecke nähen.

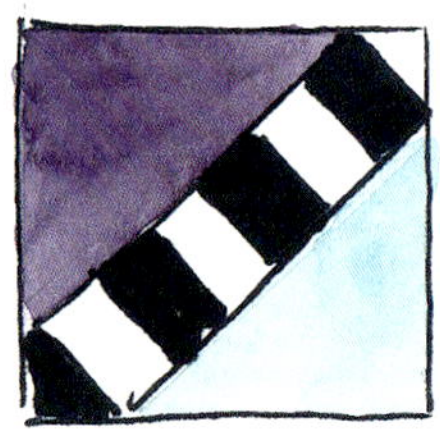

Block A: 4x nähen.

Tipp

Wenn Sie die vier Blöcke A in gleicher Ausrichtung auf Ihre Schneidematte legen, z. B. dass das helle Dreieck immer rechts unten liegt und der schwarz-weiße Streifen von links unten nach rechts oben weist, können Sie sich gut orientieren.

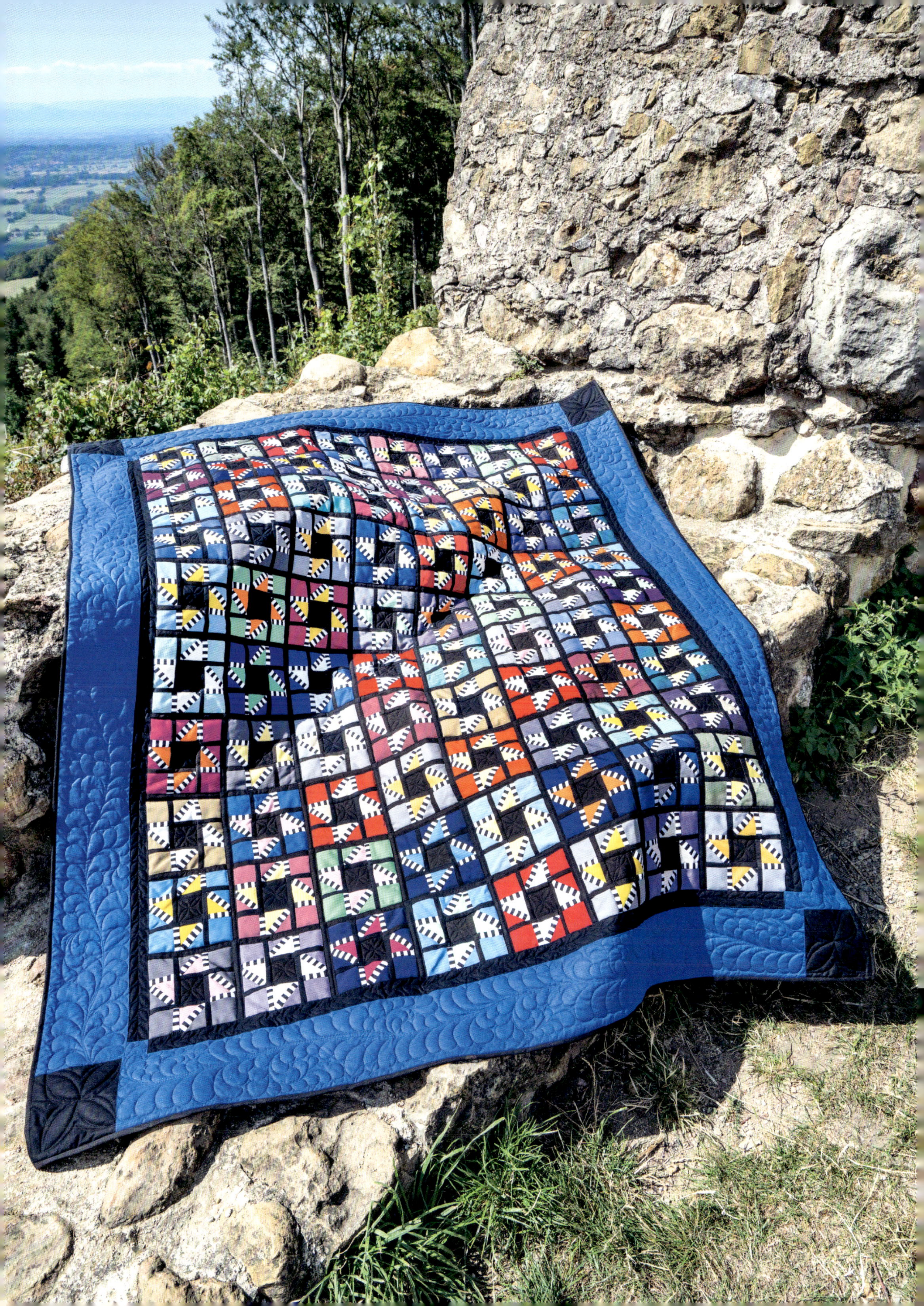

3x Einheit AB

Setzen Sie drei Mal je ein A und ein B aneinander. Die gestreifte Kante von B trifft auf die rechte helle Kante von A. Fügen Sie an die Unterkante der Einheit AB einen schwarzen Streifen.

1x Einheit BC

Fügen Sie an die letzte Einheit B zusätzlich einen schwarzen, 2,5 cm breiten Streifen. Der gestreifte liegt an der rechten Kante, der schwarze oben.

1x Einheit AM

Nähen Sie zuerst einen 2,5 cm breiten schwarzen Streifen an die helle Unterkante der vierten Einheit A. Daran anschließend fügen Sie ein ca. 6 x 6 cm großes schwarzes Quadrat (M). Das Maß des Quadrats entspricht der Kantenlänge von Block A. Schneiden Sie das Quadrat bei Bedarf etwas kleiner.

Hinweis zu Einheit AM: Der Streifen an der Unterkante von A und das Quadrat M haben zwar die gleiche Farbe, doch dient diese Naht der optischen Symmetrie. Auch für den Fall, dass Sie einen Mittelpunkt in anderer Farbe wählen, ist dieser Arbeitsgang vorteilhaft.

Stern zusammensetzen

Nähen Sie die Einheit AM und eine Einheit AB an den langen Kanten zusammen. Der schwarze Streifen von AB trifft auf die rechte Kante von AM, die Sternenzacken weisen nach außen.

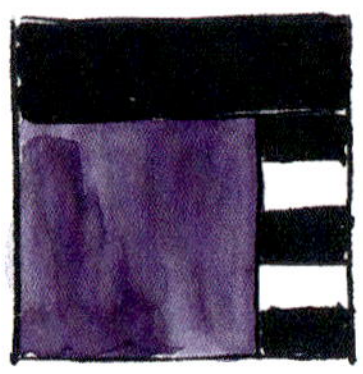

Block BC: An einen Block B einen schwarzen Streifen nähen, der gestreifte Streifen liegt rechts, der schwarze oben.

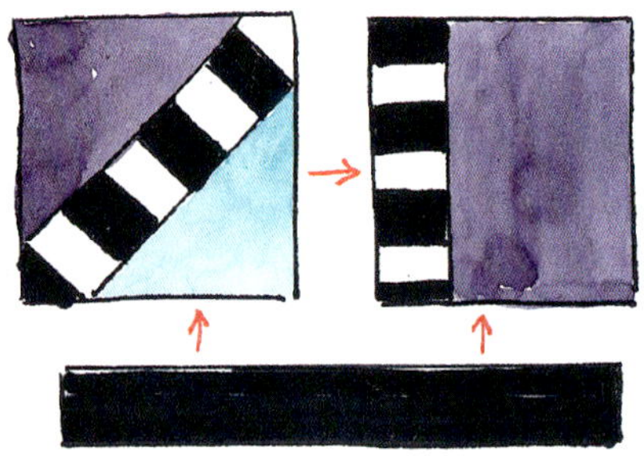

Einheit AB: Einen Block A und einen Block B aneinandernähen. An die untere Kante einen schwarzen Streifen ansetzen.

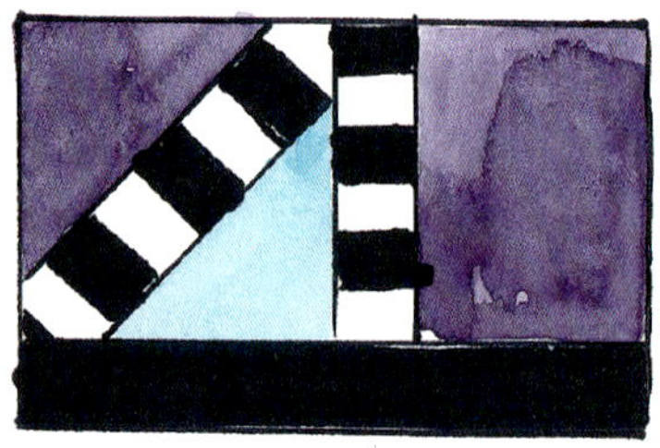

Einheit AB: 3x nähen.

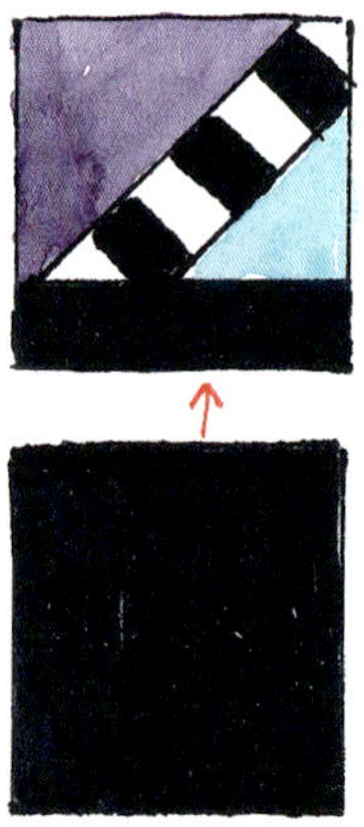

Einheit AM: An die Unterkante eines Blocks A einen schwarzen Streifen nähen, daran ein schwarzes Quadrat (M = Mitte).

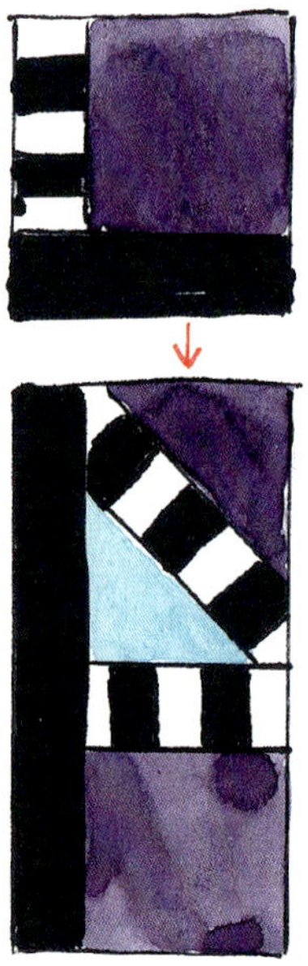

Einheit ABC: An die obere schmale Kante einer Einheit AB einen Bock C nähen, die schwarze Kante weist zu AB.

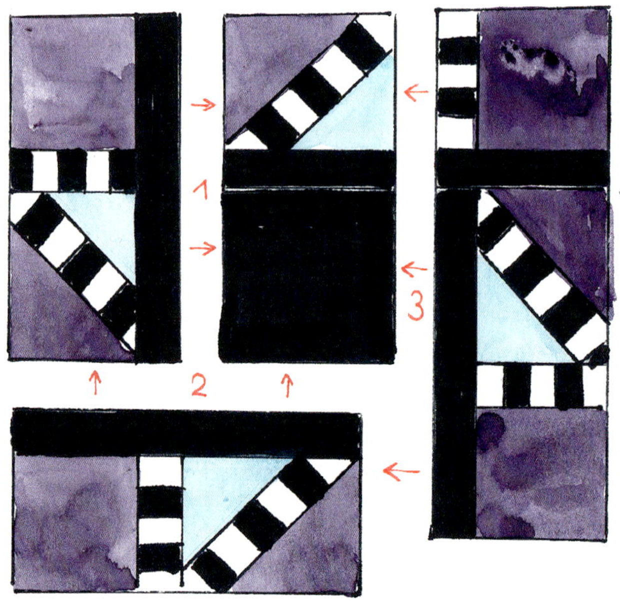

Nähplan für einen Sternenblock: Zuerst AB an AM, dann ein AB an die Unterkante der bisherigen Einheit. Zum Schluss die zusammengesetzte Einheit ABC an die lange rechte Kante der bisherigen Einheit. Block bügeln. Exakt zuschneiden, hier 16 x 16 cm.

Passen Sie, wenn nötig, das Maß des schwarzen Quadrats an die Länge der Einheit AB an.

Fügen Sie die nächste Einheit AB an die Unterkante der bisherigen Einheit C.

Setzen Sie an die letzte Einheit AB die Einheit BC. Der schwarze Streifen trifft auf AB. Fügen Sie diese Einheit an die letzte Kante des Sternenblocks.

Nähen Sie 80 Sternenblöcke. Bügeln Sie sie und schneiden Sie sie auf ein gemeinsames Maß zu, hier sind es 16 x 16 cm.

Zwischenstreifen (Lektion 16)
Schneiden Sie ca. 25 schwarze Streifen von 3 cm Breite zu (nach Belieben auch 5 cm breite Streifen). Verteilen Sie die Farben wie zufällig. Fügen Sie an die rechte Kante der ersten sieben Blöcke der obersten Reihe je einen 3 cm breiten schwarzen Streifen. Nähen Sie an alle anderen, außer an der rechten Reihe, einen 3 cm breiten Streifen an die rechte Kante und die Oberkante. Der letzte Block jeder Reihe (außer der ersten) erhält nur einen Streifen an die Oberkante. Nähen Sie die Blöcke zusammen, wie in Lektion 16 beschrieben.

Randbordüren (Lektion 17)
Rand 1: uni Schwarz, 5 cm Schneidebreite, Ecksteine 5 x 5 cm in Blau.
Rand 2: Blau, 20 cm Schneidebreite, Ecksteine 20 x 20 cm in Schwarz.

Quilten (Lektionen 18 und 19)
Montieren Sie Rückseite, Volumenvlies und Oberseite aufeinander. Quilten Sie die Sterne mit schwarzem Garn in den Nähten um jeden Block und um das Mittelquadrat, sowie entlang des inneren Randstreifens. Setzen Sie auf den breiten blauen Rand eine Bordüre im Federmuster.

Einfassung (Lektion 20)
Fassen sie den Quilt mit einem schwarzen Schrägstreifen ein.

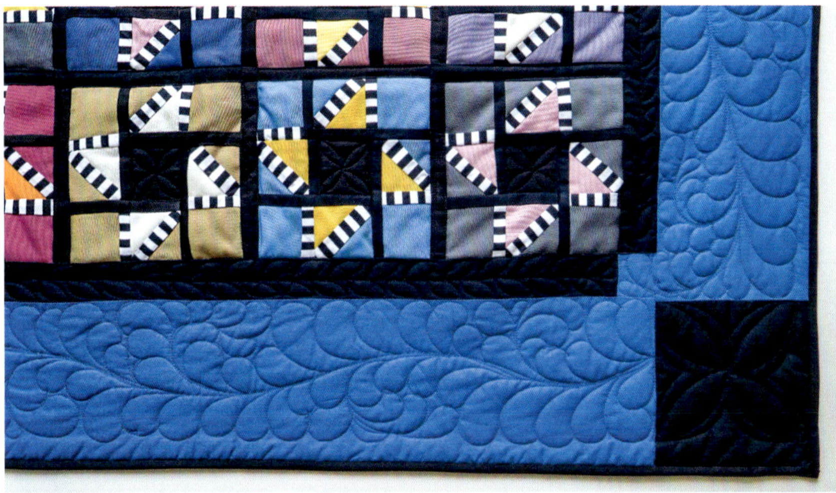

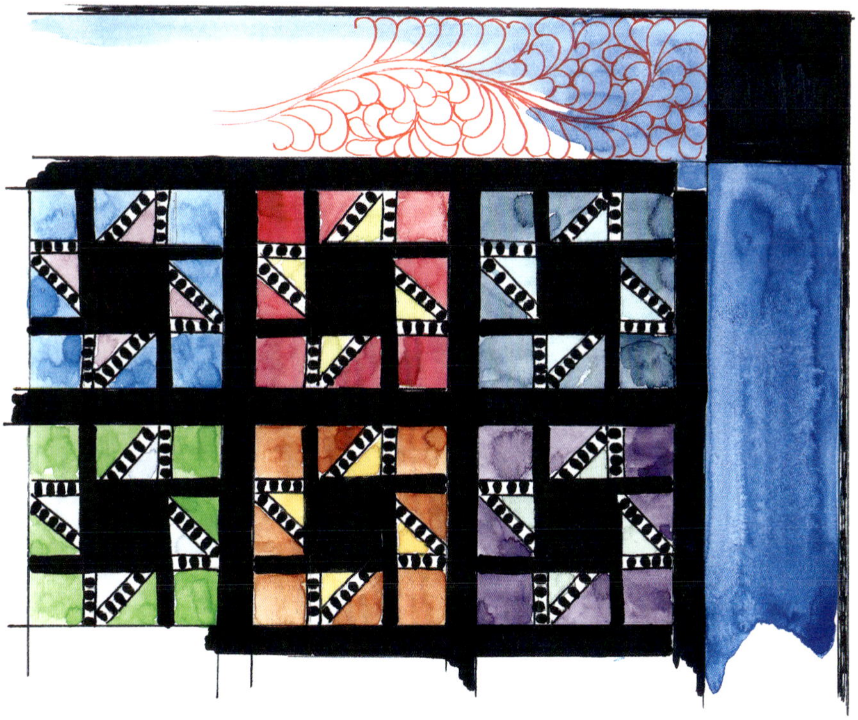

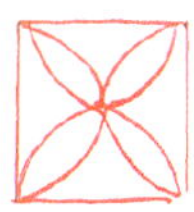

Quiltvorschlag für das Mittelquadrat (schwarz).

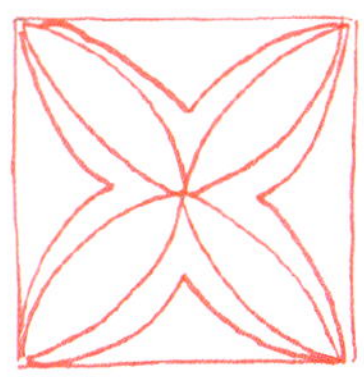

Quiltvorschlag für den Eckstein (schwarz).

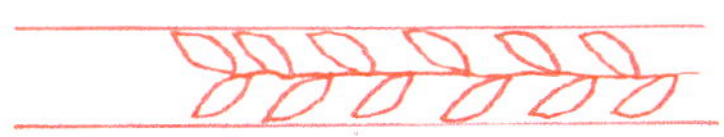

Quiltvorschlag für den inneren Rand (schwarz).

HERBSTSONNE

152 X 125 CM

Unglaublich, wie ein Quilt beim Zusammennnähen schrumpfen kann. Aus einem geplanten Einzelbettquilt wurde einer fürs Kinderbett. Die Reste haben nicht einmal für ein Kissen gereicht. Alles ist so winzig geworden.

MATERIAL

Stoffe

- je 0,25 x 0,55 m (Achtel-Meter) von 21 verschiedenen uni-Herbstfarben (Packung mit „Fat Eights") für die Blöcke
- 3,50 m Nessel für die Blöcke und den Randstreifen
- 0,20 m Graugrün für den Streifen in der Randbordüre

Sonstiges

- 170 x 150 cm Rückseitenstoff
- 170 x 150 cm Volumenvlies
- naturweißes Quiltgarn
- 570 cm brauner Schrägstreifen

ARBEITSANLEITUNG

Zuschneiden (Lektion 1)

Schneiden Sie die Herbstfarben und die Nesselstoffe zu jeweils 378 Quadraten von ca. 8 x 8 cm zu (1 Achtelmeter reicht für 18 Quadrate). Lassen Sie die einzelnen Farben beieinander.

756 Viererblöcke (Lektion 3)

Nähen Sie zweifarbige Viererblöcke, wie in Lektion 3 beschrieben. Sie erhalten Block A (378x), bei dem das große „Viertel" farbig ist und Block B (378x), bei dem das große „Viertel" nesselweiß ist. Lassen Sie die einzelnen Farben beieinander.

Schneiden Sie alle Blöcke A und B mit Hilfe eines Quadratlineals exakt quadratisch zu, hier sind es 6 x 6 cm.

Anordnung

Stecken Sie 30 Querreihen von je 24 Blöcken an Ihre Entwurfswand. Beginnen Sie mit den gelben Blöcken für die „Sonne". Ordnen Sie nach außen hin jeweils dunklere Blöcke dazu. Achten Sie unbedingt darauf, dass jeweils ein Nesselstoff und ein Herbst-Stoff nebeneinander liegen und dass je vier der kleinen Teile (2 x A und 2 x B = AB und BA) diagonal versetzt aufeinandertreffen.

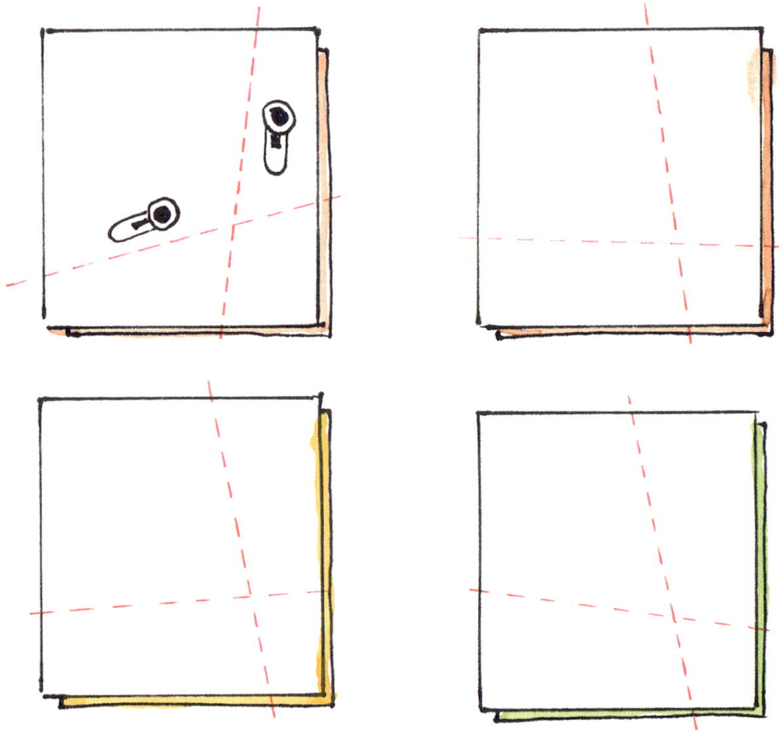

Zwei Quadrate (8 x 8 cm) aufeinanderlegen, beide mit der rechten Seite nach oben. Einmal längs und einmal quer durchschneiden, beide Schnitte sehr einseitig und etwas schräg führen.

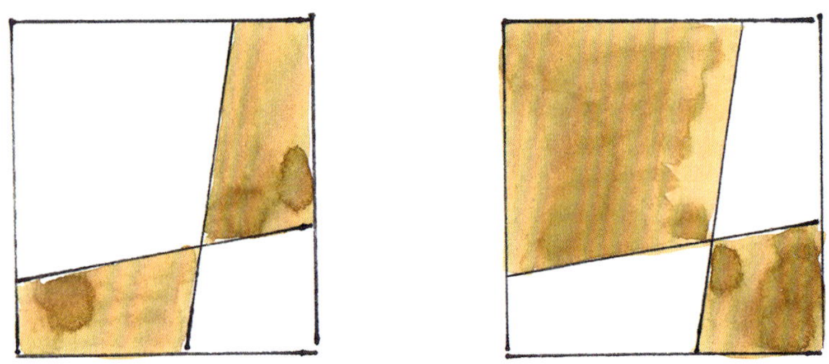

Farben tauschen. Es entstehen zwei Blöcke, die Farben jeweils versetzt.

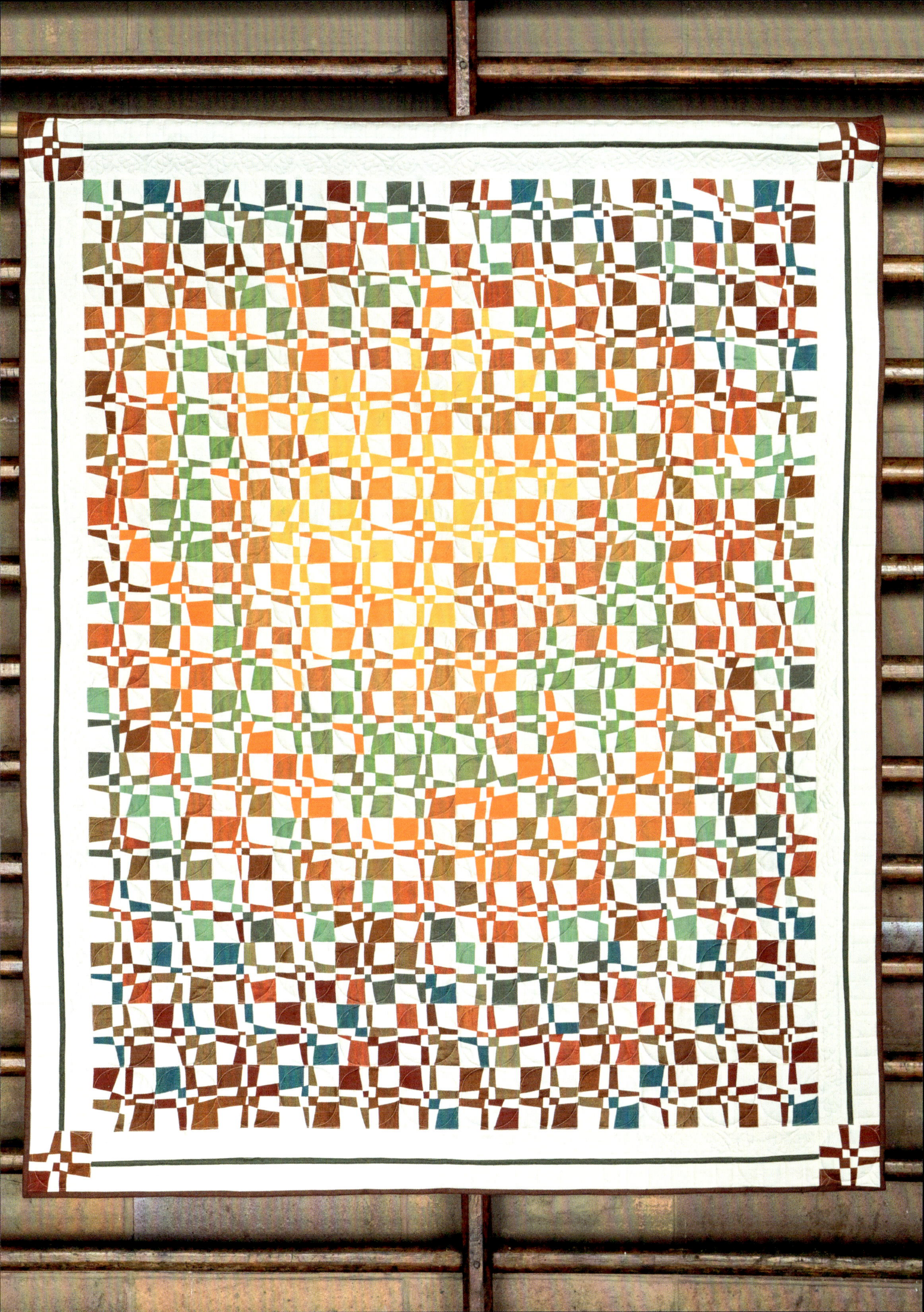

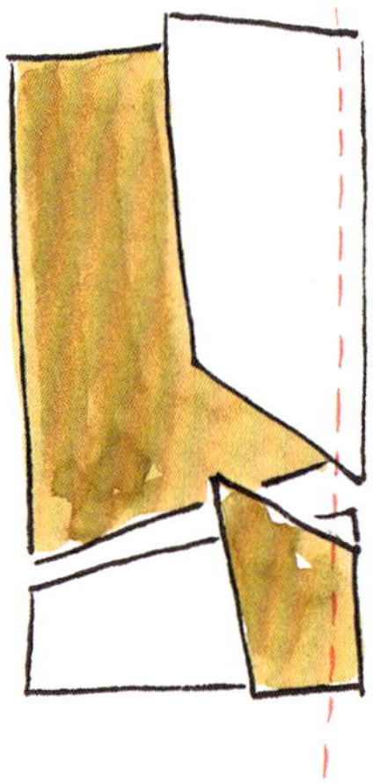

Block zusammennähen und exakt quadratisch zuschneiden (6 x 6 cm).

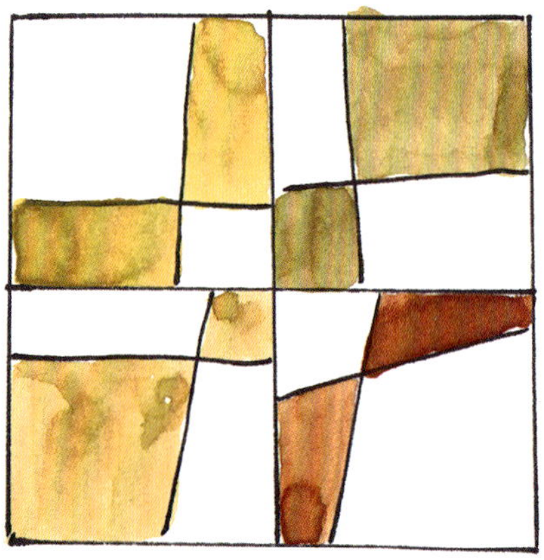

Beim Auslegen der Blöcke zum Quilt müssen sich Farbe und Nesselstoff immer wechselnd gegenüber liegen. Hier vier Blöcke als Beispiel für die Ecksteine.

4 Ecksteine
Einige Blöcke bleiben übrig. Nähen Sie 16 davon zu vier doppelten Viererblöcken zusammen. Achten Sie auf die gleiche Anordnung von AB und BA wie beim Mittelteil. Die Seitenlänge dieser Ecksteine bestimmt die Breite des fertigen Randstreifens.

Zusammensetzen (Lektion 15)
Nähen Sie das Mittelteil zusammen, wie in Lektion 15 beschrieben.

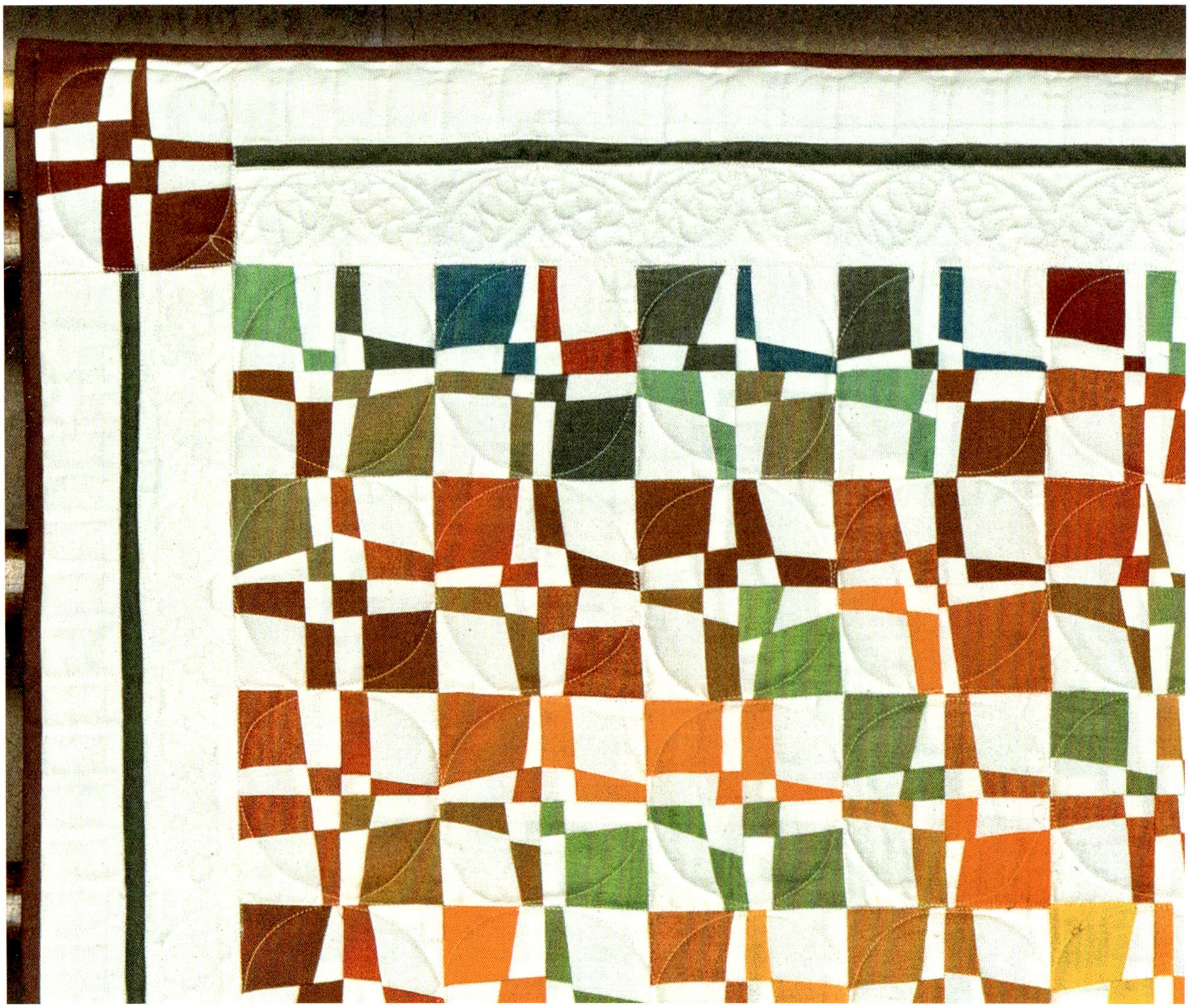

Randbordüre (Lektion 16)

- Innerer Rand: Nessel, Schneidebreite 5,5 cm
- Mittelstreifen: graugrün, Schneidebreite 2,5 cm
- Äußerer Rand: Nessel, Schneidebreite 5,5 cm
- Ecksteine: doppelte Viererblöcke, siehe oben

Setzen Sie die Streifen an den Längskanten aneinander und fügen Sie sie, zusammen mit den Ecksteinen, an das Mittelteil.

Quilten (Lektionen 17 und 18)

Montieren Sie Rückseite, Volumenvlies und Oberseite aufeinander. Quilten Sie in den Nähten zwischen den Doppel-Viererblöcken und arbeiten Sie einen formatfüllenden Kreis auf jeden Viererblock. Quilten Sie den inneren nesselweißen Rand mit gefüllten Orangenschalen und den äußeren Rand mit „Klaviertasten".

Einfassung (Lektion 19)

Fassen Sie den Quilt mit einem dunkelbraunen Schrägstreifen ein.

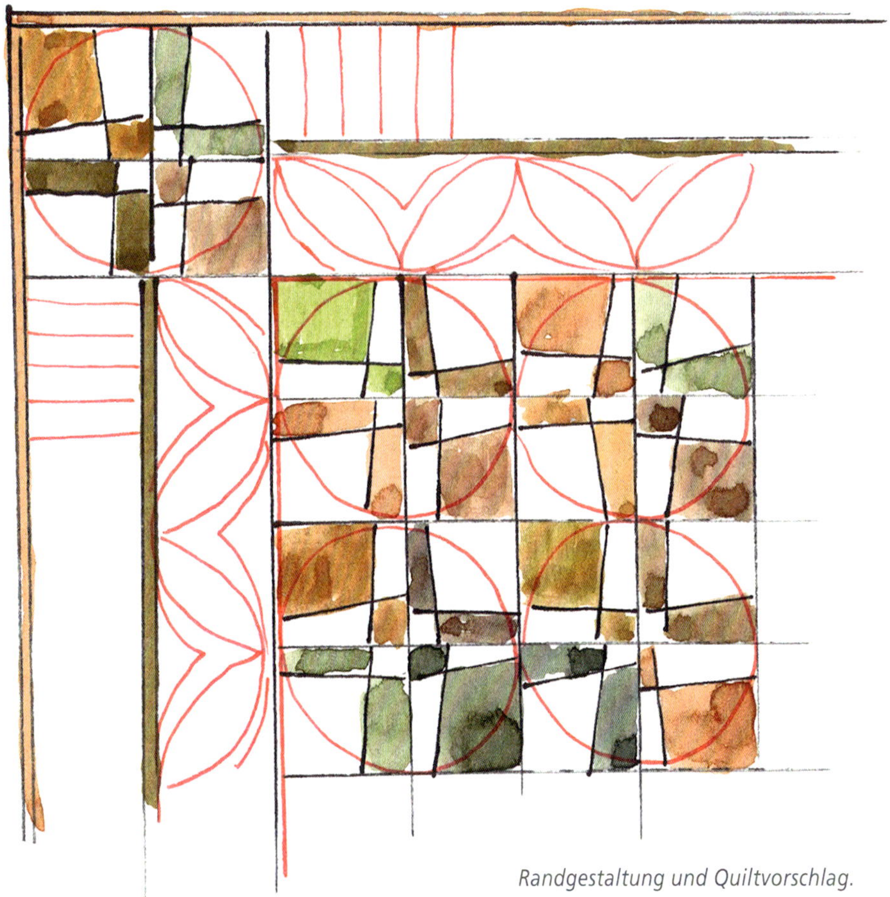

Randgestaltung und Quiltvorschlag.

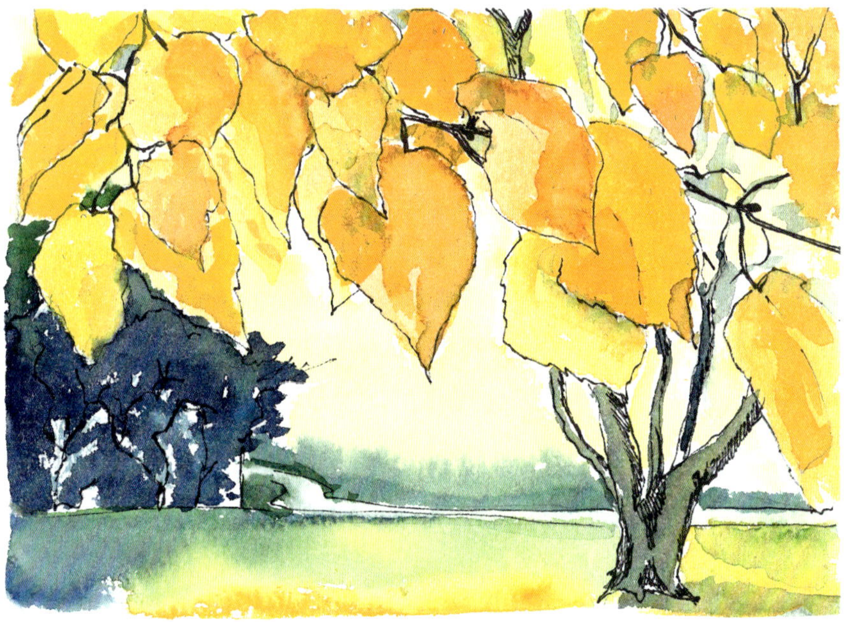

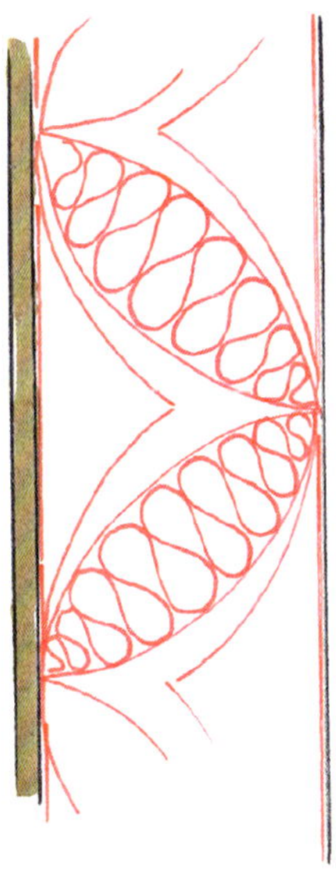

Quiltvorschlag für den Rand (Detail) für Longarm-Quilten.

WÜSTENHIMMEL

200 X 152 CM

Die Farben Rot, Pink und Orange empfinden wir als orientalisch. Der Nachthimmel über der Wüste ist besonders sternenreich. In diesem Quilt sind beide miteinander verbunden – die Farben und die Sterne.

MATERIAL

Stoffe

- je 0,50 m von fünf verschiedenen Rottönen, uni, Pink bis Dunkelrot für den Hintergrund (rote Randbordüre 2, siehe unten)
- je 0,25 m von fünf verschiedenen Gelbtönen, Zitrone bis Ocker, für die Sterne und die Ecksteine im Quilt (gelbe Randbordüre 1, siehe unten)
- 0,70 m auffallend gestreifter Stoff (hier grün-dunkelblau) für die Umrisse der Sterne
- 0,20 m Gelb für Rand 1 innen
- 1,00 m dunkles Rot für Rand 2 außen

Sonstiges

- Quadratlineal (z. B. 20 x 20 cm)
- 200 x 170 cm Rückseitenstoff
- 200 x 170 cm Volumenvlies
- hellrotes Quiltgarn
- 720 cm dunkelroter Schrägstreifen für die Einfassung

ARBEITSANLEITUNG

Zuschneiden (Lektion 1)

Schneiden Sie die roten Unistoffe zu Quadraten von 6 x 6 cm. Pro Block benötigen Sie sechs davon. Schneiden Sie die gelben Unistoffe ebenfalls zu Quadraten von 6 x 6 cm, pro Stern benötigen Sie drei davon. Den gestreiften Stoff schneiden Sie zu Streifen von 2,5 cm Breite. Verwenden Sie pro Block dasselbe Rot und dasselbe Gelb.

86 Sternenblöcke (Lektion 5)

Einheit A

Arbeiten Sie aus zwei roten und zwei gelben 6 x 6 cm großen Quadraten sowie einem gestreiften Streifen vier Einheiten A, wie in Lektion 5 beschrieben.

Einheit B

Nähen Sie jeweils an eine Kante von 4 roten Quadraten einen gestreiften Streifen. Bügeln Sie die Nahtzugabe zum roten Stoff hin. Sie brauchen diese Einheit noch nicht quadratisch zu schneiden.

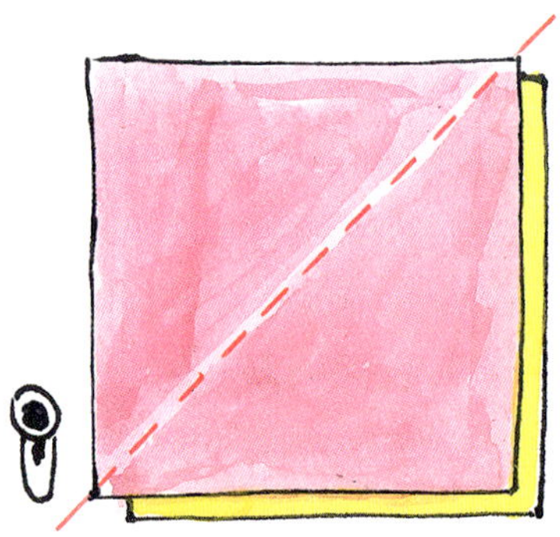

Ein rotes und ein gelbes Quadrat (6 x 6 cm) aufeinanderlegen, beide mit der rechten Seite nach oben weisend. Beide Lagen diagonal teilen.

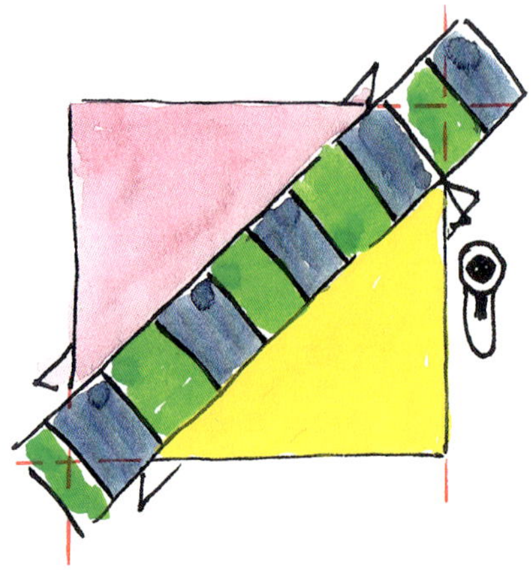

Farben tauschen, zwischen die Dreiecke einen 2,5 cm breiten gestreiften Streifen nähen. Diesen oben und unten ca. 1 cm überstehen lassen. Ecken nachschneiden.

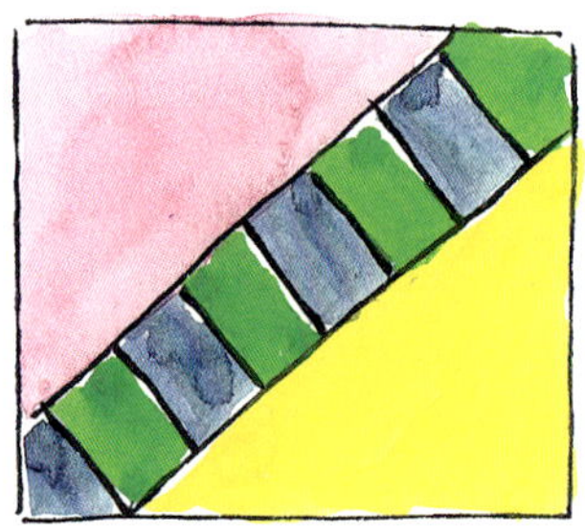

Einheit A (4 pro Block).

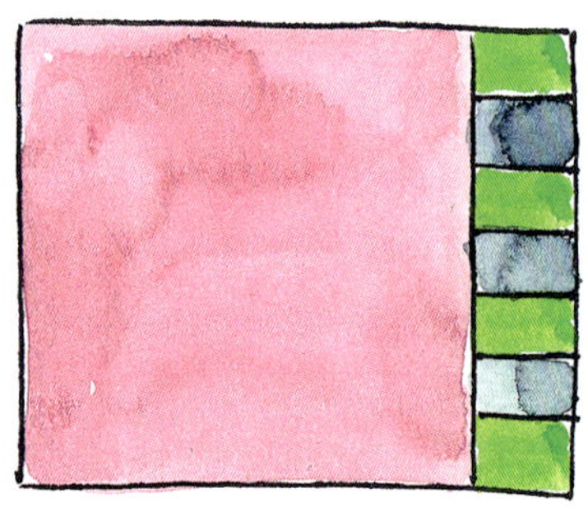

Einheit B: Gestreiften Streifen (2,5 cm breit) an eine Kante eines roten Quadrats (6 x 6 cm) nähen (4 pro Block).

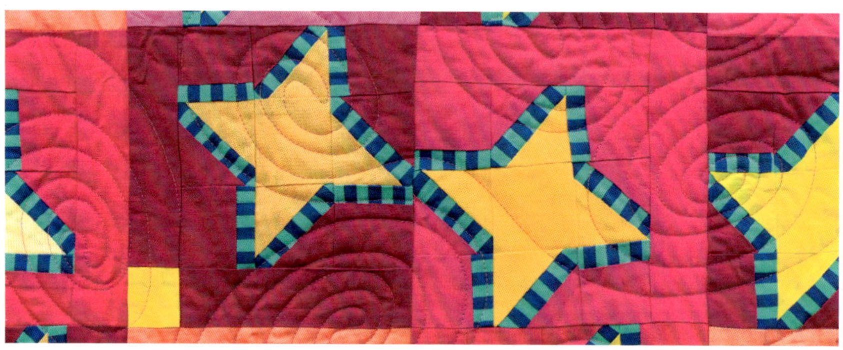

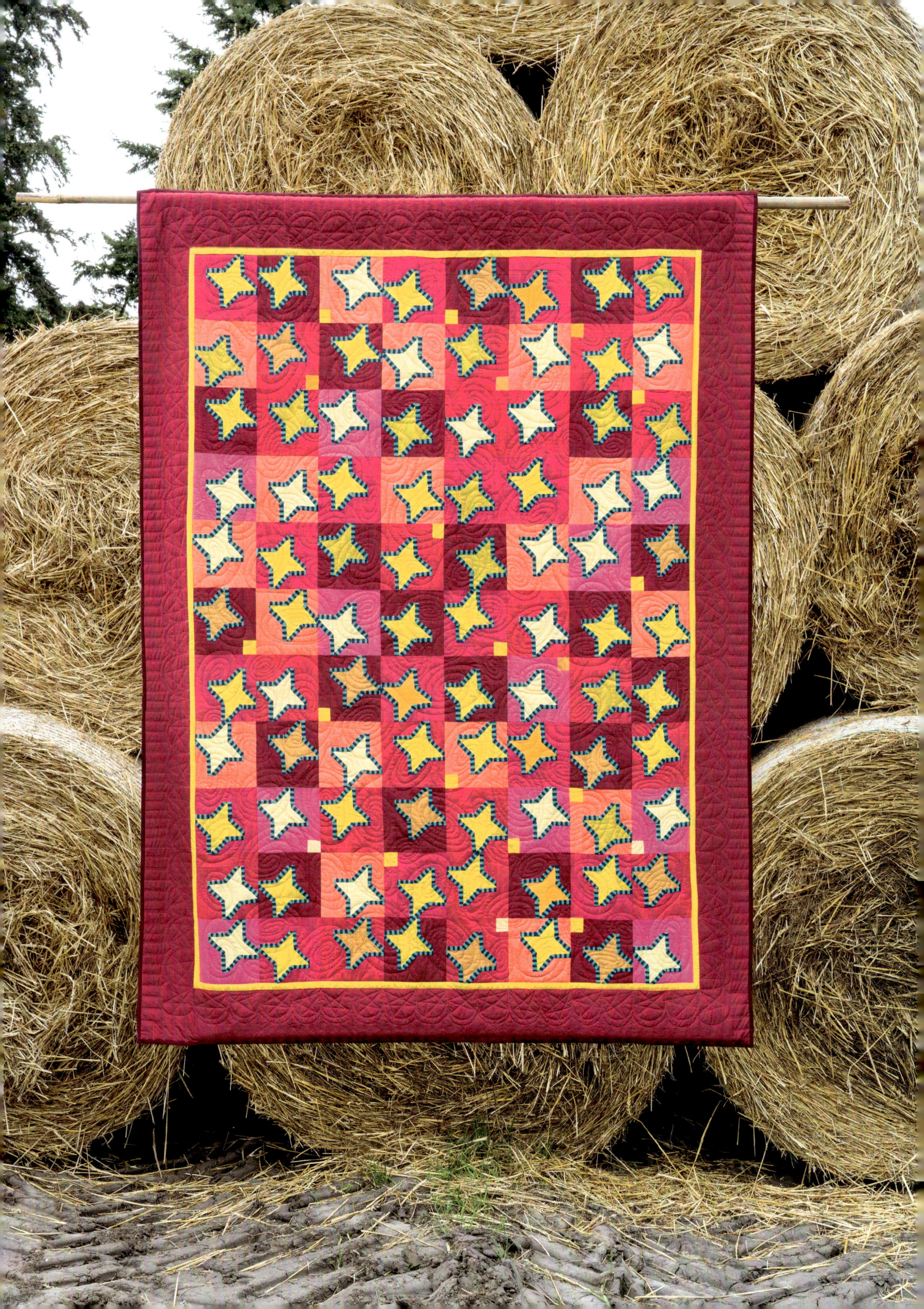

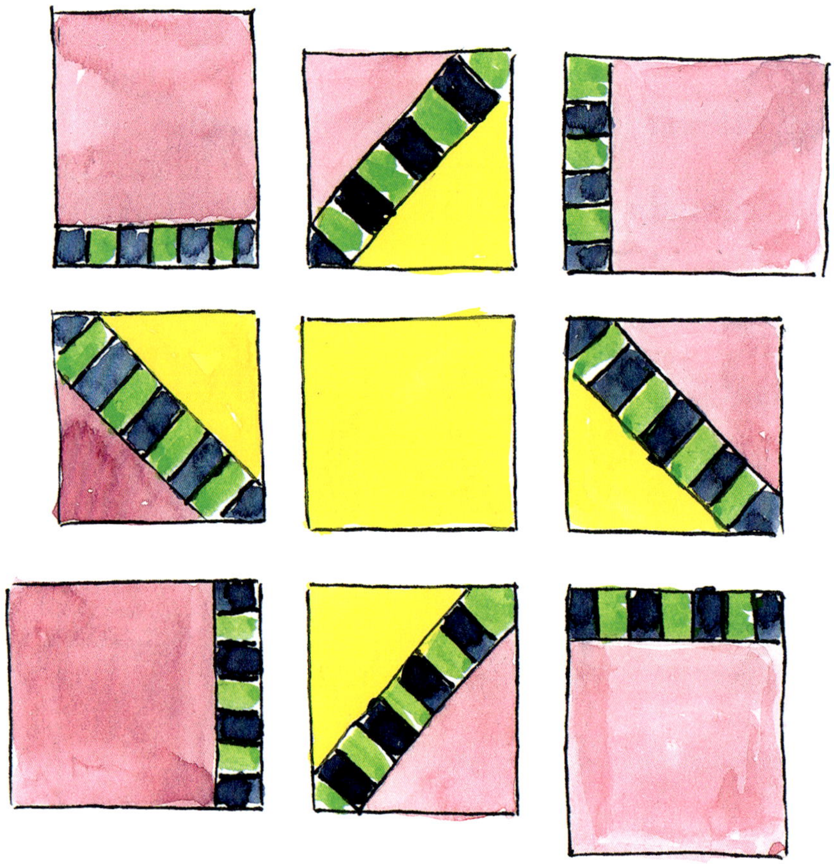

Nähplan Stern: Stern wie abgebildet zusammensetzen. Danach quadratisch zuschneiden. Die über den Rand hinausragenden Enden der Blöcke B werden dadurch gekürzt.

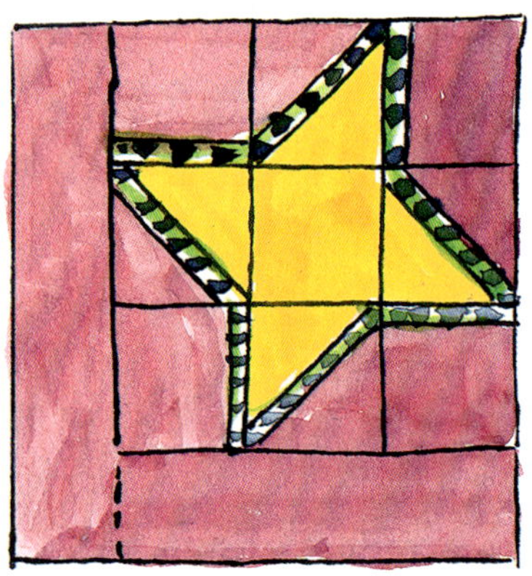

Zwei Streifen (5 cm breit) an zwei angrenzende Kanten des Sterns nähen.

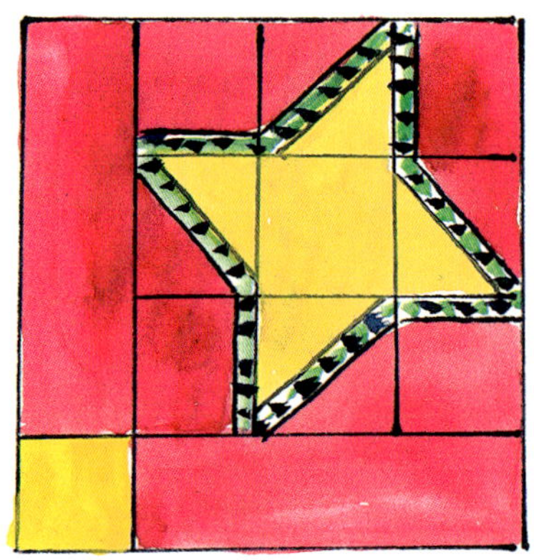

Einige Sterne mit gelbem Eckstein nähen.

Stern zusammensetzen

Legen Sie nun den Sternenblock in der richtigen Anordnung auf die Schneidematte. Ein gelbes Quadrat bildet die Mitte, die beiden zweifarbigen Quadrate (Einheiten A) liegen oben, unten, rechts und links der Mitte, der gelbe Stoff weist zum Mittelquadrat und die Diagonalen verlaufen rundum im Uhrzeigersinn. In die vier Ecken legen Sie die vier Einheiten B, so dass der angenähte Streifen zum Gelb der danebenliegenden Einheit weist. Nähen Sie die Teile zusammen und achten Sie darauf, dass die überstehenden Kanten der Einheiten B an der Außenkante des Blocks liegt.

Nähen Sie 86 solcher Sterne in wechselnden Hintergrund- und Sternenfarben. Schneiden Sie alle Blöcke auf ein gemeinsames Maß zu, hier sind es 14 x 14 cm.

Blöcke erweitern

Um die Sterne später unregelmäßig anordnen zu können, nähen Sie nun an zwei angrenzende Seiten der Blöcke je einen 5 cm breiten Streifen. Verwenden Sie das gleiche Rot wie für den Sternenblock. Setzen Sie an einige der Blöcke einen zusätzlichen gelben Eckstein. Dieser hat die Schneidegröße von 5 x 5 cm. Wir haben 20 Blöcke mit Eckstein versehen. Bügeln Sie die Blöcke und prüfen Sie das Maß. Hier beträgt die Blockgröße 17 x 17 cm.

Nähplan

Legen Sie die Sterne zu 11 Querreihen von je 8 Blöcken. Drehen Sie die Blöcke nach Belieben und verteilen Sie die gelben Ecksteine auf der Fläche.

Zusammensetzen (Lektion 15)

Nähen Sie die Fläche zusammen, wie in Lektion 15 beschrieben.

Randbordüren (Lektion 16)

- Rand 1: uni Gelb, 3 cm Schneidebreite, gerade Ecken
- Rand 2: uni Dunkelrot, 15 cm Schneidebreite, gerade Ecken

Quilten (Lektionen 17 und 18)
Montieren Sie Rückseite, Volumenvlies und Oberseite aufeinander. Quilten Sie mit hellrotem Garn „Spiralnebel" in Form von länglichen Endlos-Spiralen über die Sternenfläche und einen Rand aus Bogen und Sternen auf den äußeren Rand. Nähen Sie an beiden Kanten des gelben inneren Randes entlang.

Einfassung (Lektion 19)
Fassen Sie den Quilt mit einem dunkelroten Schrägstreifen ein.

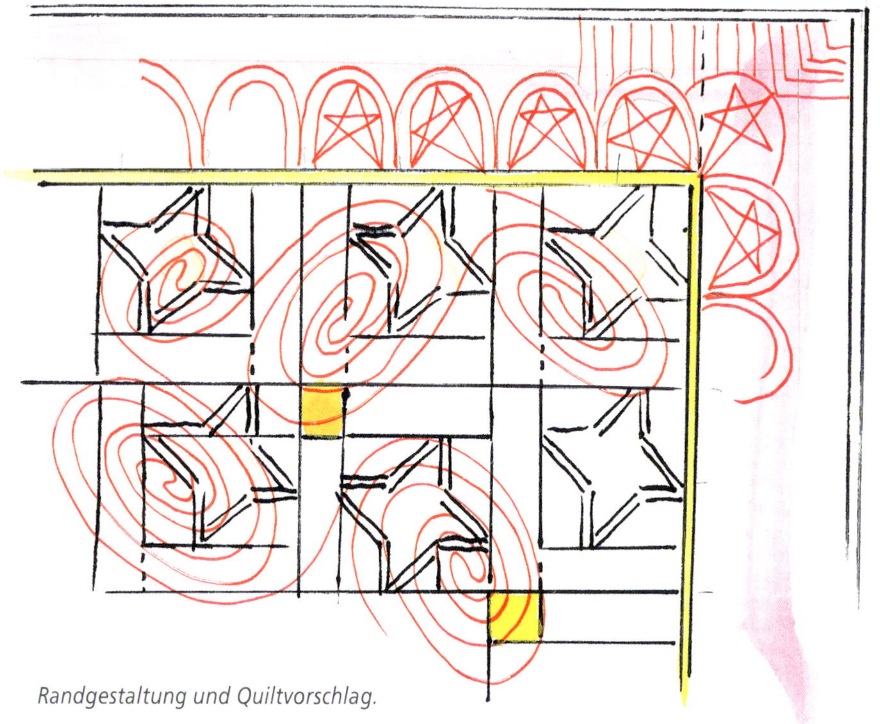

Randgestaltung und Quiltvorschlag.

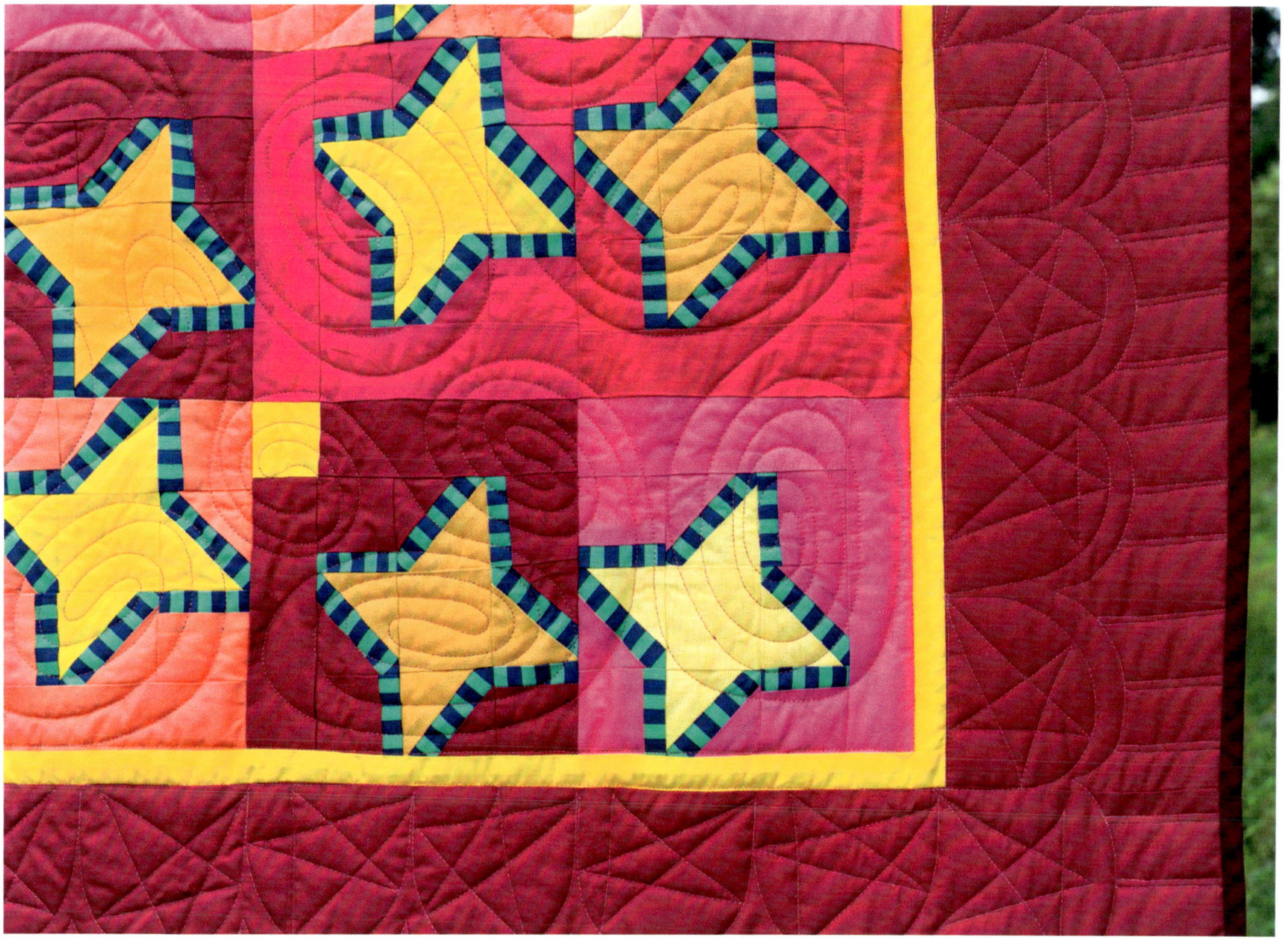

KLEINE ROBOTER

40 X 60 CM

Werden Sie zur technischen Erfinderin! Erschaffen Sie kleine menschliche Maschinen und benutzen Sie dazu Ihre schwarz-weiß gemusterten Stoffe. Die Knilche sind zwar Science Fiction, aber man kann sie sich gut in unserem Alltag vorstellen.

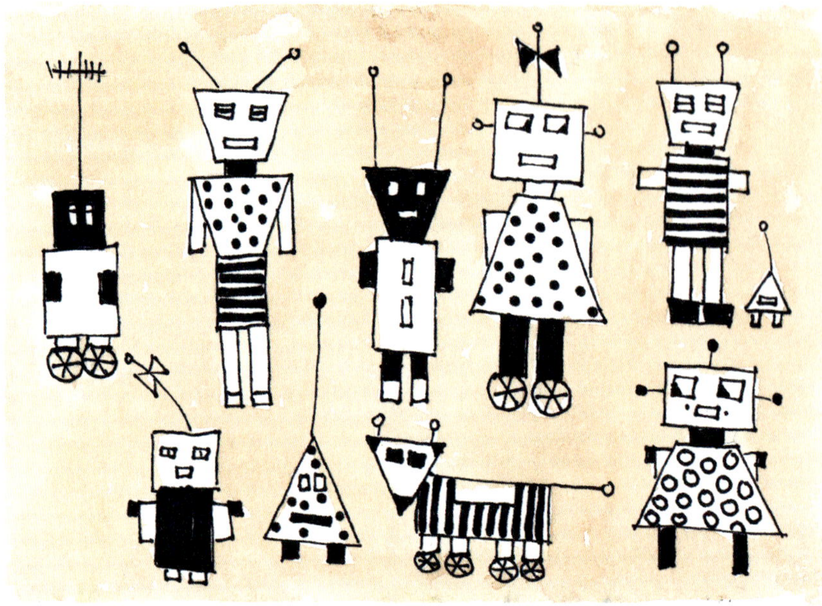

MATERIAL

Stoffe

- 1,00 m Orange, uni, für den Hintergrund
- viele Reste schwarz-weiß gemusterte Stoffe aller Art für die Roboter
- 0,10 m schwarz-weiß gestreifter Stoff für die Bindebänder
- 0,10 m Schwarz, uni, für die Einfassung der Unterkanten

Sonstiges

- 65 x 90 cm Rückseitenstoff
- 65 x 90 cm Volumenvlies
- schwarzes und orangenes Quiltgarn
- längliches Kissen von ca. 40 x 60 cm

ARBEITSANLEITUNG

Roboter nähen (Lektion 1)

Lassen Sie sich von Ihren schwarz-weißen Stoffen inspirieren und folgen Sie Ihrer eigenen Fantasie. Hier sind die Nähpläne für vier Figuren. Angegeben ist jeweils die Schneidebreite. Füllen Sie die Flächen seitlich der schwarz-weißen Formen mit orangefarbenem Stoff. Wenn sich bei Ihrer Arbeit andere Maße und Formen ergeben, so folgen Sie diesen.

Nähpläne

Dunkler Roboter (Abbildung A)
Fertige Höhe: 24 cm
Fertige Breite: 15,5 cm

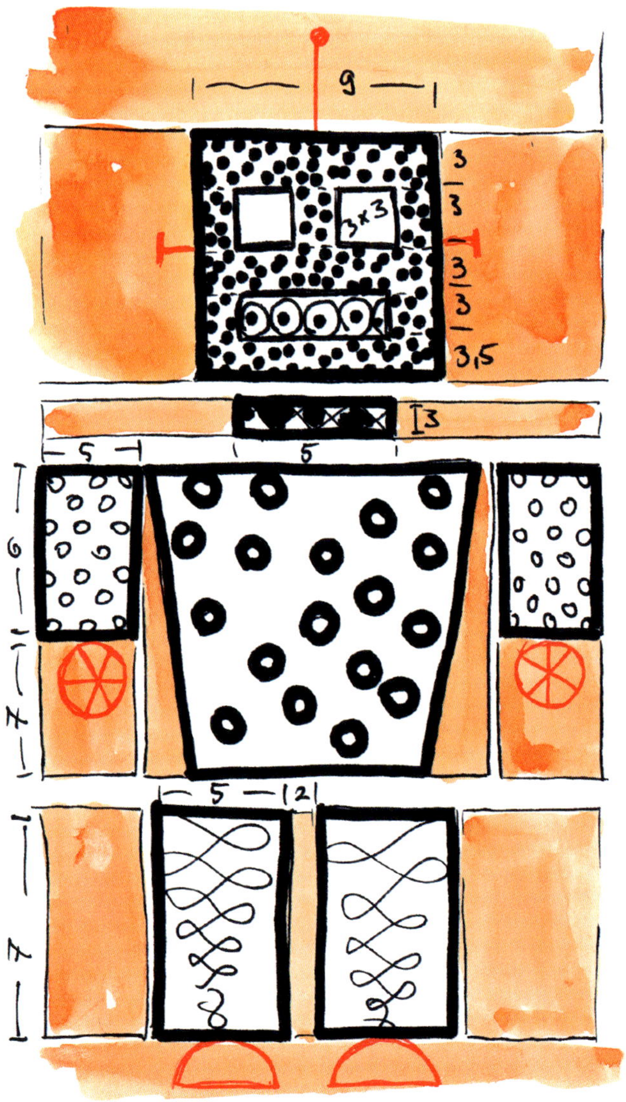

Nähplan für Roboter A. Nach oben und unten mit Orange verlängern. Die roten Linien sind der Quiltvorschlag.

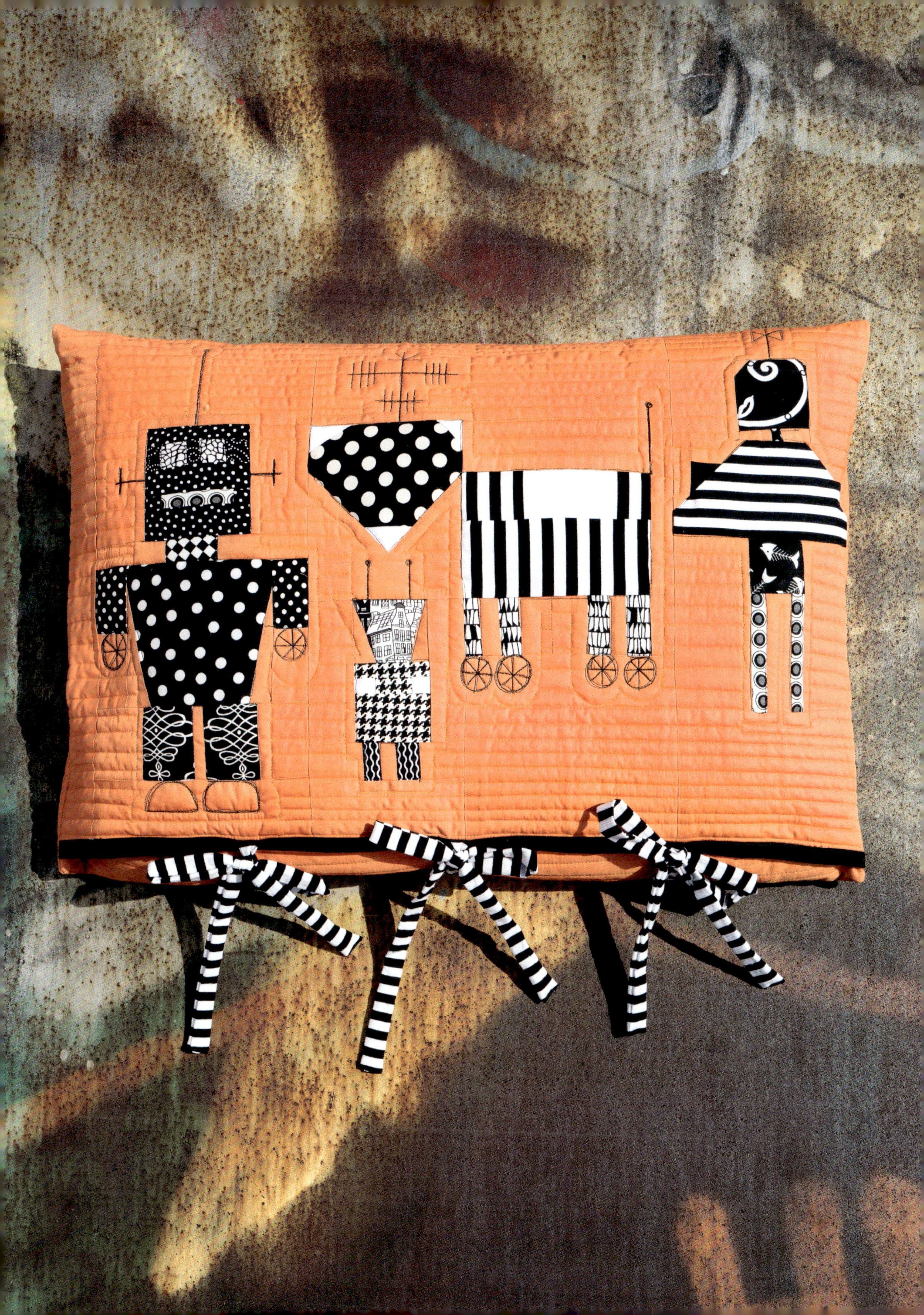

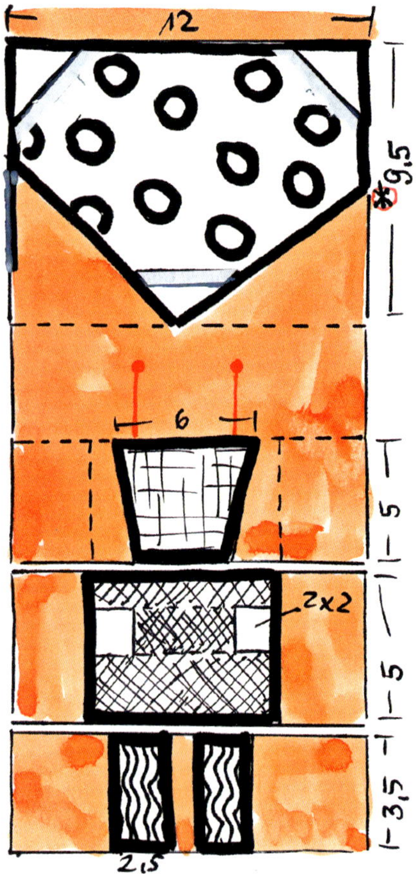

Nähplan für B. Nach oben und unten mit Orange verlängern.

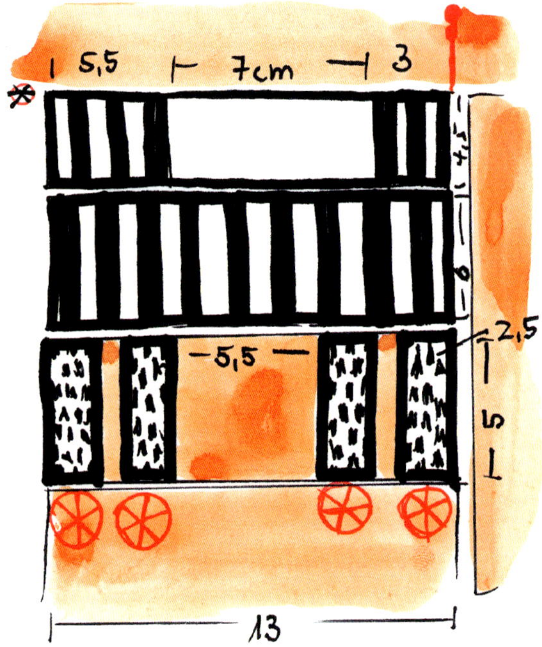

*Nähplan für Roboter-Tier C. Einheit C2 (Körper) nach oben und nach unten mit Orange verlängern. Am Punkt * an Teil C1 / B anfügen. Einen Streifen Orange an die rechte Seite der Einheit CB nähen.*

Kleiner Robi (Abbildung B)
Fertige Höhe: 12 cm
Fertige Breite: 10 cm

Robo-Tier (Abbildung C1 und C2)
Fertige Höhe: 16 cm
Fertige Breite: 23 cm

Die Breite des Kopfes entspricht der Breite des kleinen Roboters. Setzen Sie diese beiden Teile zuerst untereinander, bevor Sie den Körper des Tieres anfügen.

Weiblicher Roboter (Abbildung D)
Fertige Höhe: 24 cm
Fertige Breite: 15 cm

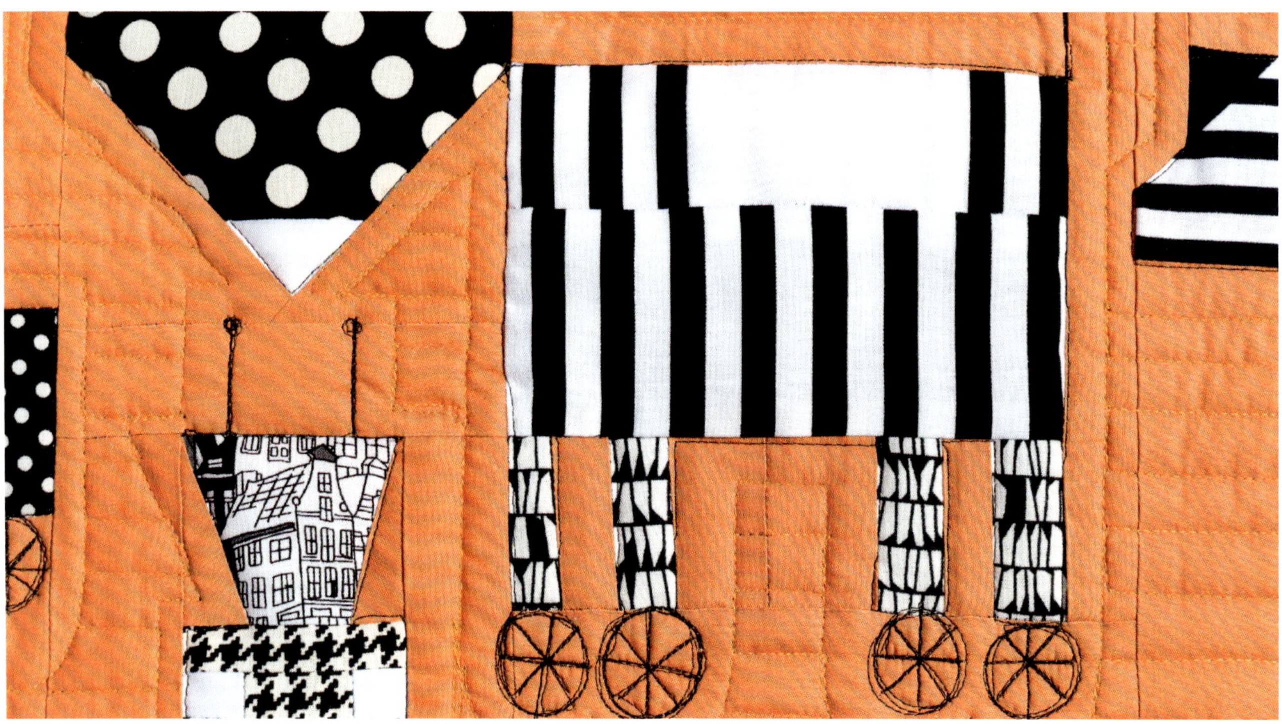

Ergänzen Sie die Kissenfläche durch Ansetzen orangefarbener Stoffe bis auf das Maß von ca. 65 cm Breite und ca. 90 cm Höhe.

Quilten

Montieren Sie Rückseite, Volumenvlies und Oberseite aufeinander. Quilten Sie mit schwarzem Garn verschiedene Antennen und Räder dazu. Dann quilten Sie mit orangefarbenem Garn einmal in etwa Nahtzugabenbreite um jede Figur und anschließend dichte Querstreifen über die gesamte Hintergrundfläche.

Bindebänder

Schneiden Sie sechs Streifen von 5 cm Breite und ca. 30 cm Länge aus gestreiftem Stoff zu, der Druckstreifen soll quer über die kurze Kante verlaufen. Falten Sie ihn der Länge nach rechts auf rechts. Schließen Sie eine kurze und die lange Kante und wenden Sie jedes Band zu einem Schlauch.

Kissen fertigstellen

Schneiden Sie den Quilt auf 64 x 90 cm zu. Verteilen Sie drei der Bindebänder an der unteren Vorderkante des Quilts. Hier liegen sie je 15 cm rechts und links des mittleren Bandes. Befestigen Sie sie mit der Naht, mit welcher Sie jetzt den schwarzen Einfassstreifen auf der Vorderseite festnähen. Falten Sie die offene Kante des Streifens ca. 1 cm weit nach innen und zur Rückseite des Quilts. Nähen Sie ihn auf der Rückseite fest. Versäubern Sie die zweite kurze Kante des Quilts ebenfalls mit dem schwarzen Streifen, aber ohne Bindebänder.

Falten Sie das Kissen, so dass die Bildseite innen liegt und die Rückseite ca. 10 cm darüber reicht. Schließen Sie die Seitenkanten und versäubern Sie sie mit Zickzackstich. Wenden Sie das Kissen auf rechts.

Kennzeichnen Sie die Lage der drei anderen Bindebänder und steppen Sie sie an diesen Stellen fest. Schieben Sie das Kissen hinein und schließen Sie die Hülle mit Schleifen.

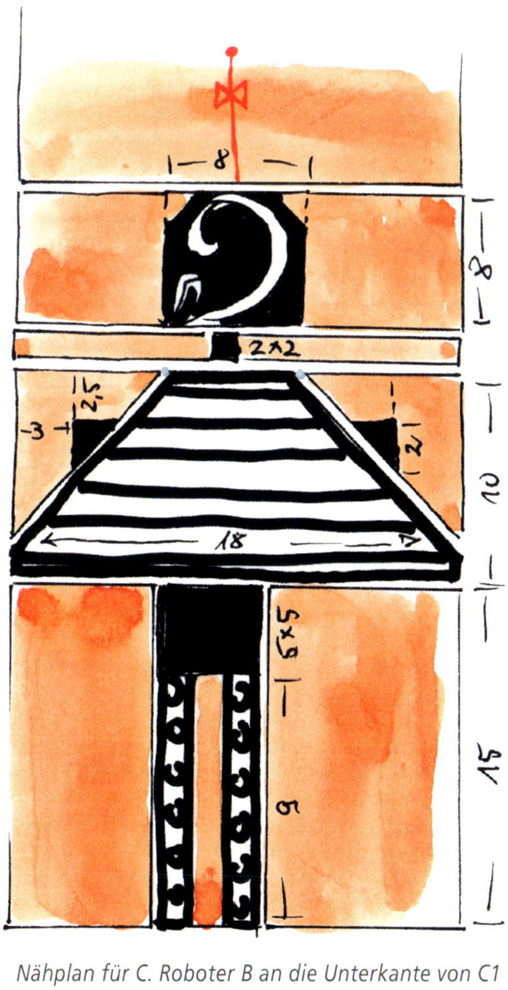

Nähplan für C. Roboter B an die Unterkante von C1 (Kopf) nähen.

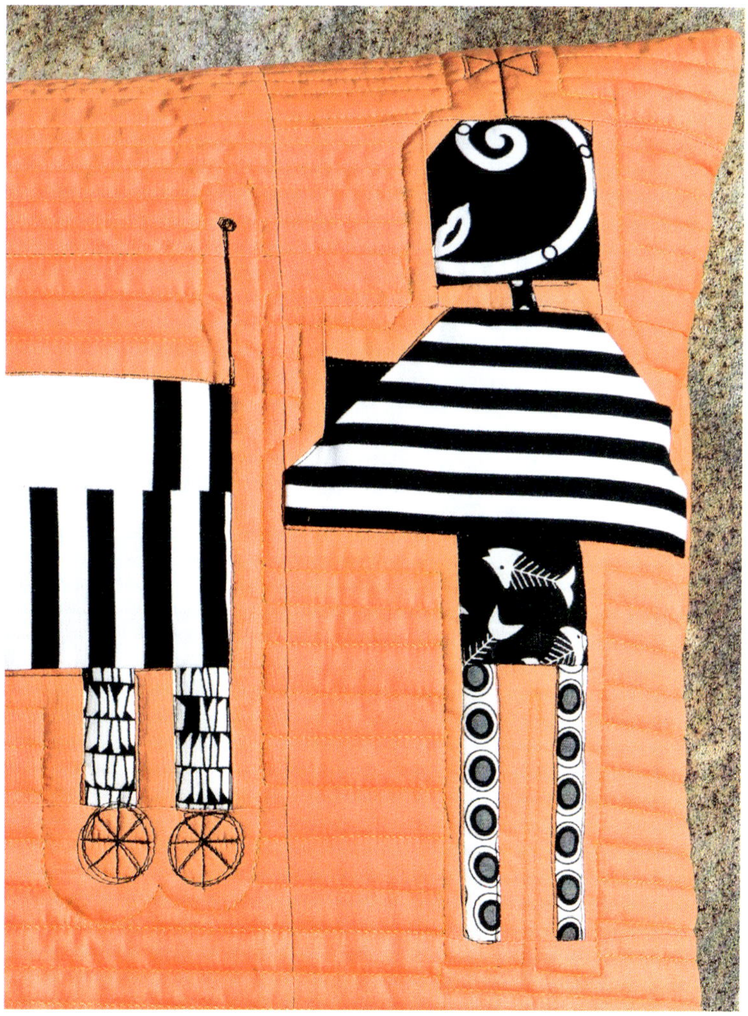

STERNBILDER

227 X 180 CM

Die Herausforderung bei einem Sternbilder-Quilt ist, dass die einzelnen Sterne an einer ganz bestimmten Stelle sitzen müssen. Dies gelingt am besten mit Hilfe einer originalgroßen Vorlage, die Sie auf einen großen Bogen Papier im Maßstab von z. B. 1:10 zeichnen. Auch müssen Sie möglichst kleine Sterne nähen.

MATERIAL

Stoffe

- 2,00 m Nachtblau mit kleinen goldenen Sternchen für den Himmel
- 0,15 m Gelb oder Reste verschiedener Gelbtöne für die Sterne

Sonstiges

- Ausdruck eines Sternbildes aus dem Internet (z. B. 12 x 8 cm groß)
- 2 Bögen kariertes Flip-Chart-Papier
- Lineal, Bleistift
- 140 x 90 cm Rückseitenstoff
- 140 x 90 cm Volumenvlies
- dunkelblaues und gelbes Quiltgarn
- 400 cm dunkelblauer Schrägstreifen für die Einfassung

ARBEITSANLEITUNG

Vorlage herstellen

Drucken Sie das gewünschte Sternbild, das Sie mit Sicherheit im Internet finden werden, auf Papier aus. Zeichnen Sie ein 1-cm-Raster längs und quer über das Bild. Kennzeichnen Sie die senkrechte y-Achse mit Ziffern (hier 1–12) und die waagerechte x-Achse mit Buchstaben (hier A–G). Geben Sie nach Bedarf außen noch einige Zentimeter hinzu, damit die Sterne nicht zu dicht an den Rand zu liegen kommen.

Kleben Sie zwei Bögen kariertes Flip-Chart-Papier an ihren Längskanten aneinander, so dass die Karos genau aufeinandertreffen. Ziehen Sie jede vierte Linie (Abstände 10 cm) mit Bleistift nach. Maßstab 1:10 bedeutet: Jedes 1-cm-Rasterkaro des Ausdrucks entspricht einem 10 cm Karo (vier Kästchen) auf dem großen Bogen. Kennzeichnen Sie auch hier die y-Achse mit Ziffern und die x-Achse mit Buchstaben, entsprechend denen auf dem Ausdruck.

Übertragen Sie die zu den Sternbildern gehörenden Sterne auf den großen Bogen. Orientieren Sie sich an den bezeichneten Rasterlinien. Markieren Sie kleine, mittelgroße und große Sterne mit entsprechenden kleinen, mittleren und großen Punkten. Verbinden Sie zur Orientierung die Sterne mit den Linien, die das Sternbild kennzeichnen.

21 kleine Sterne (Lektion 4)
Nähen Sie vier gelb/blaue Halbquadrat-Dreiecke aus je zwei Quadraten von 4 x 4 cm in Gelb und in Blau, wie in Lektion 4 beschrieben.Diese Einheit misst nun ca. 3 x 3 cm.

Legen Sie die vier Zacken, vier blaue und ein gelbes Quadrat von 3 x 3 cm zum Stern, wie abgebildet. Nähen Sie sie zum Block und bügeln Sie. Der Stern hat jetzt eine Kantenlänge von ca. 6 cm. Nähen Sie 21 kleine Sterne.

Variation: Arbeiten Sie zwei Sterne mit blauem Mittelquadrat. Sie können die Strahlen der Sterne auch in die andere Richtung weisen lassen. Das bringt die Sterne zum Funkeln.

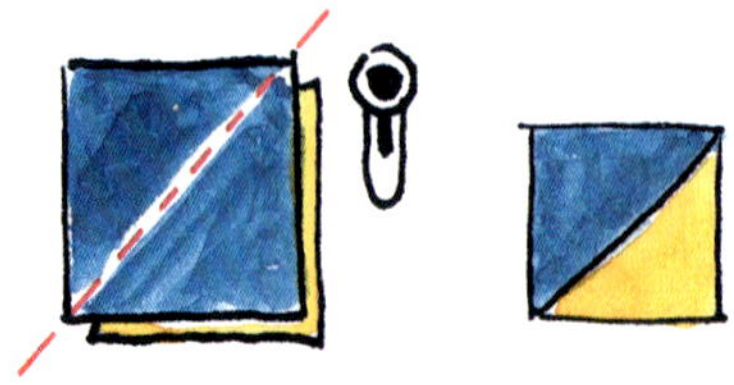

Für die kleinen Sterne: vier blau-gelbe Halbquadrat-Dreieck nähen.

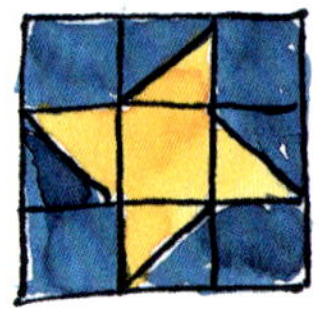

Kleinen Stern mit vier blauen und einem gelben Quadrat (3 x 3 cm) zum Block legen und nähen.

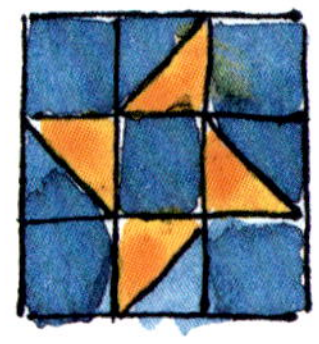

Kleiner Stern mit blauer Mitte.

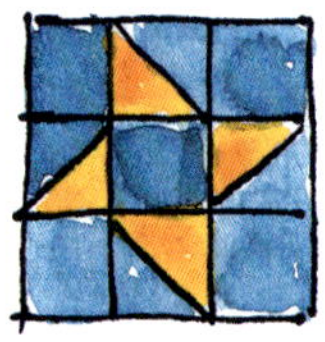

Kleiner Stern, die Zacken weisen in die andere Richtung.

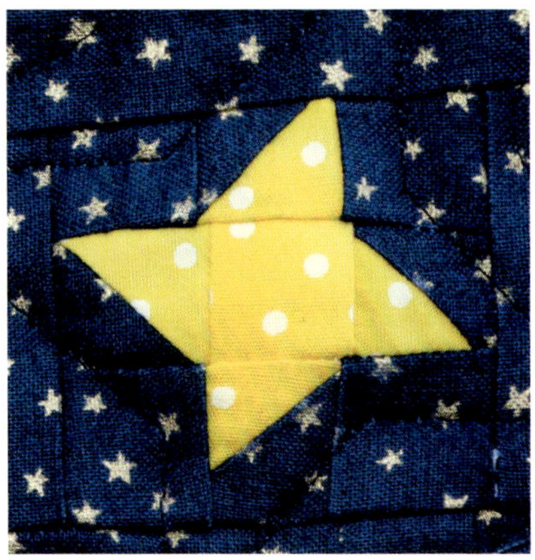

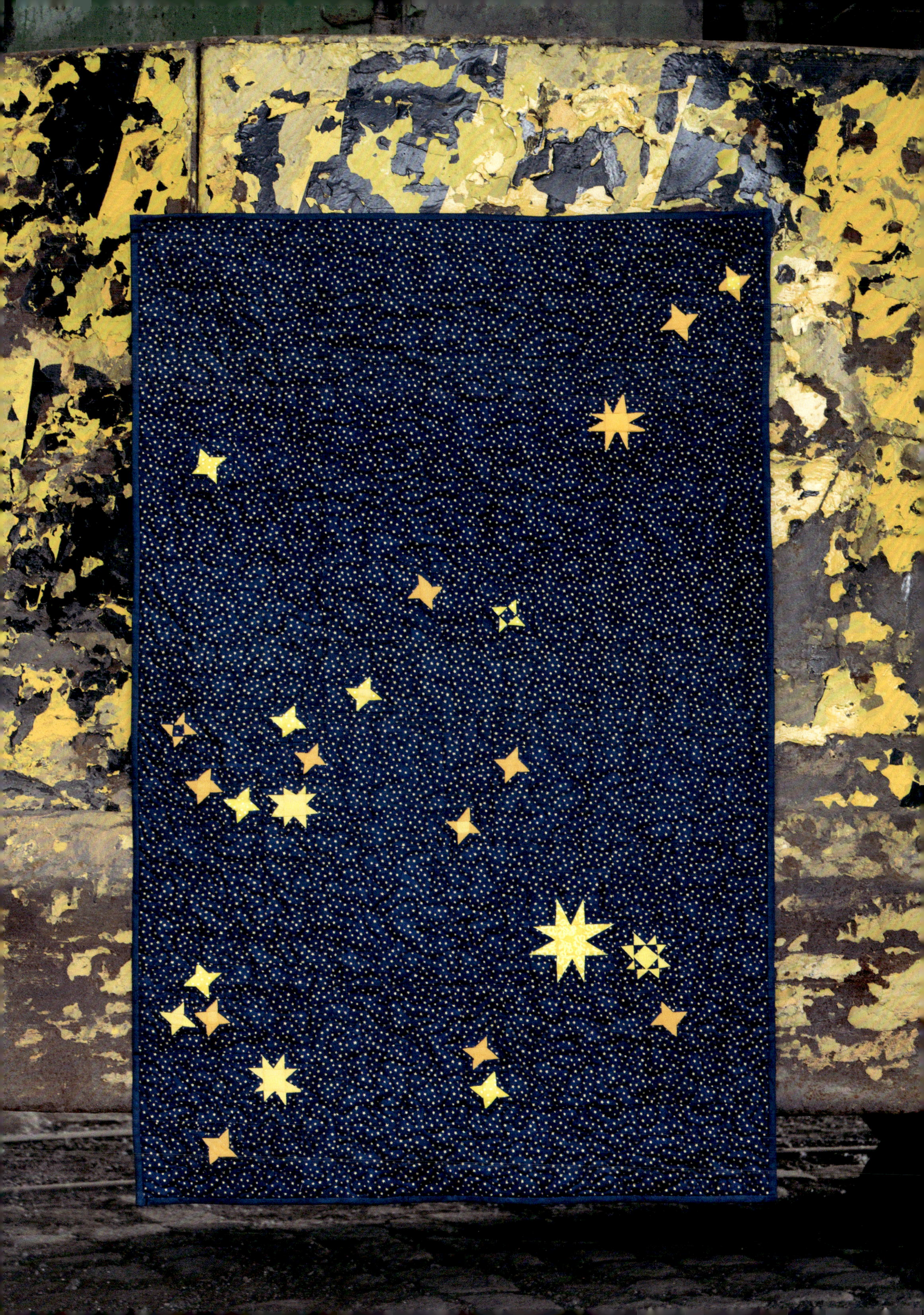

4 mittelgroße Sterne

Mittelgroße Sterne sind z. B. Gemma (im Sternbild Krone) und Alkaid (im Sternbild Großer Wagen). Diese Sterne sind 8 x 8 cm oder auch 9 x 9 cm groß.

Nähen Sie acht gelb/blaue Halbquadrat-Dreiecke aus je vier gelben und vier blauen Quadraten von 3 x 3 cm, wie in Lektion 5 beschrieben, und nähen Sie Halbquadrat-Dreiecke, wie für die kleinen Sterne. Nähen Sie zwei der Zacken wie abgebildet nebeneinander. Die entstandene lange Kante gibt das Maß für das Mittelquadrat. Schneiden Sie das Mittelquadrat in diesem Maß zu (hier 4 x 4 cm). Für die Ecken benötigen Sie vier 3 x 3 cm große blaue Quadrate. Legen Sie alle Teile zum Stern und nähen Sie den Block.

Variationen mittelgroße Sterne

Stern C der „Krone" und Stern B der „Schlange": Gelbe Zacken, gelbes Mittelquadrat.
Stern D des „Bootes": Ein 3 cm großes gelbes Quadrat, auf Spitze gestellt und vergrößert mit vier angenähten blauen Dreiecken (3 x 3 cm, diagonal geteilt). Daran an jede Seite je 2 gelbe Zacken.
Stern C des „großen Wagens": Zacken länglich (wie unten beim großen Stern beschrieben) an je ein blaues, 4 x 4 cm großes Quadrat. Gelb: Rechtecke von 4 x 3 cm, diagonal durchteilt. Mittelquadrat gelb, 4 x 4 cm, vier Eckquadrate blau, 4 x 4 cm.

1 großer Stern

Der Hauptstern im Sternbild des „Bootes" ist Arktur, hier Stern E. Schneiden Sie vier gelbe Rechtecke von 5 x 4 cm zu und teilen Sie jedes einmal diagonal. Führen Sie die Schnitte zweimal von links unten

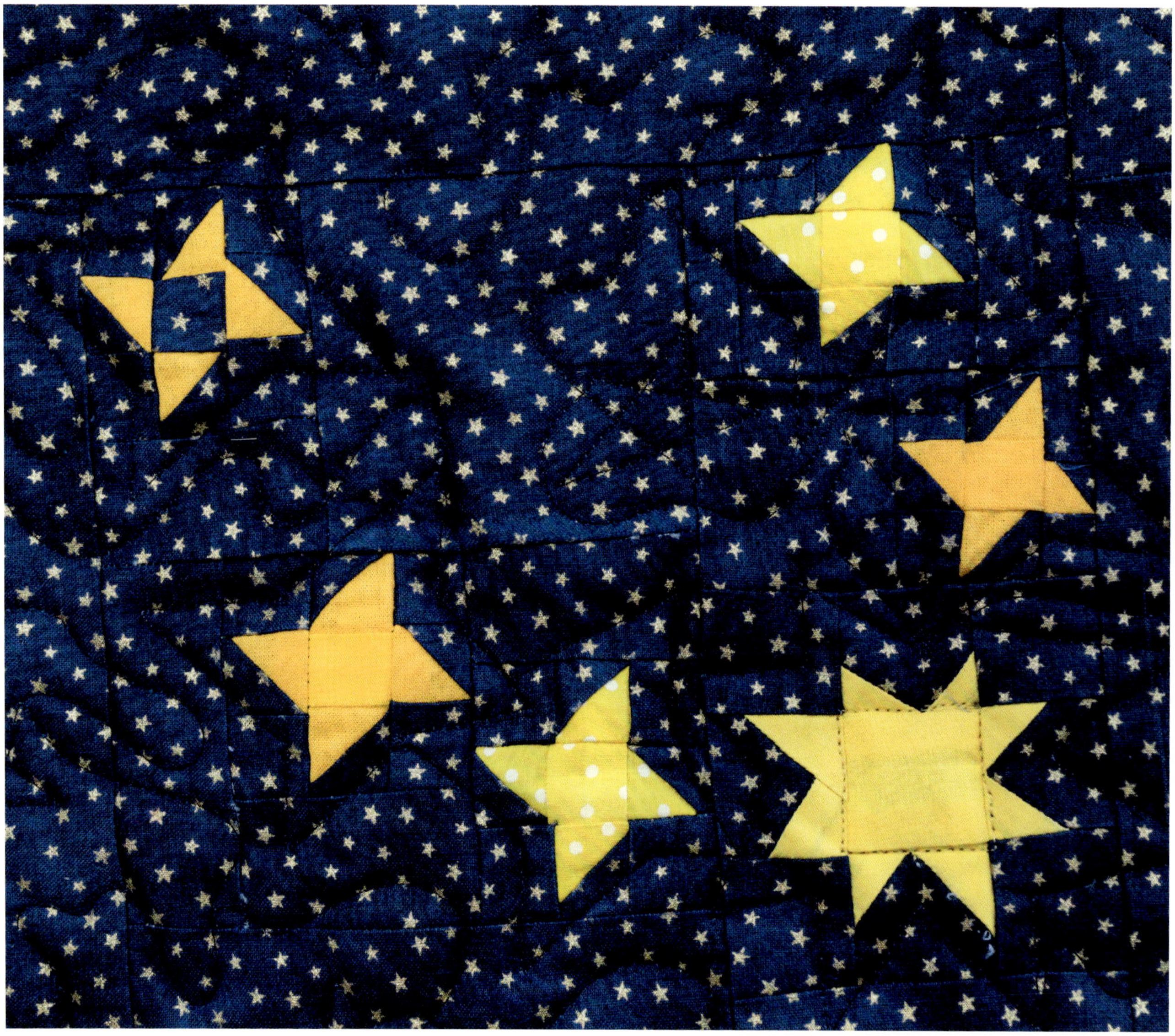

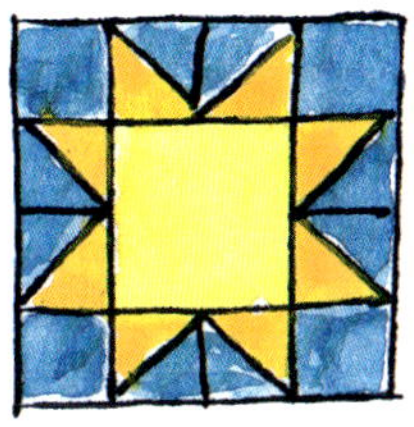

Für die mittleren Sterne: Acht Halbquadrat-Dreiecke aus blauen und gelben Quadraten von 3 x 3 cm. Zwei davon nebeneinander genäht (2 Zacken) ergeben das Maß für das Mittelquadrat (4 x 4 cm). Die blauen Quadrate in der Ecke sind so groß wie die fertigen Halbquadrat-Dreiecke. Block zurechtlegen, nähen und bügeln.

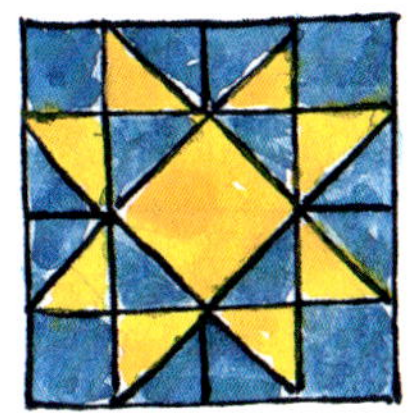

Variante mittlerer Stern: gelbes Mittelquadrat (3 x 3 cm), daran vier blaue Dreiecke (zwei blaue Quadrate von 3 x 3 cm diagonal geteilt). Sternenzacken wie beschrieben.

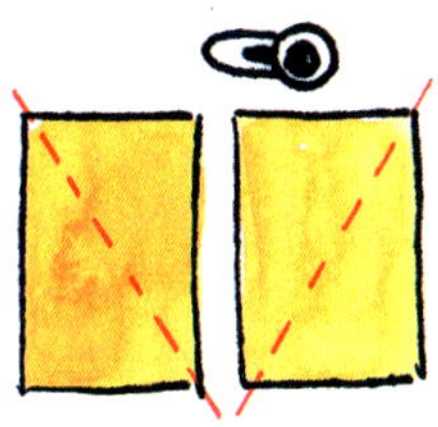

Großer Stern: vier gelbe Rechtecke (5 x 4 cm) diagonal teilen, einmal nach rechts, einmal nach links.

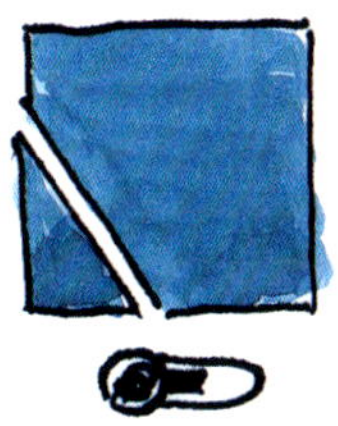

Vier Blaue Quadrate von 5 x 5 cm bereitlegen. Eine untere Ecke schräg abschneiden.

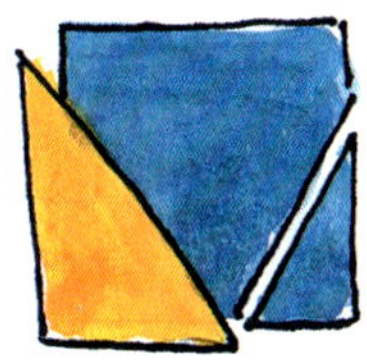

An die Ecke ein gelbes langes Dreieck nähen. Auffalten. Andere Ecke schräg abschneiden.

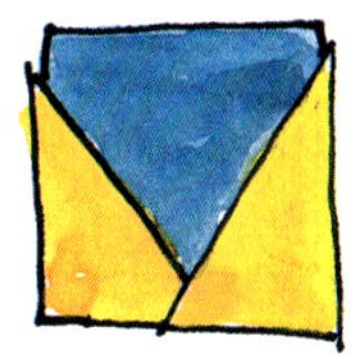

Zweites gelbes Dreieck annähen, auffalten, bügeln. Block quadratisch zuschneiden (5 x 5 cm). Vier solcher Blöcke nähen.

nach rechts oben und zweimal von rechts unten nach links oben. So erhalten sie jeweils eine rechte und eine linke Zacke pro Einheit. Bereiten Sie vier Quadrate von 5 x 5 cm in Blau vor. Schneiden Sie eine untere Ecke schräg ab und fügen Sie ein gelbes längliches Dreieck an. Falten Sie das Dreieck nach außen. Machen Sie dasselbe mit der angrenzenden unteren Ecke. Bügeln Sie die gelben Zacken nach außen und schneiden Sie die Einheit auf 5 x 5 cm Größe zu. Sie benötigen vier solcher Einheiten. Schneiden Sie ein gelbes Mittelquadrat (5 x 5 cm) und vier blaue Eckquadrate (5 x 5 cm) zu und legen Sie sie zum Stern. Nähen Sie den Block fertig. Er hat eine Seitenlänge von 12 x 12 cm.

Zusammensetzen

Stecken Sie die fertigen Sterne auf die originalgroße Vorlage. Stechen Sie die Nadelspitze durch das Zentrum des Sterns und in die Mitte des eingezeichneten Positionspunktes.

Arbeiten Sie in Teilabschnitten und füllen Sie die Lücken zwischen den Sternen mit blauem Sternenstoff auf. Berücksichtigen Sie die Nahtzugaben. Zielen Sie auf lange durchgehende Nählinien hin. Zum bequemen Arbeiten schneiden Sie vorab Streifen von 3 cm (für kleine Lücken), 6 cm (Seitenlänge der kleinen Sterne), 8 cm (etwa die Seitenlänge der mittleren Sterne) und 12 cm (Seitenlänge des großen Sterns) zu. Die hier angegebenen Maße können bei Ihrer Arbeit variieren. Es kann sich sogar eine andere Nähreihenfolge ergeben. Bleiben Sie flexibel und passen Sie die Maße und die Nähreihenfolge an Ihre persönliche Arbeit und Arbeitsweise an.

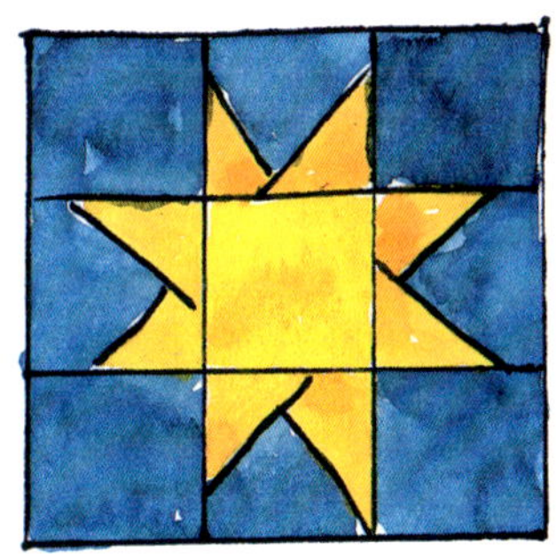

Die vier Zackenblöcke mit einem gelben und vier blauen ebenso großen Quadraten zum Stern legen, nähen, bügeln.

Bahn 1 links

Beginnen Sie mit dem linken Drittel des Quilts (hier 25 cm Breite). Es führt eine durchgehende Nählinie dicht an der rechten Kante der „Krone" entlang. Nähen Sie zuerst die Einheiten „Krone", „Schlange" und den einzelnen Stern oberhalb der Krone.

Sternbild „Krone", Mitte, links
Die Sterne A, B, D, E und F der „Krone" sind kleine (6 x 6 cm), Stern C (Hauptstern Gemma) ist mittelgroß (8 x 8 cm). Die Einheit „Krone" legt die Breite der linken Bahn des Quilts fest. Die „Krone" ist hier ca. 25 cm breit und ca. 28 cm hoch.

Sternbild „Schlange" (Kopf), links, unten
A, C, D und E sind kleine Sterne (6 x 6 cm), Stern B ist mittelgroß (8 x 8 cm). Der Abschnitt „Schlange" ist hier ca. 25 cm breit und ca. 28 cm hoch.

Einzelner Stern links oben
Teilen Sie zwei blaue Quadrate von 5 x 5 cm einmal diagonal, um vier Dreiecke zu erhalten. Nähen Sie an alle vier Seiten eines kleinen Sterns je ein Dreieck mit der langen Kante an. So steht der Stern auf Spitze. Fügen Sie rechts und links je einen 8 cm breiten Streifen an. Schneiden Sie, wenn nötig, die Ober- und Unterkante gerade. Richten Sie die Position des Sterns nach der Vorlage aus und schneiden Sie rechts und links die Streifen ab, so dass diese Einheit gleich breit wie „Krone" und „Schlange" ist. Hier sind es 25 cm.

Bahn 1 links zusammensetzen
Stecken Sie die „Schlange", die „Krone" und den einzelnen Stern so auf die Vorlage, dass die Sterne genau auf ihren Markierungen liegen. Alle drei Einheiten sind hier 25 cm breit. Messen Sie die Lücke zwischen den Einheiten aus und rechnen Sie vier Nahtzugabenbreiten zu diesem Maß hinzu, z. B. zwischen dem einzelnen Stern und der „Krone" 28 cm + 3 cm.

Fügen Sie die Einheiten zu Bahn 1 untereinander.

Sternbild „großer Wagen (= Bär)", nur die Deichsel, rechts, oben
Stern C (Alkaid) ist mittelgroß (8 x 8 cm), die Sterne B und A sind kleine (6 x 6 cm). Die Einheit ABC ist hier 27 cm breit, stecken Sie sie wieder auf die Vorlage.

Sternbild „Bootes", obere Hälfte
Die fünf Sterne (F bis K) der oberen Hälfte dieses Sternbildes sind kleine Sterne (6 x 6 cm).

Für Stern I teilen Sie zwei Quadrate von 5 x 5 cm Hintergrundstoff einmal diagonal. Stellen Sie Stern I auf die Spitze, indem Sie an alle vier Kanten je eines der Dreiecke anfügen.

Sternbild „Bootes", untere Hälfte
Stern E ist groß (12 x 12 cm), Stern D ist mittelgroß (9 x 9 cm), die Sterne A, B und E sind klein (6 x 6 cm).

Verbreitern Sie die gesamte obere „Bootes"-Einheit nach rechts. Nähen Sie oberen und unteren Teil direkt aneinander. Achten Sie stets auf die Position der Sterne.

Lücken füllen
Berechnen Sie den Stoff für eine Lücke, indem Sie von Stoffkante zu Stoffkante messen und vier Nahtzugabenbreiten dazu rechnen. Verwenden Sie als Maß für Höhe bzw. Breite die Maße der angrenzenden fertigen Einheiten. Füllen Sie die Flächen ab der Deichsel (großer Wagen) nach links zu Bahn 1 (hier 33 cm breit) und die Fläche zwischen der Deichsel und dem Sternbild „Bootes" (hier 15 cm hoch, nicht abgebildet).

Fügen Sie die großen Einheiten der rechten Seite untereinander und nähen Sie die linke Bahn mit „Krone" und „Schlange" an. Falls sich weitere Lücken ergeben, füllen Sie diese aus. Ergänzen Sie den Quilt an der Unterkante mit einem ca. 12 cm hohen Streifen.

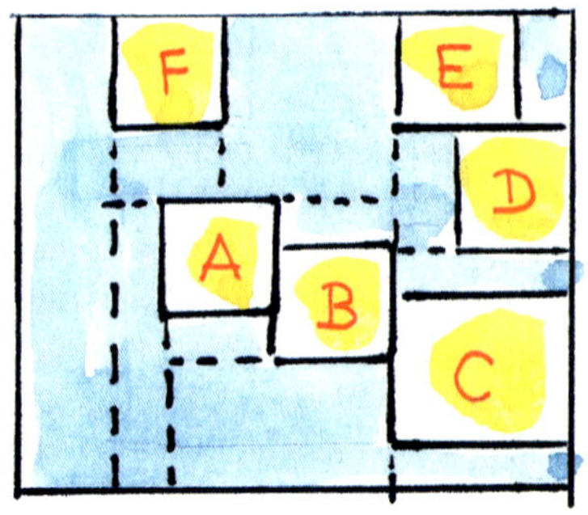

Nähplan: Sternbild „Krone".

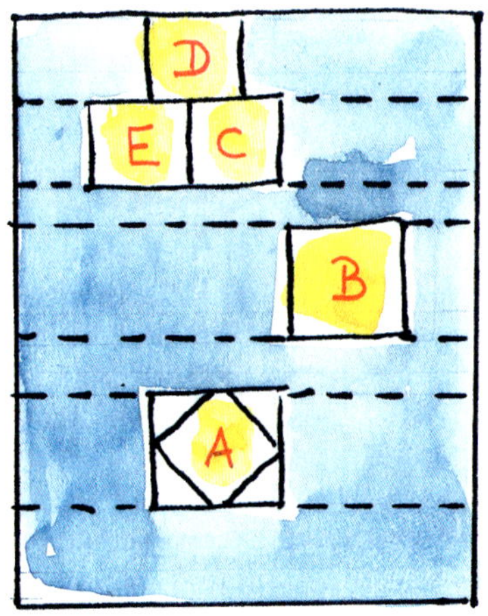

Nähplan: Kopf des Sternbildes „Schlange".

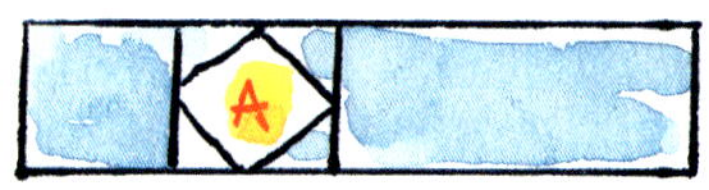

Nähplan: einzelner Stern.

Quilten (Lektionen 17 und 18)
Montieren Sie Rückseite, Volumenvlies und Oberseite aufeinander. Quilten Sie Mäanderlinien mit fünfzackigen Sternchen auf die Hintergrundfläche und in den mittelgroßen und den großen Stern mit gelbem Garn einmal um das Mittelquadrat.

Fertigstellen (Lektion 19)
Schneiden Sie die Außenkanten gerade und fassen Sie sie mit dunkelblauem Schrägstreifen ein, Nähen Sie ein Aufhängetunnel an die rückwärtige Oberkante.

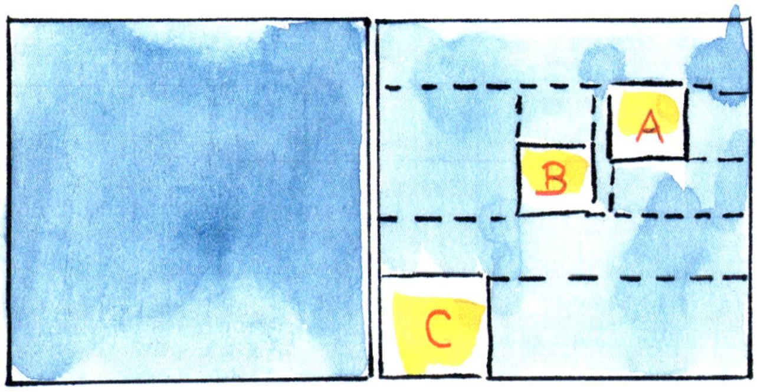

Nähplan: Deichsel vom „Großen Wagen".

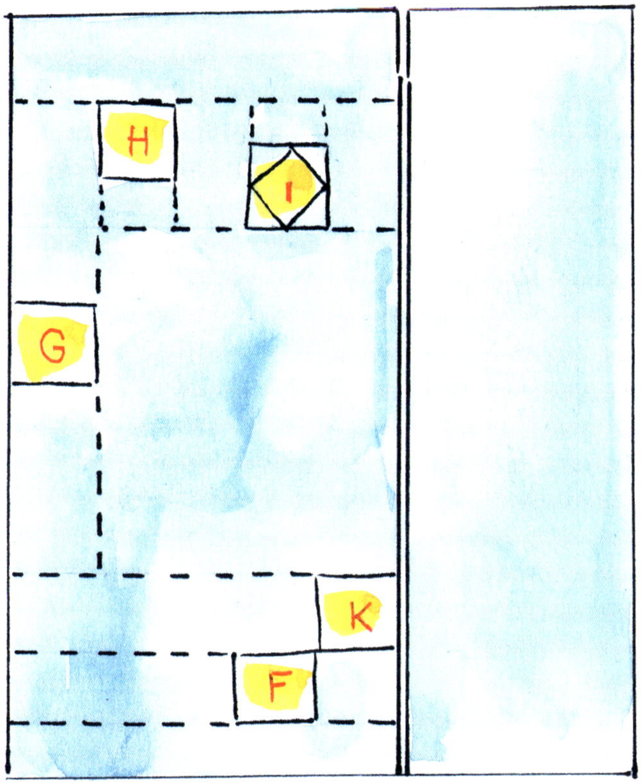

Nähplan: Sternbild „Bootes" oberer Teil.

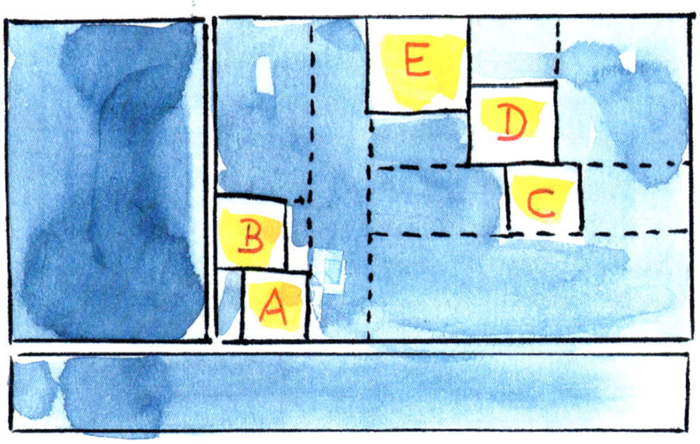

Nähplan: Sternbild „Bootes" unterer Teil.

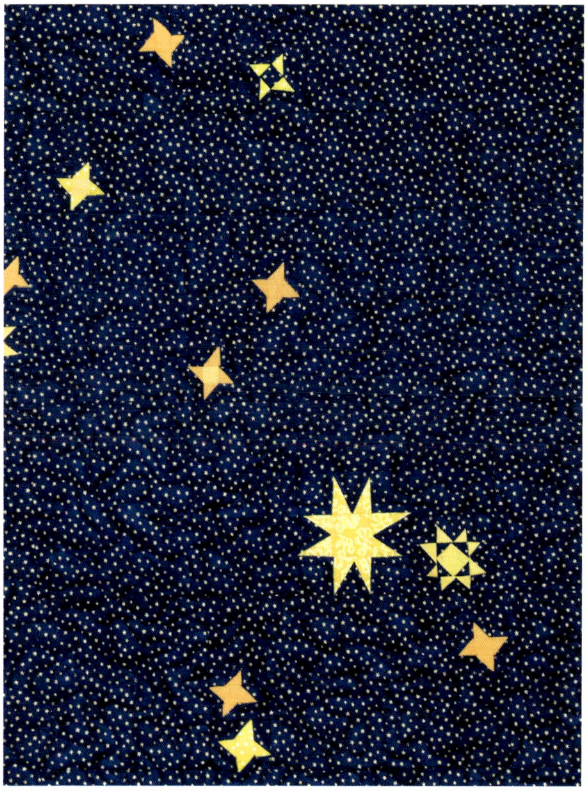

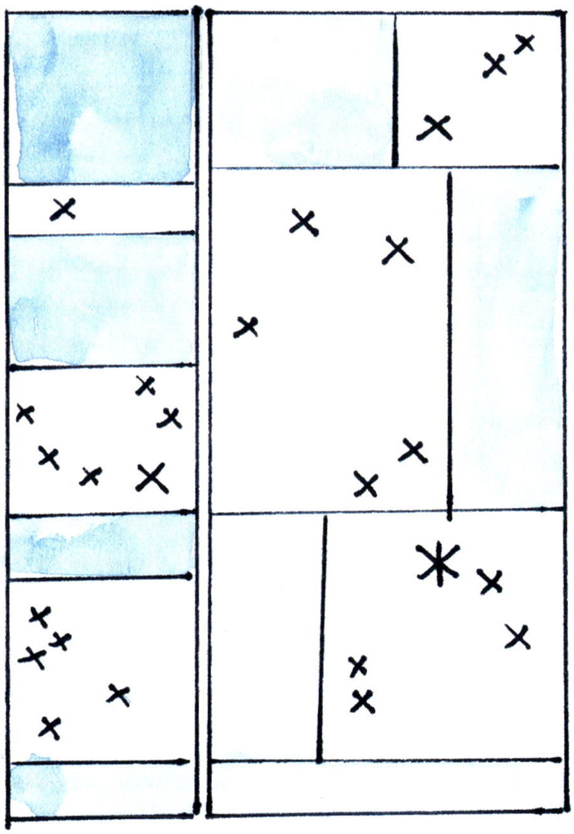

Nähplan des gesamten Quilts. Lücken mit Hintergrundstoff füllen, durchgehende Nähte suchen, Kanten nach Bedarf nachschneiden. Fertige linke Bahn an den fertigen rechten Teil anfügen.

VOLLMOND

88 X 69 CM

Ein paar Jeans-Reste hatte ich noch. Daraus entstanden die Blätter, die mit offenen Kanten appliziert sind. Diese Blätter werden erst nach dem Quilten in einem zweiten Arbeitsgang aufgenäht. Die Stoffe für die Mondscheibe haben eine schimmernde Oberfläche und wirken sehr geheimnisvoll.

MATERIAL

Stoffe

- 1 Blue-Jeans (Erwachsenengröße) oder ca. 0,30 m Jeansstoff
- 0,60 m Weiß mit glänzend gemusterter Oberfläche für das Mondlicht
- 0,15 m Dunkelblau für die Äste
- 0,15 m sehr dunkles Blau für Stamm und Erdboden
- 0,80 m Dunkelblau für den Nachthimmel (evtl. gleiches Blau wie für wie die Äste)

Sonstiges

- Zirkel und Papier oder Loch-Lineal und Bleistift/Kreidestift
- 100 x 80 cm Rückseitenstoff
- 100 x 80 cm Volumenvlies
- weißes und dunkelblaues Quiltgarn
- 330 cm dunkelblauer Schrägstreifen für die Einfassung

ARBEITSANLEITUNG

Baum nähen (Lektionen 1 und 9)
Nähen Sie vier Ast-Blöcke, wie in Lektion 9 beschrieben. Beginnen Sie mit ca. 20 x 20 cm großen Quadraten und 2 cm breiten Streifen für die Äste. Nähen Sie die Zweige und Äste ein und schneiden Sie die vier fertigen Blöcke auf exakt 17 x 17 cm zu.

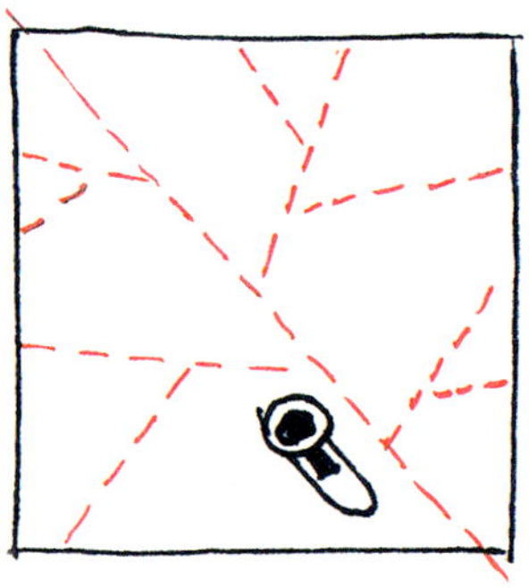

Quadrat von ca. 20 x 20 cm zuerst diagonal teilen, dann seitliche Verzweigungen schneiden.

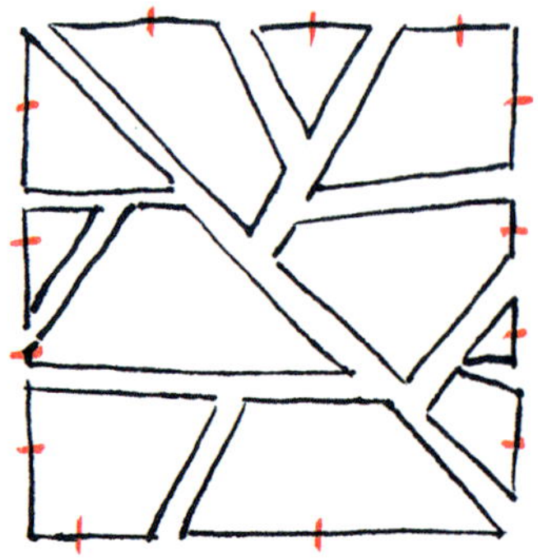

Teile etwas auseinanderrücken. Die Außenkante jedes Teils mit einer kleinen Markierung versehen.

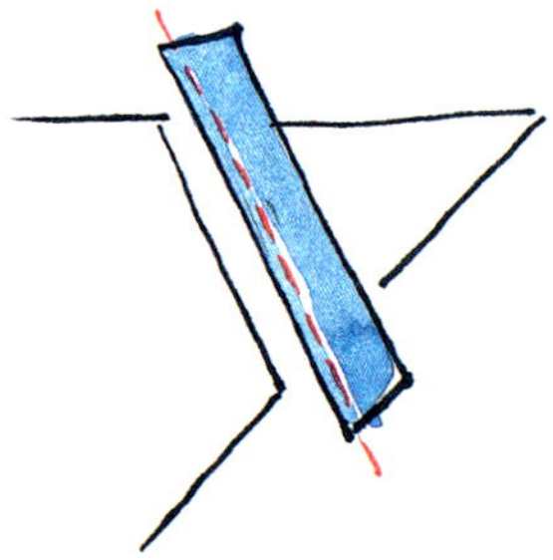

Ast etwas länger als die Lücke zuschneiden. An einer Kante annähen.

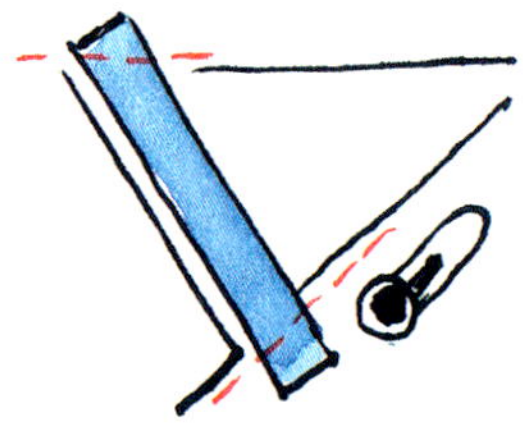

Aststreifen auffalten, bündig mit den Kanten des Hintergrundstoffes abschneiden. Dann die andere Kante annähen. Nahtzugaben weg vom Ast bügeln.

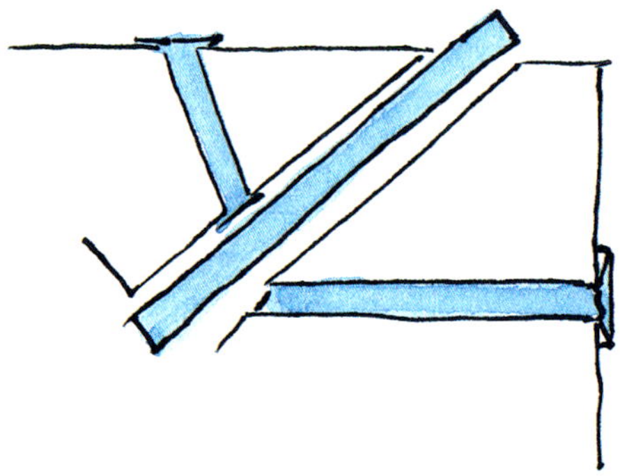

Zuerst die kurzen Äste einsetzen, dann die langen. Jede Hälfte fertigstellen. Dann die diagonalen Kanten der Mittellinie glatt schneiden. Anschließend den langen diagonalen Ast einsetzen.

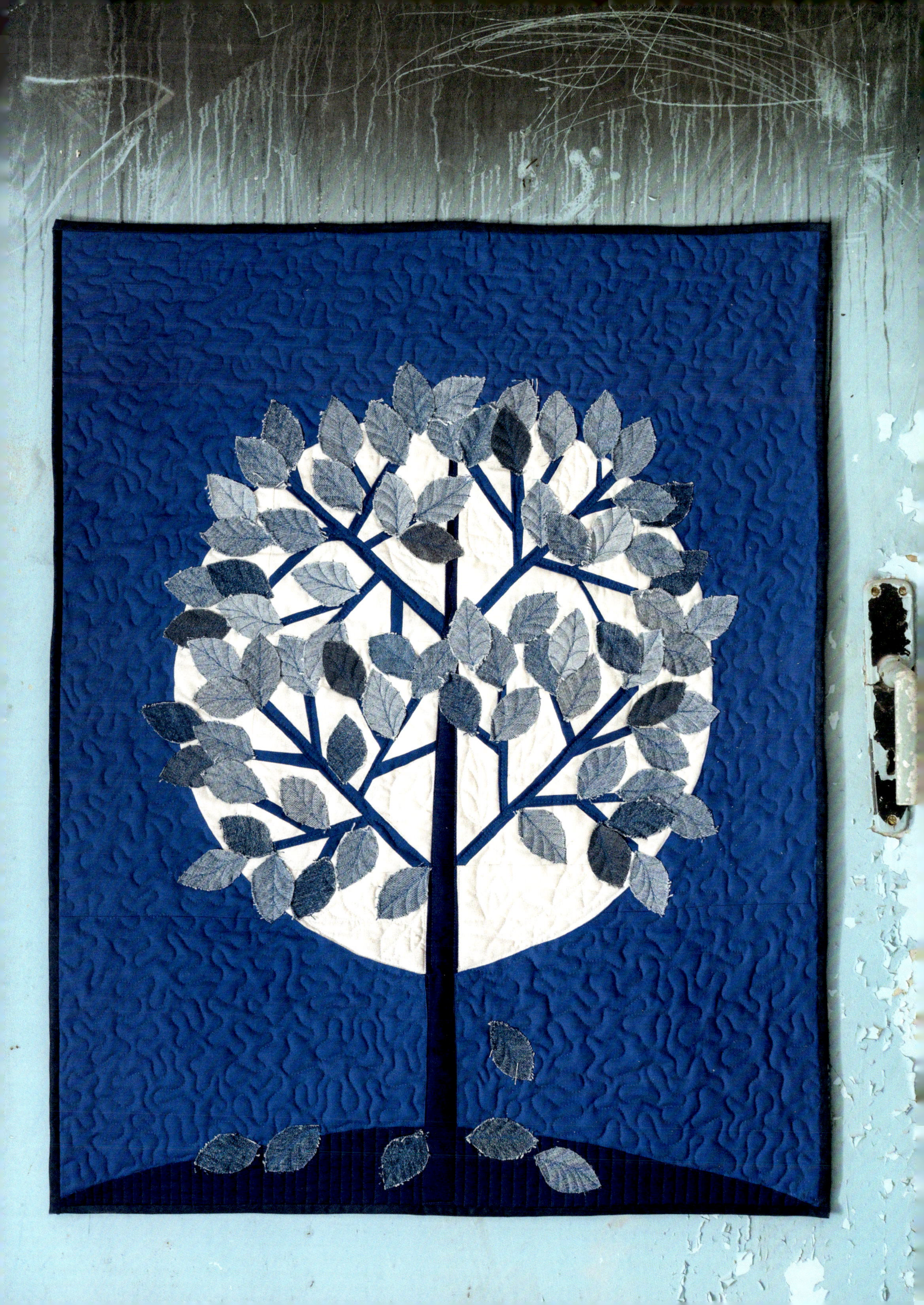

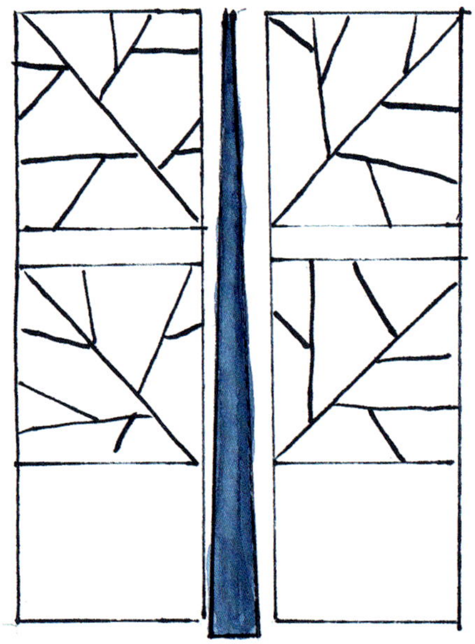

Vier Ast-Blöcke nähen und anordnen. Zwischen die oberen und unteren Blöcke einen ca. 6 cm breiten Streifen einsetzen, ebenso einen ca. 15 cm breiten Streifen an die beiden unteren Blöcke nähen. Stamm zuschneiden, unten ca. 5 cm breit, oben ca. 2 cm breit.

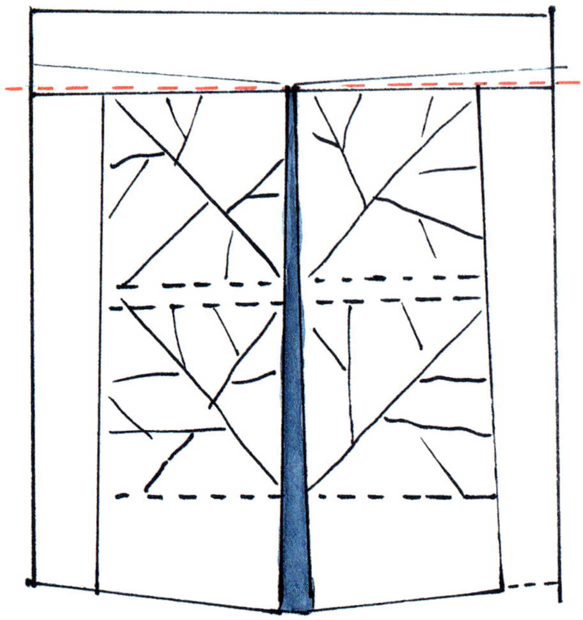

Stamm zwischen die beiden Baumhälften nähen, seitlich mit je einem 15 cm breiten Streifen verbreitern. Oberkante mit dem Lineal gerade schneiden, auch hier einen 15 cm breiten Streifen anfügen.

Nähplan

Ordnen Sie je zwei Ast-Blöcke wie abgebildet übereinander an. Nähen Sie zwischen jeden oberen und unteren Block einen weißen Streifen von 5–6 cm Höhe. Die Breite entspricht der Blockbreite. Fügen Sie an die Unterkante der unteren Blöcke je ein 15 cm hohes weißes Rechteck, wieder beträgt die Breite 17 cm (Blockbreite).

Schneiden Sie vom sehr dunkelblauen Stoff einen Stamm zu. Der Stamm sollte an der Spitze ca. 2 cm breit, am unteren Ende ca. 5 cm breit sein und so hoch wie die zusammengesetzten Blöcke. Nähen Sie die beiden Ast-Einheiten rechts und links an den Stamm. Bügeln Sie die Nahtzugaben in Richtung des Stammes.

Fügen Sie nun rechts und links je einen ca. 15 cm breiten weißen Streifen an, so hoch wie die bisher genähte Einheit. Nun schneiden Sie die Oberkante mit Hilfe eines Lineals waagerecht ab. Fügen Sie an die Oberkante einen weißen Streifen von 15 cm Höhe. Bügeln Sie die Nähte zu den angesetzten Streifen hin.

Nachthimmel vorbereiten

Stecken Sie den blauen Nachthimmel an ihre Entwurfswand und legen Sie das Zentrum des Vollmondes fest. Schneiden Sie einen Kreis von 25 cm Radius aus Papier zu und benutzen diesen als Schablone. Übertragen Sie den Kreis auf den blauen Stoff und schneiden Sie das Innere des Stoffkreises exakt 1 cm (wichtig) innerhalb der gezeichneten Linie heraus.

Vollmond einsetzen

Stecken Sie den vorbereiteten Baum senkrecht und mittig ausgerichtet hinter die Öffnung des Nachthimmels. Heften Sie von Hand mit ca. 1 cm langen Stichen genau auf der Kreislinie um die Öffnung, aber lassen Sie im Bereich des Baumstamms ca. 10 cm frei. Falten Sie die Unterkante des blauen Stoffes nach oben. Stecken und nähen Sie ein sehr dunkelblaues Rechteck von 15 cm Höhe und ca. 8 cm Breite als Verlängerung des Baumstamms rechts auf rechts an den unten liegenden, eingenähten Baumstamm. Achten Sie darauf, dass diese Naht direkt an der Kante der Öffnung liegt.

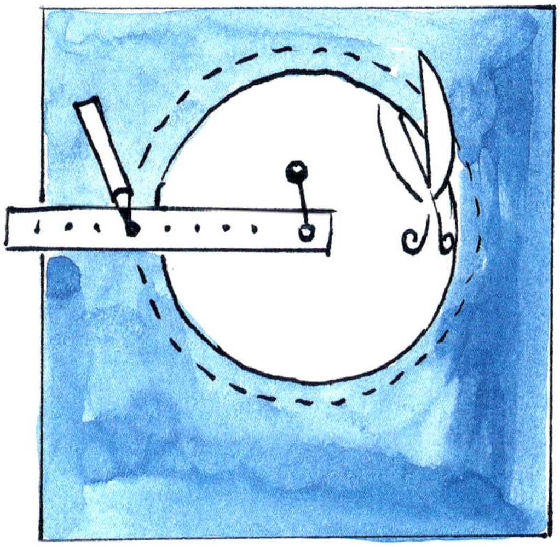

Mittig in den Himmelstoff (ca. 70 x 90 cm) einen Kreis zeichnen. 1 cm innerhalb des Kreises den Stoff herausschneiden.

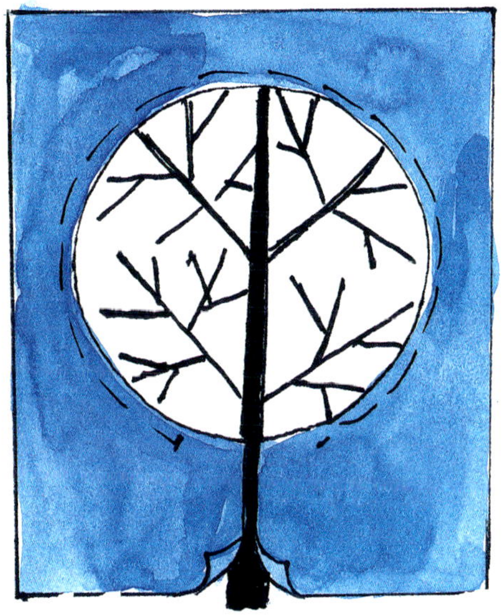

Fertige Baum-Einheit hinter die Öffnung stecken. Auf der gezeichneten Linie rundum heften. Am Stamm 10 cm frei lassen und an die Unterkante der Baum-Einheit einen weiteren Stamm-Stoff anfügen. Diese Naht sollte entlang der Mondkante verlaufen. Himmelstoff mittig längs des Stammes senkrecht aufschneiden.

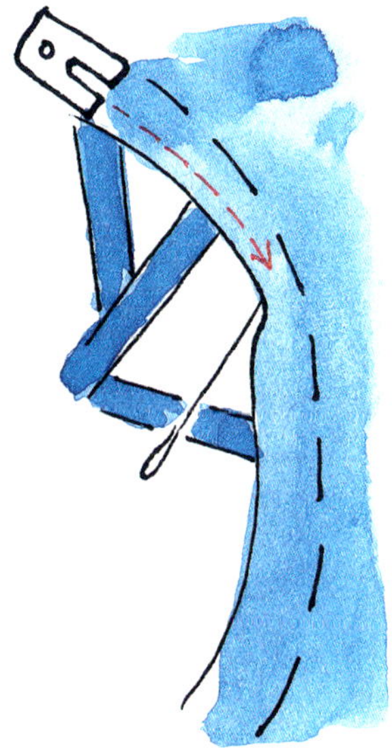

Mondkante mit der Nähmaschine absteppen. Dafür jeweils kurz vor der Nähmaschinennadel die Stoffkante mit einer Nadelspitze unterschlagen und knappkantig entlangsteppen.

Schneiden Sie auf der Vorderseite mittig im Längsverlauf des Baumstamms den Nachthimmel auf. Falten Sie den Himmelstoff nach hinten und formen Sie direkt am Übergang von Vollmond und Baumstamm eine saubere Ecke. Stecken Sie die Kanten auf den Stamm. Der Stamm kann auch hier nach unten hin etwas breiter werden.

Nähen Sie mit der Nähmaschine knappkantig um die Öffnung. Benutzen Sie farbgleiches Nähgarn. Schieben Sie jeweils kurz vor der Nähmaschinennadel 5 mm der offenen Stoffkante mit Hilfe einer Nadelspitze nach unten weg.

Tipp
Dieser Vorgang lässt sich auch gut von Hand durchführen.

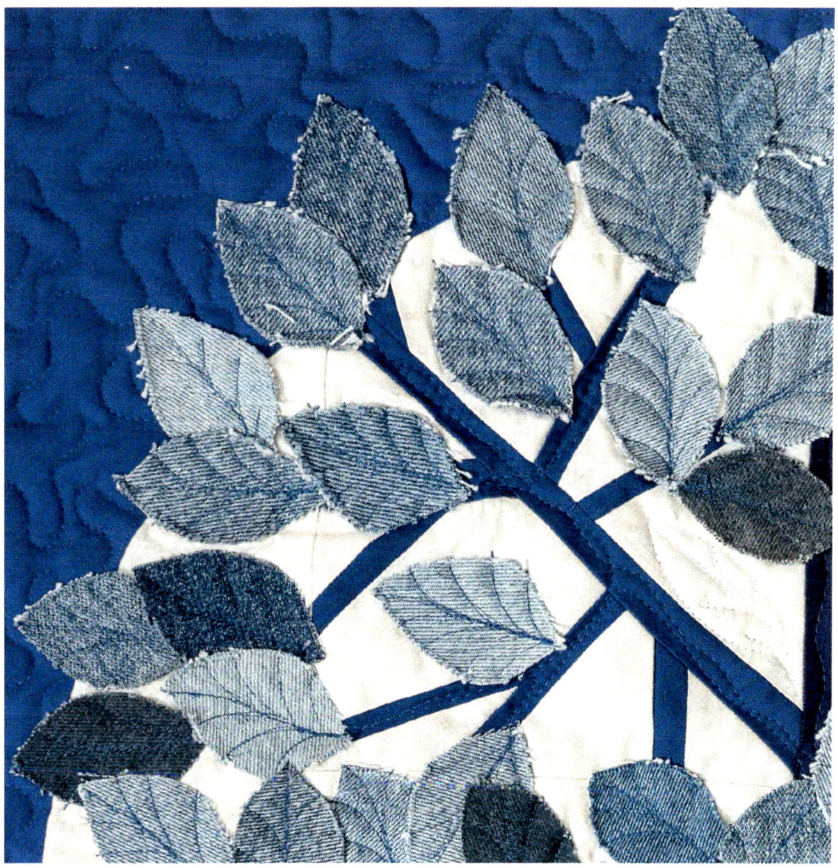

Ist der Vollmond eingenäht, entfernen Sie den Heftfaden und schneiden Sie auf der Rückseite alle überstehenden Stoffe bis auf 1 cm an die Naht heran zurück.

Erdboden anfügen
Schneiden Sie die Unterkante des Bildes in einer nach oben gebogenen Kurve hügelförmig zu. Schieben Sie einen ca. 12 cm hohen Streifen für den Erdboden unter die Kurve, beide weisen mit der rechten Seite nach oben. Schneiden Sie mit dem Rollschneider an der Kurve entlang und formen Sie so den Bogen für den Erdboden. Fügen Sie den sehr dunkelblauen Erdboden an die Baum-Einheit.

Erster Quiltvorgang
(Lektionen 17 und 18)
Montieren Sie Rückseite, Volumenvlies und Oberseite aufeinander. Quilten Sie innerhalb der Mondscheibe auf den Ästen entlang und den gesamten Nachthimmel mit dichtem Stippling. Handnäherinnen könnten z. B. ein diagonales Raster quilten. Bearbeiten Sie den Erdboden mit senkrechten Quiltlinien.

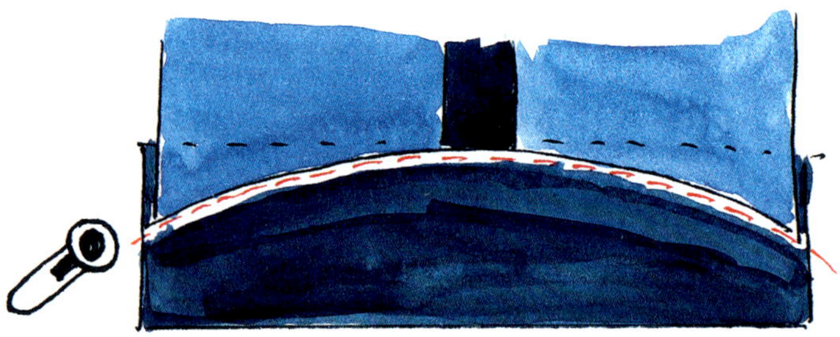

Unterkante des Quilts mit einem nach oben gerundeten Schnitt zurechtschneiden. Streifen aus sehr dunkelblauem Stoff unter diese Kante schieben, beide liegen mit der rechten Seite nach oben. An der geschwungenen Kante wie an einer Schablone entlangschneiden. Nicht benötigte Stoffteile entfernen und Erdboden mit einer geschwungenen Naht anfügen.

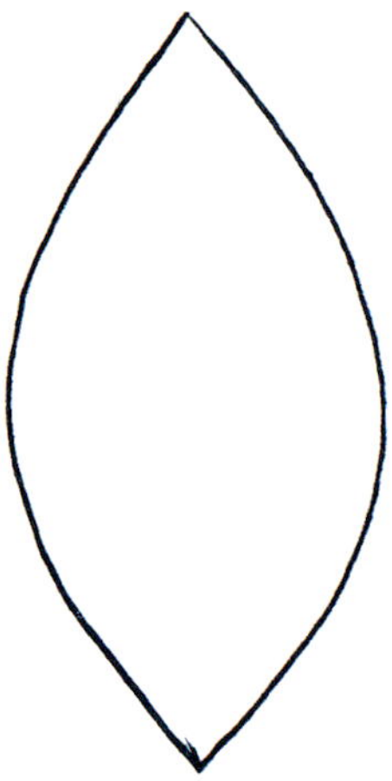

80 Jeansblätter zuschneiden. Schablone benutzen oder nach Augenmaß zuschneiden.

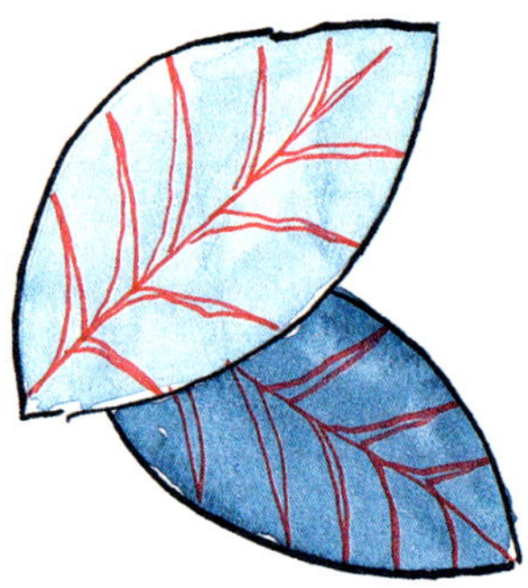

Blätter auf den fertig gequilteten Quilt stecken und festnähen. Die unten liegenden Blätter zuerst, dann die überlappenden. Auch auf dem Erdboden einige Blätter festnähen.

80 Jeansblätter zuschneiden
Schneiden Sie spitz-ovale Blätter aus Jeansstoff zu. Jedes Blatt ist ca. 5–6 cm lang und ca. 3–3,5 cm breit. Schneiden Sie frei Hand oder stellen Sie eine Schablone aus festem Karton her. Sie brauchen ca. 80 einzelne Blätter.

Blätter festnähen
Verteilen Sie die Blätter an den Ast-Enden und dazwischen. Die Blätter dürfen auch über den Mondkreis hinausragen. Nähen Sie die Blätter mit Linien fest, die Blattadern gleichen. Nähen Sie bis dicht an den Blattrand.

Stecken und nähen Sie zuerst einen lockeren Kranz von Blättern um die Außenkanten der Mondscheibe und an Enden der Äste. Dann stecken Sie Blätter auf, welche die zuerst genähten überlappen. Achten Sie darauf, kleine natürliche Blattgruppen zu bilden. Lassen Sie einige Blätter auch auf dem Boden liegen.

Zweiter Quiltvorgang
Quilten Sie in größeren freien Bereichen des hellen Mondstoffes zusätzliche einzelne Blätter in Weiß.

Fertigstellung
Schneiden Sie die Außenkanten des Wandbehangs gerade und fassen Sie sie mit einem dunkelblauen Schrägstreifen ein. Nähen Sie ein Aufhängetunnel an die rückwärtige Oberkante.

TIPP
Haben Sie für die Blätter keinen Jeans-Stoff zur Hand, verwenden Sie dunkelblauen normalen Stoff und befestigen Sie sie mit Klebevlies. Diese Blätter müssen Sie wie die Jeans-Blätter zusätzlich festnähen.

ANHANG

Lektionen zu den benötigten Grundtechniken des Patchworkens

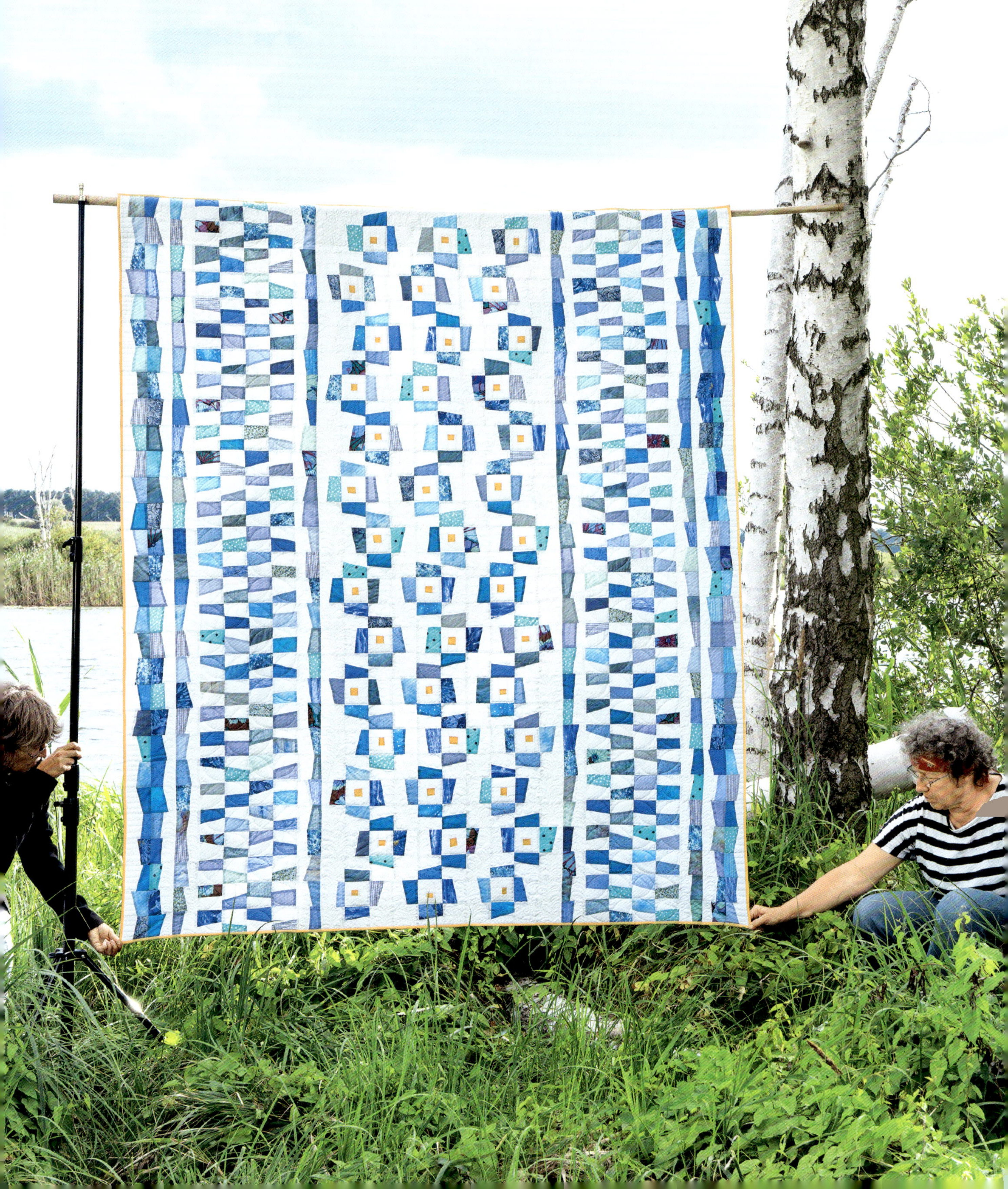

LEKTION 1:
GRUNDFORMEN

Streifen

Legen Sie den gefalteten Stoff auf Ihre Schneidematte, das größere Stück des Stoffes liegt auf dem Tisch. Richten Sie eine gefaltete Kante des Stoffes nach einer Rasterlinie der Matte aus, um im rechten Winkel zu bleiben. Schneiden Sie den Stoff von Webkante zu Webkante in Streifen, so breit wie die Seitenlänge der geplanten Quadrate/Rechtecke/Streifen. Sie können mehrere Stofflagen gleichzeitig schneiden. Halten Sie den Stoff mit den Fingerspitzen auf der Schneidematte fest. Seien Sie vorsichtig beim Umgang mit dem Rollschneider, Sie könnten sich verletzen, da keine Linealkante Schutz bietet. Schneiden Sie zügig durch den Stoff, nur nach Augenmaß. Es kommt nicht auf den Millimeter an. Wenn Ihre Schneidelinie etwas schief gerät, so ist das ohne Bedeutung.

Quadrate/Rechtecke

Legen Sie einen oder bis zu vier Stoffstreifen aufeinander auf die Schneidematte. Schneiden Sie zuerst, falls nötig, die Webkanten ab. Richten Sie die rechte Kante oder die linke Kante (für Rechts- oder Linkshänderinnen) entlang einer der Rasterlinien aus. Orientieren Sie sich an der nächsten Markierung, entsprechend der gewünschten Kantenlänge des Stoffstückes. Setzen Sie den Rollschneider an der Unterkante der Stoffe an und schneiden Sie ohne Lineal durch alle Stofflagen nach oben. Wenn Ihre Schneidelinie etwas schief gerät, so ist das ohne Bedeutung.

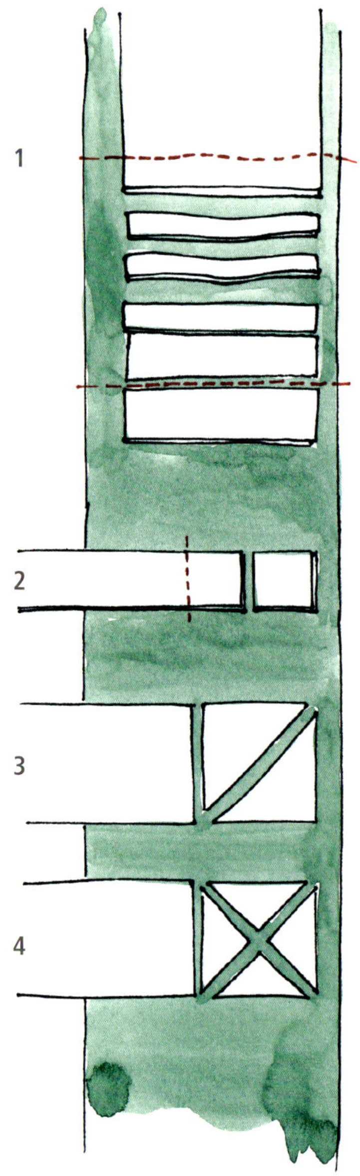

1. Stoff gefaltet auf die Schneidematte legen. Streifen in gewünschter Breite schneiden. Die Rasterlinien der Schneidematte dienen der Orientierung. Streifen entweder frei Hand schneiden oder mit dem Lineal, aber ohne millimetergenau zu messen.

2. Von den Streifen die Quadrate bzw. die Rechtecke in gewünschter Breite schneiden. Rollschneider senkrecht von unten nach oben führen. Die Rasterlinien der Schneidematte dienen der Orientierung.

3. Einmal geteiltes Quadrat für zwei Dreiecke, bei denen der gerade Fadenlauf entlang der kurzen Seiten liegt.

4. Zweimal geteiltes Quadrat für vier Dreiecke, bei denen der gerade Fadenlauf entlang der langen Seite liegt.

Dreiecke

Schneiden Sie Stoffe in der angegebenen Größe zu Quadraten und teilen Sie sie einmal diagonal zu zwei Dreiecken, bei denen der gerade Fadenlauf entlang der kurzen Kanten liegt. Oder oder teilen Sie größere Quadrate zweimal diagonal zu vier Dreiecken, bei denen der gerade Fadenlauf entlang der langen Dreieckskante liegt. Schneiden Sie ohne Lineal.

TIPP

Haben Sie für einen großen Quilt sehr viele Quadrate, Rechtecke oder Dreiecke zu schneiden, nehmen Sie das Lineal zu Hilfe. So vermeiden Sie, dass die Teile unbeabsichtigt immer größer oder immer kleiner geschnitten werden und dadurch unnötig Stoff verbraucht wird. Benutzen Sie das Lineal nur als Anlegekante für den Rollschneider. Sie brauchen nicht genau zu messen.

LEKTION 2:
ZWEIERBLÖCKE
Projekt: Winterstimmung

Farbe, Größe und Anzahl der Stoffteile entnehmen Sie der Anleitung für das betreffende Projekt.

Rechtecke zuschneiden und teilen
Bereiten Sie Rechtecke in den Farben und Größen vor, wie in der Projektbeschreibung angegeben. Legen Sie zwei unterschiedliche Rechtecke aufeinander. Beide Stoffe liegen quer und weisen mit der rechten Seite nach oben.

Teilen Sie die aufeinanderliegenden Rechtecke einmal längs. Schneiden Sie bewusst etwas schräg und beachten Sie NICHT die Rasterlinien der Schneidematte.

Führen Sie den Schnitt auf dem nächsten Stoffpaar etwas anders ausgerichtet durch.

Farben tauschen
Legen Sie den oben liegenden linken Stoff neben den unten liegenden rechten Stoff und umgekehrt, so dass zwei verschiedene Farben nebeneinander liegen.

Zweierblöcke nähen
Schließen Sie die Naht zwischen den beiden Hälften. Falten Sie den Block auf und bügeln Sie die Nahtzugaben zum dunkleren Stoff hin. Schneiden Sie alle Blöcke exakt quadratisch zu, die Maße entnehmen Sie der Projektbeschreibung.

TIPP
Wenden Sie das „Kettennähen" an, bei dem Sie mehrere Stoffteile nacheinander unter dem Nähfüßchen hindurch schieben, ohne die Fäden dazwischen abzuschneiden.

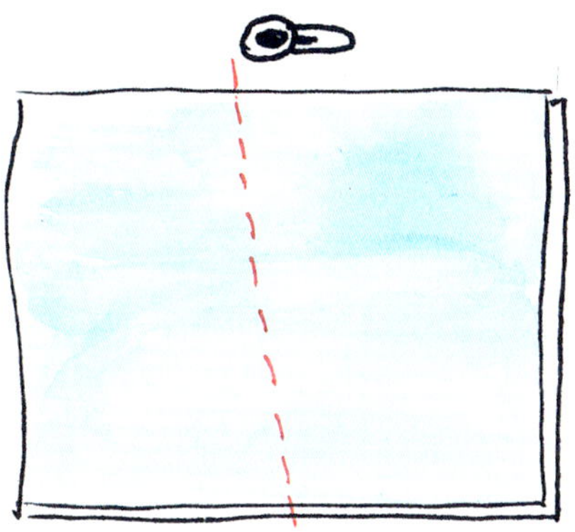

Zwei Rechtecke aufeinanderlegen, beide weisen mit der rechten Seite nach oben und liegen quer auf der Schneidematte. Beide Stofflagen leicht schräg durchschneiden.

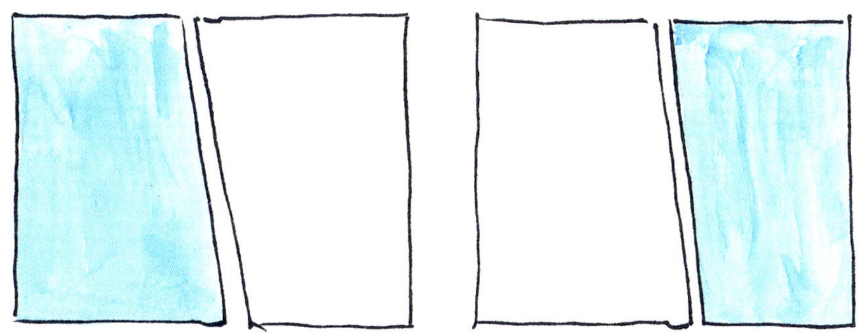

Farben tauschen: Oben liegende linke Hälfte an die unten liegende rechte Hälfte legen und umgekehrt. Es liegen zwei verschiedene Stoffe nebeneinander.

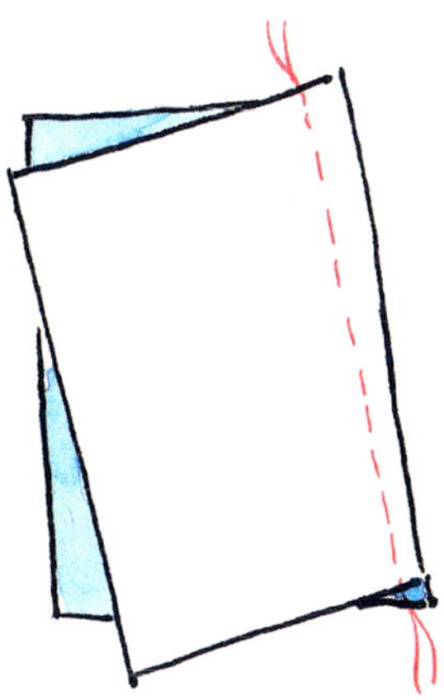

Stoffe rechts auf rechts legen, Naht schließen.

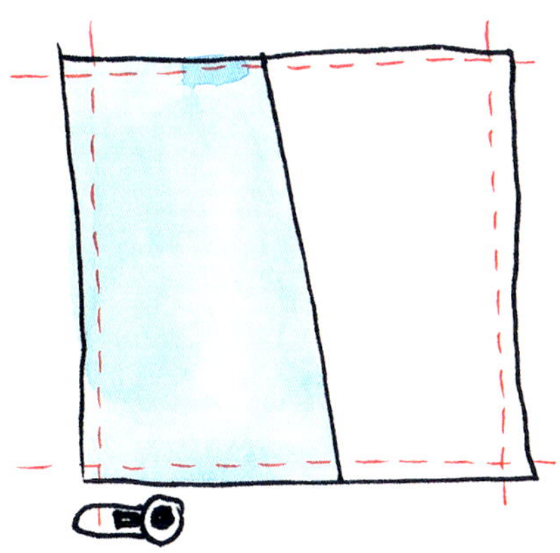

Block auffalten, bügeln, exakt quadratisch zuschneiden.

TIPP
Manche Motive (z. B. Windmühlen) setzen voraus, dass die Schnitte immer in einer Richtung verlaufen. Schneiden Sie trotzdem frei und nicht alle identisch.

LEKTION 3:

ZWEIFARBIGE VIERERBLÖCKE

Projekt: Herbstsonne

Farbe, Größe und Anzahl der Stoffteile entnehmen Sie der Anleitung für das betreffende Projekt.

Schneiden

Stapeln Sie zwei Quadrate unterschiedlicher Farbe aufeinander. Beide Stoffe weisen mit der rechten Seite nach oben.

Schneiden Sie durch beide Stofflagen gleichzeitig je einmal längs und einmal quer. Führen Sie die Schnitte einseitig, etwa ein Drittel der Fläche betreffend und leicht schräg, wechselnd nach rechts oder links geneigt. Beachten Sie NICHT die Rasterlinien der Schneidematte.

Führen Sie die Längs- und Querschnitte des nächsten Stoffpaars etwas anders ausgerichtet durch.

Farben tauschen

Bilden Sie zwei Blöcke, ohne die Lage der einzelnen Teile zu verdrehen. Nummerieren Sie in Gedanken die vier Stapel in Schreibrichtung, links oben beginnend.

Nehmen Sie die Teile 1 und legen Sie sie in ausreichendem Abstand auf die Schneidematte. Ordnen Sie die Teile 2 an die gleiche Stelle, aber legen Sie jeweils die andere Farbe neben das Teil 1. Machen Sie das gleiche mit den Teilen 3 und 4. Es liegen nun die farbigen und die nesselfarbenen Teile diagonal gegenüber.

Nähen

Legen Sie die beiden rechten Stoffteile rechts auf rechts über die beiden linken Stoffteile. Nähen Sie entlang der rechten Kante, ungefähr füßchenbreit. Beginnen Sie unbedingt am oberen Stoffpaar.

Lassen Sie die Ecken der Nahtzugaben zur Mitte hin etwas überstehen. Obwohl das für das Muster unerheblich ist, erleichtert es doch das Nähen. Die Kanten der Blöcke werden bei dieser Technik immer unregelmäßig sein, das ist vor allem beim Nähen von sehr schrägen Schnitten der Fall. Die Nahtkreuzung in der Mitte braucht sich nicht exakt zu treffen.

Wichtig: Schieben Sie das zweite Stoffpaar sofort anschließend unter das Nähfüßchen, ohne die Fäden dazwischen abzuschneiden.

Falten Sie die zusammengenähten Stoffpaare auseinander und legen Sie die Quernaht rechts auf rechts zusammen. Haben Sie die Fäden nicht abgeschnitten, so können Sie nichts mehr verdrehen.

Legen Sie die Stoffpaare längs neben die Nähmaschine, die Verbindungsfäden weisen nach rechts. Nähen Sie wieder entlang der rechten Kante und pressen Sie die Nahtzugaben in entgegengesetzte Richtungen. Falten Sie den fertigen Viererblock auf. Bügeln Sie ihn zuerst von links, um die Nahtzugaben glatt zu legen und dann von rechts. Schneiden Sie den Block exakt quadratisch zu, das Maß ist in der Projektbeschreibung angegeben.

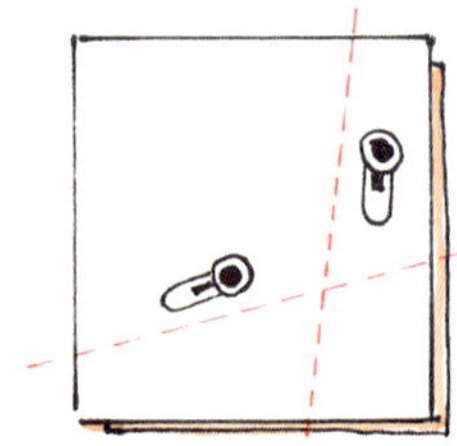

Zwei Quadrate stapeln, beide mit der rechten Seite nach oben weisend. Einseitig (etwa ein Drittel der Strecke) und leicht schräg längs und quer durchschneiden. Teile in Gedanken nummerieren (Schreibrichtung).

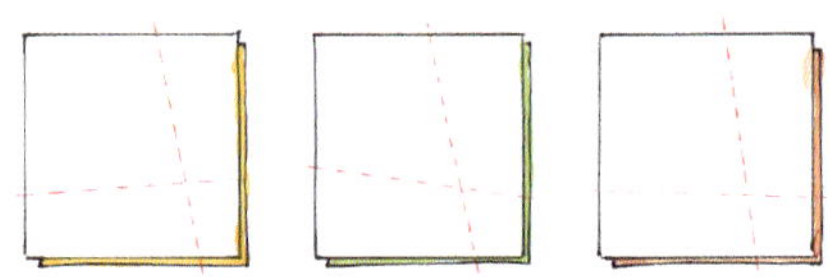

Beispiele für unterschiedliche Schnittführung.

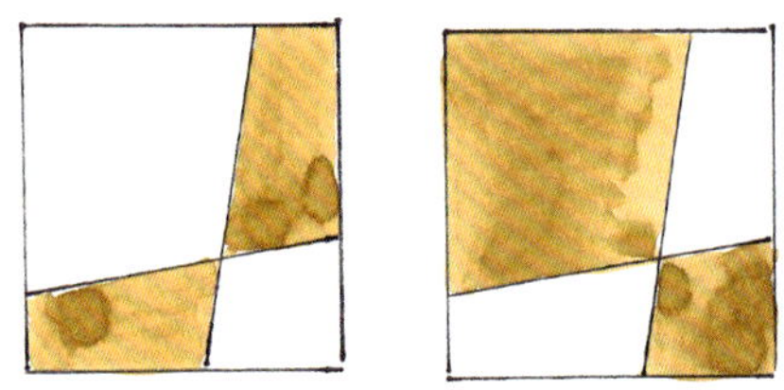

Farben tauschen: Teile 1 auf die Schneidematte legen. Teile 2 in jeweils der anderen Farbe dazu sortieren. Ebenso die Teile 3 und 4 verteilen. Es entstehen zwei Blöcke, die Farben jeweils diagonal versetzt.

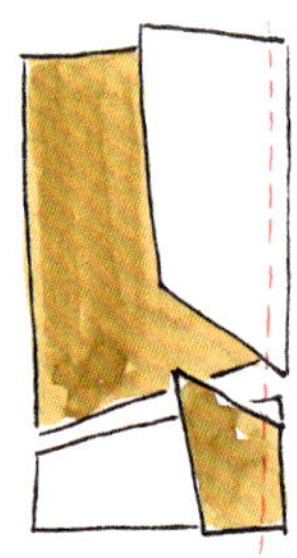

Rechte Teile über die linken legen. Entlang der rechten Kante paarweise zusammennähen. Fäden nicht abschneiden. Stoffpaare auffalten, zusammenlegen und Quernaht nähen. Nahtzugaben in entgegengesetzte Richtungen drücken. Block auffalten und bügeln. Exakt quadratisch zuschneiden.

LEKTION 4:
HALBQUADRAT-DREIECKE

Projekte: Sternbilder, Schmetterlinge, Schmetterlingskissen

Farbe, Größe und Anzahl der Stoffteile entnehmen Sie der Anleitung für das betreffende Projekt.

Technik

Für diese zweifarbigen „Halbquadrat"-Dreiecke gibt es viele verschiedene Nähtechniken. Ich bevorzuge die hier beschriebene, weil man dabei nicht millimetergenau schneiden und nähen muss.

Zuschneiden

Legen Sie zwei gleich große Quadrate unterschiedlicher Farbe rechts auf rechts. Durchschneiden Sie beide Stofflagen gleichzeitig diagonal von Ecke zu Ecke. Legen Sie dafür ein Lineal auf.

Nähen

Lassen Sie die entstandenen Dreiecke aufeinander liegen und nähen Sie nahtzugabenbreit an der diagonalen Kante entlang. Falten Sie die Stoffe auf und bügeln Sie die Nahtzugaben gemeinsam zum dunklen Stoff hin.

Schneiden Sie das entstandene Quadrat mit Hilfe eines Quadratlineals exakt quadratisch zu. Legen Sie dabei die diagonale Markierungslinie des Lineals entlang der diagonalen Naht.

Variante: Sie können die Quadrate entweder rechts auf rechts legen, wie beschrieben und abgebildet. Wenn Sie beide Quadrate mit der rechten Seite nach oben auf die Schneidematte legen und diagonal durchschneiden, tauschen Sie die Farben aus, so wie Sie es bei den Zweierblöcken (Lektion 2) oder bei den Viertelkreisen (Lektion 8) machen. Legen Sie dann die Dreiecke rechts auf rechts und nähen Sie die Diagonale. Das Ergebnis ist dasselbe.

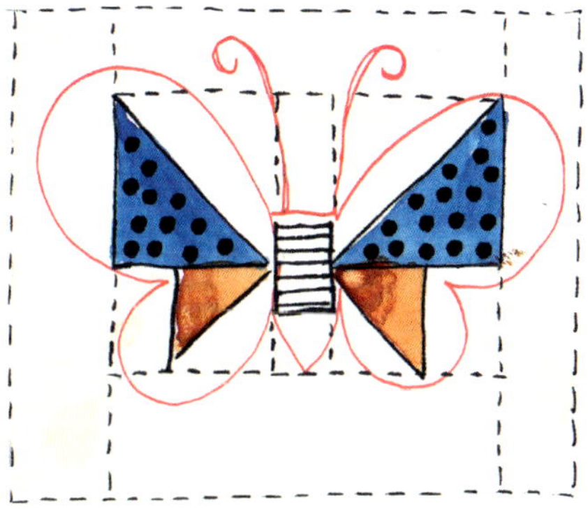

Motiv aus Halbquadrat-Dreiecken.

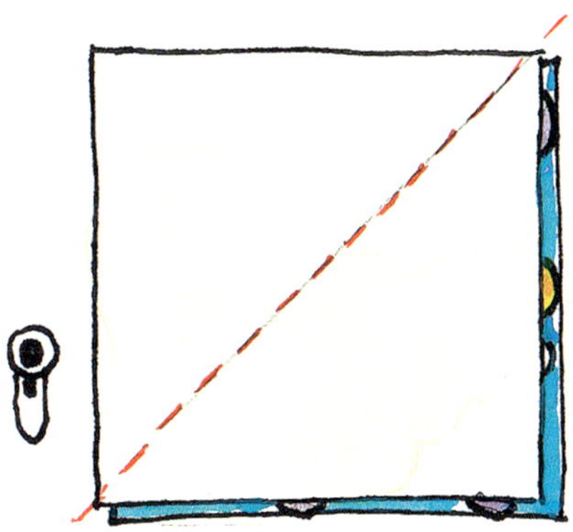

Zwei gleich große Quadrate unterschiedlicher Farbe rechts auf rechts legen. Beide Stoffe diagonal durchschneiden (Lineal). Entstandene Dreiecke aufeinander liegen lassen. An der langen Kante entlang zusammennähen.

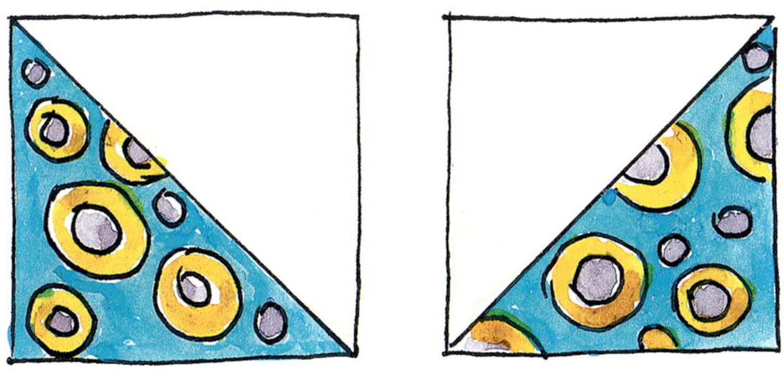

Block auffalten, Nahtzugaben gemeinsam zum dunklen Stoff hin bügeln. Block exakt quadratisch zuschneiden.

LEKTION 5:
HALBQUADRAT-DREIECKE MIT EINGESETZTEM STREIFEN

Projekte: Südseemuscheln, Wüstenhimmel, Sternennacht

Farbe, Größe und Anzahl der Stoffteile entnehmen Sie der Anleitung für das betreffende Projekt. Der eingesetzte Streifen ist in der Regel 2 oder 2,5 cm breit.

Zuschneiden

Legen Sie zwei gleich große Quadrate mit unterschiedlichen Farben rechts auf rechts. Durchschneiden Sie beide Stofflagen gleichzeitig diagonal von Ecke zu Ecke. Legen Sie dafür ein Lineal auf. Legen Sie jeweils zwei unterschiedliche Dreiecke nebeneinander auf die Schneidematte.

Schneiden Sie den 2 oder 2,5 cm breiten Streifen (hier schwarz-weiß gestreift) ca. 2–3 cm länger zu als die Diagonale der Quadrate.

Streifen einnähen

Nähen Sie zuerst den Streifen an die diagonale Kante des linken Dreiecks, er ragt oben und unten ein Stück weit über. Falten Sie den Streifen auf und drücken Sie die Nahtzugabe gemeinsam zum Dreieck hin. Fügen Sie dann das rechte Dreieck an und achten Sie darauf, dass die rechtwinkeligen Ecken der Dreiecke parallel liegen.

Bügeln Sie die Nahtzugaben zu den Dreiecken hin. Schneiden Sie den Block exakt quadratisch zu. Legen Sie dafür die diagonale Markierungslinie des Quadratlineals mittig auf den eingesetzten Streifen.

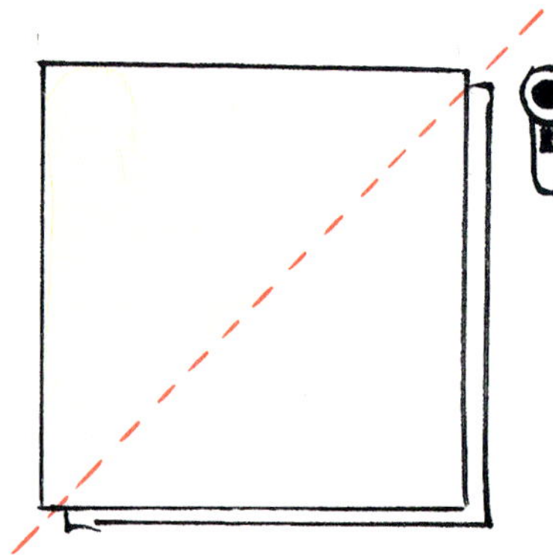

Zwei unterschiedliche Quadrate rechts auf rechts legen. Beide Stoffe diagonal durchschneiden (Lineal).

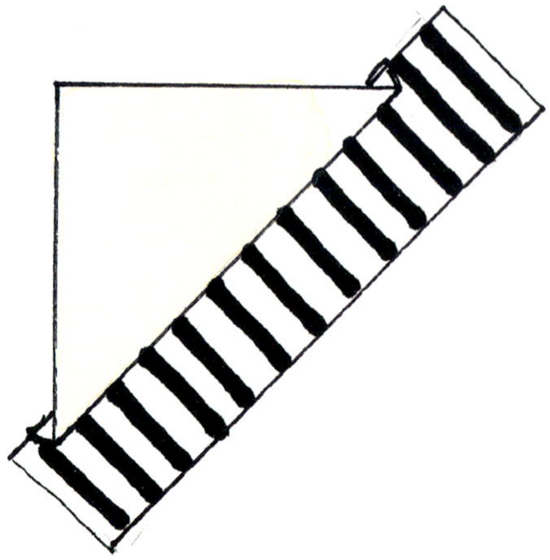

Farben tauschen, so dass zwei unterschiedliche Farben nebeneinander liegen. Zugeschnittenen Streifen dazwischenlegen, er ragt an beiden Enden ca. 1 cm über die Dreiecke hinaus.

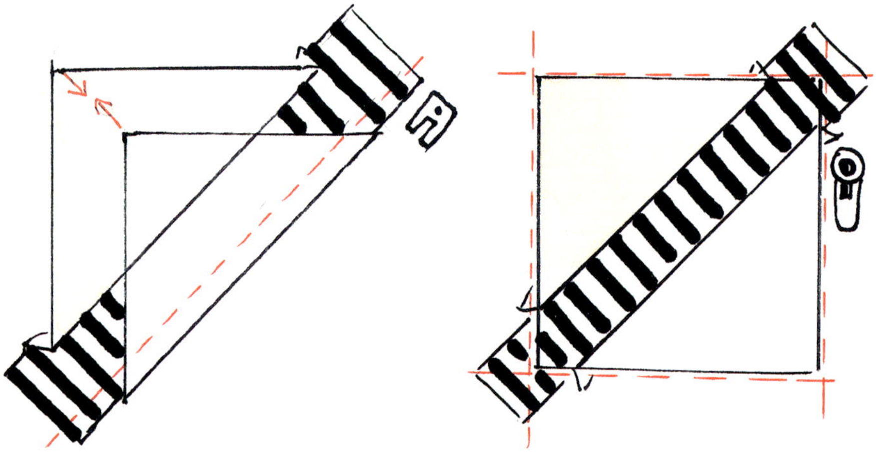

Streifen zuerst an die lange Kante des linken Dreiecke nähen, auffalten und dann das rechte Dreieck anfügen. Die rechtwinkeligen Außenecken der Dreiecke sollen parallel liegen. Nahtzugaben gemeinsam nach außen bügeln. Block exakt quadratisch zuschneiden, dabei die Diagonale des Quadratlineals mittig entlang des Streifens legen.

LEKTION 6:
ECK-DREIECKE ANNÄHEN

Projekte: Eisblumen, Vulkan, Sternbilder

Bei einigen Projekten wird an einem fertigen Block ein andersfarbiges Dreieck angesetzt. Solche Dreiecke werden auch „Connector-Ecken" (Anschluss-Ecken) genannt. Ausgangsform ist die Ecke eines Rechtecks, eines Quadrats oder eines Blocks mit rechtwinkeliger Ecke.

Ecke abschneiden

Wenn Sie ein Dreieck ansetzen möchten, schneiden Sie zuerst die Ecke der Grundform ab. Damit haben Sie eine Vorstellung, wie groß das anzusetzende Dreieck sein soll.

Tipp
Schneiden Sie ausreichend große Dreiecke zu, lieber zu groß, als zu klein.

Dreiecke zuschneiden

Sie können entweder ein Quadrat einmal diagonal teilen oder ein etwas größeres Quadrat zweimal in beiden Richtungen diagonal teilen. Das einmal geteilte Quadrat hat den Vorteil, dass beim Dreieck die kurzen Kanten im geraden Fadenlauf liegen und somit auch dem Fadenlauf des Blocks folgen. Bedenken Sie, dass Sie zwei Nahtzugabenbreiten verlieren. Das heißt, die lange Kante des Dreiecks sollte ca. 2 cm länger sein als die der abgeschnittenen Ecke.

Dreieck ansetzen

Legen Sie das Dreieck rechts auf rechts mit der langen Kante über die abgeschnittene Ecke, die Spitzen des Dreiecks ragen oben und unten über die Blockkante hinaus. Nähen Sie füßchenbreit an der langen Kante entlang. Falten Sie das Dreieck nach außen und bügeln Sie. Schneiden Sie jetzt den Block wieder auf seine exakte Größe zu, denn die Form kann sich etwas verschoben haben.

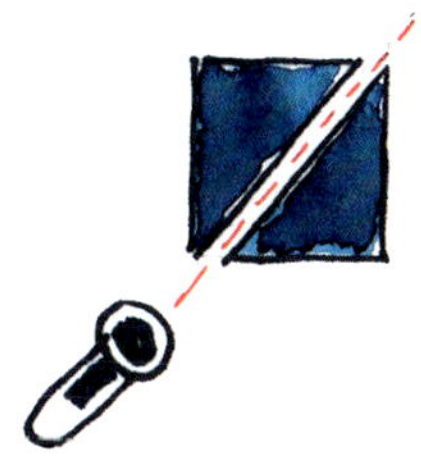

Quadrat einmal diagonal zu zwei Dreiecken teilen.

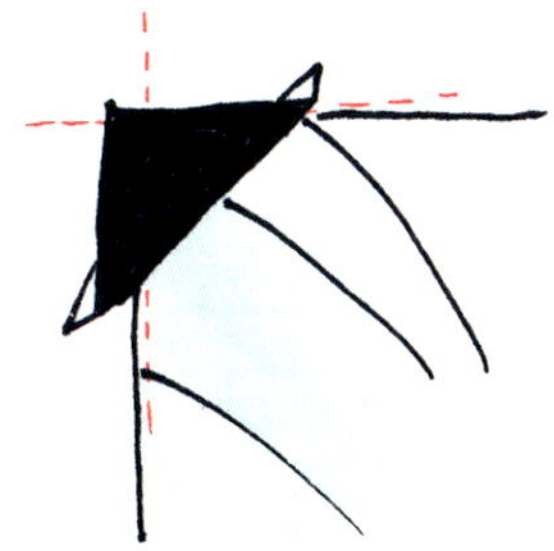

Von einem fertigen Block eine Ecke ungefähr im 45°-Winkel abschneiden, dabei die Nahtzugabe bedenken.Dreieck rechts auf rechts über die Ecke legen, die langen Kanten liegen bündig aufeinander. Nahtzugabenbreit an der langen Kante entlangnähen.Dreieck nach außen falten. Bügeln. Block erneut exakt quadratisch zuschneiden.

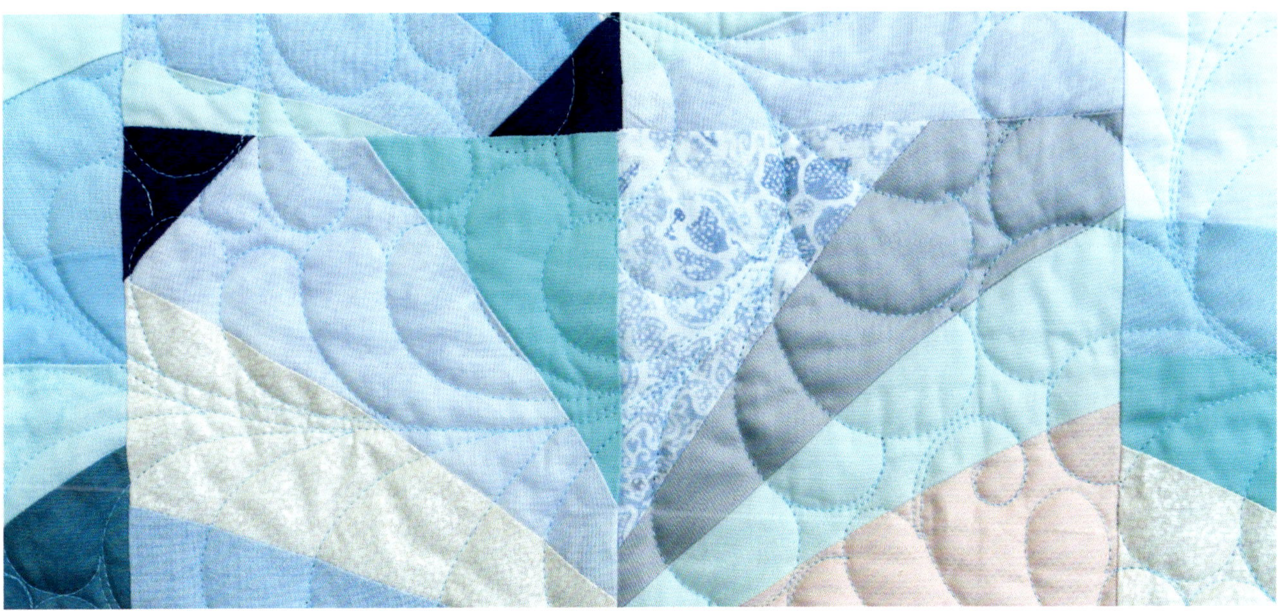

LEKTION 7:
GESCHWUNGENE NÄHTE

Projekte: Regenwald, Eisblumen, Vulkan

Farbe, Größe und Anzahl der Stoffteile entnehmen Sie der Anleitung für das betreffende Projekt.

Tipp
Beim Einnähen von geschwungenen Kanten entfernen Sie den Nähtisch Ihrer Nähmaschine. So können Sie die Stoffteile mit den Händen ganz nah vor der Nadel führen.

Doppelschnitte für geschwungene Nähte

Wenn Sie durch mehrere aufeinanderliegende Stoffe einen leicht geschwungenen Schnitt machen und die Stofflagen austauschen, werden in den einzelnen Kombinationen die Schnittkanten genau so parallel verlaufen, wie Sie geschnitten haben.

Geschwungene Schnitte

Legen Sie die zugeschnittenen Stoffe aufeinander, alle weisen mit der rechten Seite nach oben. Es können bis zu vier Lagen durchgeschnitten werden. Schneiden Sie durch die aufeinandergestapelten Stoffe.

Farben tauschen

Sortieren Sie die Farben neu, ohne die Position der einzelnen Stoffteile zu ändern. Legen Sie die Blockteile mit ausreichend Abstand auf Ihrer Schneidematte zurecht.

Nähen

Beginnen Sie an der Ober-/Seitenkante. Zum Nähen legen Sie jeweils das rechte Stoffteil rechts auf rechts über das linke. Beginnen Sie mit einigen Stichen, um die Teile aufeinander zu halten, lassen Sie ggf. eine Ecke der Nahtzugabe überstehen (bei Schnitten, die schräg an der Kante enden). Nehmen Sie das oben liegende Stoffteil locker in die linke Hand, das unten liegende Stoffteil locker in die rechte. Nähen Sie zügig von oben nach unten und schieben Sie die Kanten während des Nähens übereinander. Ungleich breite Nahtzugaben stören nicht.

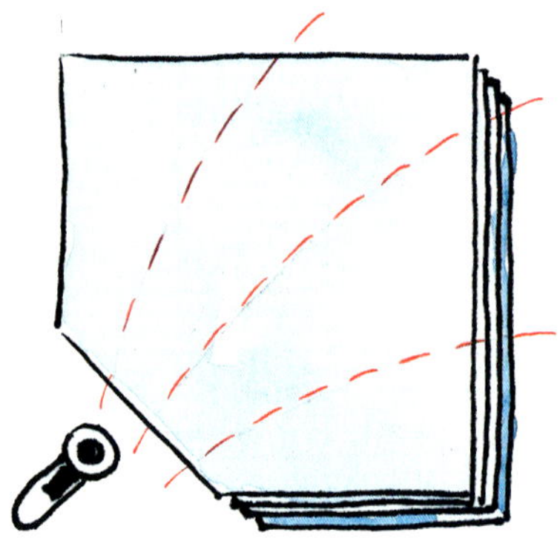

Mehrere Stofflagen aufeinanderstapeln, alle mit der rechten Seite nach oben weisend. Leicht geschwungene Schnitte durch alle Stofflagen führen.

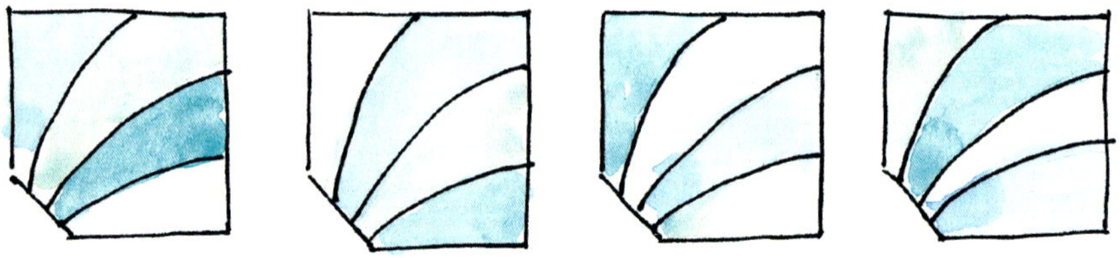

Farben tauschen, ohne die Lage der Stoffe zu verändern. Es ergeben sich so viele Blöcke, wie Sie Stofflagen geschnitten haben.

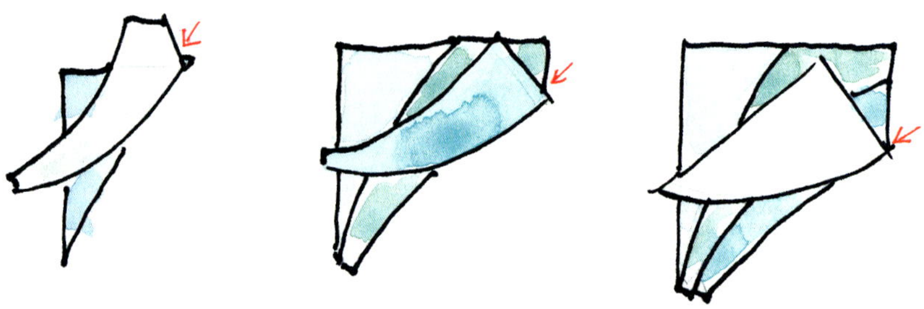

Stoffteil rechts auf rechts auf das angrenzende Teil legen. Die geschwungenen Kanten während des Nähens übereinanderschieben.

Zusammengesetzte geschwungene Streifen einnähen

Für die Projekte „Regenwald“ und „Vulkan“ legen Sie zusammengesetzte, geschwungene Einheiten auf den Hintergrundstoff und schneiden an deren Kanten wie an einer Schablone entlang.

Streifen-Einheiten herstellen

Nähen Sie die gewünschten Stoffstreifen in den angegebenen Farben an den Längskanten zu ca. 30–35 cm breiten Einheiten zusammen. Da Sie geschwungene Formen abschneiden werden, versetzen Sie die Streifen jeweils um eine Streifenbreite nach oben (Linkshänderinnen versetzen sie nach unten). Das spart Stoff.

Bügeln

Befeuchten Sie die Einheiten großzügig. Bügeln Sie die Streifeneinheit zuerst von links, dann von rechts. Ziehen Sie die Nähte auseinander und bügeln Sie alle Nahtzugaben in eine Richtung.

Bögen schneiden

Schneiden Sie eine der gezackten Seiten der Streifeneinheit mit dem Rollschneider glatt. Dann führen Sie den Rollschneider in einem großzügigen Bogen parallel an dieser Kante entlang und schneiden Sie die Bögen ab.

Hintergrund aufschneiden

Legen Sie den Hintergrund (Rechteck oder Quadrat) vor sich auf die Schneidematte. Beginnen Sie an der Unterkante und führen Sie mit dem Rollschneider schwach geschwungene Schnitte nach oben. Wenn Sie möchten, legen Sie einen der zugeschnittenen Bogen wie eine Schablone auf und schneiden Sie an dessen Kante entlang. Wenn Sie mehrere Schnitte arbeiten, sollten diese an der Unterkante des Blocks ca. 2–3 cm weit auseinander liegen. Sie können alle Schnitte vorab arbeiten oder zuerst einen Streifen annähen, auffalten und bügeln, und dann den Schnitt an der anderen Kante entlang führen.

Tipp

Rechtshänderinnen haben die Streifen so versetzt genäht, dass die linke Kante der Streifeneinheit von rechts unten nach links oben verläuft. Sie schneiden die Bögen an der linken Kante entlang von unten rechts nach oben links. Linkshänderinnen nähen besser so, dass die rechte Kante der Streifeneinheit von links unten nach rechts oben verläuft. Sie schneiden die Bögen an der rechten Kante entlang von links unten nach rechts oben.

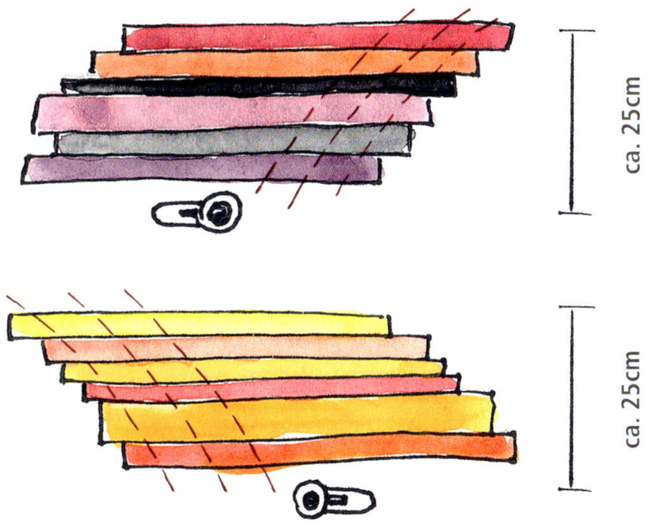

Streifen versetzt aneinandernähen und geschwungene Einheiten abschneiden.

Bögen einnähen

Beginnen Sie an der Unterkante zu nähen. Legen Sie das erste Hintergrundteil und den ersten Streifen unter die Nadel der Nähmaschine und machen Sie einige Anfangsstiche. Fassen Sie den unten liegenden Stoff locker mit der rechten Hand und den oben liegenden Stoff locker mit der linken. Dann nähen Sie etwa füßchenbreit voran und schieben Sie während des Nähens die Stoffkanten übereinander. Fügen Sie dann das nächste Hintergrundstück an. Da alle Stoffkanten einen diagonalen Fadenlauf aufweisen, lassen sich die Teile gut nähen und Sie benötigen keine Stecknadeln. Bügeln Sie die Nahtzugaben zum Hintergrundstoff hin. Bügeln Sie zuerst von links, dann von rechts und ziehen Sie dabei die Nähte auseinander.

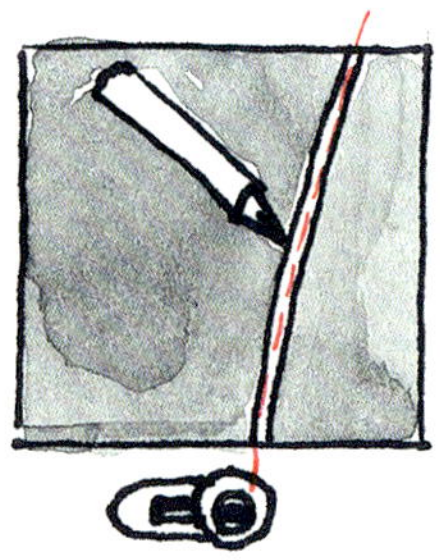

Hintergrundstoff mit einem geschwungenen Schnitt aufteilen.

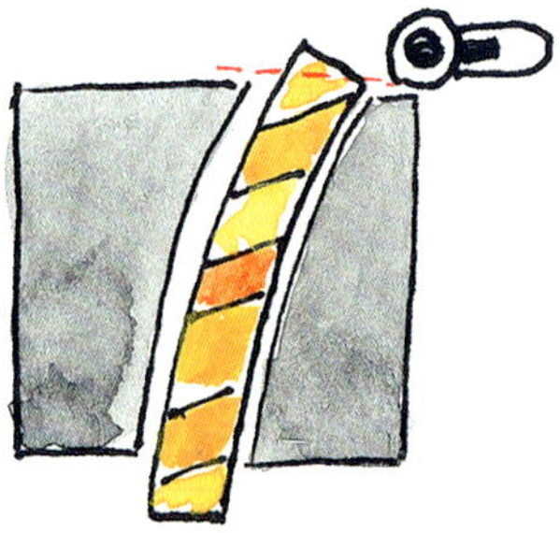

Geschwungene Streifen (Bögen) auflegen und die Übereinstimmung der Schnittform prüfen. Oberes Ende des Streifens parallel zur Oberkante des Hintergrundstoffes schneiden.

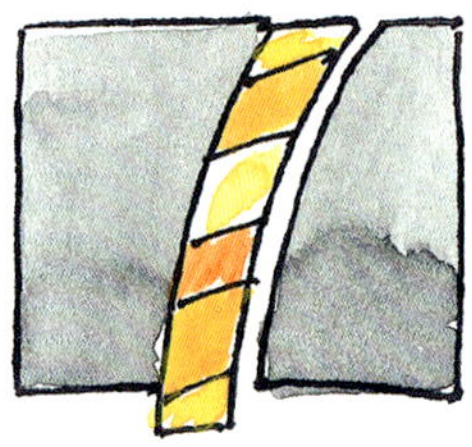

Zuerst eine Kante des Streifens anfügen. Oben zu nähen beginnen. Nahtzugaben zum Hintergrundstoff hin bügeln. Dann die andere Seite des Streifens einnähen.

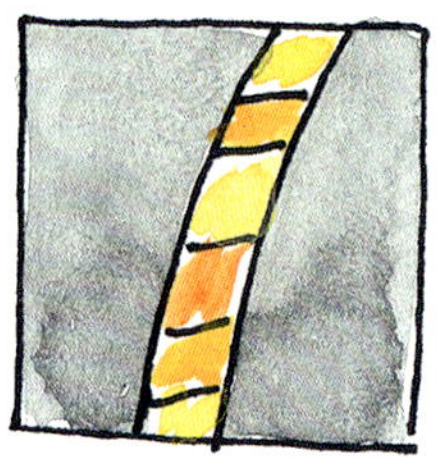

Block exakt zuschneiden.

Tipp

Sollte sich beim Bügeln erweisen, dass sich eine hartnäckige Beule oder Falte bildet, so befeuchten Sie die Stelle. Drücken und bügeln Sie sie flach. Dann nähen Sie mit der Nähmaschine von der linken Stoffseite her noch einmal in der Bügelritze entlang. Damit sollte die Unebenheit beseitigt sein.

Blöcke zuschneiden

Schneiden Sie alle Blöcke exakt auf das gleiche Maß zu, denn sie verlieren bei dieser Technik sehr leicht ihre Form.

LEKTION 8:
VIERTELKREISE

Projekte: Steilküste, Nachtfalter, Fusselfalter

Farbe, Größe und Anzahl der Stoffteile entnehmen Sie der Anleitung für das betreffende Projekt.

Schneiden

Legen Sie zwei unterschiedliche Quadrate aufeinander, beide weisen mit der rechten Seite nach oben. Schneiden Sie einen Viertelkreis durch beide Lagen. Beginnen Sie an der Unterkante und führen Sie den Bogen an der Seite des Quadrats wieder hinaus. Ein paar Millimeter Ungenauigkeit sind ohne Bedeutung.

Rechtshänderinnen schneiden ab der Unterkante, ca. 2 cm von der rechten unteren Ecke entfernt im Bogen nach links und an der Seite des Quadrats, ca. 2 cm unterhalb der oberen linken Ecke wieder hinaus. Linkshänderinnen beginnen ab der Unterkante, ca. 2 cm von der unteren linken Ecke und schneiden den Bogen nach rechts, ca. 2 cm unterhalb der oberen rechten Ecke wieder hinaus.

Farben tauschen

Sortieren Sie die Stoffteile. Legen Sie den oben liegenden Viertelkreis in den unten liegenden Ausschnitt und umgekehrt. Sie haben nun zwei Blöcke mit je zwei Farben.

Viertelkreis einnähen

Nähen Sie den Viertelkreis in den Ausschnitt des Außenteils. Legen Sie beide Stoffe rechts auf rechts und versetzen Sie das einzunähende Teil um ca. 1 cm nach unten, um den Stoffschwund durch die Nahtzugaben etwas auszugleichen. Beginnen Sie an der oberen Kante zu nähen und arbeiten Sie die geschwungene Naht mit schmaler Nahtzugabe (ca. 0,5 cm). Schieben Sie die Stoffkanten während des Nähens übereinander und ziehen Sie sie dabei gleichzeitig.

Bügeln Sie die Nahtzugaben in Richtung der eingesetzten Ecke. Schneiden Sie alle Blöcke auf ein gemeinsames, quadratisches Maß exakt zu.

Hinweis

Bei manchen Modellen schneiden Sie separat einen Viertelkreis aus Stoff und legen diesen auf die Ecke eines Quadrats. Schneiden Sie an der Kante des aufgelegten Bogens wie an einer Schablone entlang. Diese Vorgehensweise ist beim jeweiligen Modell genau beschrieben.

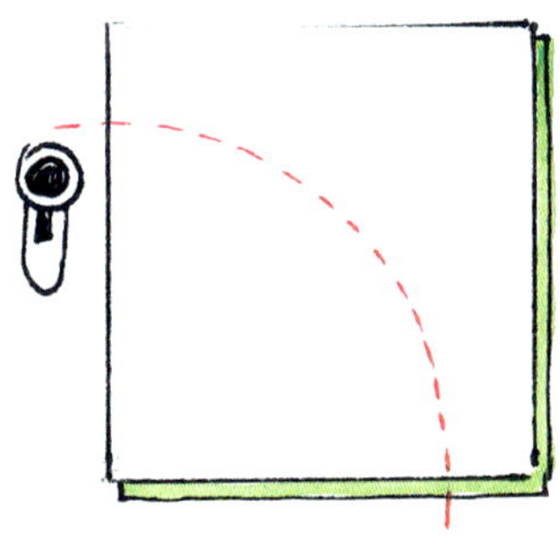

Gleich große Quadrate unterschiedlicher Farbe aufeinanderlegen. Viertelkreis schneiden.

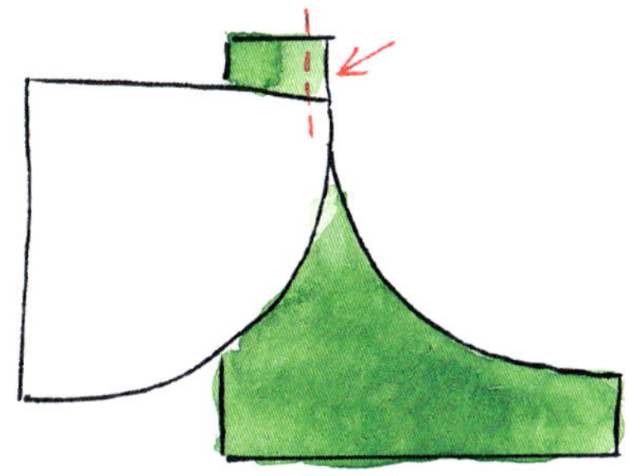

Einnähen der geschwungenen Kanten. Inneren Bogen um ca. 1 cm nach unten versetzen. Schmale Nahtzugabe arbeiten. Während des Nähens die Kanten ziehen und übereinanderschieben.

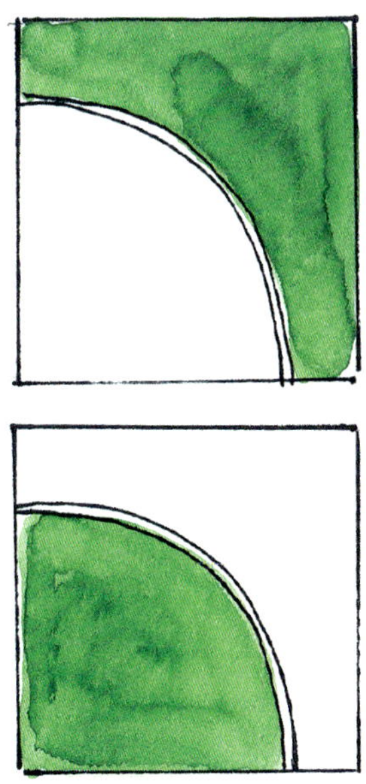

Farben tauschen. In jedem Block liegen zwei unterschiedliche Farben.

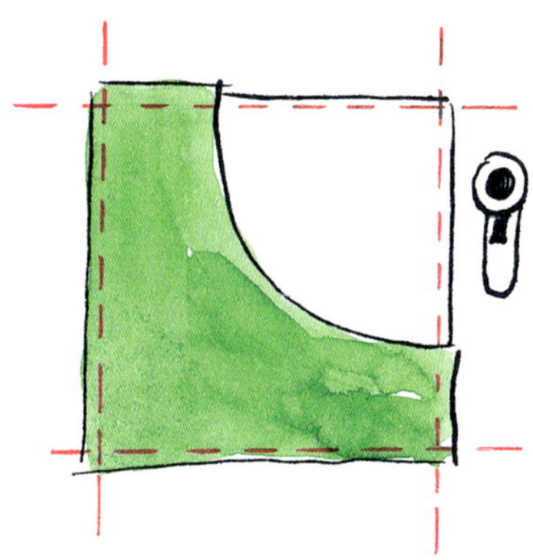

Blöcke exakt quadratisch zurechtschneiden.

LEKTION 9:
ÄSTE UND ZWEIGE
Projekt: Vollmond

Farbe, Größe und Anzahl der Stoffteile entnehmen Sie der Anleitung für das betreffende Projekt.

Zuschneiden
Schneiden Sie die Hintergrundstoffe in der gewünschten Weise auf, so wie später die Äste liegen sollen. Beginnen Sie mit einem diagonalen Schnitt von Ecke zu Ecke und führen Sie dann die Schnitte für die Seitenäste. Rücken Sie nach jedem Schnitt die Stoffteile etwas auseinander, ohne ihre Lage zu verändern. Sie brauchen für die Äste Streifen von ca. 2 cm Breite.

Tipp
Um die Teile während des Arbeitens immer wieder richtig zurücklegen zu können, markieren Sie die Außenkante jedes Stoffteils mit einem kleinen Bleistiftstrich (in der Abbildung rot markiert).

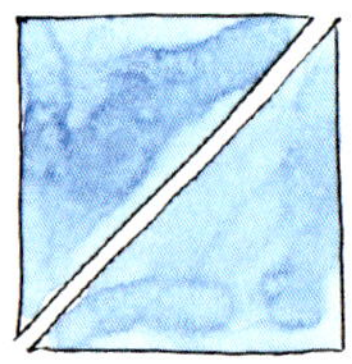

Quadrat diagonal teilen. Teile auseinanderrücken.

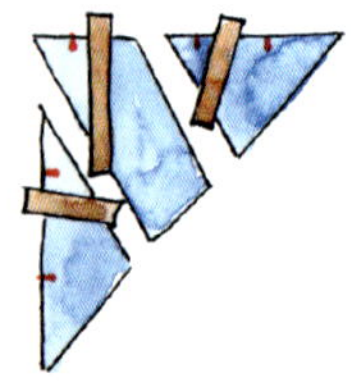

Zuerst die Zweige einsetzen, Nahtzugaben nach außen bügeln, überstehende Streifen kantenbündig nachschneiden.

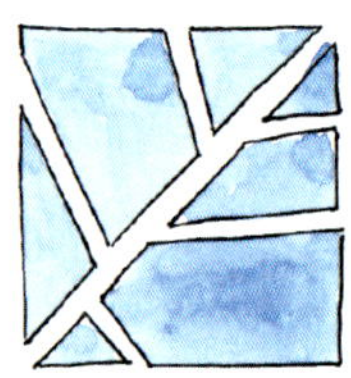

Seitliche Schnitte für die Äste, ausgehend von der Diagonale.

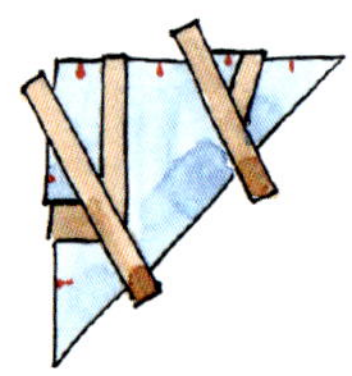

Äste einsetzen, Nahtzugaben nach außen bügeln, überstehende Streifen kantenbündig nachschneiden.

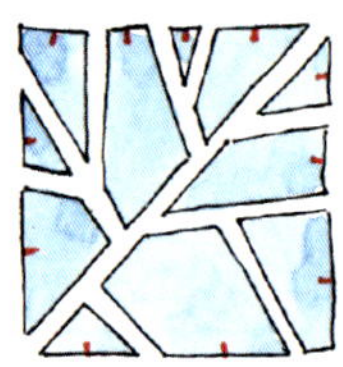

Schnitte für die Zweige, ausgehend von den Ästen. Außenkante jedes Teils mit einem kleinen Strich markieren.

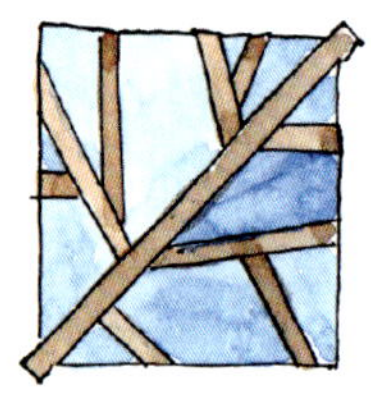

Zweite Hälfte nähen, zum Schluss den diagonalen Ast einsetzen. Quadrat exakt zuschneiden.

Kurze Zweige zuerst einsetzen
Beginnen Sie mit den zuletzt geschnittenen, kurzen Zweigen und setzen Sie hier dunkle Stoffstreifen ein. Lassen Sie die Streifen an den Enden jeweils 1–2 cm weit überstehen. Drücken Sie jede Naht mit dem Fingernagel flach oder bügeln Sie die Nahtzugaben sofort nach dem Nähen. Bügeln Sie die Nahtzugaben zum Hintergrundstoff hin. Schneiden Sie dann erst die überstehenden Enden der Streifen bündig entlang der Außenkante der Einheit ab. Achten Sie auf die Lage der Teile und verdrehen Sie sie nicht.

Längere Äste folgen
Legen Sie die fertigen Teile immer wieder in der richtigen Anordnung auf die Schneidematte neben der Nähmaschine. Sind alle kurzen Streifen eingenäht, setzen Sie die längeren Streifen als Äste ein.

Block zusammensetzen
Arbeiten Sie die zweite Blockhälfte auf die gleiche Weise. Bügeln Sie die beiden Hälften mit Dampf. Schneiden Sie die langen diagonalen Kanten mit dem Lineal gerade. Zuletzt nähen Sie einen Streifen in die Diagonale des Blocks und bügeln Sie die Nahtzugaben zum eingesetzten Streifen hin. Bügeln Sie den gesamten Block noch einmal und schneiden Sie ihn auf die erforderliche Größe zu (siehe Projekt).

LEKTION 10:
PASPELTECHNIK

Projekte: Kletterpflanzen

Die Paspeltechnik ist eine Variante der Revers-Applikation, auch „Mola" genannt, und wird mit der Maschine gearbeitet. Sie benötigen den Stoff für den Block bzw. die Applikation, einen farblich abgesetzten Paspelstoff und den Stoff, der dahinter, bzw. darunter liegt. Die Paspeltechnik eignet sich für geschlossene oder offene Formen, sowie für Applikationen. Farbe, Größe und Anzahl der Stoffteile entnehmen Sie der Anleitung für das betreffende Projekt.

Öffnung in Paspeltechnik

Legen Sie den Paspelstoff rechts auf rechts auf den Block. Zeichnen Sie die gewünschte Form (Federform, Blattform, Schneckenform) auf den Paspelstoff und nähen Sie auf der gezeichneten Linie entlang. Schneiden Sie beide Stoffen bis auf Nahtzugabenbreite ab. Zwicken Sie die Nahtzugaben in Abständen von 0,5–1 cm bis an die Naht ein, jedoch ohne den Faden der Naht zu verletzen. Ziehen Sie den Paspelstoff durch die Öffnung zur Rückseite und streichen Sie die Kante mit dem Fingernagel glatt. Es sieht sehr gut aus, wenn 1 mm des Paspelstoffes sichtbar bleibt.

Öffnung hinterlegen

Nun legen Sie den gewünschten Stoff für die Form hinter die Öffnung, stecken Sie ihn fest und nähen Sie knappkantig von der Vorderseite her um die Öffnung herum. Verwenden Sie dafür einen unauffälligen Faden in der Farbe der Quiltoberseite und stechen Sie nicht auf die Paspelkante. Am Schluss schneiden Sie die auf der Rückseite überstehenden Kanten von Paspel und Unterstoff unterschiedlich breit zurück, den Paspelstoff ca. 1 cm, den eingesetzten Stoff ca. 0,5 cm breit.

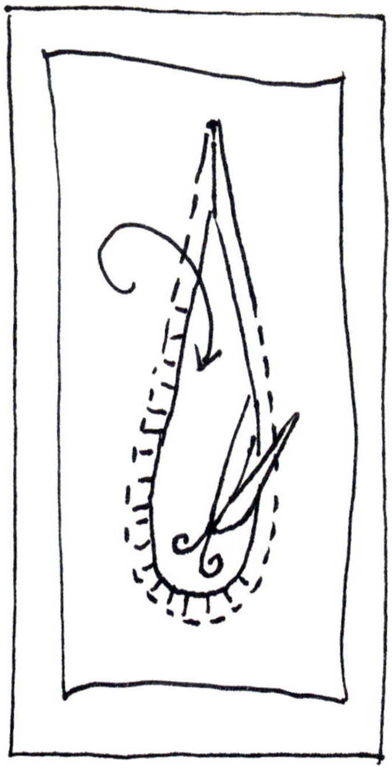

Paspelstoff rechts auf rechts auf das größere Hintergrund-Quadrat legen. Gewünschte Form aufzeichnen. Auf der Linie rundum nähen. In der Mitte beide Stofflagen herausschneiden. Nahtzugaben bis an die Naht einschneiden. Paspelstoff durch die Öffnung nach hinten ziehen. Kante bügeln.

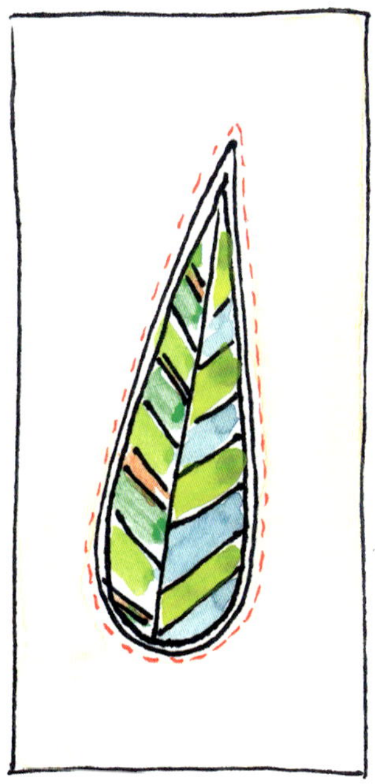

Gewünschten Stoff (hier zusammengesetzte Streifen) hinter die Öffnung stecken. Knappkantig mit unauffälliger Fadenfarbe rundum steppen.

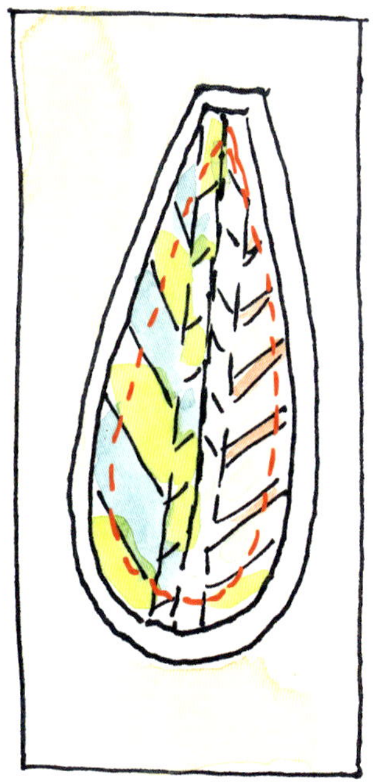

Von der Rückseite den überstehenden Stoff der Paspel bis auf ca. 1 cm, den überstehenden Stoff des eingesetzten Stoffes bis auf ca. 0,5 cm zurückschneiden.

PASPELTECHNIK

LEKTION 11:
NÄHEN MIT DER ZWILLINGSNADEL

Projekt: Ginkgoblatt

Mit der Zwillingsnadel lassen sich durch unterlegtes dickes Garn schöne plastische Linien arbeiten.

Vorbereitung

Setzen Sie eine Zwillingsnadel in den Nadelhalter ein. Verwenden Sie ein Füßchen mit breiter Einstichöffnung und eine normale Stichplatte mit breiter Einstichöffnung.

Setzen Sie zwei Rollen Oberfadengarn auf die beiden Rollenhalter. Ziehen Sie den ersten Faden durch die oberen Führungsösen, dann links an der Spannscheibe entlang, durch den Fadengeber, dann durch die linke Öse oberhalb der Nadel (wenn vorhanden) und durch die linke Nadel. Den zweiten Faden führen Sie durch alle Ösen, rechts an der Spannscheibe entlang, durch die rechte Öse oberhalb der Nadel (wenn vorhanden) und durch das Öhr der rechten Nadel. Legen Sie beide Fäden unter dem Nähfüßchen hindurch nach hinten.

Fädeln Sie den Unterfaden wie gewohnt in die Unterfadenkapsel ein und ziehen Sie ihn zur Oberfläche.

Führen Sie dickes Baumwollgarn (einfach oder doppelt gelegt) von unten her durch die Kammer der Unterfadenkapsel und durch das zentrale Loch der Stichplatte (nicht vorhanden bei Maschinen mit flach liegender Spule). Zum Einfädeln verwenden Sie eine dicke Wollnadel oder Sie führen normales Nähgarn mit einer Nähnadel von oben nach unten aus dem Kapselraum heraus, legen das Baumwollgarn in die Fadenschlinge und stechen die Nadel wieder nach oben. Ziehen Sie das dicke Garn an der Schlinge durch die Öffnung der Stichplatte. Lassen Sie die Klappe des Kapselraums offen, damit das Garn leicht gleiten kann.

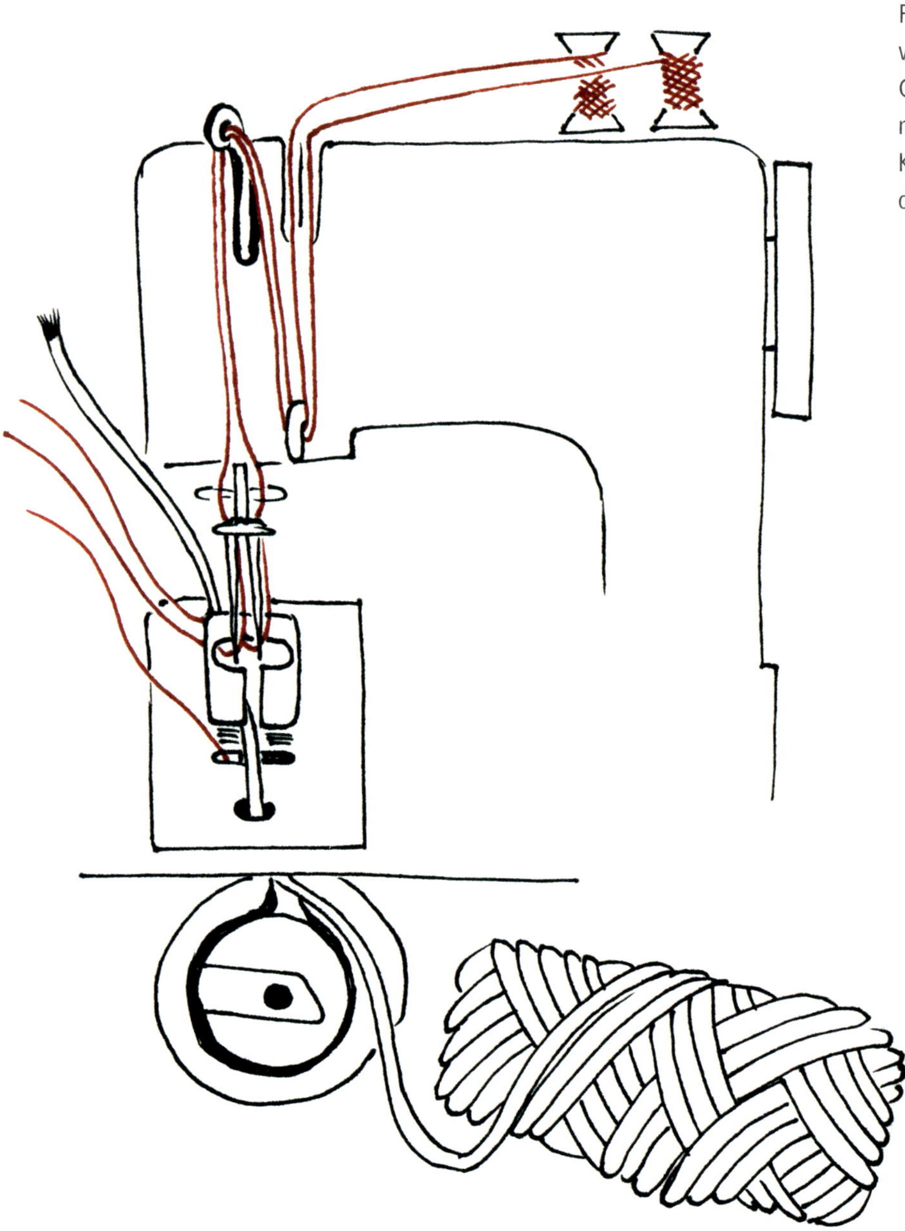

Zwei Garne in die Nähmaschine einfädeln, je einen durch die Ösen der beiden Nadelspitzen führen. Unterfaden wie gewohnt einlegen und zur Oberfläche ziehen. Dickes Häkelgarn von unten durch das Loch in der Stichplatte fädeln und darauf achten, dass beim Nähen das Garn nicht eingeklemmt wird.

Bei Nähmaschinen mit liegender Spulenkapsel gibt es eine so genannte Biesenzunge, ein kleines Blech mit mittig geformter „Nase", durch welche der dicke Faden geführt werden kann.

Eine Alternative dazu ist, unter die zur Nadel weisenden Kante der Stichplatte einen ca. 8 cm langen Faden, den Sie zu einer kleinen Schlaufe gelegt haben, einzuklemmen. Führen Sie das dicke Baumwollgarn von vorn nach hinten durch diese Schlaufe.

Nähen

Beginnen Sie langsam zu nähen und arbeiten Sie mit mittellangen Stichen (Einstellung 2,5–3). Die beiden Oberfäden begrenzen das dicke Garn rechts und links, der Unterfaden führt im Zickzack hin und her und schließt das Baumwollgarn ein. Die plastische Linie lässt sich auch in Wellenlinien arbeiten und kann sich überkreuzen. In diesem Fall langsam über die Kreuzung nähen.

Es sind Kreise und Kurven möglich, sie dürfen jedoch nicht zu eng sein. Für eine Spitzkehre heben Sie die Nadeln aus dem Stoff und das Füßchen hoch, drehen Sie den Stoff, senken das Füßchen wieder und nähen Sie dann in der neuen Richtung weiter.

Anfang und Ende

Nähen Sie an Anfang und Ende über ein kleines Stück Stoff (die „Fadenmaus") und schneiden Sie die Fäden dazwischen ab. Schneiden Sie stets hinter der Nadel ab, nicht davor.

Quilten

Solche Zwillingsnadellinien müssen noch vor dem Quilten gearbeitet werden, damit die Rückseite innerhalb des Quilts liegt. Erst dann können Sie die Lagen montieren und die Bereiche zwischen den Linien mit Quiltmuster füllen.

Tipp

Testen Sie zuerst auf einem Probestoff. Wenn sich eine Längsfalte auf der genähten Linie bildet, verwenden Sie eine Zwillingsnadel mit schmalerem Abstand und/oder nehmen Sie das Baumwollgarn doppelt und/oder arbeiten Sie mit doppelter Stofflage.

Tipp

Manche Projekte können Sie mit durchsichtigem Stoff arbeiten. Legen Sie starkfarbiges Baumwollgarn darunter. Sie erhalten einen zarten Farb-Effekt. Sie werden dafür wahrscheinlich eine besonders schmale Zwillingsnadel benötigen

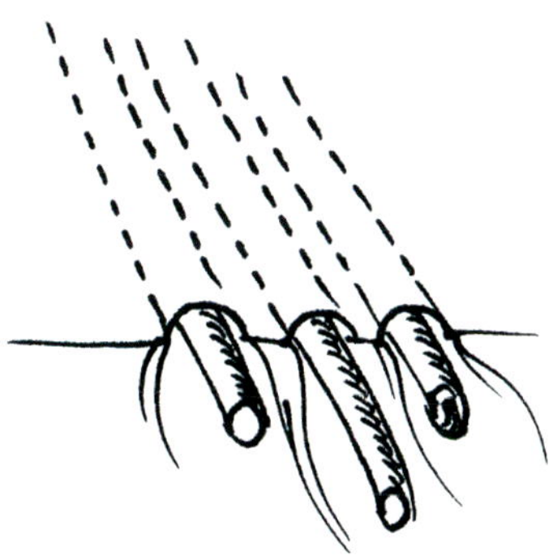

Oberseite der Arbeit.

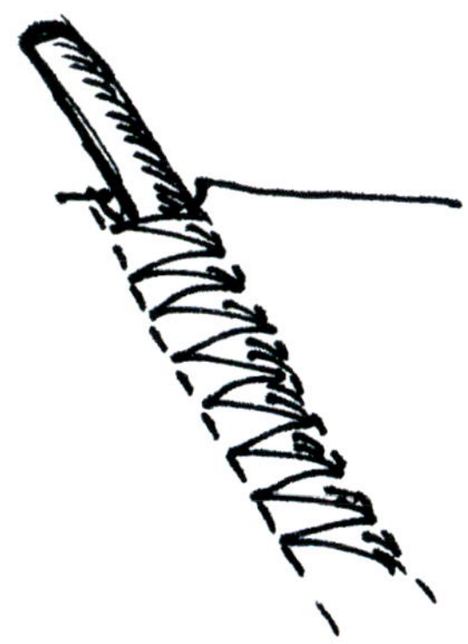

Unterseite der Arbeit.

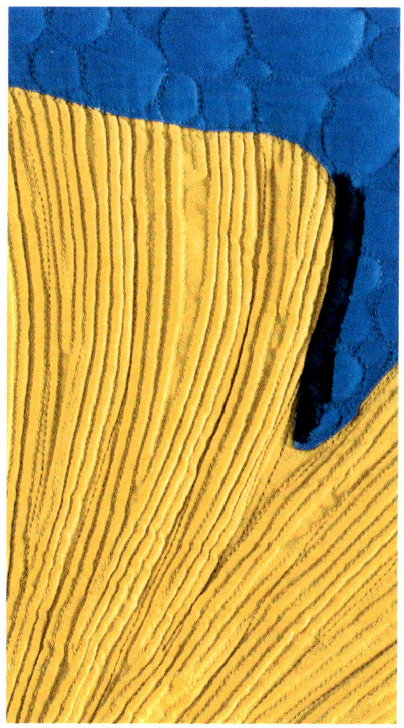

NÄHEN MIT DER ZWILLINGSNADEL

LEKTION 12:
KLEBEAPPLIKATION

Projekt: Gartenbewohner

Farbe, Größe und Anzahl der Stoffteile entnehmen Sie der Anleitung für das betreffende Projekt.

Hier ist eine kreative Methode der Klebeapplikation beschrieben, bei der Sie gut ohne Schablonen arbeiten. Sie eignet sich für die Verarbeitung sehr kleiner Stoffteile und für frei gestaltete Motive.

Tipp

Kaufen Sie das „Anti-Haft-Backpapier". Daran bleiben keine Klebstoffreste haften und Sie können es sehr oft verwenden.

Stoffe vorbereiten

Legen Sie Klebevlies mit der Klebeseite nach oben auf das Bügelbrett und platzieren Sie Ihre Stoffstücke mit der linken Seite nach unten dicht an dicht darauf. Breiten Sie einen Bogen Backpapier darüber und bügeln Sie heiß und trocken. Sobald die Stoffe haften, nehmen Sie das Backpapier ab. Lassen Sie die Stoffe abkühlen. Schneiden Sie dann die Stoffteile mitsamt der Papierschicht auseinander und schneiden Sie die überstehenden Papierränder bis an den Stoff heran weg. Benutzen Sie für die nächsten Stoffteile einen frischen Bereich des Backpapiers, da viel Klebesubstanz daran hängen bleibt. Öfters verwenden können Sie das Anti-Haft-Backpapier.

Sie haben nun viele Stoffteile, an deren Rückseite die Papierschicht des Klebevlieses haftet. Aus diesen versteiften Stoffteilen lassen sich mit der Schere die Motive bequem ausschneiden.

Motive ausschneiden

Entscheiden Sie sich für eine Stofffarbe und schneiden Sie ein Motiv oder Motivteil aus. Es ist praktisch, direkt von der Stoffseite her zuzuschneiden, denn Sie brauchen dann das Motiv nicht zu spiegeln und Sie können manchmal geeignete Druckmuster berücksichtigen.

Tipp

Für diese Art der frei geschnittenen Klebeapplikation eignen sich einfache Motive mit klaren Formen: Schneckenhäuser, kleine Vögel, Schmetterlinge, Blumen, Äste, Blätter, Kreise aller Art, Spiralen, Früchte und Ähnliches.

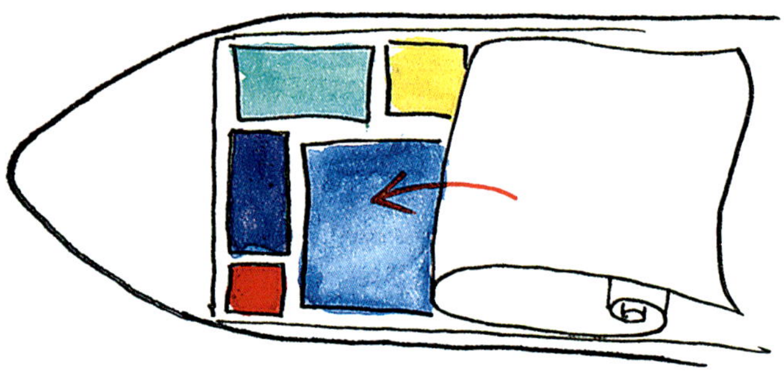

Stoffstücke mit Hilfe von aufgelegtem Backpapier auf die Klebeseite von Klebevlies aufbügeln.

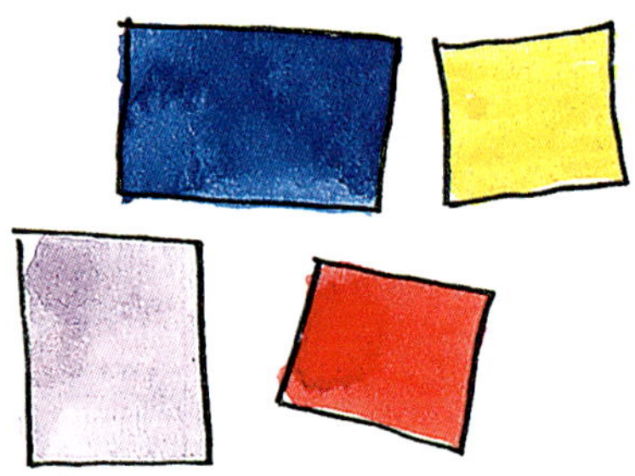

Stoffteile einzeln abschneiden und bereitlegen.

Applikation auflegen

Wenn Sie alle Teile des gewünschten Motivs auf den Hintergrund gelegt haben, nehmen Sie das Applikationsteil wieder zur Hand. Ritzen Sie mit einer Nadelspitze oder der Spitze einer Scherenklinge die Papierschicht mittig ein. An dieser Stelle können Sie nun das Papier gut greifen und abziehen. Auf diese Weise zerstören Sie nicht die Kanten. Legen Sie den Stoff mit der nun freiliegenden Klebeseite wieder auf den Hintergrundstoff.

Applikation festbügeln

Arrangieren Sie alle ausgeschnittenen Motivteile wieder auf dem Hintergrundstoff. Beachten Sie, welches Teil über oder unter einem anderen Teil liegen muss. Dann breiten Sie wieder Backpapier darüber und bügeln Sie heiß und trocken, bis alle Stoffstücke fest haften. Lassen Sie die Stoffe abkühlen.

Applikation umnähen

Sie müssen diese Stoffstücke zusätzlich fixieren, denn sie würden sich beim Waschen wieder ablösen. Nähen Sie deshalb in freier Nähtechnik um die Kanten oder maschinengeführt mit einem Zierstich Ihrer Nähmaschine.

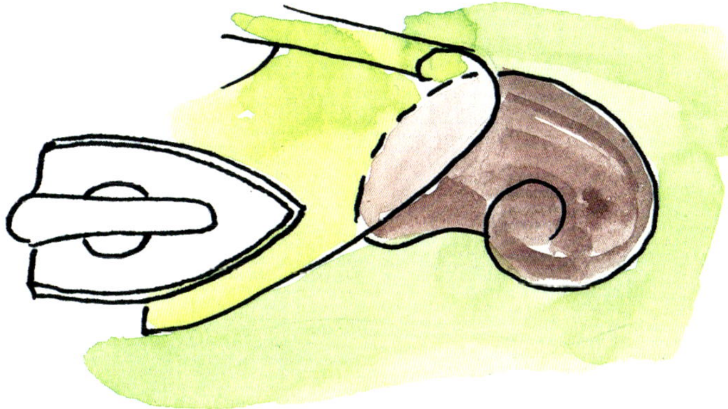

Applikationsteile zuschneiden, entweder nach Schablone oder ganz frei. Die einzelnen Teile auf dem Hintergrundstoff anordnen. Jeweils das Trägerpapier von der Rückseite abziehen.

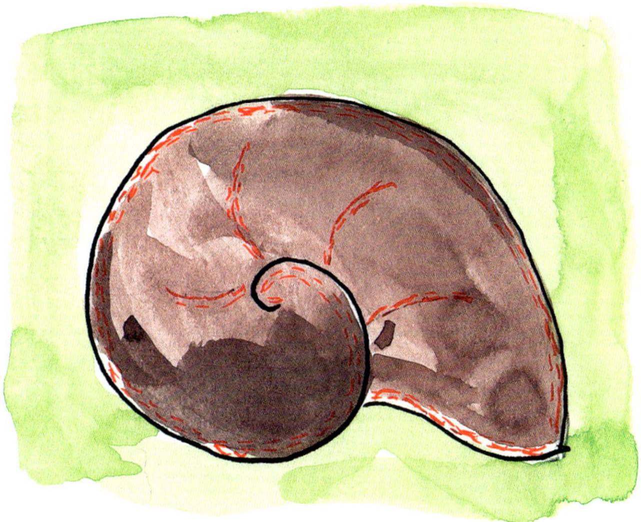

Stoffteil wieder an die ursprüngliche Stelle zurücklegen. Stoffteile festbügeln. Zur Sicherheit Backpapier darüberlegen. Umrisse frei umnähen.

KLEBEAPPLIKATION

LEKTION 13:

STREIFEN AUF BASISSTOFF

Projekte: Südseemuscheln, Südseemuschel-Kissen

Das Nähen auf Unterstoff hat den Vorteil, dass viele unterschiedliche Stoffreste und Stoffmaterialien verarbeitet werden können. Der Unterstoff hält die Nähte stabil und sorgt für festen Halt, macht aber den fertigen Quilt etwas schwer. Farbe, Größe und Anzahl der Stoffteile entnehmen Sie der Anleitung für das betreffende Projekt.

Vorbereitung

Schneiden Sie den Unterstoff im angegebenen Maß zu. Die aufzunähenden Stoffe können Reste jeglicher Größe und Form oder gleichmäßige Streifen sein. Leeren Sie Ihre Stoffkisten! Zeichnen Sie mit hartem Bleistift und mit Lineal mehrere Linien auf. Entweder diagonal (wie bei den Südseemuscheln) oder gerade.

Streifen auf Basisstoff nähen

Beginnen Sie in der Mitte des Basisstoffs. Stecken Sie Streifen 1 entlang der ersten Linie fest. Legen Sie Streifen 2 rechts auf rechts entlang der rechten Kante von Streifen 1. Nähen Sie an der rechten Kante füßchenbreit entlang. Falten Sie Streifen 2 auf und bügeln Sie die Naht.

Legen Sie Streifen 3 an die linke Längskante von Streifen 1, nähen Sie ihn fest und falten Sie ihn auf. Nähen Sie Streifen für Streifen fest, bis die Fläche des Basisstoffs vollständig bedeckt ist. Schneiden Sie die über den Rand des Basisstoffes hinaus ragende Stoffteile zurück.

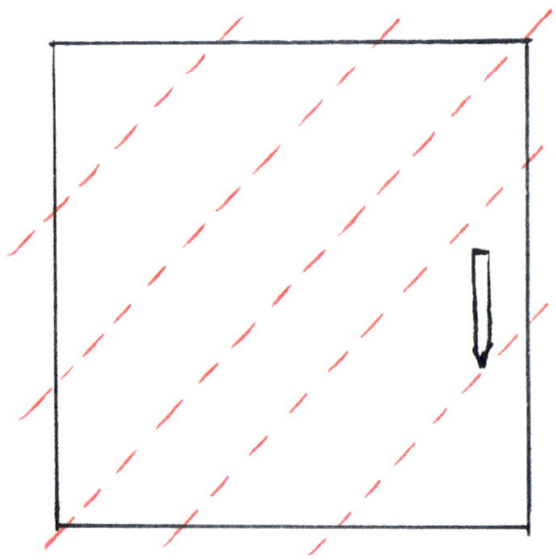

Basisstoff vorbereiten: Linien einzeichnen.

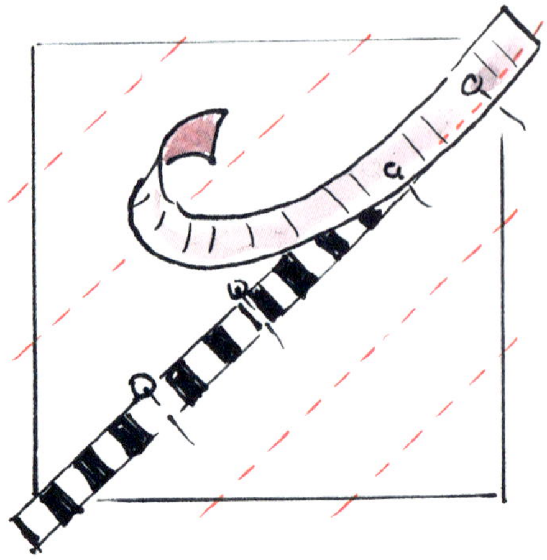

Ersten Streifen aufstecken, den nächsten rechts auf rechts darüberlegen und an der Längskante annähen.

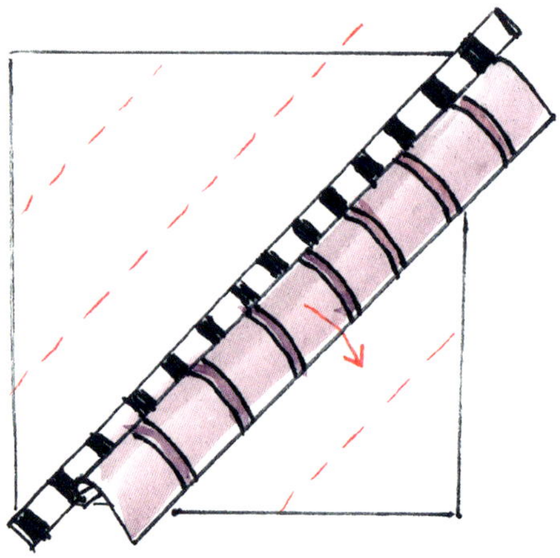

Streifen auffalten und bügeln.

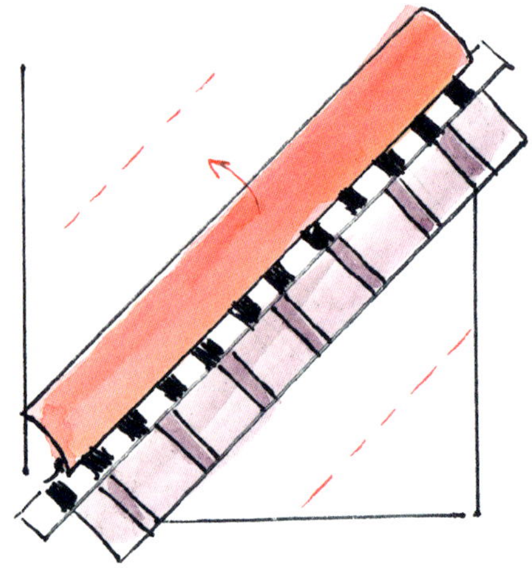

Nächsten Streifen auf der anderen Seite des mittleren Streifens anfügen.

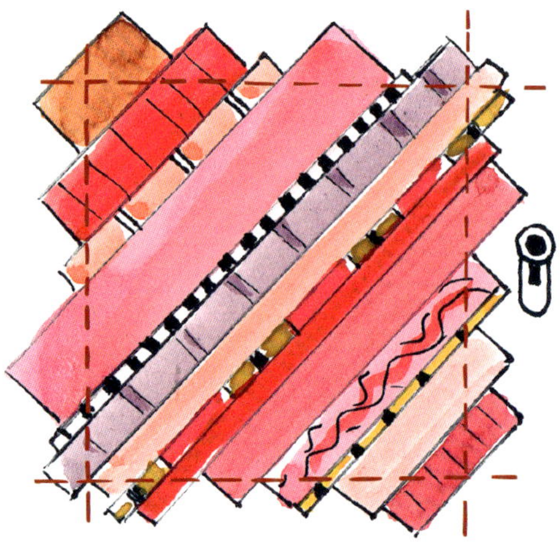

Alle Streifen aufnähen, bis die ganze Fläche bedeckt ist. Überstehenden Stoff an den Kanten zurückschneiden.

LEKTION 14:
CRAZY AUF BASISSTOFF

Projekt: Blaue Ringe

Farbe, Größe und Anzahl der Stoffteile entnehmen Sie der Anleitung für das betreffende Projekt.

Vorbereitung

Schneiden Sie den Basisstoff im angegebenen Maß zu. Die aufzunähenden Stoffe können Reste jeglicher Größe und Form oder gleichmäßige Streifen sein. Leeren Sie Ihre Stoffkisten!

Nähreihenfolge für Crazy-Patchwork

Die Patchworkstoffe werden nun auf diesen Unterstoff aufgenäht. Beginnen Sie mit Teil 1. Dies könnte z. B. ein unregelmäßiges Viel-Eck sein. Legen Sie Teil 1 auf die dafür vorgesehene Stelle des Blockes. Stecken Sie es ggf. dort fest. Legen Sie nun Teil 2 rechts auf rechts entlang einer der Seitenkanten von Teil 1 und nähen Sie füßchenbreit entlang dieser Kante. Beginnen und enden Sie auf Höhe der Kanten von Teil 1. Klappen Sie Teil 2 auf und streichen Sie die Naht aus. Schneiden Sie überstehenden Stoff von Teil 2 in Verlängerung der Kanten von Teil 1 ab.

Nun nähen Sie Teil 3 entlang einer der Kanten der Einheit 1–2 fest, klappen Teil 3 auf und streichen Sie die Naht aus. Teil 3 kann auch ganz unabhängig an eine andere Kante von Teil 1 genäht werden. Die Reihenfolge ist bei jedem Block anders. Nähen Sie zu Beginn die kleinen Reste an die kurzen Nähte, danach folgen die größeren Reste. Sind keine ausreichend großen Stoffstücke mehr da, können Sie mehrere zu einem größeren Stück zusammensetzen. Achten Sie auf das Gesamtbild.

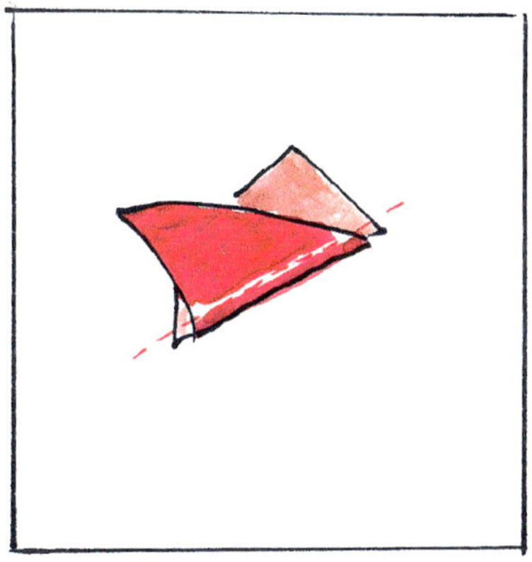

Teil 2 an eine Kante von Teil 1 nähen.

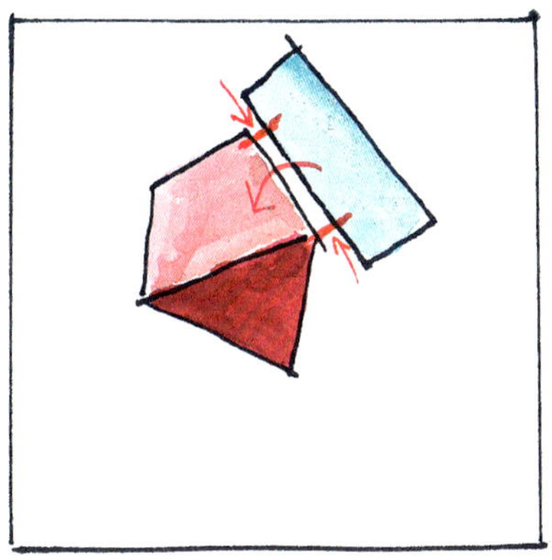

Teil 2 auffalten. Teil 3 an eine Kante von Teil 1 (oder 2) anfügen. Nur von Anfang bis Ende der unten liegenden Kante nähen.

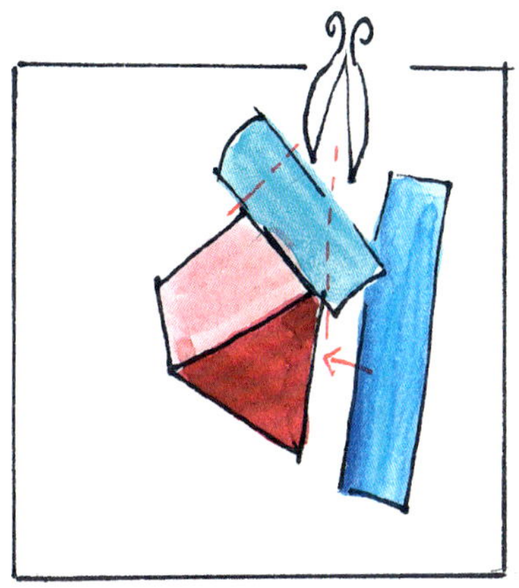

Teil 3 auffalten. Die Enden von Teil 3 in Verlängerung der unten liegenden Kanten nachschneiden. Dann Teil 4 anlegen.

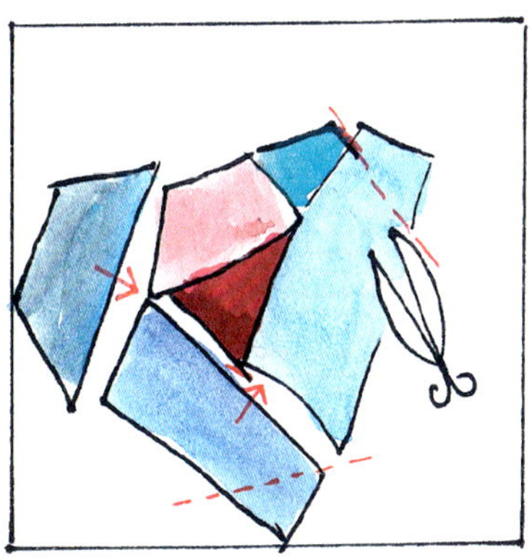

Weitere Teile rundum anfügen. Immer die Enden in Verlängerung der vorigen Kanten nachschneiden. Einzelne Ecken abschneiden, um die Form zu runden.

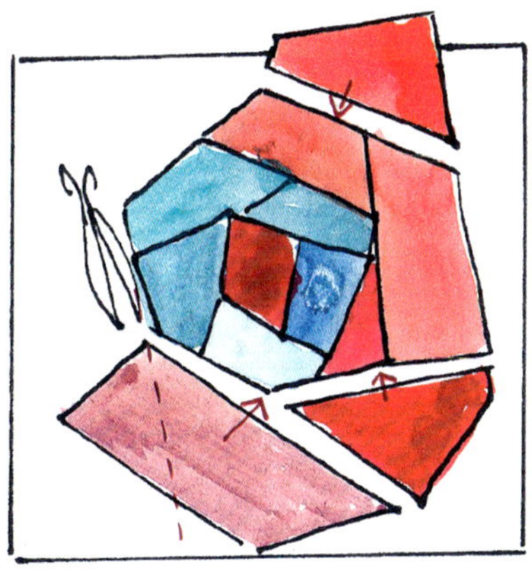

Block mit verschiedenen Stücken Rot auffüllen, bis der Basisstoff bedeckt ist. Jeweils die Ecken nachformen.

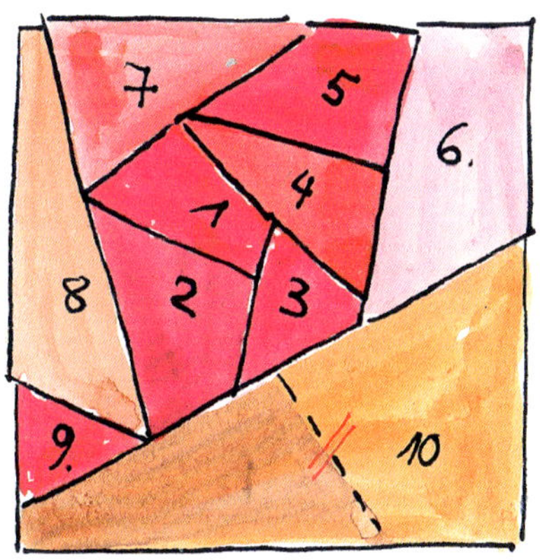

Block bügeln. Überstehende Teile abschneiden. Den Block im gewünschten Maß zuschneiden.

LEKTION 15:
RATIONELLES ZUSAMMENSETZEN

Diese rationelle Technik eignet sich für Blöcke mit rechten Winkeln, also Quadrate und Rechtecke, die in Längs- und Querreihen liegen.

Arrangieren Sie die Blöcke Ihres Quilts auf der Arbeitsfläche oder dem Fußboden, so wie Ihnen die Anordnung gefällt.

Nummerieren Sie in Gedanken die Längsreihen 1, 2, 3 usw. Markieren Sie die obersten Blöcke jeweils mit einer Stecknadel.

Legen Sie die Blöcke von Reihe 2 nach links, rechts auf rechts über die Blöcke von Reihe 1.

Wenn Sie ein großes Projekt arbeiten und die Stoffe von einem Zimmer ins andere transportieren müssen, stapeln Sie die zusammengelegten Blöcke etwas versetzt übereinander. Beginnen Sie mit den unteren Blockpaaren und platzieren Sie die nächsten darüberliegenden Blockpaare darauf. Zum Transport eignet sich das große Quiltlineal. Legen Sie die Reihe links neben Ihre Nähmaschine. Kurze Wege zwischen Arbeitsplatz und Nähmaschine helfen, das Verdrehen der Blöcke zu vermeiden.

Beginnen Sie mit dem oben liegenden ersten Blockpaar. Nähen Sie exakt füßchenbreit an den rechten Kanten der Blockpaare entlang. Schneiden Sie die Fäden zwischen den Blöcken NICHT ab (= Kettennähen).

Schließen Sie nun die Quernähte der Blockkette. Beginnen Sie bei den beiden untersten Paaren. Legen Sie das erste Paar rechts auf rechts auf das nächste und nähen Sie die Kanten füßchenbreit zusammen. An der Nahtkreuzung drücken Sie eine Nahtzugabe nach oben, die andere nach unten.

Fahren Sie so fort und achten Sie darauf, dass immer das fertig genähte Teil der Doppelreihe stets oben liegt und das nächste anzunähende Paar unten. Dadurch haben Sie die Nahtzugaben im Blick und wissen, in welche Richtung die folgende Nahtzugabe gedrückt werden muss.

Arbeiten Sie die Doppelreihe fertig und bügeln Sie alle Nahtzugaben der Quernähte nach unten. Die anfangs angebrachte Stecknadel hilft Ihnen, das „Oben" der Reihe zu finden.

Nähen Sie weitere Doppelreihen aus den Reihen 3 und 4, 5 und 6 usw.

Bügeln Sie die Nahtzugaben der Quernähte der zweiten Doppelreihe alle nach oben, die der dritten alle wieder nach unten usw.

Besteht Ihr Quilt aus einer ungeraden Zahl von Reihen, arbeiten Sie die letzten drei wie folgt: Die Längsnähte der vorletzten beiden Reihen wie beschrieben zusammensetzen und noch bevor Sie die Quernähte schließen, setzen Sie die Blöcke der letzten Reihe an. Schneiden Sie die Fäden zwischen den Blöcken nicht ab. Die Quernähte reichen in diesem Fall über die Breite von drei Blöcken.

Sind alle Doppelreihen fertig, setzen Sie diese aneinander. Die gebügelten Nahtzugaben liegen jetzt immer in entgegengesetzten Richtungen und ergeben flache Nahtkreuzungen.

Am Schluss bügeln Sie die gesamte Quiltoberfläche zuerst von links, dann von rechts.

Tipp
Befeuchten Sie die Nähte vor dem Bügeln mit einer Blumenspritze. Bügeln Sie zuerst von links, um die Nahtzugaben in die richtige Richtung zu legen. dann von rechts. Ziehen Sie die Nähte dabei etwas auseinander.

Vorteile
Das systematische, versetzte Stapeln erlaubt Ihnen, die Quiltoberseite in einem anderen Raum auszulegen als dort, wo Sie die Nähmaschine stehen haben. Transportieren Sie die gestapelten Bockreihen auf dem langen Quiltlineal wie auf einem Tablett.

Durch das systematische Zusammenlegen und Stapeln wird das Risiko, einen der Blöcke zu verdrehen, auf ein Minimum reduziert.

Das Kettennähen, bei dem die Fäden zwischen den Blöcken nicht abgeschnitten werden, verhindert das Verdrehen der Blöcke.

Liegen die gestapelten Blöcke links der Nähmaschine, haben Sie den kürzesten „Weg" zur Nadel. Auch das hilft, ein Verdrehen zu vermeiden.

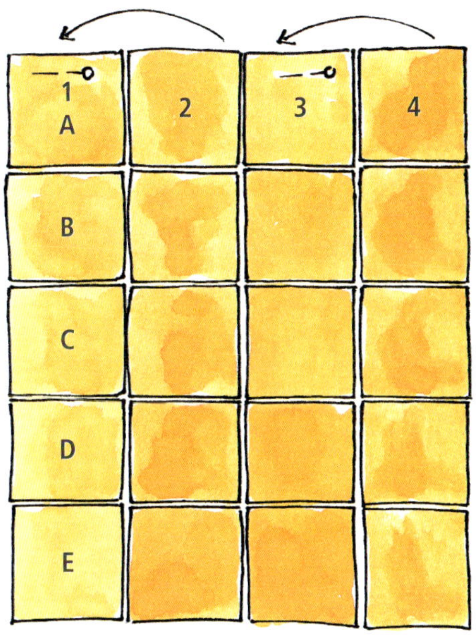

Blöcke jeder rechten Reihe rechts auf rechts über die linke Reihe legen.

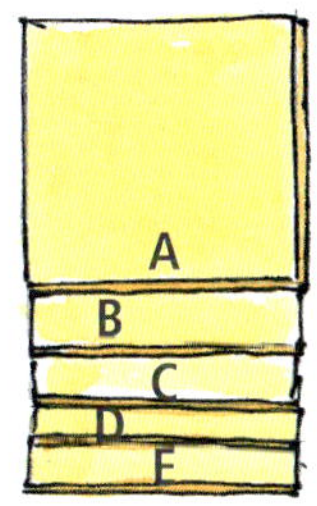

Blockpaare staffeln. Unten beginnen. Das obere Paar liegt zuoberst.

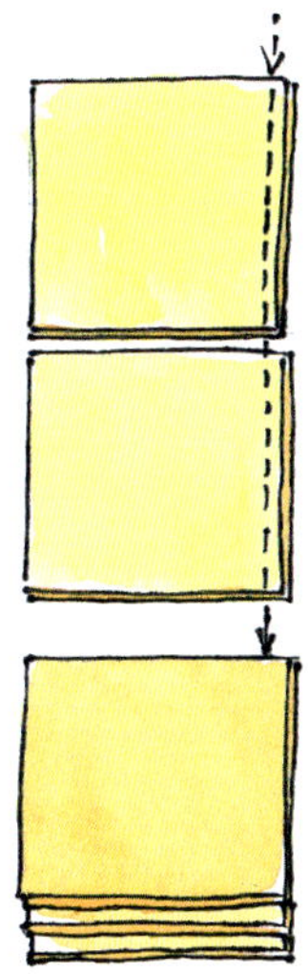

Blockpaare entlang der rechten Kante zusammennähen.

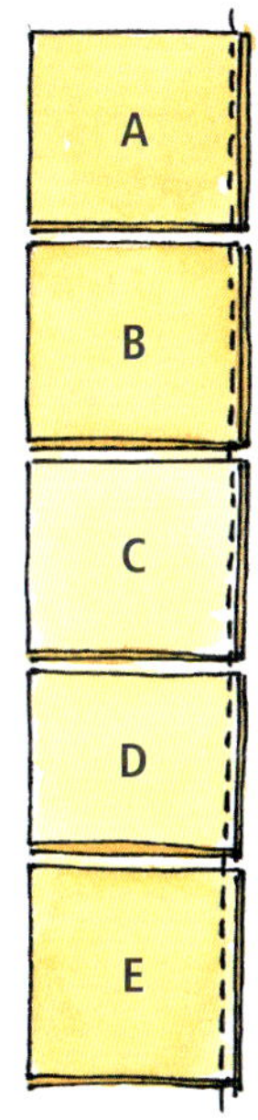

Fäden zwischen den Paaren NICHT abschneiden.

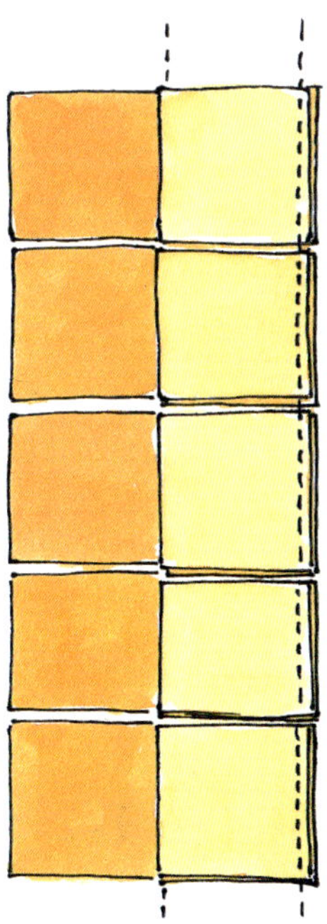

Lösung für die letzten drei einer ungeraden Anzahl von Reihen.

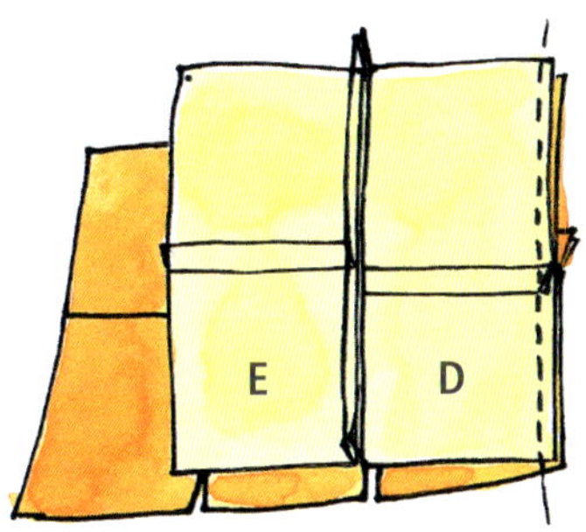

Paare mit Quernähten verbinden. Am untersten Paar beginnen.

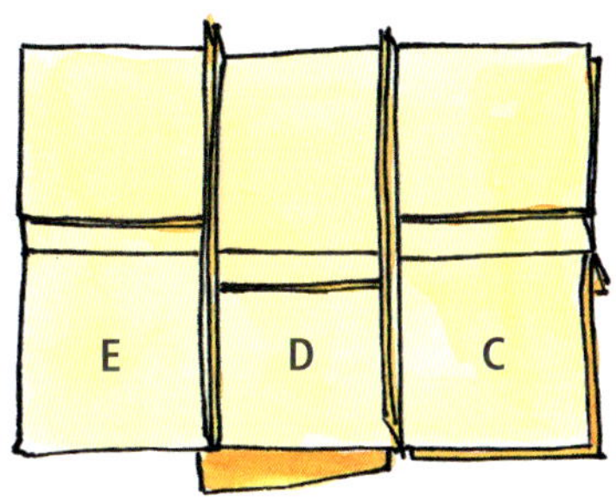

Die genähten Paare liegen jeweils oben. Nahtzugaben in entgegengesetzte Richtungen drücken.

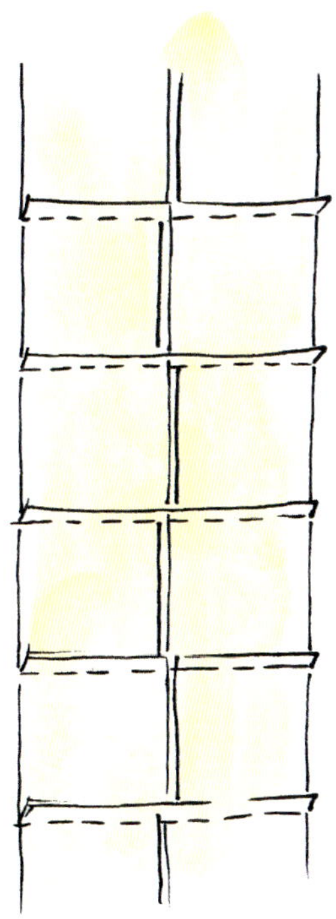

Die Quernähte der ersten Doppelreihe alle nach unten bügeln, die der nächsten Doppelreihe nach oben bügeln, die nächste wieder nach unten usw.

RANDBORDÜREN

LEKTION 16:
RANDBORDÜREN

Quilt ausmessen

Nehmen Sie das Maß Ihres Quilts grundsätzlich quer und längs durch die Mitte der fertigen, gebügelten Oberfläche, nie entlang des Randes. Die Länge der Randstreifen richtet sich nach diesen Maßen. Messen Sie die Quiltfläche zur Sicherheit nach dem Annähen jedes Randstreifens erneut nach.

Randbordüre mit geraden Ecken

Begradigen Sie, wenn nötig, die Kanten der Quilt- oder Kissenoberseite. Legen Sie eine passende Streifenbreite fest und schneiden Sie die Randstreifen zu. Setzen Sie mehrere Streifen aneinander, bis die benötigte Länge erreicht ist. Nähen Sie die Randstreifen zuerst an die beiden langen Seiten des Quilts. Die Streifen für Ober- und Unterkante werden zuletzt angenäht. Die Länge der Streifen für Ober- und Unterkante ergibt sich aus dem Maß der Quiltkante plus der angenähten Streifen. Messen Sie dafür den Quilt erneut quer durch die Mitte.

Randbordüre mit Ecksteinen

Ecksteine sind in der Regel quadratisch und grundsätzlich so groß wie der Randstreifen breit ist. Schneiden Sie die Randstreifen genau so lang zu wie das Maß der Quiltkanten. Setzen Sie an beide Enden der Streifen für Ober- und Unterkante jeweils einen Eckstein. Bügeln Sie die Nahtzugaben zum Streifen hin. Nähen Sie zuerst die Streifen an die langen Seiten des Quilts und bügeln Sie die Nahtzugaben nach außen. Dann nähen Sie die beiden Streifen mit angesetzten Ecksteinen an Ober- und Unterkante des Quilts.

Randbordüre mit diagonalen Ecken

Begradigen Sie, wenn nötig, die Kanten der Quilt- oder Kissenoberseite. Legen Sie eine passende Streifenbreite fest und schneiden Sie die Randstreifen zu. Setzen Sie notfalls mehrere Streifen aneinander, bis die benötigte Länge erreicht ist. Die Länge errechnet sich folgendermaßen: Länge der Quiltkante plus zweimal die Breite des Randstreifens, plus zweimal die Nahtzugabe, plus ca. 5 cm Sicherheitszuschlag.

Nähen Sie die Randstreifen an die vier Kanten der Quiltoberfläche. Richten Sie die Randstreifen mittig aus, so dass an beiden Seiten gleich viel übersteht. Beginnen und enden Sie die Naht im Eckpunkt und verriegeln Sie sie dort. Nähen Sie nicht über die Nahtzugabe hinweg. Bügeln Sie die Nahtzugaben nach außen.

Falten Sie die Quiltoberseite rechts auf rechts diagonal und verlängern Sie die Diagonale mittels eines Lineals über die Randstreifen hinaus. Nähen Sie auf dieser Linie, wieder nur bis zum Eckpunkt. Schneiden Sie überflüssigen Stoff der Ecke ab.

Bügeln Sie die Nahtzugaben auseinander. Arbeiten Sie alle vier Ecken des Quilts in dieser Weise.

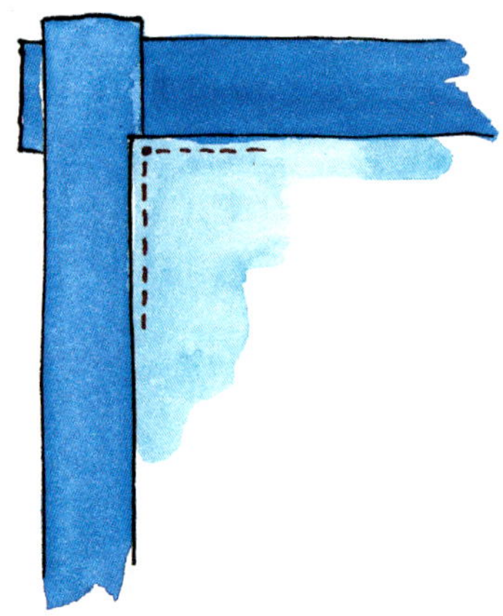

Diagonale Ecke: Bis an den Eckpunkt nähen.

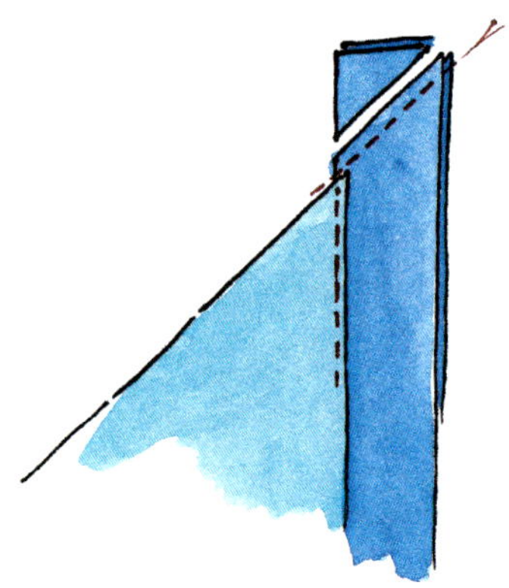

Quilt diagonal falten. Linie entlang des Falzes über den Randstreifen hinaus verlängern. Nähte im Randstreifen schließen. Überstehende Ecke abschneiden.

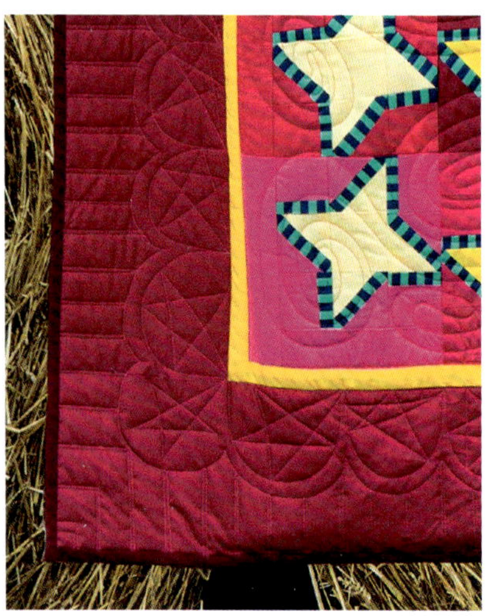

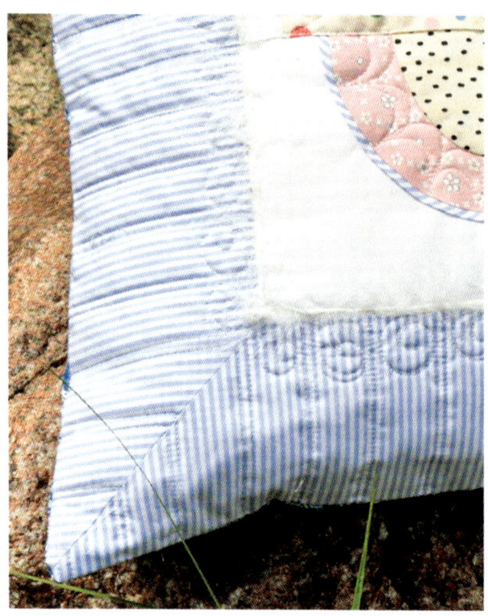

LEKTION 17:
QUILT MONTIEREN

Bügeln Sie die fertig genähte Quiltoberseite sorgfältig. Bereiten Sie eine Quiltrückseite vor, die an allen Seiten etwa 10 cm größer ist als die Quiltoberseite. Ebenso groß muss das Vlies sein.

Tipp
Wenn Sie den Quilt einer Longarm-Quilterin zur Bearbeitung geben, lassen Sie alle Lagen einzeln. Sie brauchen den Quilt nicht zu montieren.

Breiten Sie den Rückseitenstoff mit der rechten Seite nach unten auf einer großen Arbeitsfläche aus und fixieren Sie die Ecken mit Klebeband. Legen Sie darüber die Vliesfläche und streichen Sie sie glatt.

Die Quiltoberfläche wird mit der rechten Seite nach oben darübergelegt und von der Mitte aus zu den Kanten hin glatt gestrichen.

Heften Sie in handbreiten Abständen quer über die Quiltfläche. Stechen Sie mit der langen Heftnadel bis auf die Tischfläche oder auf den Boden durch und bringen Sie die Nadelspitze nach oben, ohne dass Ihre Hand unter den Quilt geführt wird. So vermeiden Sie Falten und Verschiebungen. Arbeiten Sie wenn möglich von der Mitte der Quiltfläche nach außen, oder beginnen Sie entlang einer Außenkante. Setzen Sie Heftreihe für Heftreihe fort bis zur gegenüberliegenden Kante. Dabei können Sie eventuelle Falten zur noch offenen Kante hin schieben.

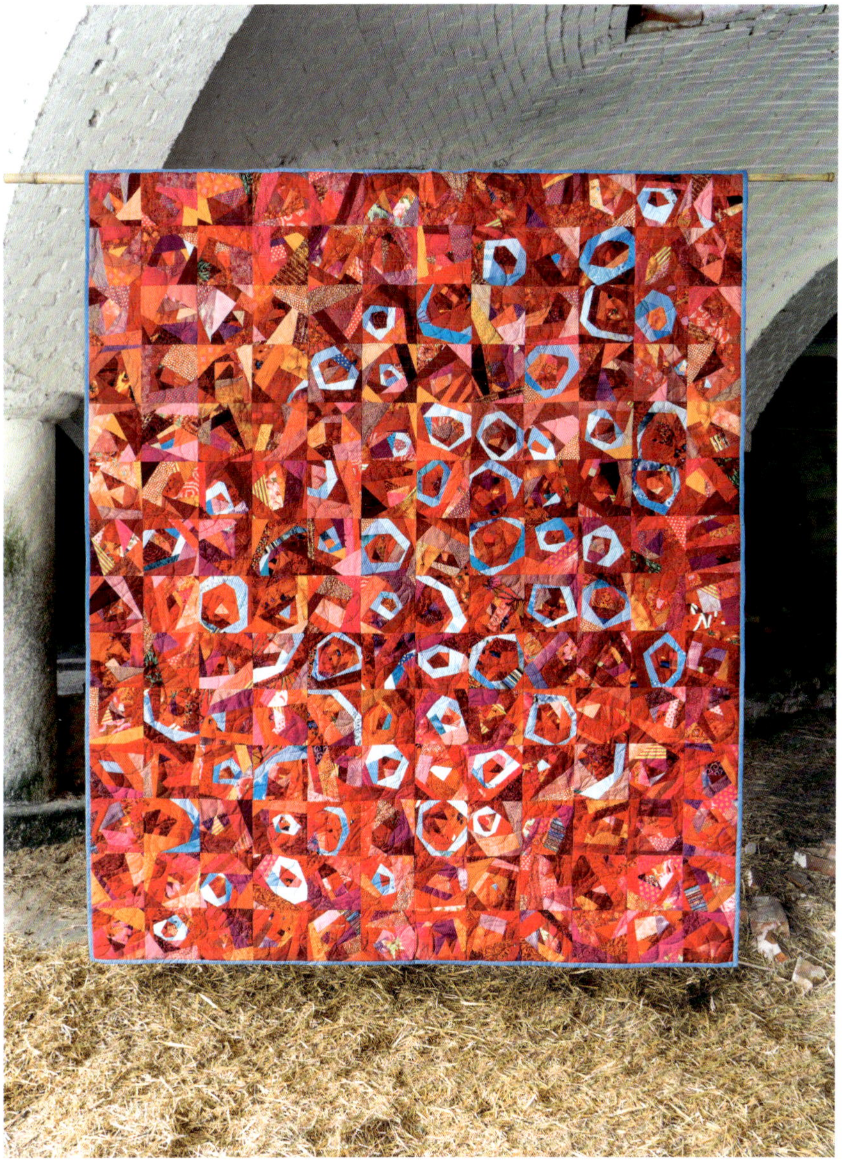

Schneiden Sie überstehenden Rückseitenstoff und Vlies bis auf ca. 2 cm an die Kante der Quiltoberseite zurück. Quilten Sie jetzt das Projekt von Hand oder mit der Maschine.

Tipp
Für Wandquilts verwende ich gerne einen festen Rückseitenstoff, damit der Quilt schwer und glatt hängt.

LEKTION 18:
QUILTEN MIT DER NÄHMASCHINE

Maschinengeführtes Quilten
Benutzen Sie den Stofftransport Ihrer Maschine. Nähen Sie entlang von vorgezeichneten geraden Linien (z. B. für Rasterquilten) oder im Schatten der Naht (bei Randstreifen angewendet). Benutzen Sie Ober- und Unterfaden in der gleichen Farbe.

Freies Maschinenquilten
Setzen Sie den Stopffuß der Nähmaschine. Versenken Sie den Stofftransport oder/und stellen Sie den Druck der Nadelstange auf 0. Fädeln Sie als Ober- und Unterfaden gleiches Garn ein, und lockern Sie ggf. die Oberfadenspannung ein wenig. Stellen Sie den Geradstich ein. Die Einstellung der Stichlänge ist ohne Belang. Die drei Lagen des Quilts sind aufeinandergeheftet oder mit Sprühzeitkleber aufeinandergeklebt. Üben Sie zuerst mit einem Probestück.

Senken Sie den Nähfuß (dies ist wegen der Fadenspannung wichtig). Bei manchen Maschinentypen ist der Nähfuß halb zu senken. Geben Sie nun gleichmäßig „Gas" mit dem Fußpedal und führen Sie den Quilt mit beiden Händen, die rechts und links der Nadel liegen, unter der Nähmaschine hindurch.

Arbeiten Sie mit relativ hoher Nähgeschwindigkeit. Üben Sie zuerst, Schlangenlinien zu quilten, die Sie bis zum so genannten Stippling in Mäanderlinien ausweiten. Mit etwas Übung werden die Stiche gleich lang und Ihre Bewegungen gleichmäßig. Die Fäden an Anfang und Ende der Quiltlinie verankern Sie mit einigen Stichen auf der Stelle oder Sie ziehen sie auf die Rückseite des Quilts und verknoten sie dort.

Beim Stippling führt eine geschwungene Linie mäanderförmig dicht über die Fläche und überkreuzt sich nicht. Erfinden Sie weitere Flächenmuster: verschlungene Kreise, Kringel, Flammen, Gräser, Dreiecke, Vierecke, Wasserlinien, Tropfen, Spiralen, Bögen, Ranken, Blüten, Blätter. Arbeiten Sie in einer fortlaufenden Linie und unterbrechen Sie die Arbeit so selten wie möglich.

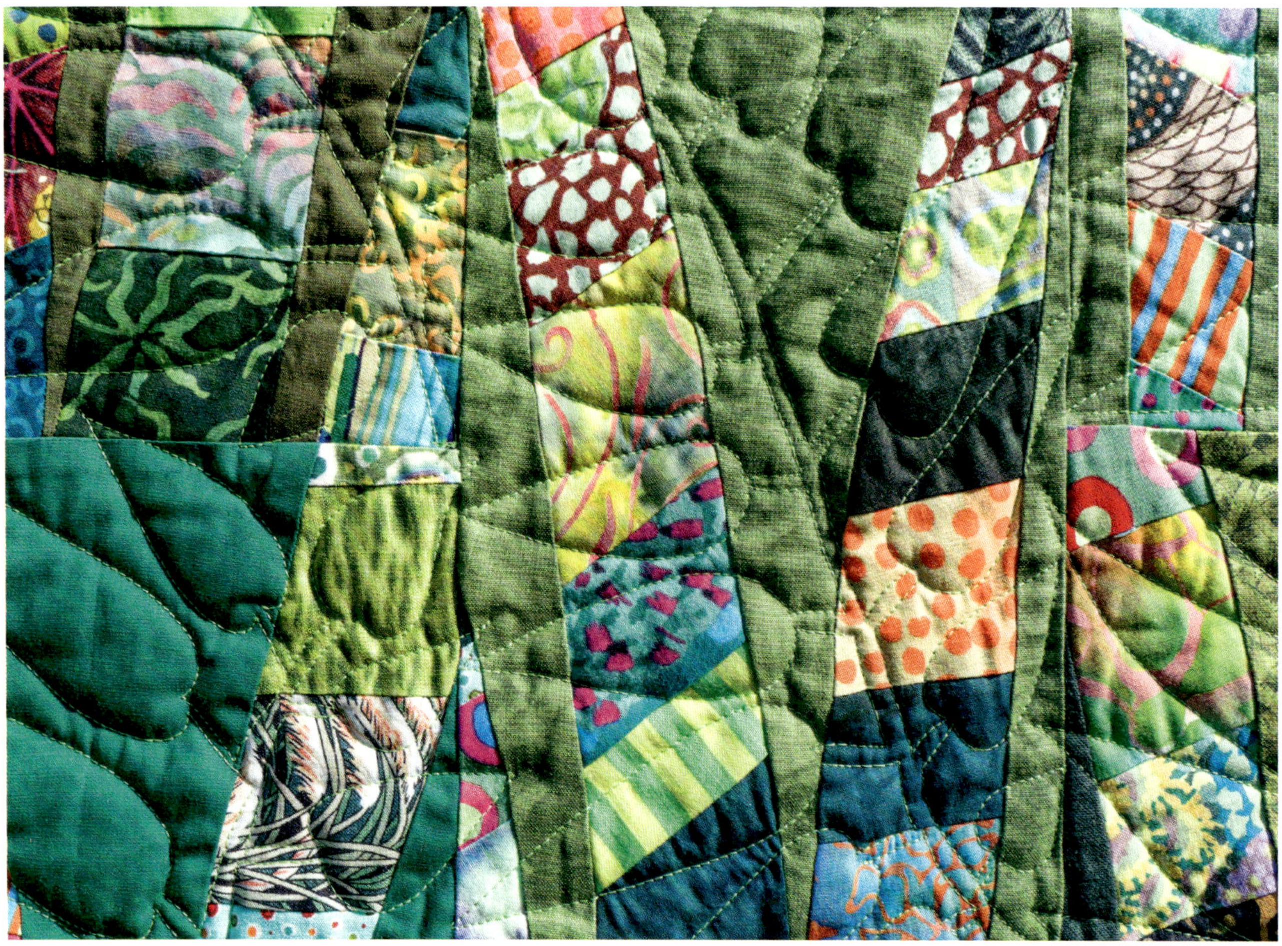

LEKTION 19:
EINFASSUNG

Die Einfassung (das „Binding") ist der äußerste Stoffstreifen, der die Quiltkante umschließt. Er wird erst am fertig gequilteten Objekt angenäht.

Quilt vorbereiten

Zum Begradigen einer Quiltkante ziehen Sie mit einem Markierungsstift eine gerade Linie entlang allen Kanten. Benutzen Sie dafür ein langes Lineal. Für eine Ecke im 90°-Winkel legen Sie einen größeren Gegenstand mit rechtwinkeliger Ecke auf (z. B. Pappe, Bilderrahmen etc.), oder Sie orientieren sich an der Ecke Ihres Arbeitstisches oder, bei kleineren Arbeiten, am Raster der Schneidematte. Heften Sie entlang der gezeichneten Linie um den ganzen Quilt und schneiden Sie dann 1 mm außerhalb dieser Linie alle überstehenden Stoffe und das Vlies zurück. Jetzt ist der Quilt für die Einfassung bereit.

Tipp

Als langes Lineal leistet eine Aluminium-Schiene aus dem Baumarkt gute Dienste.

Gerade geschnittene, doppelt gelegte Einfassung

Der Stoffstreifen für eine gerade Einfassung wird 6 cm breit zugeschnitten, wenn nicht anders angegeben. Setzen Sie so viele Streifen aneinander, bis die Länge des Quiltumfanges erreicht ist.

Bügeln Sie den Einfassstreifen der Länge nach links auf links zur Hälfte. Legen Sie den Streifen entlang des Quiltrandes, mit den offenen Kanten nach außen weisend und steppen Sie füßchenbreit entlang.

Gerade Ecke: Schneiden Sie den überstehenden Streifen am Ende der ersten Quiltkante ab. Falten Sie die geschlossene Kante des Streifens zur Quiltrückseite und stecken Sie sie dort fest. Nähen Sie dann den nächsten Streifen an die anschließende Kante und lassen Sie zu Beginn ca. 2 cm überstehen, um eine saubere Ecke falten zu können. Arbeiten Sie die ersten drei Streifen in dieser Weise. Beim Annähen des vierten Streifens lassen Sie zusätzlich an der unteren Ecke 2 cm überstehen. Falten Sie den Streifen an allen Kanten sorgfältig zur Quiltrückseite,. Stecken und säumen Sie ihn dort von Hand genau über der Nählinie fest.

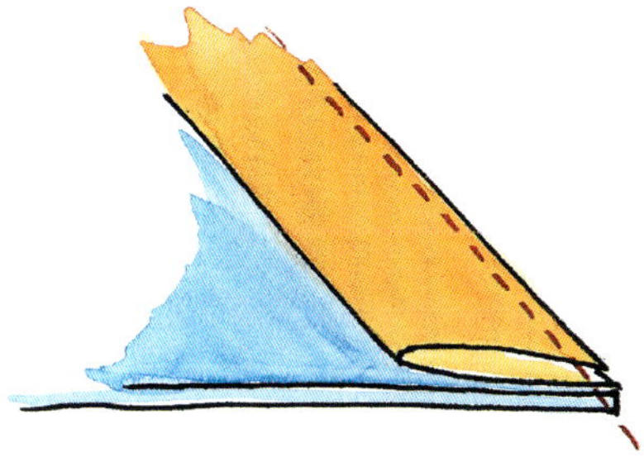

Gerade geschnittenen, längs gefalteten, Streifen mit den offenen Kanten nach außen auf die Quiltvorderseite nähen.

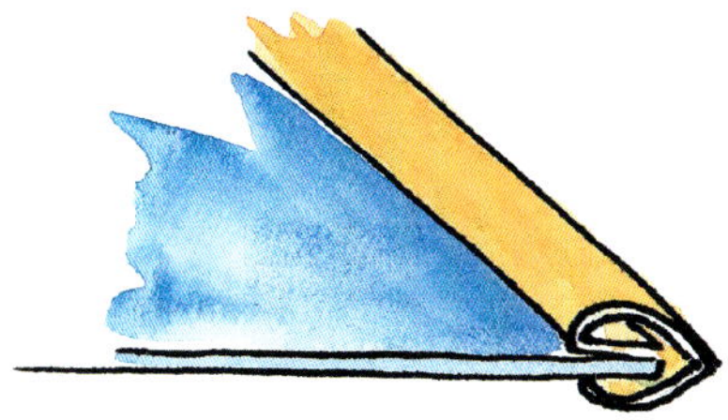

Geschlossene Kante des Streifens nach hinten falten und feststecken.

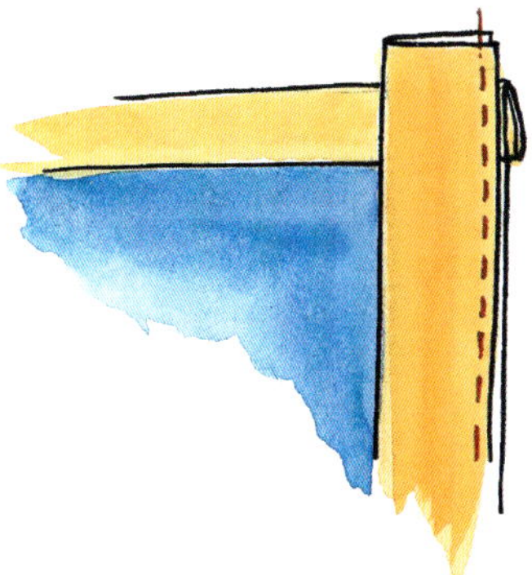

An der Ecke den Anfang des nachfolgenden Streifens etwas überstehen lassen.

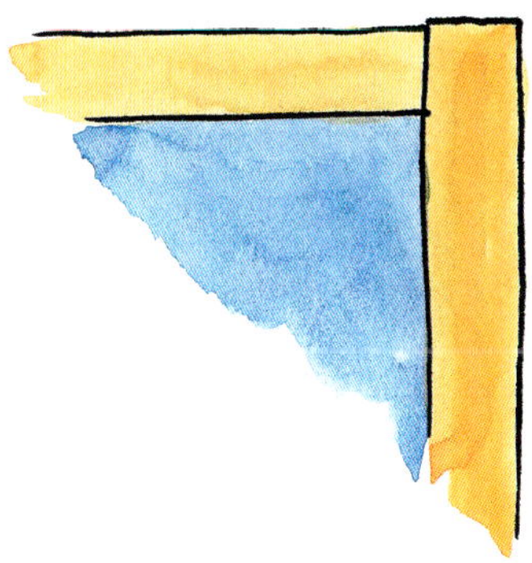

Gerade Ecke formen und festnähen.

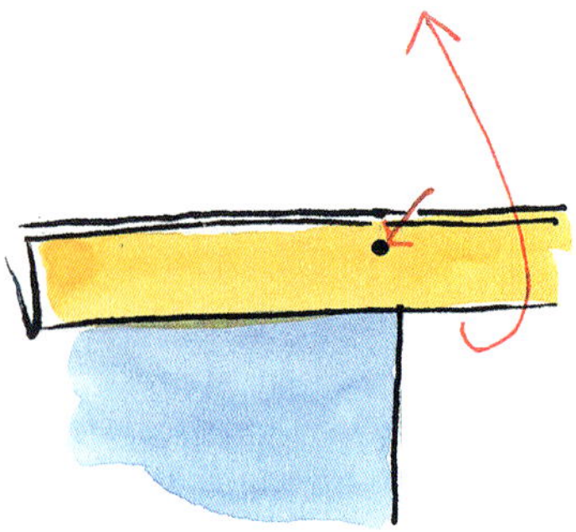

Gefalteten Einfassstreifen mit den offenen Kanten nach außen an die erste Quiltkante (hier oben) nähen. Am „Eckpunkt" (kleiner Pfeil) enden. Quilt aus der Maschine nehmen. Einfassstreifen senkrecht nach oben falten (langer Pfeil)

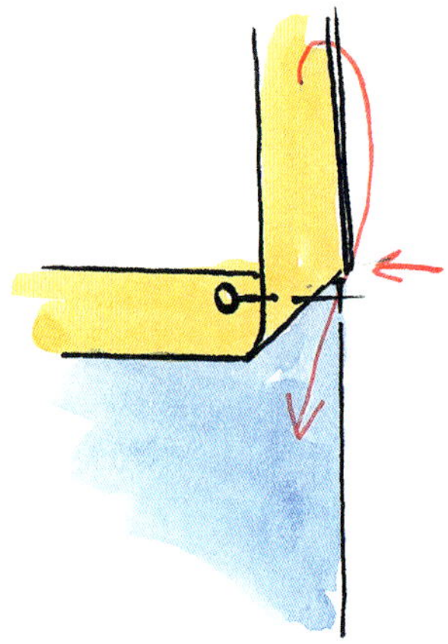

Diagonale Falte feststecken. Streifen entlang der angrenzenden Kante nach unten falten (langer Pfeil). Der Knick des Einfassstreifens liegt genau auf Höhe der ersten Kante (kleiner Pfeil).

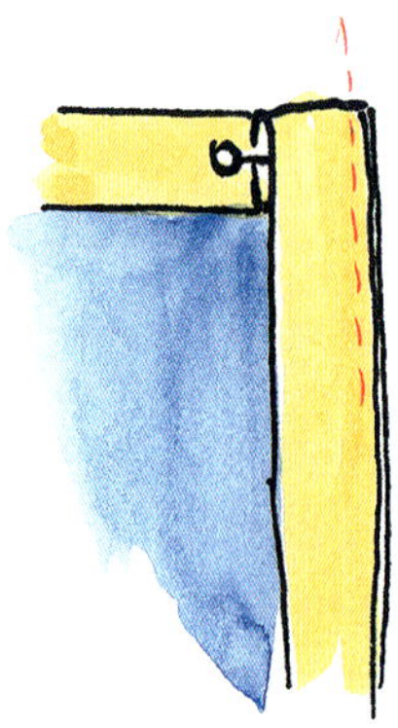

Nahtzugabenbreit entlang der angrenzenden Kante nähen. An der Oberkante beginnen.

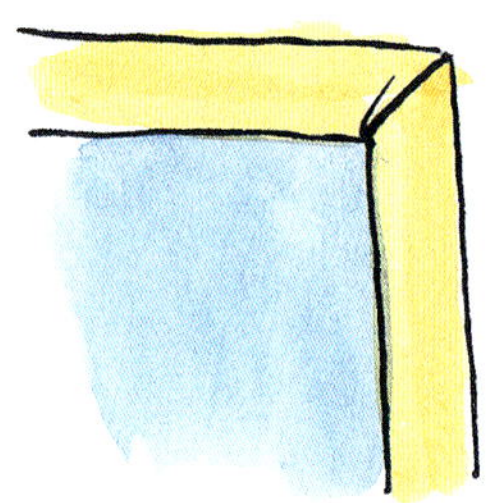

Einfassung zur Rückseite falten. Diagonale Ecke formen. Streifen auf der Rückseite festnähen.

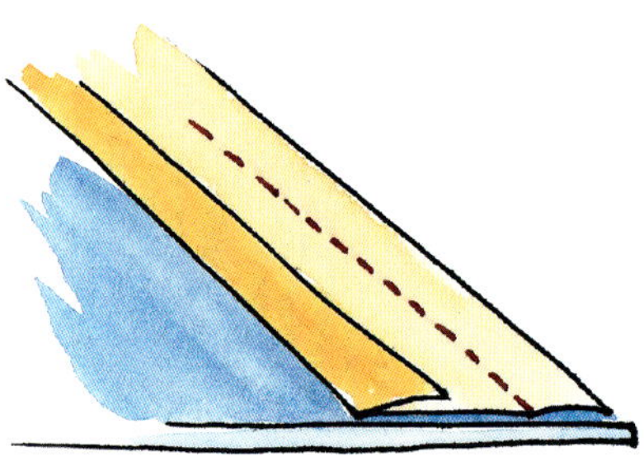

Rechte Kante eines fertig gefalzten Schrägstreifens auffalten. Im Falz an die Quiltkante nähen.

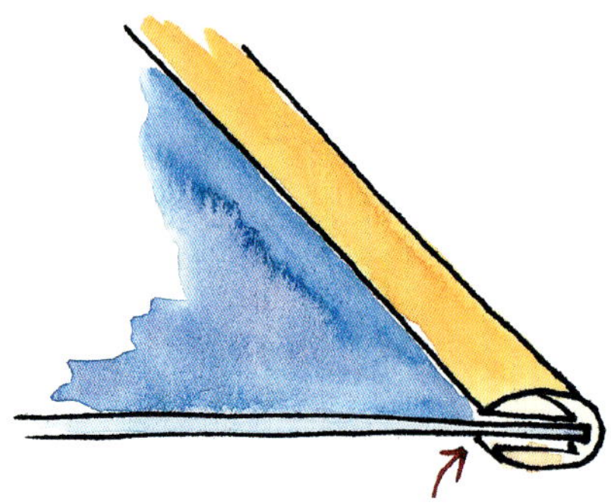

Schrägstreifen zur Rückseite falten und ansäumen.

Diagonale Ecke: Nähen Sie den Streifen bis auf Nahtzugabenbreite an das untere Ende des Quilts. Nehmen Sie den Quilt aus der Maschine, die soeben genähte Kante weist nach oben. Falten Sie den Streifen senkrecht nach oben und knicken Sie ihn auf Höhe der Quiltkante zur nächsten Kante hin zurück. Nähen Sie die nächste Seite und beginnen Sie dafür ganz oben an der Quiltkante. Wenn Sie später den Streifen zur Rückseite schlagen, können Sie eine diagonale Eckfalte formen.

Einfassung mit fertigem Schrägstreifen

Kaufen Sie einen farblich passenden, fertig gefalzten Schrägstreifen, in der Länge des Gesamtumfanges des Quilts plus ca. 20 cm Sicherheitszuschlag. Legen Sie den Schrägstreifen mit der rechten Seite nach unten auf den Quilt und falten Sie die rechte Kante auf. Nähen Sie den Streifen entlang des Bügelfalzes an die Quiltkante. Für gerade Ecken lassen Sie zu Beginn der nachfolgenden Streifen jeweils 2 cm überstehen und am Ende des letzten Streifens ebenfalls, wie oben beschrieben. Falten Sie den Schrägstreifen zur Quiltrückseite und säumen Sie ihn an der Kante direkt auf der Naht von Hand fest. Diagonale Ecken nähen Sie, wie bei der doppelt gelegten Einfassung beschrieben.

Einfassung mit kunterbuntem breitem Schrägstreifen

Nähen Sie unterschiedlich große, verschiedenfarbige und unterschiedlich gemusterte Stoffe zu einer quadratischen Fläche (ca. 90 x 90 cm). Bügeln Sie alle Nahtzugaben auseinander. Falten Sie das Quadrat diagonal von Ecke zu Ecke und rollen Sie es dann wie ein Halstuch. Es lässt sich gut schneiden, wenn die „Rolle" ca. 15 cm breit liegt.

Schneiden Sie nun von dieser Rolle Streifen von 10 cm Schneidebreite ab. Beginnen Sie in der Mitte, direkt an der Spitze des „Halstuchs". Setzen Sie die entstehenden unterschiedlich langen Stücke an ihren schrägen Kanten zu einem langen Band aneinander. Bügeln Sie die Nahtzugaben auseinander und schneiden Sie die überstehenden Ecken der Nahtzugaben ab. Falten Sie beide Längskanten links auf links zur Mitte und bügeln Sie. Ein Quadrat von 1 x 1 m ergibt einen ca. 8 m langen Einfassstreifen im diagonalen Fadenlauf. Nähen Sie den Schrägstreifen auf, wie beim „fertigen Schrägstreifen" beschrieben.

Tipp

Eine Fläche aus vielen Streifen ergibt ebenfalls eine interessante Einfassung.

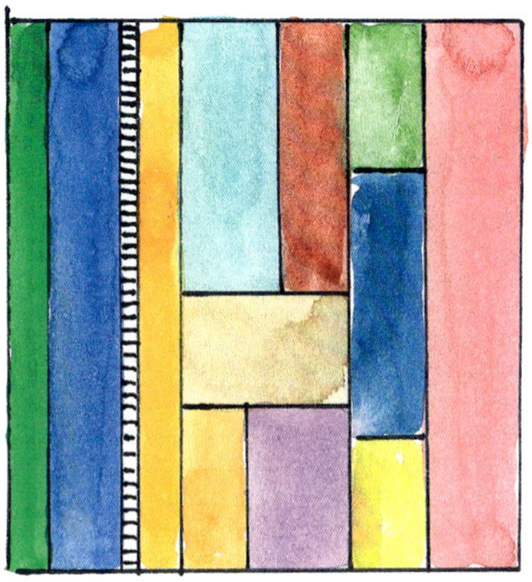

Verschiedene Stoffe zu einem Quadrat zusammennähen. Nahtzugaben auseinanderbügeln.

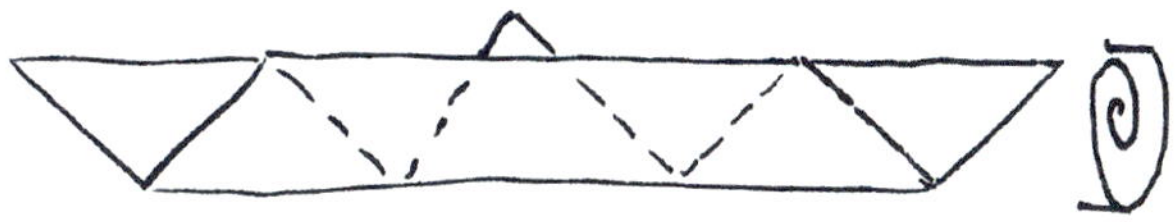

Dreieck locker einrollen, ähnlich wie ein Halstuch.

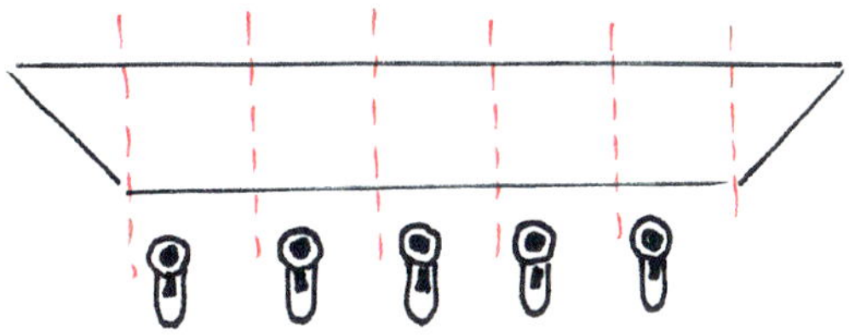

Senkrecht zur gerollten Kante so viele 10 cm breite Streifen abschneiden wie möglich.

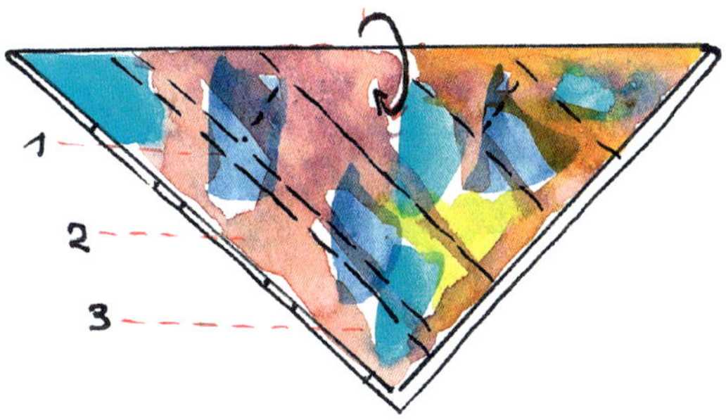

Quadrat diagonal zum Dreieck falten.

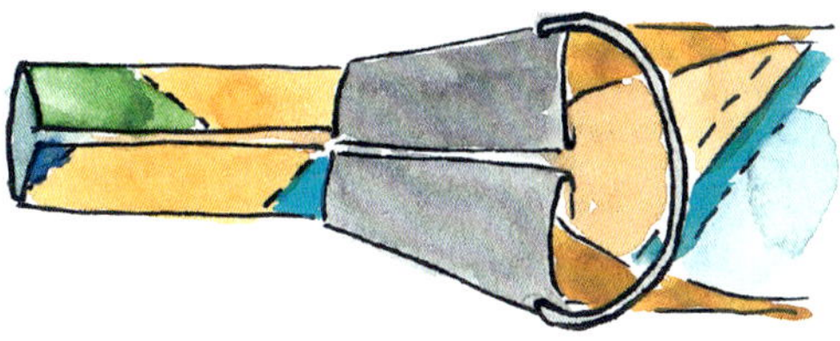

Zum Schluss beide langen Kanten zur Mitte falten und bügeln. Ein Schrägstreifenformer ist dabei sehr nützlich.

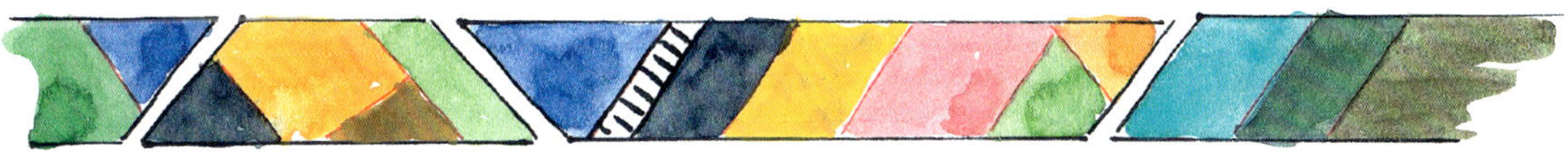

Alle Streifen an den schrägen Enden aneinandernähen. Nahtzugaben auseinanderbügeln. Überstehende Ecken der Nahtzugaben abschneiden.

EINFASSUNG

LEKTION 20:
KISSEN MIT REISSVERSCHLUSS

Schneiden Sie den Kissen-Rückseitenstoff zu, so breit wie die Kissen-Oberseite und 10 cm länger als diese.

Legen Sie den Rückseitenstoff längs auf die Arbeitsmatte. Teilen Sie die Fläche im unteren Drittel quer. Legen Sie diese Schnittkanten rechts auf rechts und markieren Sie mit je einer Stecknadel Anfang und Ende des Reißverschlusses.

Nähen Sie 5 cm innerhalb der Kante in dieser Reihenfolge:

1. Von der Oberkante bis zur oberen Reißverschlussmarkierung mit normaler Stichlänge,
2. an der Markierung einige Rückstiche,
3. bis an die untere Markierung mit größter Stichlänge (Heftstich),
4. an der unteren Markierung einige Rückstiche,
5. bis zur unteren Kante mit normaler Stichlänge.

Falten Sie die Naht auseinander und bügeln Sie sie. Schlagen Sie beide Kanten bis an die Naht unter und bügeln Sie noch einmal darüber. Alternativ dazu können sie die beiden Kanten auch mit Zickzackstich versäubern.

Trennen Sie die Naht am Beginn der locker genähten Strecke ca. 5 cm weit auf und schieben Sie den Schlitten des Reißverschlusses von hinten durch die Öffnung zur Vorderseite. Stecken Sie den Reißverschluss mit extra langen Stecknadeln auf der linken Stoffseite entlang der locker genähten Naht fest.

Arbeiten Sie in dieser Reihenfolge füßchenbreit von der rechten Stoffseite her:

1. Am Startpunkt (Pfeil) beginnen,
2. Reißverschluss 5 cm weit öffnen,
3. bis an den Schlitten des Reißverschlusses nähen,
4. Nähfüßchen anheben und Reißverschluss schließen,
5. bis an das untere Ende des Reißverschlusses weiternähen,
6. unten quer über den Reißverschluss einen Riegel nähen (spitz zulaufend oder gerade).
7. Kissenrückseite in die neue Nährichtung drehen,
8. an der anderen Seite des Reißverschlusses entlang nähen bis an den Schlitten,
9. Nähfüßchen anheben und Reißverschluss öffnen,
10. Naht bis zum Ende nähen,
11. am oberen Ende wieder einen Riegel nähen.

Entfernen Sie die Stecknadeln und trennen Sie die locker genähte Strecke der Naht mit Hilfe eines Pfeil- bzw. Nahttrenners auf. Zupfen Sie die Fadenrestchen aus den Stoffkanten.

Kissen fertigstellen

Beim Handquilten einer Kissenoberfläche achten Sie darauf, dass Sie nicht über das Maß von 50 x 50 cm hinaus quilten, damit beim Zurechtschneiden die Quiltfäden nicht abgeschnitten werden. Schneiden Sie die fertig gequiltete Kissenplatte auf exakt 52 x 52 cm zu.

Haben Sie die Kissenplatte maschinengequiltet, so schneiden Sie sie jetzt auf 52 x 52 cm zu. Das Durchtrennen der Quiltlinien richtet keinen Schaden an, denn die Kanten verschwinden in der Umrissnaht des Kissens.

Öffnen Sie den Reißverschluss etwa 10 cm weit. Legen Sie die mit Reißverschluss versehene Kissenrückwand mit der rechten Seite nach oben auf Ihre Arbeitsplatte und breiten Sie die 52 x 52 cm große Kissenoberseite mit der rechten Seite nach unten darüber. Achten Sie darauf, dass das Motiv der Kissenoberseite nicht auf dem Kopf steht.

Stecken Sie Kissenoberseite und Kissenrückseite mit Stecknadeln rechts auf rechts aufeinander fest und steppen Sie füßchenbreit rund um das Kissen. Schneiden Sie erst jetzt die Kissenrückwand bis an die Kante der Kissenoberseite zurück. Versäubern Sie alle Kanten mit Zickzackstich.

Wenden Sie das Kissen durch die Reißverschlussöffnung und füllen Sie ein Kissen ein.

Tipp

Schön ausgearbeitete Ecken erhalten Sie mit folgender Technik. Greifen Sie mit dem Zeigefinger in das Kissen bis in die Ecke. Falten Sie mit der anderen Hand die Nahtzugabe der Ecke zuerst waagerecht nach innen, dann die angrenzende Nahtzugabe senkrecht darüber. Drücken Sie den Daumen darauf und halten Sie die Ecke zwischen Daumen und Zeigefinger ganz fest. Wenden Sie die Ecke, ohne den Griff zu lockern. Nach dem Wenden bleibt diese Ecke stehen, ein Abschneiden der Nahtzugabe ist nicht nötig.

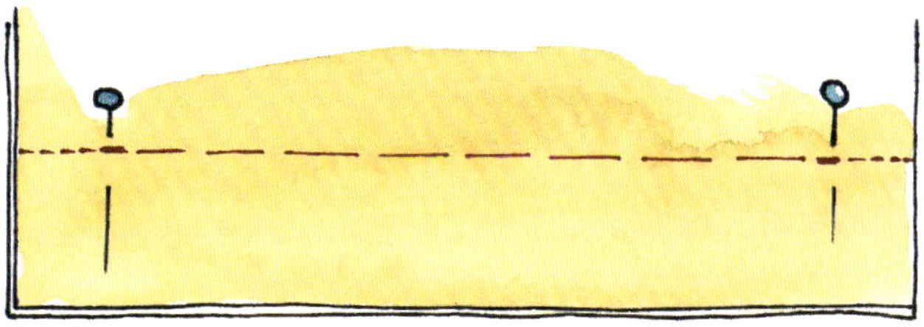

Naht für den Reißverschluss vorbereiten. Zwischen den Nadelmarkierungen mit sehr langen Stichen nähen.

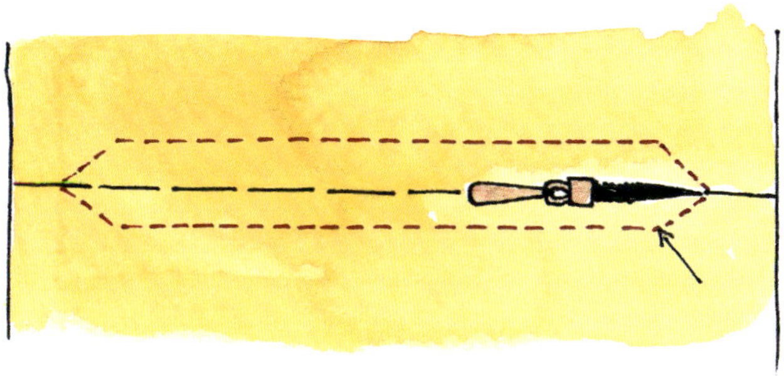

Reißverschluss einnähen. Pfeil = Startpunkt. Nach Bedarf den Reißverschluss ein wenig öffnen oder ganz schließen.

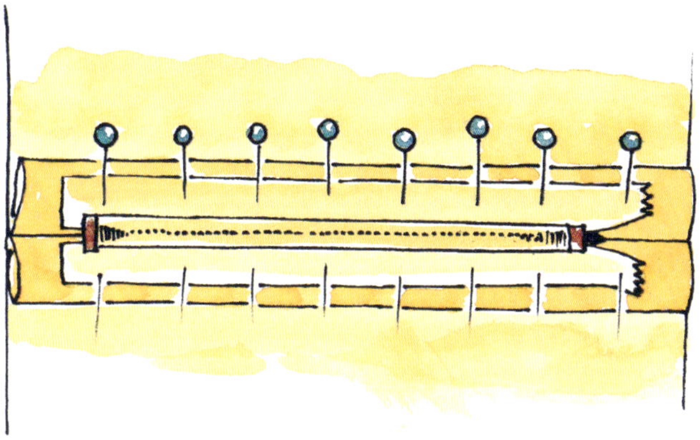

Reißverschluss von der Rückseite her mit langen Stecknadeln feststecken. Schlitten des Reißverschlusses durch ein Stück aufgetrennte Naht legen.

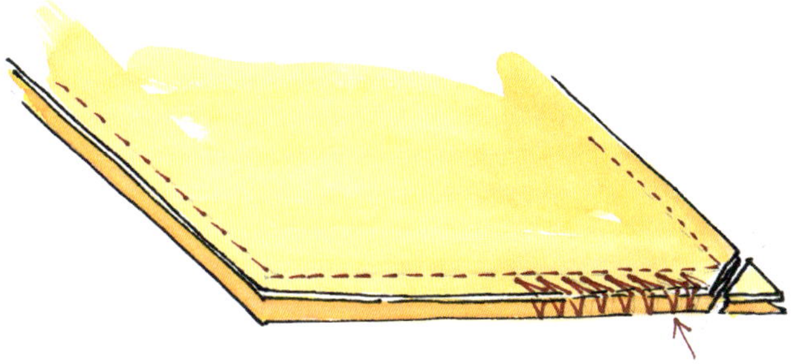

Kissenflächen aufeinanderlegen und Kissenumriss nähen. Kante der Kissenrückseite zurückschneiden, Umriss mit Zickzackstich versäubern.

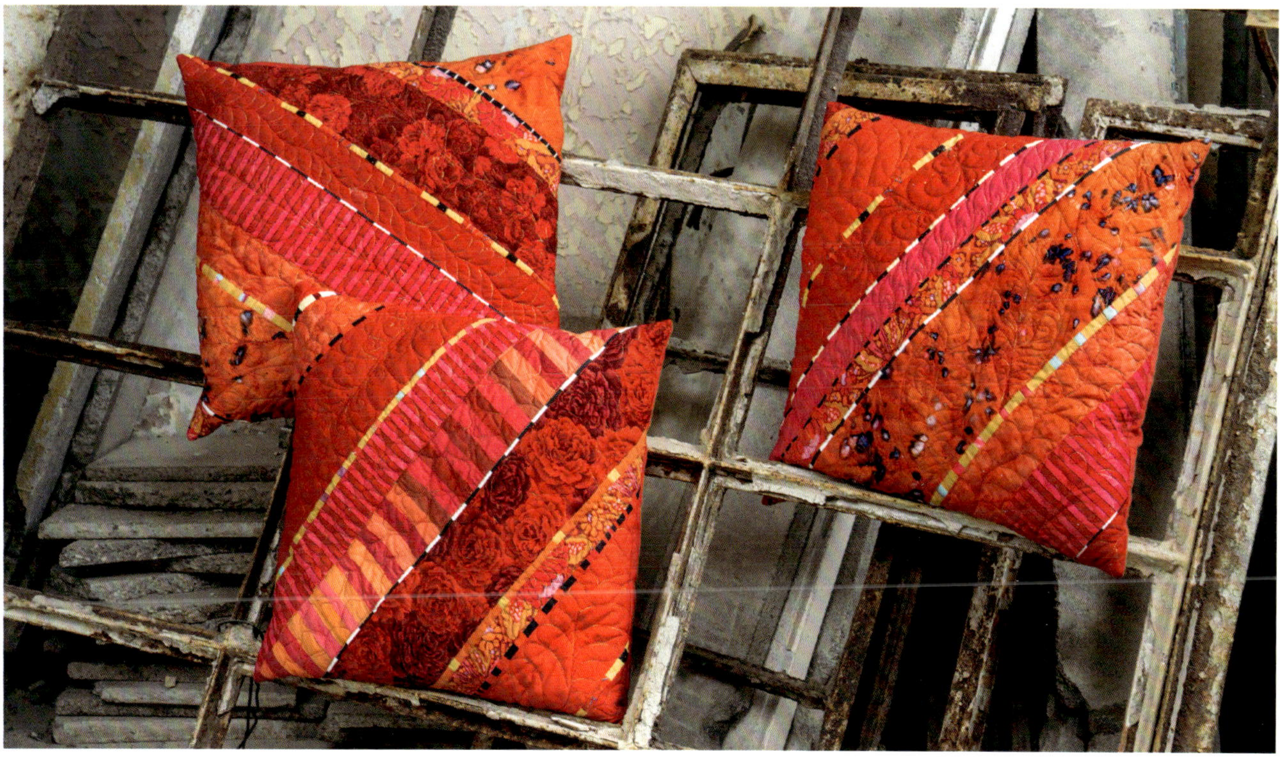

Impressum
Entwurf und Realisation:
Bernadette Mayr
Lektorat: Claudia Wollny
Redaktion: Judith Wiedemann
Fotografie: Sabine Münch
Styling: Gundula Manson
Technische Zeichnungen und Aquarelle:
Bernadette Mayr
Umschlaggestaltung, Layoutentwurf
und Satz: GrafikwerkFreiburg
Litho: RTK & SRS mediagroup GmbH
Druck und Verarbeitung: Polygraf Print,
Slowakei

ISBN 978-3-8410-6439-4
Art-Nr. 6439

Dank
Ich danke meiner Schwester Irmgard für die ideale Arbeitsteilung beim Nähen der Quilts und meiner Freundin Gundula für ihre Hilfe, z. B. beim Wenden von Paspelöffnungen, für das Bügeln und das geduldige Auftrennen, sowie für den Verständnistest und das Korrekturlesen der Arbeitsanleitungen. Bedanken möchte ich mich bei Frau Wollny für das sorgfältige Fachlektorat und bei Frau Wiedemann vom Verlag für die Redaktion und die freundliche Betreuung. Dank auch an die fleißigen PraktikantInnen der MOS Kempten (Allgäu): David, Annika und Laura. Claudia Pfeil danke ich für die inspirierenden Lehrgänge zum Longarm-Quilten und Sabine Münch für die wie immer umwerfenden Fotos.

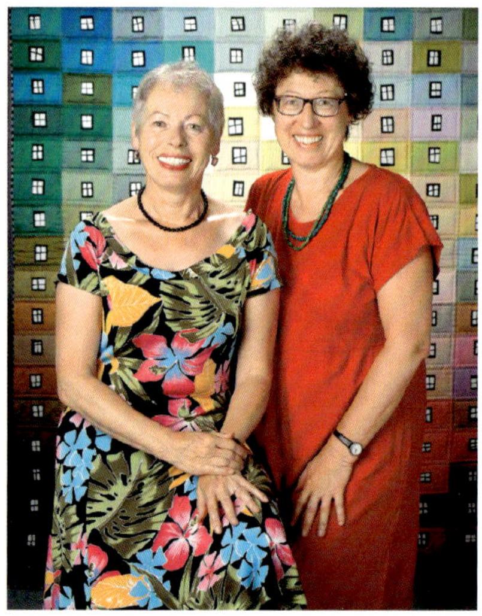

Irmgard Stängl/Bernadette Mayr